智库 中社 年度报告 Annual Report

China's Rural Development Report（2022）
Promote Farmers' Common Prosperity in Rural Areas

中国农村发展报告

——促进农民农村共同富裕

魏后凯　杜志雄　主　编
苑　鹏　于法稳　崔红志　副主编

2022

中国社会科学出版社

图书在版编目（CIP）数据

中国农村发展报告．2022：促进农民农村共同富裕/魏后凯，杜志雄主编．—北京：中国社会科学出版社，2022. 7

（中社智库年度报告）

ISBN 978-7-5227-0415-9

Ⅰ．①中…　Ⅱ．①魏…②杜…　Ⅲ．①农村经济发展—研究报告—中国　Ⅳ．①F32

中国版本图书馆 CIP 数据核字(2022)第 110757 号

出 版 人　赵剑英
责任编辑　谢欣露　刘晓红
责任校对　周晓东
责任印制　戴　宽

出　　版　中国社会科学出版社
社　　址　北京鼓楼西大街甲 158 号
邮　　编　100720
网　　址　http：//www. csspw. cn
发 行 部　010-84083685
门 市 部　010-84029450
经　　销　新华书店及其他书店

印　　刷　北京君升印刷有限公司
装　　订　廊坊市广阳区广增装订厂
版　　次　2022 年 7 月第 1 版
印　　次　2022 年 7 月第 1 次印刷

开　　本　710×1000　1/16
印　　张　30
插　　页　2
字　　数　351 千字
定　　价　178. 00 元

主要编撰者简介

魏后凯　经济学博士，第十三届全国人大代表、农业与农村委员会委员，中国社会科学院农村发展研究所所长、研究员、博士生导师。兼任中国社会科学院城乡发展一体化智库常务副理事长，中国农村发展学会和中国林牧渔业经济学会会长，国务院学位委员会农林经济管理学科评议组成员，中央农办、农业农村部乡村振兴专家咨询委员会委员，民政部、北京市、山东省、广东省等决策咨询委员会委员。入选国家哲学社会科学领军人才和文化名家暨"四个一批"人才。主要研究领域：区域经济、城镇化、农业农村发展。

杜志雄　日本东京大学农学博士、二级研究员、博士生导师，享受国务院特殊津贴专家。现任中国社会科学院农村发展研究所党委书记、副所长，国家社科基金重大宣传阐释项目首席专家。兼任中国社会科学院城乡发展一体化智库副理事长、农业农村部农村社会事业专家委员会委员、中国农业经济学会副会长、中国县镇经济交流促进会会长和第四届国家食物与营养咨询委员会委员等。获得文化名家暨“四个一批”人才及国家“万人计划”哲学社会科学领军人才称号。主要研究领域：中国农业农村现代化理论与政策。

苑　鹏　管理学博士，中国社会科学院农村发展研究所副所长，二级研究员，博士生导师，享受国务院特殊津贴专家。兼任中国农村合作经济管理学会副会长。主要研究领域：农村合作经济。

于法稳　管理学博士，中国社会科学院农村发展研究所生态经济研究室主任、二级研究员、博士生导师。兼任中国社会科学院生态环境经济研究中心主任、中国生态经济学学会副理事长兼秘书长、《中国生态农业学报》《生态经济》副主编。主要研究领域：生态经济理论与方法、资源管理、农村生态治理、农业可持续发展等。

崔红志　管理学博士，中国社会科学院农村发展研究所农村组织与制度研究室主任、研究员、博士生导师。主要研究领域：农村社会保障、农村组织与制度。

目　　录

主报告

促进农民共同富裕

重点群体和重点区域

关键举措与推进路径

国内外实践与经验

主报告

促进农民农村共同富裕的战略目标与路径选择

主报告课题组[*]

摘　要：促进农民农村共同富裕是实现全体人民共同富裕的重点、难点所在。农民农村共同富裕包含农民和农村两个主体以及富裕和共富两个方面，具体包含四个方面的主要内涵：一是依靠乡村振兴，实现农民持续稳定增收；二是缩小城乡差距，实现城乡生活水平的均衡化；三是缩小农村内部差距，实现农村地区间协调发展；四是激发农民内生动力，实现勤劳创新致富。促进农民农村共同富裕具有特殊重要意义，既是新发展阶段着力解决发展不平衡不充分问题的关键所在，也是构建新发展格局的内在要求和深入践行新发展理念的本质体现。近年来，中国农业农村发展取得了历史性成就，农村居民收入保持较快增长，消费水平稳步提高，生活质量明显改善，教育、医疗、养老等公共服务全面提升，农村居民的生活富裕状况取得明显进展，实现了全面小

---

* 本报告执笔人：魏后凯，经济学博士，中国社会科学院农村发展研究所所长、研究员，主要研究方向为区域经济、城镇化、农业农村发展；杨穗，经济学博士，中国社会科学院农村发展研究所副研究员，主要研究方向为收入分配、社会保障与劳动力流动；杨沫，经济学博士，中国社会科学院农村发展研究所助理研究员，主要研究方向为城镇化、收入分配和代际流动。

康的目标，为新发展阶段促进农民农村共同富裕奠定了基础。但是按照共同富裕的目标和国际比较标准，中国农村居民的富裕程度并不高，共享共富程度更不高，数量较大的农村低收入群体以及长期存在的城乡差距和农村内部差距是农民农村共同富裕的突出短板。立足全体人民共同富裕的两阶段战略部署，预计到2035年农村居民生活水平迈上新台阶，农村居民人均收入和消费水平实现翻一番，城乡差距和农村内部差距显著缩小，基本公共服务达到中等发达国家水平且实现均等化。到2050年，农民农村实现全面富裕，城乡居民生活质量基本实现等值化，基本公共服务达到发达国家水平并实现均质化。为确保实现农民农村共同富裕的两阶段战略目标，要在高质量发展的基础上做大“蛋糕”并分好“蛋糕”，有计划、有步骤地提升农村居民的生活水平，不断满足日益增长的美好生活需要，同时逐步缩小城乡差距和农村内部差距，并控制在适度范围内。具体路径包括：一是促进农村居民收入稳定增长，缩小城乡收入差距；二是激发农村消费潜力，提高农村居民消费水平和生活水平；三是优化农村基本公共服务，促进城乡基本公共服务的均等化和均质化；四是健全就业帮扶和社会救助兜底体系，确保农村低收入群体的共享发展；五是提高社会流动性，推动更多农村居民成为中等收入群体；六是完善“先富带动后富”的区域帮扶机制，缩小农村地区间的发展差距。

关键词： 农民农村　共同富裕　乡村振兴　城乡差距

The Strategic Objective and Path Selection of Promoting the Common Prosperity of Farmers and Rural Areas

General Report Research Group

Abstract: Promoting the common prosperity of farmers and in rural areas is the key task to realize the common prosperity of all people. The common prosperity of farmers and in rural areas includes two main subjects, namely, farmers and rural areas, as well as two aspects, namely, prosperity and commonness. Specifically, it contains four main connotations: firstly, relying on the revitalization of rural areas to achieve sustainable and stable income increase for farmers; secondly, narrowing the gap between urban and rural areas to achieve a balanced living standard between urban and rural areas; thirdly, narrowing the gap within rural areas to achieve coordinated development between rural areas; fourthly, stimulating the internal motivation of farmers to work hard and innovate. Promoting the common prosperity of farmers and in rural areas is of special importance in that it is not only the key to solve the problem of unbalanced and insufficient development in the new development stage, but also the inherent requirement of building a new development pattern and the essential embodiment of the in-depth practice of the new development concept. In recent years, China's agricultural and rural development has made historic achievements. Rural residents' income has maintained rapid growth, consumption levels steadily increased, quality of life improved significantly, public services such as education, medical care and pensions been comprehensively improved, and rural residents made significant progress in their living conditions and achieved the goal of overall prosperity, laying the foundation for promoting common prosperity among farmers and in rural areas in the new development stage. However, according to the goal of common prosperity and international comparative standards, the affluence of Chinese rural residents is not high, and the degree of shared common prosperity is even lower. The large number of rural low-income groups and the long-standing urban-rural and intra-rural disparities are the outstanding shortcomings facing the common prosperity of farmers and in rural areas. Based on the two-stage strategic plan of common prosperity for all people, it is expected that by 2035, the living standard of rural residents will reach a new level, the per capita income and consumption level of rural residents will double, the urban-rural and intra-rural gaps will be significantly reduced, and basic public services will reach the level of medium developed countries and be equalized. By 2050, farmers and rural areas will be fully affluent, the quality of life of urban and rural residents will be basically equalized, and basic public services will reach the level of developed countries and be equalized. To ensure the realization of the two-stage strategic goal of common prosperity of farmers and in rural areas, it is necessary to make the "cake" bigger and share it well on the basis of high-quality development, to improve the living standards of rural residents in a systematic and orderly manner, and to continuously meet the growing needs for a better life. In addition, we should gradually narrow the gap between urban and rural areas and within the rural areas, and keep the gap within a moderate range. Concrete paths are sixfold. First, promoting stable growth of rural residents' income and narrowing the urban-rural income gap; second, stimulating rural consumption potential and improving rural residents' consumption level and living standard; third, optimizing basic public services in rural areas and promoting the equalization of basic public services in urban and rural areas; fourth, improving the employment assistance and social security underwriting system to ensure the shared development of rural low-income groups; fifth, improving social mobility and promoting more rural residents to become middle-income groups; sixth, improve the regional support mechanism of "those who become prosperous first to inspire those who lag behind" to narrow the development gap between rural areas.

Key Words: Farmers and Rural Areas; Common Prosperity; Rural Revitalization; Urban-rural Gap

一　农民农村共同富裕的科学内涵与重要意义

共同富裕是社会主义的本质要求，是中国式现代化的重要特征。2021 年中国全面建成了小康社会，实现了第一个百年奋斗目标，但着眼于 2050 年社会主义现代化强国的第二个百年奋斗目标，基本实现全体人民共同富裕仍然任重道远。促进农民农村共同富裕的提出具有特殊重要意义，深刻反映了党和政府对社会主义现代化建设规律的深刻认识和准确把握，要坚持在贯彻新发展理念、构建新发展格局、实现高质量发展的基础上，全面推动农民农村共同富裕。

（一）共同富裕的科学内涵

“富裕”一词来源于徐铉的《稽神录·蔡彦卿》：“复掘地，获银数两，遂致富裕云”[①]，指丰富宽裕，财物充足。随着该词内涵不断地丰富和拓展，在讨论富裕问题时，不单指物质富裕，还包括精神富裕。共同富裕是物质共同富裕和精神共同富裕的有机统一，是全体人民通过辛勤的劳动和相互帮助最终达到共享繁荣的新局面，是消除收入两极分化以及物质精神贫穷基础上的普遍富裕。

1. 共同富裕的丰富内涵

实现共同富裕是广大人民群众对美好生活的向往，也是中国

① 《辞海》（第六版彩绘本），上海辞海出版社 2009 年版，第 661 页。

共产党矢志不渝为之奋斗的重要目标。改革开放初期，邓小平同志提出了让一部分人先富起来，先富带动后富，最终实现共同富裕的发展目标。党的十八大以来，习近平总书记又反复强调，共同富裕是中国特色社会主义的根本原则，实现共同富裕是中国共产党的重要使命。党的十九大报告对实现共同富裕提出了新的奋斗目标：到 2035 年，基本实现社会主义现代化，全体人民共同富裕迈出坚实步伐；到 21 世纪中叶，“把我国建成富强民主文明和谐美丽的社会主义现代化强国”，全体人民共同富裕基本实现（习近平，2017）。2021 年 8 月，中央财经委员会第十次会议研究了扎实促进共同富裕的问题。2021 年 10 月，习近平总书记在《求是》杂志上发表重要文章《扎实推动共同富裕》，系统阐述了共同富裕的科学内涵、重要意义以及基本原则、工作思路。共同富裕是全体人民共同富裕，是人民群众物质生活和精神生活都富裕，不是少数人的富裕，也不是整齐划一的平均主义。

共同富裕既是一种全面富裕和全民共富的状态，也是一个共建共富、逐步共富的长期过程。第一，共同富裕既要“富裕”，也要“共享”。实现共同富裕的基础在“富裕”，关键在“共享”。富裕包含物质富裕和精神富裕，既包含个人的收入、财产和享受到的公共服务水平，也包含人们在获得财富和福祉的同时内心的安全感、幸福感和满足感。物质和精神层面的富裕仅依靠个人的能力无法完全获得，还需要依靠社会其他成员的分享、社会制度的保障。第二，共同富裕需要经济发展与合理分配相统一。共同富裕既强调“共同”，也强调“富裕”，前者属于分配的范畴，而后者则属于发展的范畴。富裕就需要做大“蛋糕”，以经济高质量发展作为基础，通过科技创新、制度创新和管理创新不断做大“蛋糕”（厉以宁等，2021）。第三，共同富裕要缩小差距，不要平均富裕。习近平总书记指出：“决不能允许贫富差距越来越大、穷者愈穷富者愈富，决不能在富的人和穷的人之间出现一道不可逾越的鸿沟”（习近平，2022）。这表明共同富裕需要不断缩小穷人和富人之间的差距；同时，共同富裕不是少数人的富裕，也不是绝对的平均主义，而是一种合理的、有差别的富裕。第四，共同富裕要分阶段、有步骤地实现。共同富裕的推进过程需要把按照经济社会发展过程办事的要求落到实处。如何实现共同富裕、何时实现共同富裕需要依照现实状况、发展基础以及社会条件等客观情况而定。中国目前仍处于社会主义初级阶段，地区发展不平衡不充分问题较为突出，不能通过无条件、无规划、整齐划一的方式实现共同富裕。

2. 农民农村共同富裕的主要内涵

促进共同富裕，最艰巨最繁重的任务在农村。中华人民共和国成立以来，党和政府领导亿万农民谱写了农村改革发展的壮丽篇章，一系列农村改革发展的创举和强农惠农富农政策，推动了农村体制机制不断创新，为新发展阶段促进农民农村共同富裕夯实了基础。2021 年 8 月，习近平总书记主持召开中央财经委员会第十次会议，明确提出要促进农民农村共同富裕。就目前中国的现实情况而言，实现农民农村共同富裕，主要包括以下四个方面的具体内容。

一是依靠乡村振兴，实现农民持续稳定增收。高质量发展是实现共同富裕的前提和保证，脱贫攻坚的全面胜利、乡村振兴战略的全面推进实施为实现农民农村共同富裕奠定了基础。农村发展不充分是中国长期的经济问题，农业产业基础薄弱、农村基础设施建设滞后、农村环境治理短板等问题阻碍了中国农业农村现代化的进程（魏后凯、杜志雄，2021）。乡村振兴的重要目标和落脚点是农民生活富裕。实现农民生活富裕，关键在于农民持续稳定增收。乡村振兴尤其是产业振兴，将为农村居民营造良好的营商和人居环境，提供更多更好的就业创业机会，从而促进农民工资性和经营性收入增长，并不断拓宽农民财产性增收渠道。

二是缩小城乡差距，实现城乡生活水平的均衡化。全面推动城乡融合发展，促进城乡生活水平的均衡化是农民农村共同富裕的根本目标。受现行土地和户籍制度的影响，农村地区的土地要素在提高农民财产性收入上难以发挥有效作用，户籍城镇化率的滞后也在一定程度上阻碍了农村剩余劳动力的转移，进而影响农民的工资性和经营性收入增长。长期以来中国农村在教育、医疗、养老、社会保障、环境卫生等方面的投入不足，使城乡居民的公共服务差距十分明显。促进农民农村共同富裕需要进一步加快城乡要素市场化改革，不断缩小城乡收入和财产差距，提升农村基本公共服务水平，促进城乡基本公共服务均等化。

三是缩小农村内部差距，实现农村地区间协调发展。推进共同富裕是一个动态过程，不同地区富裕程度存在一定差异，不可能齐头并进。地区差距中，农村地区间的发展差距是重要组成部分。缩小农村地区间的发展差距，促进农村区域协调发展是农民农村共同富裕的主要目标之一。各地区经济发展水平、自然资源禀赋不同导致其农村发展水平存在巨大的差异。与城乡差异不同，农村地区在土地产权制度、治理模式等方面具有共性，一些先富起来的农村地区发展经验可复制可推广到落后的农村地区。

让先富的农村地区充分发挥示范带动作用，先富带后富，推动欠发达农村地区实现跨越式发展。

四是激发农民内生动力，实现勤劳创新致富。共同富裕要靠勤劳智慧来创造，只有人人参与、人人尽力，才能真正实现人人享有。脱贫攻坚深刻改变了脱贫地区农村的落后面貌，提振了农民自力更生、勤劳致富的信心，但是面对国内外复杂的形势环境，返贫风险依旧存在，巩固拓展脱贫攻坚成果同乡村振兴有效衔接仍需接续推进。促进农民农村共同富裕，让全体农民共享经济繁荣的成果，农村低收入群体是重点帮扶保障人群，要注重低收入群体的主体性发挥和能力提升，充分激发他们的内生动力，鼓励依靠自己的双手勤劳致富，同时对农村弱势群体做好政策兜底保障。

（二）促进农民农村共同富裕的重要意义

促进农民农村共同富裕既是实现全体人民共同富裕的关键所在，也是推进共同富裕最艰巨最繁重的任务。一方面要全面推进乡村振兴，努力满足农村居民对美好生活的需要，另一方面要缩小城乡差距和农村内部差距，让农村居民全面共享经济社会发展成果。这既是新发展阶段一项重大而紧迫的战略任务，也是构建新发展格局的内在要求和践行新发展理念的重要体现。

1. 促进农民农村共同富裕是新发展阶段着力解决发展不平衡不充分问题的关键所在

党的十九大报告指出："我国社会主要矛盾已经转化为人民日益增长的美好生活需要和不平衡不充分的发展之间的矛盾。"

（习近平，2017）中国已经全面建成了小康社会，进入全面建设社会主义现代化国家、向第二个百年奋斗目标进军的新发展阶段。农民农村共同富裕是全体人民共同富裕的重要组成部分。尤其从“共同”的角度看，中国发展不平衡不充分问题仍然突出，发展最大的不平衡是城乡发展不平衡，最大的不充分是农村发展不充分。2021 年农村居民人均可支配收入仅略高于全国平均水平的一半，其劣势地位以及城乡居民收入绝对差距持续扩大的趋势在短时间内还难以扭转。与此同时，农村内部不同群体间相对差距同样显著。2021 年农村最高 20%收入户与最低 20%收入户相对差距高达 8.87 倍。除此之外，城乡公共服务和社会保障也存在较大的差距。长期存在的城乡差距和农村内部差距对实现共同富裕形成重大挑战，较大的发展差距会阻碍实现共同富裕的进程。因此，促进农民农村共同富裕成为新发展阶段一项重大而紧迫的战略任务，是着力解决发展不平衡不充分的关键所在。

2. 促进农民农村共同富裕是构建新发展格局的内在要求

党的十九届五中全会提出：“要加快构建以国内大循环为主体、国内国际双循环相互促进的新发展格局”。构建新发展格局、扩大内需的最大潜力在农村。近年来，农村居民消费水平稳步提高，城乡居民消费差距持续缩小。与此同时，农村居民的消费结构不断优化升级，恩格尔系数总体保持下行趋势，发展型服务性消费不断增长。农村居民消费水平的快速增长和消费结构的升级改善为扩大农村消费市场提供了有利条件，持续提高农村居民收入水平有利于进一步激活农村消费市场，释放农村巨大的消费潜力。因此，促进农民农村共同富裕是扩大农村消费市场，提高农民消费潜力，从而畅通国内大循环、培育完整内需体系的重要举措，也是建立强大国内市场、构建新发展格局的内在要求。这不仅能够为当前国内国际复杂形势下中国经济增长带来新动力，而且有助于在新发展阶段持续推进高质量发展，为实现全体人民共同富裕提供更大更好的“蛋糕”。

3. 促进农民农村共同富裕是深入践行新发展理念的本质体现

党的十八届五中全会提出了创新、协调、绿色、开放、共享五大发展理念。共享是中国特色社会主义的本质要求。共享发展理念“体现的是逐步实现共同富裕的要求”,[①]“注重的是解决社会公平正义问题”。[②] 在决胜全面建成小康社会的进程中，中国取得了脱贫攻坚的全面胜利，共享发展成效突出，近 1 亿脱贫群众的收入和福利水平大幅提高，不愁吃、不愁穿全面实现，教育、医疗、住房、饮水等条件明显改善。在新发展阶段，全面推进乡村振兴，促进农民农村共同富裕，缩小城乡发展差距，是深入践行新发展理念的本质体现。要兼顾效率与公平，把资源和力量更多向农村地区、落后地区倾斜，补齐农村短板，加快农业发展步伐，提高农民收入水平，让更多低收入农民迈入中等收入行列，让更多农民分享到经济社会发展的果实。这对于形成中间大两头小的橄榄型分配结构和人人享有的合理分配格局至关重要。

---

① 《习近平谈治国理政》第二卷，外文出版社 2017 年版，第 214 页。

② 《习近平谈治国理政》第二卷，外文出版社 2017 年版，第 199 页。

二　促进农民农村共同富裕的现有基础分析

改革开放以来，农村居民在生活富裕和共享方面的发展已经为实现农民农村共同富裕奠定了良好基础。然而，按照共同富裕的目标和国际比较标准，中国农村居民的富裕程度并不高，共享共富程度更不高，长期存在的城乡差距和农村内部差距是新发展阶段促进农民农村共同富裕所面临的巨大挑战。

（一）对农村居民生活富裕情况的分析

党的十八大以来，中国农业农村发展取得了历史性成就，亿万农民摆脱贫困，实现了全面小康。农村居民收入保持较快增长，消费水平稳步提高，生活质量明显改善，教育、医疗、养老等公共服务全面提升，农村居民的生活富裕状况取得明显进展。但是，农村居民的富裕程度仍然较低，低收入群体规模较大，离富裕的目标和发达国家的水平仍有较大的差距。

1. 农村居民生活富裕状况取得明显进展

（1）收入水平保持较快增长，增收渠道多元化。自 2004 年以来，中央高度重视“三农”工作，连续出台了 19 个涉及“三农”的一号文件，并将推动农民增收作为一项重要工作来抓，一系列强农惠农富农政策接连落地，推动农村居民收入水平不断提高。如表 1 所示，2021 年农村居民人均可支配收入达到 18931 元，比上年名义增长 10.5%，扣除价格因素影响，实际增长

9.7%，名义增速和实际增速分别比上年高出 3.6 个和 5.9 个百分点。2013—2021 年，农村居民人均可支配收入年均实际增长 7.3%，比同期城镇居民收入增速高 1.6 个百分点。在宏观经济下行压力加大的背景下，农村居民收入增幅总体高于国内生产总值的增幅，增强了农民的获得感。

表 1　　农村居民人均可支配收入水平及增长

年份	人均可支配收入（元）	名义增长（%）	实际增长（%）	国内生产总值增长（%）
2013	9430	12.4	9.3	7.8
2014	10489	11.2	9.2	7.4
2015	11422	8.9	7.5	7.0
2016	12363	8.2	6.2	6.8
2017	13432	8.6	7.3	6.9
2018	14617	8.8	6.6	6.7
2019	16021	9.6	6.2	6.0
2020	17131	6.9	3.8	2.3
2021	18931	10.5	9.7	8.1

资料来源：国家统计局。

农村居民收入来源趋于多元化，收入结构持续改善。一是工资性收入的占比稳步提高，成为增收的主要来源。如表 2 所示，工资性收入占农村居民人均可支配收入的比重从 2013 年的 38.7%上升到 2021 年的 42.0%，已经超过经营净收入的比重，成为农村居民增收的第一推动力。2021 年，农村居民人均工资性收入 7958 元，增长 14.1%，增收贡献达到 54.7%。农民务工收入稳定增长是工资性收入增长的关键，2021 年末农民工数量增长 2.4%，农民工月均收入比上年增长 8.8%。

表 2　　农村居民人均可支配收入构成及其增长率和增收贡献率　　单位:%

	可支配收入	工资性收入	经营净收入	财产净收入	转移净收入
收入构成					
2013	100. 0	38. 7	41. 7	2. 1	17. 5
2014	100. 0	39. 6	40. 4	2. 1	17. 9
2015	100. 0	40. 3	39. 4	2. 2	18. 1
2016	100. 0	40. 6	38. 3	2. 2	18. 8
2017	100. 0	40. 9	37. 4	2. 3	19. 4
2018	100. 0	41. 0	36. 7	2. 3	20. 0
2019	100. 0	41. 1	36. 0	2. 4	20. 6
2020	100. 0	40. 7	35. 5	2. 4	21. 4
2021	100. 0	42. 0	34. 7	2. 5	20. 8
名义增长率					
2014	11. 2	13. 7	7. 7	14. 1	13. 9
2015	8. 9	10. 8	6. 3	13. 3	10. 1
2016	8. 2	9. 2	5. 3	8. 2	12. 7
2017	8. 6	9. 5	6. 0	11. 4	11. 8
2018	8. 8	9. 1	6. 6	12. 9	12. 2
2019	9. 6	9. 8	7. 5	10. 3	12. 9
2020	6. 9	5. 9	5. 5	11. 1	11. 0
2021	10. 5	14. 1	8. 0	11. 9	7. 5
年均	9. 1	10. 3	6. 6	11. 6	11. 5
增收贡献率					
2014	100. 0	47. 2	28. 6	2. 6	21. 7
2015	100. 0	48. 0	28. 5	3. 2	20. 3
2016	100. 0	44. 8	25. 2	2. 2	27. 8
2017	100. 0	44. 6	26. 8	2. 9	25. 7
2018	100. 0	42. 0	27. 9	3. 3	26. 8
2019	100. 0	41. 8	28. 8	2. 5	26. 9
2020	100. 0	35. 2	28. 4	3. 8	32. 7
2021	100. 0	54. 7	27. 2	2. 8	15. 3
年均	100. 0	44. 8	27. 7	2. 9	24. 6

注：由于四舍五入的原因；合计有少数不完全等于 100%。下同。

资料来源：国家统计局。

二是经营净收入占可支配收入的比重从 2013 年的 41.7%下降到 2021 年的 34.7%，但其增收贡献率比较稳定，2021 年为 27.2%。脱贫攻坚期间产业扶贫的大量投入、乡村特色产业的培育发展和第一、第二、第三产业融合水平的提高，再次激发了农村家庭经营收入的增收动力（陈锡文等，2018）。三是转移净收入的比重不断上升，从 2013 年的 17.5%提高到 2020 年的 21.4%，2021 年略微下降到 20.8%。转移净收入的年均名义增速为 11.5%，高于工资性收入和经营净收入增速，仅略低于财产净收入年均增速。其增收贡献率从 2014 年的 21.7%提高到 2020 年的 32.7%，2021 年下降到 15.3%。随着国家财政对“三农”的投入快速增长，农业补贴的领域大为拓展，补贴手段日趋丰富。与此同时，农村社会保障体系的不断完善对促进农民收入增长发挥了积极的作用。值得注意的是，农村财产净收入的比重仍然很低，只是从 2013 年的 2.1%提高 2021 年的 2.5%。其增收贡献率一直处于较低水平，年均只有 2.9%。2021 年，农村居民人均财产净收入 469 元，增长 12.1%。随着农村剩余劳动力的大规模转移和城镇化的推进，农村土地的资产功能逐步增强。但是，目前中国农村宅基地和集体经营性建设用地使用主体和交易仍存在诸多限制，影响农民财产性收入增长（蓝海涛等，2017）。

（2）消费水平稳步提高，生活条件和人居环境明显改善。随着农村居民收入的稳步增长和网络购物等新型消费模式向农村地区不断延伸，农村居民消费支出稳步提高。如表 3 所示，2021 年全国农村居民人均消费支出达 15916 元，名义增长 16.1%，扣除价格因素，实际增长 15.3%。2013—2021 年，农村居民人均消费支出年均实际增长8.1%，比农村居民人均可支配收入的年均增速高0.8个百分点，比同期城镇居民人均消费支出的年均增速高3.5个百分点，农村居民的生活质量明显改善。

表3　　农村居民人均消费支出情况

年份	人均消费支出（元）	名义增速（%）	实际增速（%）	支出结构（%）							
				食品烟酒	衣着	居住	生活用品	交通通信	教育文化娱乐	医疗保健	其他用品及服务
2013	7485	12.3	9.2	34.1	6.1	21.1	6.1	11.7	10.1	8.9	1.9
2014	8383	12.0	10	33.6	6.1	21.0	6.0	12.1	10.3	9.0	1.9
2015	9223	10.0	8.6	33.0	6.0	20.9	5.9	12.6	10.5	9.2	1.9
2016	10130	9.8	7.8	32.2	5.7	21.2	5.9	13.4	10.6	9.2	1.8
2017	10955	8.1	6.8	31.2	5.6	21.5	5.8	13.8	10.7	9.7	1.8
2018	12124	10.7	8.4	30.1	5.3	21.9	5.9	13.9	10.7	10.2	1.8
2019	13328	9.9	6.5	30.0	5.3	21.5	5.7	13.8	11.1	10.7	1.8
2020	13713	2.9	-0.1	32.7	5.2	21.6	5.6	13.4	9.5	10.3	1.6
2021	15916	16.1	15.3	32.7	5.4	20.8	5.7	13.4	10.3	9.9	1.8

资料来源：国家统计局。

从消费支出结构来看，随着农村居民生活水平的日益提高，吃穿等生存型消费占比逐步下降，发展型消费占比逐步提高。恩格尔系数总体保持下行趋势，2021年农村居民人均食品烟酒支出占消费支出的比重为32.7%，比2013年下降1.4个百分点；2021年衣着支出占比为5.4%，比2013年下降了0.7个百分点。交通通信、医疗保健等发展型消费增长较快。2021年，交通通信和医疗保健支出的占比分别为13.4%和9.9%，比2013年分别提高1.7个和1.0个百分点。随着城乡一体化程度深化，城乡之间的沟通变得更加频繁，道路交通、电信等基础设施也日渐完善，促进了农村居民在交通通信方面的消费。同时，在农村劳动力外流的背景下，农村人口老龄化程度加剧，大大增加了农村居民医疗保健支出的需求。与此同时，农村居民家庭拥有的耐用消费品持续增加，生活家电普及率明显提高。彩电、冰箱、洗衣机等主要生活家电拥有量基本实现户均1台，家用汽车、空调、热水器等也实现了较大的增幅。

农村人居环境改善明显，农村居民住房结构、饮用水、卫生设备等生活居住条件有了大幅提高。如表4所示，2020年居住在钢筋混凝土和砖混材料结构住房的农户比重、主要饮用水源为经过净化处理的自来水或受保护的井水和泉水及桶装水的农户比重、有水冲式卫生厕所的农户比重分别为73.1%、93.7%和60.9%，分别比2013年提高17.4个、19.0个和38.6个百分点。无洗澡设施的农户比重和炊用主要能源为柴草的农户比重分别为25.1%和21.2%，比2013年分别下降22.6个和26.8个百分点。村庄环境和基础设施也有明显改善，2020年，99.2%的农户所在自然村主要道路路面为硬化路面，76.6%的农户所在自然村主要道路有路灯，92.1%的农户所在自然村垃圾能够做到集中处理，78.0%的农户所在自然村有健身器材，93.3%的农户所在自然村有卫生站，均比2013年有了明显提高。

表4　　农村居民生活居住和村庄环境条件　　单位：%

	2013年	2020年
居住钢筋混凝土和砖混材料结构住房的农户比重	55.7	73.1
饮用经过净化处理的自来水、受保护的井水和泉水及桶装水的农户比重	74.7	93.7

续表

	2013 年	2020 年
有水冲式卫生厕所的农户比重	22.3	60.9
无洗澡设施的农户比重	47.7	25.1
炊用主要能源为柴草的农户比重	48.0	21.2
所在自然村主要道路为硬化路面的农户比重	89.9	99.2
所在自然村主要道路有路灯的农户比重	39.1	76.6
所在自然村垃圾能集中处理的农户比重	48.7	92.1
所在自然村有健身器材的农户比重	32.0	78.0
所在自然村有卫生站的农户比重	81.6	93.3

资料来源：《人间奇迹——中国脱贫攻坚统计监测报告》。

（3）公共服务全面提升，社会保障不断完善。一是乡村教育快速发展，居民文化素质明显提高。如表 5 所示，农村 6 岁及以上人口中高中和大专及以上学历的比重从 2013 年的 9.4%和 2.4%分别提高到 2019 年的 11.3%和 4.7%，平均受教育年限为 7.9 年。另据统计，中国高素质农民（职业农民）群体发展较快，总体规模从 2010 年的 821 万人增加到 2020 年的 1700 万人，占全部农业劳动力的比重也从 2010 年的 2.9%增加到 2020 年的 9.6%。[①] 教育脱贫攻坚成效显著，2013 年以来，累计改善贫困地区义务教育薄弱学校 10.8 万所，760 个贫困县通过了县域义务教育基本均衡发展国家实地督导检查。累计帮扶 800 多万贫困家庭学生接受中高等职业教育，累计帮扶 514.05 万建档立卡贫

① 高素质农民（职业农民）2010 年数据来源于农业部科技教育司、中央农业广播电视学校编：《2016 年全国新型职业农民发展报告》，中国农业出版社 2017 年版；2020 年数据来源于农业农村部网站，《农业科技创新和成果推广应用取得标志性成果》，网址：http：//www.kjs.moa.gov.cn/gzdt/202101/t20210105_ 6359433.htm.

全国农业劳动力数据来源于《中国农村统计年鉴（2021）》，2010 年为 27931 万人，2020 年为 17715 万人。

困学生接受高等教育（《人间奇迹》编写组，2021）。农村地区师资条件明显改善，2020 年，农村幼儿园、小学、初中和普通高中的专任教师中，本科及以上学历的比例分别为 19.9%、53.4%、83.2%和 98.4%，比 2013 年分别提高了 11.5 个、28.4 个、17.1 个和 2.7 个百分点。① 农村地方学校的生均教育经费有了大幅提高，2020 年农村幼儿园、小学、初中、普通高中和职业高中的生均教育经费分别为 8357.6 元、12530.8 元、16997.0 元、17124.2 元、17921.9 元，比 2013 年分别增长了 108.0%、75.7%、77.4%、78.6%和 79.2%。②

表 5　　农村人口受教育程度构成和平均受教育年限

年份	受教育程度构成（%）					平均受教育年限（年）
	未上过学	小学	初中	高中	大专及以上	
2013	7.5	35.7	45.0	9.4	2.4	7.7
2014	8.2	35.0	44.4	9.9	2.5	7.7
2016	8.8	34.7	43.0	10.4	3.1	7.7
2017	8.2	34.6	42.7	11.0	3.5	7.8
2018	8.3	34.7	41.8	11.0	4.2	7.8
2019	7.9	34.6	41.5	11.3	4.7	7.9

资料来源：2014—2020 年《中国人口与就业统计年鉴》，按照现行学制为受教育年数计算人均受教育年限，即大专以上文化程度 16 年、高中 12 年、初中 9 年、小学 6 年、文盲为 0 年计算。由于 2015 年和 2020 年的统计口径和方法不同，不纳入比较范围。

二是乡村卫生医疗服务体系不断完善，居民健康水平大幅提高。如表 6 所示，2013—2020 年，农村每万人拥有的卫生技术

---

① 根据《中国教育统计年鉴（2013）》和《中国教育统计年鉴（2020）》的相关数据整理计算得到。

② 根据《中国教育经费统计年鉴（2013）》和《中国教育经费统计年鉴（2020）》的相关数据整理计算得到。

人员数从36人增长到52人，执业（助理）医师数从15人增长到21人，注册护士数从12人增长到21人，医疗机构床位数从33.5张增长到49.5张。乡村卫生技术人员的学历水平得到明显提高，村卫生室中大学及以上、大专学历的人员比例分别从2013年的0.5%、6.5%提高到2020年的10.5%、26.0%，乡镇卫生院中大学本科学历的人员比例从7.4%提高到22.1%[①]。2003年建立的新型农村合作医疗制度在2016年与城镇居民基本医疗保险整合为城乡居民基本医疗保险制度，同时随着2015年大病保险制度的建立和2017年基本医保药品报销范围的扩大，农村居民的医保权益大幅提高。如表7所示，城乡居民基本医疗保险的人均支出从2013年的328元提高到2021年的906元，增幅达176%。随着医疗服务体系完善和医疗保障水平提高，农村居民健康水平进一步改善，2020年农村新生儿死亡率、婴儿死亡率和5岁以下儿童死亡率分别为3.9‰、6.2‰和8.9‰，比2013年分别降低了46.6%、45.1%和38.6%；农村孕产妇死亡率为18.5/10万，比2013年降低了21.6%。

表6　　农村每万人拥有卫生人员数和床位数

年份	卫生技术人员数（人）	执业（助理）医师数（人）	注册护士数（人）	医疗机构床位数（张）
2013	36	15	12	33.5
2014	38	15	13	35.4
2015	39	16	14	37.1
2016	41	16	15	39.1

① 根据《中国卫生健康统计年鉴（2014）》和《中国卫生健康统计年鉴（2021）》的相关数据整理计算得到。

续表

年份	卫生技术人员数（人）	执业（助理）医师数（人）	注册护士数（人）	医疗机构床位数（张）
2017	43	17	16	41.9
2018	46	18	18	45.6
2019	50	20	20	48.1
2020	52	21	21	49.5

资料来源：国家统计局。

表 7　农村居民医疗保障水平和健康水平

年份	城乡居民基本医疗人均支出（元/年）	农村新生儿死亡率（‰）	农村婴儿死亡率（‰）	农村 5 岁以下儿童死亡率（‰）	农村孕产妇死亡率（1/10 万）
2013	328	7.3	11.3	14.5	23.6
2014	457	6.9	10.7	14.2	22.2
2015	472	6.4	9.6	12.9	20.2
2016	553	5.7	9.0	12.4	20.0
2017	567	5.3	7.94	10.94	21.1
2018	692	4.7	7.3	10.2	19.9
2019	799	4.1	6.6	9.4	18.6
2020	803	3.9	6.2	8.9	18.5
2021	906				

资料来源：国家统计局、《中国卫生健康统计年鉴》（2016—2021）。

三是农村养老服务和保障水平逐步提高，社会救助兜底保障能力不断增强。2009 年开始建立的新型农村养老保险制度在 2014 年与城镇居民社会养老保险整合为城乡居民基本养老保险制度。如表 8 所示，城乡居民基本养老保险的人均支出从 2013 年的 80 元/月提高到 2020 年的 174 元/月，增幅为 119%。第三次全国农业普查结果显示，56.4%的乡镇有本级政府创办的敬老院。以居家养老为基础、社区服务为依托、机构养老为补充的农村多层次养老服务体系正在逐步形成，不断满足老年人基本生活需求，提升老年人生活质量。最低生活保障和特困供养制度发挥重要的兜底保障作用，农村低保平均标准从2013年的每人每年2434元提高到2021年的6362元，特困供养的人均支出从2013年的3207元提高到2020年的9500元。此外，全面建立农村留守儿童关爱保护制度，帮助无人监护的农村留守儿童落实受委托监护责任人，让失学辍学的农村留守儿童返校复学，农村居民基本生活的兜底保障网越织越牢。

表8　　农村社会保障待遇情况

年份	城乡居民基本养老保险人均支出（元/月）	农村低保平均标准（元/人·年）	农村特困供养人均支出（元/年）
2013	80	2434	3207
2014	91	2777	3587
2015	119	3178	4064
2016	117	3744	4607
2017	127	4301	5770
2018	152	4833	6745
2019	162	5336	7880
2020	174	5962	9500
2021		6362	

资料来源：国家统计局、《民政事业发展统计公报》（2013—2020）。

2. 农村居民的富裕程度仍然较低

相比于改革开放初期，中国农村居民的生活状况有了极大改善，如期实现了全面小康标准。但就现实状况而言，当前农村居民仍以低收入群体为主，成为中等收入群体的人口比重较小。

（1）农村居民以低收入群体为主，中等收入群体的比重较小。按照收入分层标准，社会人群分为三大收入群体，即低收入人群（包括贫困人群）、中等收入人群、高收入人群。2019 年国家统计局将中国典型三口之家年收入在 10 万—50 万元（2018 年价格）的定义为中等收入家庭，约 1.4 亿家庭的 4 亿多人，有购房、购车、旅游闲暇能力。还有 9 亿人是低于中等收入的群体，也就是低收入群体，相当于家庭年人均收入不到 3.4 万元。有学者根据 2018 年世界人口收入分布中位数的 67%—200%作为分界线计算中国低、中、高收入人群的比重，结果显示中国低收入人群比重超过了 2/3，分城乡来看，超过 55%的低收入人口在农村；而在农村居民中，低收入群体的比重高达 93.1%，中等收入群体约占 6.6%，而高收入群体仅为 0.3%（李实、杨修娜，2021）。2021 年中国农村低收入户、中间偏下户、中间收入户、中间偏上户和高收入户的人均可支配收入分别提高到 4856 元、11586 元、16546 元、23167 元和 43082 元，按人均 3.4 万元（2018 年价格）的中等收入群体门槛标准来看，农村有超过 80%的人群，4 亿多人是低收入群体。

放眼全球，不同国家和地区对于中等收入群体的衡量标准尚未完全一致。国际上引用率较高的是 Kharas（2010）提出将 10—100 美元（2005PPP）作为界定中等收入群体日收入的下限和上限，世界银行对拉丁美洲和加勒比地区提出的中等收入群体标准是每人每天 13—70 美元（2011PPP）。换算为国际可比数据，2021 年中国农村低收入户、中间偏下户、中间收入户、中间偏上户和高收入户的人均收入分别为每天 3.15 美元、7.51 美元、10.73 美元、15.02 美元和 27.94 美元。① 按每人每天 10 美

① 根据世界银行公布的私人消费购买力平价换算，因未公布 2021 年数据，用 2020 年的 4.225 进行换算。

元（2005PPP）或13美元（2011PPP）中等收入群体下限标准来看，2021年中国农村低收入群体的比重为60%—70%，有3亿—3.5亿农村居民。

（2）相比于高收入国家，农村居民的富裕程度仍然较低。虽然中国GDP总量稳居世界第二，但相比于高收入国家，中国人均GNI水平还存在较大的差距，居民的整体富裕程度较低，农村居民的富裕程度更低。图1展示了世界各国的人均GNI水平与全体居民人均消费或收入水平的关系。整体而言，一国居民的富裕程度与经济发展水平成正比，即人均GNI水平越高，居民的人均消费或收入水平也越高，如美国2019年的人均消费水平高达每天78.80美元，而高收入国家的平均水平约为每人每天46.67美元。[①] 对中国而言，世界银行统计的2019年人均消费支出为每天13.82美元。作为中等偏上收入国家，中国的人均GNI在中等偏上收入国家中位于前列，但居民的人均消费支出却低于中等偏上收入国家的平均水平15.02美元。[②]

国家统计局的数据进一步显示，2019年中国农村居民的人均消费支出和人均可支配收入分别为13328元和16021元，换算为国际可比数据，人均消费为每天8.74美元，人均收入为每天10.51美元，[③] 相当于中等偏下收入国家的平均消费或收入水平（约8.82美元）。[④] 到2021年，中国农村居民的人均消费支出约为每天10.32美元，人均可支配收入为每天12.28美元，[⑤] 仍低

① 根据图1中37个高收入国家的数据计算得到。

② 根据图1中27个中等偏上收入国家的数据计算得到。

③ 根据世界银行公布的私人消费购买力平价换算，2019年为4.176。

④ 根据图1中18个中等偏下收入国家的数据计算得到。

⑤ 根据世界银行公布的私人消费购买力平价换算，因未公布2021年数据，用2020年的4.225美元进行换算。

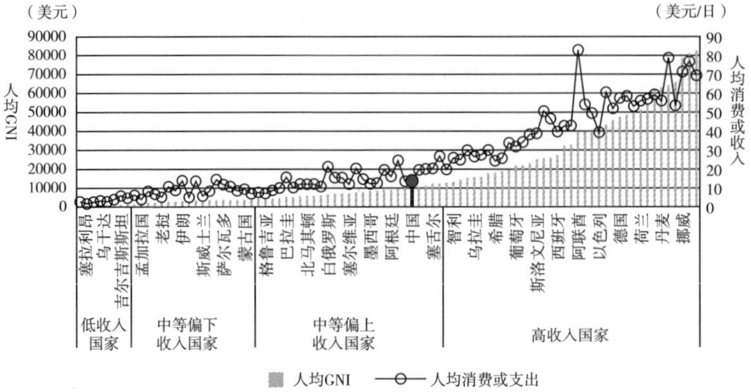

图1　按人均国民总收入排序的各国人均消费或收入

注：世界银行按图表集法（Atlas method）衡量的人均GNI（现价美元）划分高、中、低收入国家，2020年人均GNI低于1035美元的属于低收入国家；人均GNI在1036美元到4045美元之间的属于中等偏下收入国家；人均GNI在4046美元到12535美元之间的属于中等偏上收入国家；人均GNI超过12535美元的属于高收入国家。共计90个国家，其中低收入国家8个，中等偏下收入国家18个，中等偏上收入国家27个，高收入国家37个。左边纵轴为2020年人均GNI（Atlas method，现价美元），右边纵轴为居民人均消费或收入（2011PPP，美元/日），不同国家可获取的最新数据所在年份不同，13个国家的消费收入数据为2020年，38个国家为2019年，20个国家为2018年，11个国家为2017年，8个国家为2016年。

资料来源：世界银行。

于中等偏上收入国家的平均水平，仅相当于高收入国家平均水平的25%左右。若从五等份分组数据来看，2021年农村最低20%收入户的家庭人均收入只有每天3.15美元，略低于世界银行针对中等偏下收入国家制定的贫困标准每人每天3.2美元，[①] 也低

① 世界银行2015年发布的贫困标准（2011PPP）有三条，分别是每人每天1.9美元的极端贫困线、针对中等偏下收入国家的每人每天3.2美元和中等偏上收入国家的每人每天5.5美元。2022年世界银行根据2017年PPP数据将三条贫困线分别上调至2.15美元、3.65美元和6.85美元。

于当前低收入国家的平均水平 3.42 美元。[①] 因此，中国农村居民的富裕程度仍然处于较低水平。

（二）对农民农村共富情况的分析

城乡差距和农村内部差距是衡量农民农村共同富裕的两个重要方面。2013 年以来，中国城乡之间的收入、消费以及公共服务差距虽呈缩小趋势，但差距仍然较大；农村内部差距，包括不同群体之间、地区之间的收入和消费差距较大，且无明显缩小趋势。

1. 城乡居民的收入和消费相对差距缩小，但绝对差距扩大

虽然当前中国城乡居民收入和消费水平的相对差距呈不断缩小趋势，但绝对差距仍在不断扩大，且城乡居民收入绝对差距主要来源于工资性收入。

（1）城乡居民收入及差距。改革开放以来，中国城乡居民人均可支配收入一直保持增长趋势。特别是 2004 年开始的中央一号文件连续聚焦“三农”以来，农村居民收入较之前持续保持较高的增长态势，城乡居民收入的相对差距逐步缩小。从 2007 年到 2021 年，城乡居民人均名义可支配收入之比从 3.14 缩小至 2.50，但是其绝对差距仍呈不断扩大的趋势，从 9296 元增加至 28481 元，扩大了 2 倍以上（见图 2）。

---

① 图 1 中 7 个低收入国家的每人每天平均消费或收入水平介于 1.71 美元（马拉维）至 4.63 美元（巴基斯坦），平均为 3.42 美元。

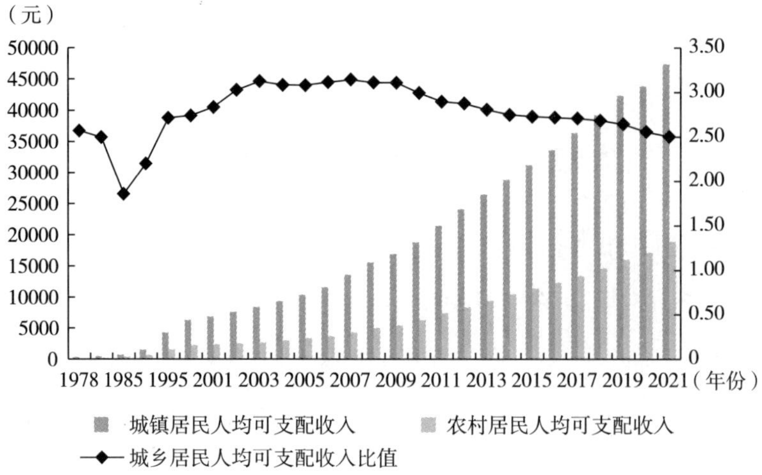

图 2　1978—2021 年城乡居民人均可支配收入及其差距

资料来源：国家统计局。

从不同来源的城乡收入差距看（见表 9），两者的财产净收入相对差距最大。2013—2020 年城乡居民财产净收入之比从 13.10 下降至 11.05；工资性收入之比从 4.55 下降至 3.78；转移净收入之比从 2.62 下降至 2.22；经营净收入之比保持在 0.8 左右。再从绝对差距来看，从 2013 年到 2020 年，在城乡居民人均可支配收入绝对差距来源中，工资性收入占比虽然从 76.1%下降到 72.7%，但依然占绝大部分；同期财产净收入占比从 13.8%提高到 15.8%，转移净收入占比从 15.7%提升到 16.7%。其间，中国城乡居民人均可支配收入绝对差距的扩大，有 66.7%来自工资性收入差距的扩大，还分别有 19.2%和 18.4%来自财产净收入和转移净收入差距的扩大，而经营净收入起到了缩小城乡居民收入绝对差距的作用。

表 9　2013—2020 年城乡居民人均可支配收入比

年份	工资性收入			经营净收入			财产净收入			转移净收入		
	城镇（元）	农村（元）	比值	城镇（元）	农村（元）	比值	城镇（元）	农村（元）	比值	城镇（元）	农村（元）	比值
2013	16617.4	3652.5	4.55	2975.3	3934.9	0.76	2551.5	194.7	13.10	4322.8	1647.5	2.62
2014	17936.8	4152.2	4.32	3279	4237.4	0.77	2812.1	222.1	12.66	4815.9	1877.2	2.57
2015	19337.1	4600.3	4.20	3476.1	4503.6	0.77	3041.9	251.5	12.10	5339.7	2066.3	2.58
2016	20665.0	5021.8	4.12	3770.1	4741.3	0.80	3271.3	272.1	12.02	5909.8	2328.2	2.54
2017	22200.9	5498.4	4.04	4064.7	5027.8	0.81	3606.9	303	11.90	6523.6	2603.2	2.51
2018	23792.2	5996.1	3.97	4442.6	5358.4	0.83	4027.7	342.1	11.77	6988.3	2920.5	2.39
2019	25564.8	6583.5	3.88	4840.4	5762.2	0.84	4390.6	377.3	11.64	7563	3297.8	2.29
2020	26380.7	6973.9	3.78	4710.8	6077.4	0.78	4626.5	418.8	11.05	8115.8	3661.3	2.22

资料来源：国家统计局。

（2）城乡居民消费差距。随着收入水平的不断增长以及人民对于生活品质的要求提高，城乡居民人均消费支出呈快速增长趋势，且自2010年以来，农村居民人均消费支出的增长速度快于城镇居民，城乡居民人均消费支出比值不断下降，2021年下降至1.90（见图3）。但是城乡居民人均消费支出的绝对差距从2010年的9090元增长到2021年的14391元，扩大了58.3%。长期以来，受收入水平、交通物流、科技和文化等因素的限制，农村居民的消费需求一直处于被压制的状态，随着经济增长和人民生活条件的改善，农村居民的消费潜力被逐步释放。

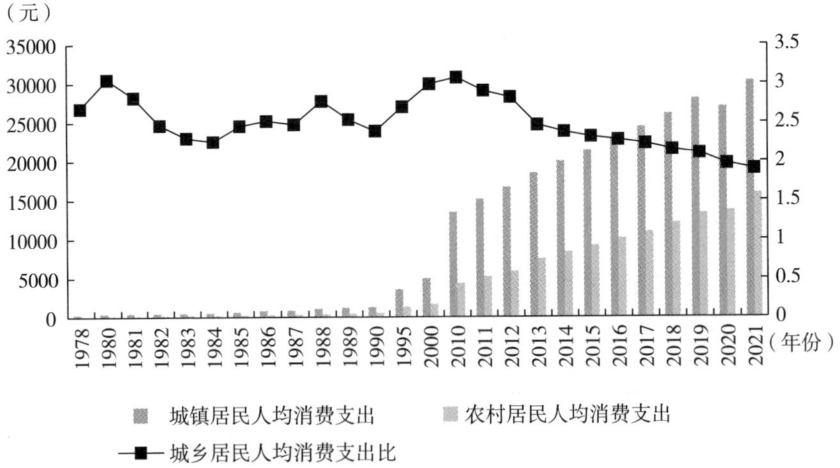

图3　1978—2021年城乡居民人均消费水平及消费差距变化

资料来源：国家统计局。

对比城乡八大类商品的消费支出情况，城乡居民在医疗保健消费支出上的相对差距最小。2013—2020年，城乡居民各类商品消费支出的差距逐渐缩小，其中缩小幅度最大的是衣着消费，两者衣着消费之比从 3.4 下降至 2.3，下降 32.6%。其次是交通通信、教育文化娱乐和食品烟酒，两者的相对差距分别下降 28.8%、24.8%和 19.3%（见表 10）。城乡居民衣着和食品烟酒消费差距的缩小表明在基本生活条件方面，相对城镇居民，农村居民有了较大的改善。农村居民在医疗保健、交通通信、教育文化娱乐方面消费支出的大幅增长说明农村居民的消费结构正在转型升级。

表 10　　2013—2020 年城乡居民人均各项消费支出之比　　单位：元;%

年份	食品烟酒	衣着	居住	生活用品及服务	交通通信	教育文化娱乐	医疗保健	其他用品及服务
2013	2.2	3.4	2.7	2.5	2.6	2.6	1.7	3.4
2014	2.1	3.2	2.5	2.4	2.6	2.5	1.7	3.3
2015	2.1	3.1	2.4	2.4	2.5	2.5	1.7	3.3
2016	2.1	3.0	2.4	2.4	2.3	2.5	1.8	3.2
2017	2.0	2.9	2.4	2.4	2.2	2.4	1.7	3.2
2018	2.0	2.8	2.4	2.3	2.1	2.3	1.6	3.1
2019	1.9	2.6	2.3	2.2	2.0	2.2	1.6	3.1
2020	1.8	2.3	2.5	2.1	1.9	2.0	1.5	2.9
变化幅度	-19.3	-32.6	-13.7	-13.9	-28.8	-24.8	-9.9	-15.3

资料来源：国家统计局。

从恩格尔系数来看，农村居民的恩格尔系数均高于城镇居民。从 2013 年到 2019 年，城乡居民的恩格尔系数呈下降趋势。其中，城镇居民的恩格尔系数从 30.1%下降至 27.6%，下降 2.5 个百分点；农村居民的恩格尔系数从 34.1%下降至 30.0%，下降 4.1 个百分点，这期间城乡居民恩格尔系数之比呈不断下降趋势在一定程度上说明农村居民的生活品质提升速度要快于城镇居民。然而，受新冠肺炎疫情的影响，2020 年和 2021 年城乡居民的恩格尔系数均高于 2019 年，且农村居民的恩格尔系数增长幅度大于城镇居民。2021 年，城镇居民的恩格尔系数为 28.6%，农村居民的恩格尔系数为 33.7%。

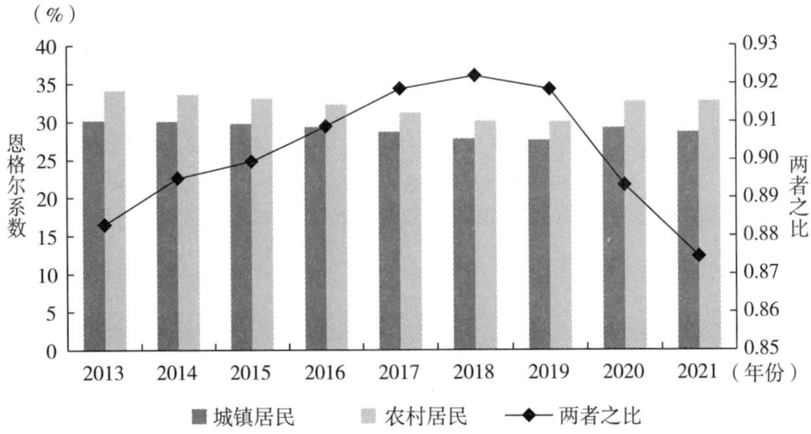

图 4　2013—2021 年城乡居民的恩格尔系数变化情况

资料来源：国家统计局。

2. 城乡居民的基本公共服务差距有所缩小，但仍较大

尽管近年来，特别是在“十三五”时期，农村居民的基本公共服务保障水平有了显著提高，但是城乡间公共服务资源配置不均衡、服务水平差异较大等问题仍然十分突出。特别是在教育、医疗卫生、养老等基本公共服务方面，城乡差距虽然有所缩小，但仍较大。

（1）城乡居民受教育水平、生均教育经费支出差距。2013—2019 年，城乡居民的平均受教育水平呈现出增长趋势，城镇居民平均受教育年限从 2013 年的 10.16 年增加至 2019 年的

10.25 年，增长不到 1%；农村居民的平均受教育年限从 2013 年的 7.71 年增加至 2019 年的 7.92 年，增长接近 3%。农村居民的平均受教育水平增长快于城镇居民，城乡居民的平均受教育水平差距在逐渐缩小。但应该看到，目前城乡居民的平均受教育水平仍存在较大的差距，2019 年，两者受教育年限之差为 2.33 年。[①]

义务教育阶段的生均教育经费支出方面，城乡之间仍存在一定差距。虽然近年来，城乡义务教育生均教育经费支出的差距呈下降趋势，小学阶段的城乡生均教育经费支出之比从 2002 年的 1.64 下降至 2019 年 1.10；同期初中阶段的城乡生均教育经费支出之比从 1.68 下降至 1.17（见表 11），但是该差距并没有在真正意义上彻底消除。长期以来，农村地区的居民受教育水平和教育质量远落后于城镇地区，消除城乡教育差距不仅需要彻底消除城乡教育经费投入的差距，实现教育经费投入的均等化，而且需要加大对农村地区的投入，实施偏向农村的教育投入政策（吕炜等，2015）。在办学条件上，近年来由于农村学生数不断减少，加之城乡义务教育均衡发展的快速推进，农村生均办学条件指标不断改善，且部分指标优于城镇，但农村的信息化水平尚有待提高（苏红键，2021）。

表 11　2002 年、2013 年和 2019 年城乡义务教育生均教育经费支出情况

单位：元

年份	小学			初中		
	城镇	农村	比值	城镇	农村	比值
2002	1563.1	953.7	1.64	1893.1	1129.2	1.68

① 资料来源：笔者根据《中国人口和就业统计年鉴》计算 6 岁及以上人口平均受教育年限。

续表

年份	小学			初中		
	城镇	农村	比值	城镇	农村	比值
2013	8519.5	8152.2	1.05	11547.9	10996	1.05
2019	13789.6	12530.8	1.10	19943.9	16997	1.17

资料来源：2003 年、2014 年和 2020 年《中国教育统计年鉴》《中国教育经费统计年鉴》。

（2）城乡居民医疗卫生服务水平差距。近年来，中国城乡居民医疗卫生资源和条件有了较大的改善。从城乡差距来看，无论是在每万人拥有医疗卫生从业人员数量上，还是在拥有医疗机构床位数上，2013 年城市居民都是农村居民的两倍及以上，但是这种差距呈不断缩小的趋势。其中，2020 年城乡居民每万人医疗机构床位数之比下降至 1.78（见表 12）。

表 12　2013 年、2020 年城乡居民医疗卫生情况比较

年份	每万人拥有卫生技术人员数之比	每万人拥有执业（助理）医师数之比	每万人拥有注册护士数之比	每万人拥有医疗机构床位数之比
2013	2.56	2.27	3.33	2.20
2020	2.21	2.05	2.57	1.78

注：城市包括直辖市区和地级市辖区；农村包括县及县级市。
资料来源：国家统计局。

（3）城乡居民社会保障待遇差距。虽然中国已经基本建立统一的城乡居民基本医保制度，城乡医疗保障待遇差距呈缩小趋势，但差距仍较大，该差距主要体现在城镇职工与农村居民群体上。城镇居民以参加城镇职工医疗保险为主，农村居民以参加城乡居民医疗保险为主，两者在报销比例上存在很大差别，前者报销比例在 70%左右，后者报销比例在 60%左右。如图 5 所示，2013—2021 年城镇职工和城乡居民基本医疗保险人均支出不断增加，2021 年城镇职工医疗保险人均支出为 4196 元/年，城乡居民医疗保险人均支出为 906 元/年，两者之比从 2013 年的 6.48 下降至 2021 年的 4.63。

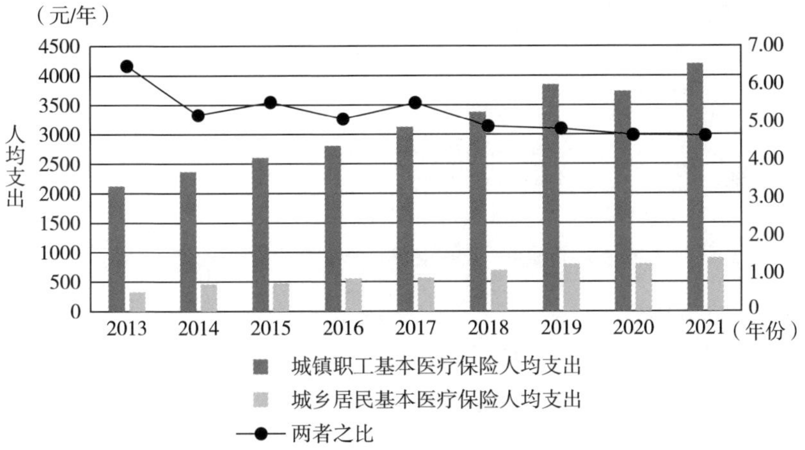

图 5　2013—2021 年医疗保险人均支出情况

资料来源：国家统计局。

城乡居民实际领取的养老保险金之比有所缩小，但差距仍较大。农村居民以参加城乡居民基本养老保险为主，与城镇职工基本养老保险制度相比，城乡居民基本养老保险制度起步晚、现有统筹层次低，具有低缴费、低付给的特征，总体保障水平较低。城镇职工基本养老保险的人均支出水平从 2013 年的 1914 元/月提高至 2020 年的 3350 元/月；同期城乡居民养老保险的人均支出从 80 元/月提高至 174 元/月（见图 6），2020 年两者之比仍高达 19.25 倍。[1] 与城镇退休职工领取的养老金相比，农村老年人领取的养老金水平非常低。

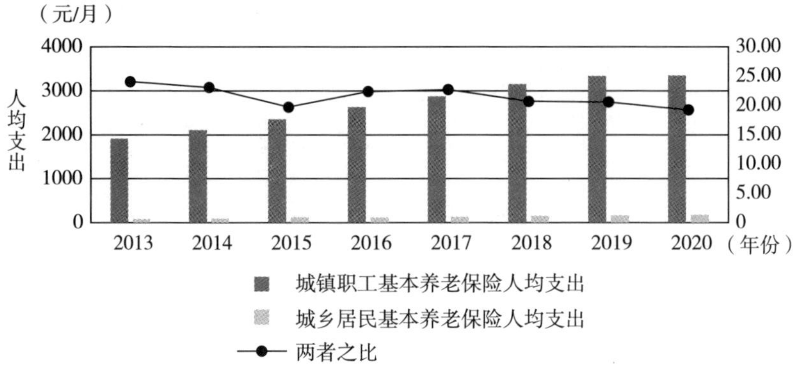

图 6　2013—2020 年养老保险人均支出情况

资料来源：国家统计局。

城乡居民低保平均标准的差距有所缩小。随着城乡居民的收入水平和生活质量的不断提高，城乡居民最低保障金标准也在不断提高。城市低保从 2013 年的平均 4480 元/年提高至 2021 年的 8537 元/年，增加将近一倍；农村低保从 2013 年的平均 2434 元/年提高至 2021 年的 6362 元/年，增加 1.6 倍。城乡居民低保平均标准的相对差距从 2013 年的 1.84 倍缩小至 2021 年的 1.34 倍，缩小了近 30%。从绝对差距来看，两者之间的差距一直保持在 2000 元/年左右，无缩小趋势。

① 目前城乡居民养老保险未实现全国层面的统筹，各地区的缴费档位标准和养老金发放标准不一致。当前基础养老金的最低标准仅为 93 元/月。虽然农村居民的基本养老保险参保率较高，但是选择的档位均较低，实际领取的养老金也较低。

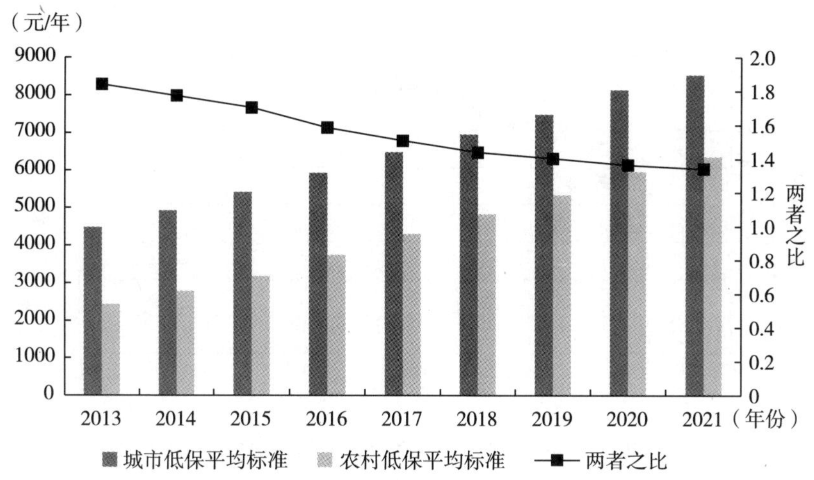

图 7　2013—2021 年城乡低保平均标准比较

资料来源：民政部。

3. 农村居民内部群体之间的收入差距显著

根据国家统计局公布的 1978—2012 年农村居民基尼系数和根据 CHIP2018 计算得到的 2018 年农村居民基尼系数（0. 402）来看，农村居民内部的收入不平等情况仍在加剧，且尚无明显缓和的趋势。另据中国乡村振兴综合调查（CRRS），在 2020 年调查的 10 个省区、308 个行政村、3833 个农户样本中，按农民人均纯收入计算的基尼系数达到 0. 459（魏后凯，2022）。虽然由于数据来源和调查样本不同，各种基尼系数的估算并非完全可比，但它反映了农村居民不同群体之间收入差距非常显著的现实。

从农村居民人均可支配收入五等份组来看（见表 13），收入增幅最大的是处于收入分布最高层 20%的高收入组，2013—2021 年的年均增幅达到 9. 2%；处于收入分布最底层 20%的低收入组

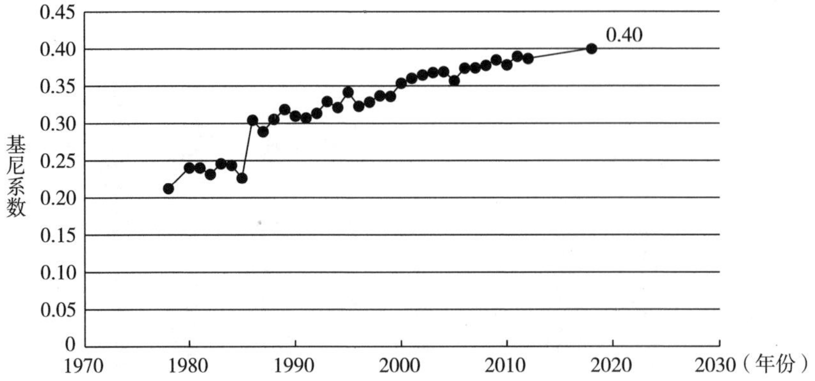

图 8　1978—2018 年农村居民基尼系数的变化情况

资料来源：1978—2012 年的农村居民基尼系数来源于国家统计局公布数据，2018 年的农村居民基尼系数笔者根据 CHIP2018 计算得到。

人均可支配收入年均增幅为 7.0%，高收入组与低收入组的收入差距不断扩大，二者之比从 2013 年的 7.41 增加至 2021 年的 8.87。从各收入组的变异系数来看，这期间变异系数呈先扩大后缩小趋势，2019 年为拐点。值得注意的是，低收入组 2021 年收入的名义增速为 3.7%，低于上年增速和这期间的平均增速，也低于其他组的增速。总体而言，农村内部的收入差距一定程度上有所扩大，农村低收入组群体仍然需要被重点关注和支持。

4. 地区间农村居民收入和消费差距较大，无明显缩小趋势

从地区差异来看（见表 14），东部地区的农村居民人均可支配收入水平最高，其次是东北地区和中部地区，西部地区最低。从收入的名义增速来看，2014—2021 年西部地区年均增幅最高，为 9.7%，其次是东部地区和中部地区，均为 9.0%，而东北地区农村居民的年增幅最低，为 8.2%，明显低于全国同期农村平

表 13　　2013—2021 年全国农村居民按照五等份分组的人均可支配收入及相对差距

年份	农村居民人均可支配收入（元）					名义增速（%）					相对收入差距			
	低	中低	中间	中高	高	低	中低	中间	中高	高	高/低	中间/低	高/中间	变异系数
2013	2878	5966	8438	11816	21324						7. 41	2. 93	2. 53	0. 703
2014	2768	6604	9504	13449	23947	-3. 8	10. 7	12. 6	13. 8	12. 3	8. 65	3. 43	2. 52	0. 720
2015	3086	7221	10311	14537	26014	11. 5	9. 3	8. 5	8. 1	8. 6	8. 43	3. 34	2. 52	0. 717
2016	3006	7828	11159	15727	28448	-2. 6	8. 4	8. 2	8. 2	9. 4	9. 46	3. 71	2. 55	0. 732
2017	3302	8349	11978	16944	31299	9. 8	6. 7	7. 3	7. 7	10. 0	9. 48	3. 63	2. 61	0. 744
2018	3666	8508	12530	18051	34043	11. 0	1. 9	4. 6	6. 5	8. 8	9. 29	3. 42	2. 72	0. 762
2019	4263	9754	13984	19732	36049	16. 3	14. 6	11. 6	9. 3	5. 9	8. 46	3. 28	2. 58	0. 727
2020	4681	10392	14712	20884	38520	9. 8	6. 5	5. 2	5. 8	6. 9	8. 23	3. 14	2. 62	0. 728
2021	4856	11586	16546	23167	43082	3. 7	11. 5	12. 5	10. 9	11. 8	8. 87	3. 41	2. 60	0. 737
年均	3612	8468	12129	17145	31414	7. 0	8. 7	8. 8	8. 8	9. 2				
“十三五”时期						8. 9	7. 6	7. 4	7. 5	8. 2				

资料来源：笔者根据国家统计局相关数据整理计算得到。

均水平。2020 年受新冠肺炎疫情的影响，四大区域的增幅均有所回落；2021 年各地区统筹推进疫情防控和民生保障，四大区域农村居民收入名义增速达到了 7 年来最高增幅，东部、中部、西部和东北地区分别为 10.7%、10.1%、10.6%和 10.2%。当然，这种较高速增长带有一定恢复性质。2013—2021 年，地区间农村居民人均可支配收入的变异系数有所缩小。总体而言，地区间农民人均可支配收入差距较大，且呈缓慢缩小趋势；东北地区农村居民人均收入增速较缓，西部地区农村居民收入水平较低的问题，仍然值得高度重视。

表 14　　全国农村居民按地区分组的人均可支配收入及相对差距

年份	人均可支配收入（元）				名义增速（%）				相对收入差距
	东部	中部	西部	东北	东部	中部	西部	东北	变异系数
2013	11857	8983	7437	9762					0.193
2014	13145	10011	8295	10802	10.9	11.4	11.5	10.7	0.191
2015	14297	10919	9093	11490	8.8	9.1	9.6	6.4	0.188
2016	15498	11794	9918	12275	8.4	8.0	9.1	6.8	0.187
2017	16822	12806	10829	13116	8.5	8.6	9.2	6.9	0.187
2018	18286	13954	11831	14080	8.7	9.0	9.3	7.4	0.186
2019	19989	15291	13035	15357	9.3	9.6	10.2	9.1	0.183
2020	21286	16213	14111	16582	6.5	6.0	8.3	8.0	0.178
2021	23556	17858	15608	18280	10.7	10.1	10.6	10.2	0.179
年均					9.0	9.0	9.7	8.2	

资料来源：国家统计局。

各地区农村居民的人均消费差距仍然较大（见表 15），东部地区的人均消费水平最高，其次是中部地区和东北地区，人均消费水平最低的是西部地区。2013—2021 年，地区间农村居民人均消费支出的变异系数有所缩小。从消费增速来看，2014—2021 年各地区农村居民人均消费水平均快速增长。其中，东北地区农民人均消费支出增长最快，年均名义增速为 9.7%；中部地区增长最慢，年均名义增速为 8.6%。受新冠肺炎疫情影响，2020 年各地区人均消费增速有所下降，东部、中部、西部和东北地区的人均消费支出名义增速分别为 2.0%、-0.7%、3.0%和 5.2%；2021 年各地区人均消费水平呈恢复性增长，四大区域的人均消费支出名义增速分别为 14.9%、18.0%、15.4%和 14.0%。

表 15　　全国农村居民按地区分组的人均消费支出及名义增速

年份	人均消费支出（元）				名义增速（%）				相对收入差距
	东部	中部	西部	东北	东部	中部	西部	东北	变异系数
2014	8757	11375	8211	6951					0.211
2015	9610	12474	8986	7658	9.7	9.7	9.4	10.2	0.210
2016	10508	13566	9866	8375	9.3	8.8	9.8	9.4	0.206
2017	11321	14467	10566	9156	7.7	6.6	7.1	9.3	0.197
2018	12395	15726	11789	10069	9.5	8.7	11.6	10.0	0.190
2019	13576	17157	13061	11079	9.5	9.1	10.8	10.0	0.185
2020	13849	17037	13448	11660	2.0	-0.7	3.0	5.2	0.160
2021	15916	20109	15514	13295	14.9	18.0	15.4	14.0	0.175
年均					9.0	8.6	9.6	9.7	

资料来源：国家统计局。

农村地区人均可支配收入和消费支出的省际差距依然较大，人均消费支出差距呈明显缩小趋势。2013—2021 年，最高省份与最低省份的农村居民人均可支配收入比值均在 3 以上，农村居民人均消费支出比值也均在 2.5 以上。其中，最高与最低省份之间的人均可支配收入比基本保持不变，但人均消费支出比呈明显下降趋势，从 2013 年的 3.3 下降至 2021 年的 2.6。[①]

① 根据《中国统计年鉴》，以及 2021 年各省份国民经济和社会发展统计公报整理得到。

2013 年以来，脱贫县（原国家贫困县）农村居民人均可支配收入增速快于全国农村平均水平，但人均可支配收入与全国农村的平均水平之间仍存在一定的差距。2021 年，各地区接续推进脱贫地区加快发展，巩固拓展脱贫攻坚成果同乡村振兴有效衔接各项工作成效初显。据脱贫县农村住户监测调查,[①] 2021 年脱贫县农村居民人均可支配收入 14051 元，比上年名义增长 11.6%，扣除价格因素影响，实际增长 10.8%，名义增速和实际增速均比全国农村快 1.1 个百分点。脱贫县农村居民人均可支配收入相当于全国农村平均水平的 74.2%，比上年提高 0.7 个百分点，比 2013 年的 64.5%提高 9.7 个百分点。[②] 这表明随着脱贫县农民收入的快速增长，脱贫县与其他地区之间农民收入差距也在不断缩小。

三　促进农民农村共同富裕的战略目标

促进农民农村共同富裕的总体目标与未来 30 年两阶段战略部署是一致的，不仅要提高农村居民的富裕程度，而且要提高农民农村的共享共富水平，在着力缩小城乡居民的收入和消费差距，促进城乡基本公共服务均等化的同时，不断缩小农村的内部差距，并控制在适度范围内。

---

① 为全面、准确、及时地反映脱贫县农村居民收支状况与变化趋势，在原国家农村贫困监测调查基础上开展脱贫县农村住户监测调查。脱贫县包括原 832 个国家扶贫开发工作重点县和集中连片特困地区县，以及新疆阿克苏地区 7 个县（市）。

② 资料来源：国家统计局。

（一）总体目标

按照共同富裕的目标和国际比较标准，中国不论在富裕方面，还是在共享方面，都需要继续追赶世界先进水平的国家，而且这会是一个长期的追赶过程（李实，2021）。国家统计局公布的基尼系数显示，2013 年以来全国居民收入基尼系数基本维持在 0.47 左右，意味着中国的收入差距仍然处于高位徘徊阶段。中国的不平等状况在中等偏上收入国家行列中处于较高水平，而高收入国家的基尼系数普遍低于 0.4，如图 9 所示。中国较高的收入差距不仅体现在显著的城乡差距方面，也体现在较大的农村内部差距方面。因此，对于农民农村来说，实现共同富裕的这一过程将更为艰巨。

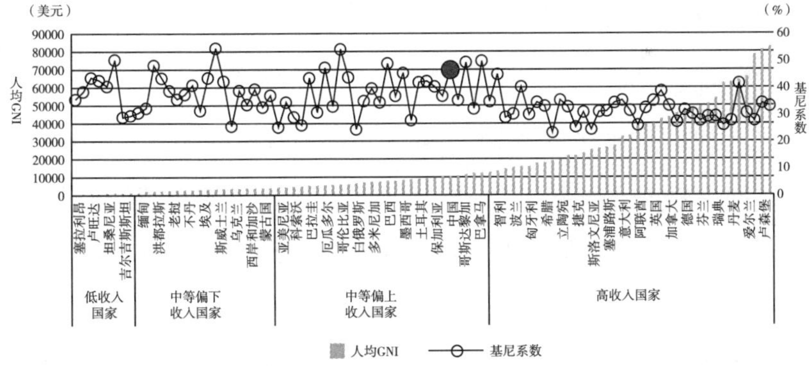

图 9　按人均国民总收入排序的各国基尼系数

注：图中共计 90 个国家，其中低收入国家 8 个，中等偏下收入国家 18 个，中等偏上收入国家 27 个，高收入国家 37 个。左边纵轴为 2020 年人均 GNI（Atlas method，现价美元），右边为基尼系数，18 个国家的基尼系数为 2020 年，33 个国家为 2019 年，20 个国家为 2018 年，9 个国家为 2017 年，9 个国家为 2016 年，中国的基尼系数为国家统计局公布的 2021 年数值 0.465。

资料来源：世界银行。

实现共同富裕需要分阶段扎实推进。《中华人民共和国国民经济和社会发展第十四个五年规划和二〇三五年远景目标纲要》指出，到 2035 年，“人均国内生产总值达到中等发达国家水平，中等收入群体显著扩大，基本公共服务实现均等化，城乡区域发展差距和居民生活水平差距显著缩小，……人的全面发展、全体人民共同富裕取得更为明显的实质性进展”。党的十九大报告指出，“从二〇三五年到本世纪中叶，在基本实现现代化的基础上，再奋斗十五年，把我国建成富强民主文明和谐美丽的社会主义现代化强国。”到那时，“全体人民共同富裕基本实现”（习近平，2017）。

由此可见，全面推进社会主义现代化强国建设的过程，也就是基本实现全体人民共同富裕的过程。作为共同富裕的重要组成部分和实现路径，促进农民农村共同富裕的总体目标应与未来 30 年两阶段战略部署相一致。第一阶段，到 2035 年，基本实现农业农村现代化，农民农村共同富裕取得实质性进展，农村居民人均收入和消费水平实现翻一番，生活水平显著提高，城乡差距和农村内部差距显著缩小，基本公共服务达到中等发达国家水平并实现均等化。第二阶段，到 2050 年，实现乡村全面振兴和农业农村现代化，农村居民实现全面富裕，农村地区实现更高水平、更高质量的共享繁荣，城乡居民生活质量基本实现等值化，基本公共服务达到发达国家水平并实现均质化。

（二）衡量指标及预测

针对农民农村共同富裕的内涵要求，本研究提出了衡量农民农村共同富裕的相关指标，主要包括三大方面 8 个类别的 12 个指标。一是衡量农村居民生活富裕状况的指标，包括农村居民总体收入水平和最低20%群体的收入水平、总体的消费水平和恩格尔系数、农村中等收入群体规模。二是衡量城乡生活水平均衡化的指标，包括城乡之间的收入差距、消费差距和医疗、养老、低保等方面的公共服务差距。三是衡量农村内部差距的指标，包括基尼系数、最高20%群体与最低20%群体的收入比等。

相关指标的选取主要依据以下3个原则。一是符合国家发展目标和政策预期，充分体现农民农村共同富裕的内涵要求，既包括收入和消费指标，也包括体现公共服务的指标；既包括体现富裕的指标，也包括体现共享或差距的指标，从而全面科学评估推进农民农村共同富裕的进程。二是根据数据的可及性和代表性选取衡量指标，便于预测和评估，特别是在公共服务领域，衡量的指标维度较多，包括教育、医疗、养老等诸多方面，但受限于数据以及政策变化等原因，评估难度大，因此仅选取医疗、养老、低保等直接体现居民社会福利的指标进行预测。三是兼顾国际标准，如根据私人消费的购买力平价换算以美元衡量的每人每天收入或消费支出标准，以及采用基尼系数、最高20%与最低20%之比等衡量不平等的指标，便于进行国际比较。

对于2035年和2050年农民农村共同富裕的情况判断属于长期趋势预测，涉及指标的基期选择和目标值设定。2021年，中国实现了第一个百年奋斗目标，全面建成了小康社会，并且制定实施了《中华人民共和国国民经济和社会发展第十四个五年规划和二〇三五年远景目标纲要》，开启了全面建设社会主义现代化国家新征程。因此，将2021年作为相关指标的基准期[①]，结合

① 个别指标没有2021年的数值，则以最近年份的数值作为基准期。

各类指标的历史演变规律、发展规划和国际经验，采用定量和定性相结合的方法对2035年和2050年的目标值进行预测。在定量分析方面，根据相关指标从1978年到2021年的变化情况，以五年规划期或十五年期的平均变化率为趋势，外推2035年和2050年可能的目标值或区间。在定性分析方面，根据目标规划、文献研究、国际比较和经验判断对目标值进行预估。表16列举了对2035年和2050年两阶段相关指标目标值进行预测的结果。

表16　　农民农村共同富裕的相关指标及两阶段预测

	2021年	2035年	2050年
1. 农村居民生活富裕状况			
（1）收入			
人均年可支配收入（元）	18931	42801	102576
日均收入（美元）	12.28	27.76	66.52
最低20%群体年可支配收入（元）	4856	12521	34547
最低20%群体日均收入（美元）	3.15	8.12	22.40
（2）消费			
年人均消费支出（元）	15916	35985	86239
日均消费（美元）	10.32	23.34	55.93
恩格尔系数（%）	32.7	26.5	20.3
（3）中等收入群体规模（占农村居民比例）	20%①	超过1/3	接近50%
2. 城乡生活水平的均衡化			
（1）收入差距（城乡收入比）	2.50	1.8	1.2
（2）消费差距（城乡消费比）	1.90	1.3	无明显差距
（3）公共服务差距（社会保障待遇城乡比）			
职工医疗/居民医疗	4.63	明显缩小	无明显差距
职工养老/居民养老	19.25②	明显缩小	无明显差距
城乡低保比	1.34	无明显差距	无明显差距
3. 农村内部差距			

续表

	2021 年	2035 年	2050 年
（1）农村基尼系数	0.40[③]	0.35	0.3
（2）人群差距（最高 20%与最低 20%收入比）	8.87	7	5

注：①按国家统计局三口之家年收入 10 万—50 万元的中等收入标准估算。②为 2020 年数值。③根据 CHIP2018 年数据估算得到。

1. 农村居民生活富裕状况

（1）收入。农村居民收入的持续增长是实现共同富裕的重要标志之一。从中国经济发展能力和条件看，到“十四五”末期达到现行的高收入国家标准、到 2035 年实现经济总量或人均收入翻一番，是完全有可能的（习近平，2020）。据研究，预计到 2035 年中国农村居民收入水平至少实现翻一番，目标值设定为至少达到 4 万元（魏后凯、杜志雄，2021）。从五年规划期农村居民人均可支配收入的实际增速来看，从“六五”时期到“十三五”时期，农村居民收入的实际增速平均为 7.2%；若以十五年来看，实际增速平均为 6.6%。考虑到宏观经济增速的下滑以及外部环境不确定因素的增多，为实现收入水平的翻番，未来 15 年或 30 年大致需要保持年均 6%的实际增速。同时，要缩小城乡收入和消费水平差距，农村居民的实际增速应快于城镇居民。据此预测，2035 年中国农村居民收入将达到 42801 元（2021 年价格），按适用于私人消费的购买力平价转化因子换算为每人每天 27.76 美元，[①] 相当于当前高收入国家中，人均 GNI

① 用 2020 年的私人消费购买力平价 4.225 元人民币/美元进行换算，下文对于 2035 年和 2050 年的预测数据均按此换算。

低于 2 万美元国家的平均水平 26.89 美元。[①] 到 2050 年中国农村居民收入将达到 102576 元，约每人每天 66.52 美元，接近瑞士 2018 年的水平 69.28 美元，相当于当前人均 GNI 在 5 万美元以上的高收入国家的平均水平 64.12 美元。[②]

作为共同富裕的重点帮扶保障群体，农村低收入户的收入增速要高于平均水平。2013 年以来，农村最低 20%收入户的年均名义增速为 7.0%，"十三五"时期达到 8.9%。2021 年农村最低 20%收入户的人均可支配收入为 4856 元，约每天 3.15 美元，低于当前低收入国家的平均水平 3.42 美元。[③] 按 7%的年均增速进行预测，2035 年这部分群体的年人均可支配收入可以达到 12521 元（2021 年价格），约每人每天 8.12 美元，相当于当前中等偏上收入国家中人均 GNI 低于 5000 美元国家的平均水平 8.37 美元。[④] 2050 年农村最低 20%收入户的人均可支配收入达到 34547 元，约每人每天 22.40 美元，相当于当前高收入国家的最低水平。[⑤]

（2）消费。居民的消费水平是体现福祉的重要指标之一。从五年规划期农村居民人均消费实际增速来看，从"六五"时期到"十三五"时期，农村居民消费的实际增速平均为 6.8%；

① 图 1 高收入国家中，2020 年人均 GNI 低于 2 万美元的国家人均消费或收入水平介于 19.79 美元（罗马尼亚）至 33.91 美元（立陶宛）之间，平均为 26.89 美元。

② 图 1 高收入国家中，2020 年人均 GNI 高于 5 万美元的国家人均消费或收入水平介于 53.47 美元（爱尔兰）至 76.81 美元（卢森堡）之间，平均为 64.12 美元。

③ 图 1 中 7 个低收入国家的每人每天平均消费或收入水平介于 1.71 美元（马拉维）至 4.63 美元（巴基斯坦）之间，平均为 3.42 美元。

④ 图 1 中有 4 个中等偏上收入国家的人均 GNI 介于 1046 美元至 5000 美元，居民人均消费或收入介于 7.0 美元至 10.01 美元，平均为 8.37 美元。

⑤ 图 1 中有 3 个高收入国家的人均 GNI 介于 12535 美元至 12500 美元，分别是罗马尼亚、智利和克罗地亚，其人均消费或收入分别为 19.79 美元、25.97 美元和 25 美元，平均为 23.59 美元。

若以十五年来看，实际增速平均为6.5%，略低于收入的实际增速。在新发展阶段，在建立强大国内市场的背景下，农村居民的消费水平将进一步提升。按农村居民消费支出6%的年均增长率进行预测，2035年农村居民的年消费水平将达到35985元（2021年价格），相当于每人每天23.34美元；2050年农村居民的年消费水平将达到86239元，相当于每人每天55.93美元。农村居民的消费结构进一步优化，从五年规划期的历史数据来看，农村恩格尔系数平均每五年下降2.06个百分点，据此推测，农村恩格尔系数在2035年将下降至26.5%，到2050年下降至20.3%。

（3）中等收入群体规模。中等收入群体是“橄榄型”收入分配结构的主体，是实现共同富裕的中坚力量。当前中国中等收入群体的规模约为30%，相比于发达国家50%—70%的中等收入群体规模，仍存在较大的差距（李实、杨修娜，2021）。中等收入群体的倍增是实现共同富裕的重要一环，为此，预计到2035年中国中等收入群体的比例要提高到50%以上，到2050年达到70%左右。目前中国中等收入群体规模为4亿多人，到2035年将达到7亿人以上，到2050年达到将近10亿人。

目前中国农村仍以低收入群体为主，中等收入群体的规模较小。按国家统计局典型三口之家年收入在10万—50万元（2018年价格）的中等收入标准估计，2021年农村有80%的人群是低收入群体，约20%的人群进入中等收入群体，按当年农村常住人口4.98亿估计约为1亿人。2021年年末中国常住人口城镇化率为64.72%，预计2035年将超过74%，进入城镇化稳定期（魏后凯等，2022）。这就意味着，到2035年现有的农村居民中至少有1亿人将通过城镇化和市民化进入中等收入群体行列，中国农村常住人口将下降到3.5亿人左右。结合农村内部收入差距显著缩小的目标，2035年的农村居民中，至少有1亿人成为中等收入群体，约占农村居民的1/3。到2050年，农村居民成为中等收入群体的比例将接近50%。

2. 城乡生活水平的均衡化

（1）收入差距。从国际经验看，许多发达国家城乡居民收入水平已经大体接近。改革开放以来，中国城乡居民收入相对差距经历了先下降后上升，又缓慢下降的过程。20世纪80年代中期以前，农村地区的经济改革带来农民收入的快速增长，城乡居民收入比显著下降，在1983年降至历史最低的1.82。自20世纪80年代中期以来，城乡居民收入比率的基本变化趋势是不断上升，尽管在某些特定年份中也有过下降的情形。2007年，城乡居民收入比达到改革开放以来的最高值3.14。之后，城乡居民收入比缓慢下降，2021年为2.50，基本降至改革开放初期的相对差距水平。从历史演变过程来看，从3.14到2.50，城乡收入比在过去14年时间里下降了0.64。从2013年到2021年，城乡收入比8年下降了0.3。如果保持这一趋势，从2021年到2035年，城乡居民收入比有望下降到2以下，魏后凯、杜志雄（2021）设定的预测值为1.8。到2050年，城乡收入比预计降到1.2左右。

（2）消费差距。改革开放以来，中国城乡居民消费比同样经历了先下降后上升，又缓慢下降的过程。1978—1984年，城乡居民消费比从2.68下降到2.04，且高于城乡收入比。自20世纪80年代中期以来，城乡居民消费比总体保持上升趋势，尽管在1994—1997年有所下降。2003年城乡消费比达到改革开放以来的最高值 3.21，之后又开始逐步下降，且低于城乡收入比，2021 年城乡消费比为 1.90。从五年规划期的历史数据变化来看，从“十五”时期到“十三五”时期，城乡消费比平均每 5 年下降 0.19。在新发展阶段，随着新发展格局下农村消费潜力的不断释放以及国内大市场的逐步建立，预计 2035 年城乡消费比将下降至 1.3 左右。2050 年随着全体人民共同富裕目标的基本实现，城乡居民消费水平总体上将无明显差距。

（3）公共服务差距。基本公共服务均等化是普遍富裕的重要标志之一，是实现共同富裕的重要基础。当前中国在教育、医疗、养老等基本公共服务方面仍存在较大的城乡差距，尤其体现在社会保障待遇方面。2020 年，职工基本养老保险人均支出是居民基本养老保险人均支出的 19.25 倍；2021 年，职工基本医疗保险人均支出是居民基本医疗保险人均支出的 4.63 倍，城市低保平均标准是农村低保平均标准的 1.34 倍。发达国家的经验研究表明，社会保障及其福利制度对缩小收入差距具有积极的作用，且高于税收的影响。而中国社会保障再分配作用并不明显，受城乡二元分割体制的影响，社会保障及其福利制度对于农村居民的福祉改善作用仍然较小（杨穗等，2021）。因此，缩小社会保障的城乡待遇差距，促进城乡基本公共服务的均等化有助于推动农民农村共同富裕的实现进程。整体上，到 2035 年中国的基本公共服务水平将达到中等发达国家水平并实现均等化，到 2050 年基本公共服务将达到发达国家水平（李实，2021）。从城乡差距来看，2035 年城乡基本公共服务将实现均等化，医疗、养老等社会保障待遇的城乡差距明显缩小，最低生活保障在城乡之间无明显差距；2050 年，城乡基本公共服务将实现均质化，医疗保障、养老保障、最低生活保障等社会福利在城乡之间无明显差距。

3. 农村内部的差距

（1）基尼系数。2021 年中国居民人均可支配收入的基尼系数为 0.465，处于较高的不平等状态。总体不平等的来源包括城乡差距、城镇内部差距和农村内部差距。近年来，中国城乡居民的收入比呈现持续缩小的态势，但农村内部的收入差距仍然有所扩大，且高于城镇内部的收入差距。据 CHIP 数据估计，农村居民收入的基尼系数从 2013 年的 0.385 扩大到 2018 年的 0.402（杨穗等，2021）。

当前发达国家的基尼系数普遍低于 0.4，除了乌拉圭 2020 年为 0.402，美国 2019 年为 0.415，智利 2020 年为 0.449 外，高收入国家的基尼系数平均为 0.317，约有 35%的高收入国家的基尼系数在 0.3 以下[①]。到 2035 年，中国人均国内生产总值达到中等发达国家水平，随着中等收入群体规模的扩大，中国的基尼系数有望下降到 0.4 以下（李实、杨修娜，2021）。从历史数据来看，当城乡居民收入比下降到 2 以下时，总体基尼系数也在 0.4 以内，农村基尼系数将小于 0.35。到 2050 年，中国将建成社会主义现代化强国，总体基尼系数下降到 0.3 左右，城乡居民生活水平总体均衡化，农村基尼系数与总体相当，在 0.3 左右。

（2）最高 20%与最低 20%之比。最高 20%收入户与最低 20%收入户的收入比是衡量不平等的重要指标。2021 年全国最高 20%收入户与最低 20%收入户的收入比为 10.30，农村的这一

① 如图 9 所示，37 个高收入国家中，基尼系数在 0.3 以下的有 13 个，占比为 35%。

比值为 8.87。从国际比较来看，如图 10 所示，OECD 国家中 2018 年该比率的平均值为 5.5，中位值为 5，最低为 3.5（捷克和斯洛伐克），最高为 13.2（哥斯达黎加）。除保加利亚、美国、墨西哥和哥斯达黎加之外，大部分 OECD 国家的这一比率在 8 以下，30 个国家的这一比例在 7 以内。

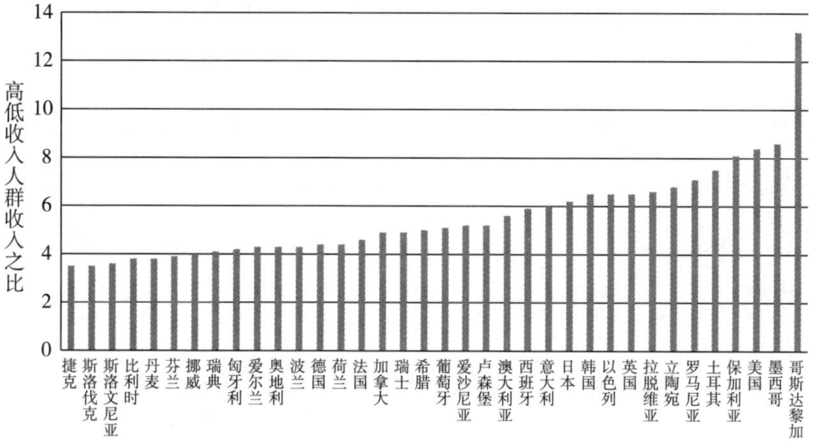

图 10 OECD 国家 2018 年最高 20%人群收入与最低 20%人群收入之比

注：图中共计 36 个国家，38 个 OECD 国家中智利和冰岛 2018 年无此指标的统计数据。

资料来源：OECD 统计数据。

近年来，农村最高 20%收入户与最低 20%收入户的收入比一直在 8 以上，且没有明显的下降趋势。“十四五”时期，随着乡村振兴战略的全面实施，以及对农村低收入群体的持续帮扶，农村最高 20%收入户与最低 20%收入户的收入比有望下降至 8 以内。但城镇化的推进和农村经济社会的发展也会带来农村家庭收入的分化，因此该比例的下降幅度将取决于不同方向作用力量的大小，整体来看，下降幅度比较缓慢。随着整体收入差距的逐步缩小，预计到 2035 年农村的这一比例能够降到 7 以内，到 2050 年下降到 5 左右。

四　促进农民农村共同富裕的路径选择

立足农民农村共同富裕的总体目标和两阶段战略安排，促进农民农村共同富裕要在高质量发展的基础上做大“蛋糕”并分好“蛋糕”，有计划、有步骤地提升农村居民的生活富裕程度，包括收入、消费和公共服务水平，不断满足日益增长的美好生活需要，同时逐步缩小城乡差距和农村内部差距，并控制在适度范围内。通过共建共富、逐步共富的长期努力，实现农民农村的全面共富。

（一）促进农村居民收入稳定增长，缩小城乡收入差距

促进农民农村共同富裕，关键在于提高农村地区的富裕程度和农民的收入水平，缩小城乡收入差距。为促进农民增收，需要打造现代农业富民产业、培养农民的就业增收能力、提高农民的财产净收入以及保障农民的转移净收入。

1. 大力发展新型农村集体经济，为农民增收创造外部条件

一是坚持产业主导，推动农村特色产业发展。对于以农业发展为核心的地区，积极培育新型农业经营主体，发展农业生产托管服务；对于以特色农产品加工、生产为核心的地区，加强技术指导、提高产品营销等服务。二是充分挖掘当地农村的资源条件，鼓励集体经济组织统筹利用乡村空间资源、特色产业资源和地域文化资源，进一步完善乡村功能布局，推动产业融合发展。

三是积极发展绿色经济，鼓励集体经济组织立足实际发展生态农业、生态旅游、生态工业等项目，进一步推进农村生产生活方式绿色转型升级。四是激活闲置资产增收潜能。支持升级改造旧村部、老校舍、废弃厂房等村级固定资产，变闲置资产为有效经营资产。

2. 推动收入构成的“四个轮子”一起转，促进农村居民收入持续稳定增长

一是进一步消除户籍、行业和职业壁垒，提高农业转移人口的就业率和工资性收入。二是深化农村土地和产权制度改革，充分挖掘农民财产净收入的增长潜力。加快破解以宅基地、承包地、山地、林地等为重点的农村土地制度，健全城乡统一的建设用地市场流转制度，改革完善各项土地产权制度。三是健全农村金融服务体系，引导和激励金融机构发挥新型农村金融机构和小额贷款公司服务“三农”的重要作用，为农民提供多元化的金融产品。四是鼓励各地打造平台，多层次、多形式对不同来源的专项资金进行整合，充分发挥财政资金的杠杆作用，以奖补、贴息、贷款担保等多种形式，撬动信贷资金和社会资本，放大对农业农村的投入效应。

3. 加强技能培训和就业创业帮扶，提高农民就业增收能力

一是要提高农民技能培训的针对性和时效性，开展多层次、多形式的培训，提高技能培训的精准度，避免出现培训岗位与企业用工需求脱节的情况。二是构建新型职业农民培育机制，培养一批懂科技、会管理的高素质农民，包括农业技能和经营能力的培养，让职业农民获得相应的人力资本回报。扩大农村实用人才带头人示范培养规模，加大对家庭农场经营者、专业大户、农民合作社带头人、农业企业经营管理人员、农业社会化服务人员的培养培训力度。三是加大创业扶持，整合发展返乡创业（产业）园区，聚集生产要素，完善配套设施，降低创业成本。落实完善鼓励创业的用地支持，金融扶持以及税费、租金减免和资金补贴等政策。

（二）激发农村消费潜力，提高农村居民消费和生活水平

提高农民的消费水平，缩小城乡消费差距是实现农民农村共同富裕的重要目标之一。在增加农民收入的基础上，培育农村的消费需求、激发农民的消费潜力，增加消费渠道，提升消费层次，保障农民的消费权益十分关键。

1. 培育消费需求，激发农村消费潜力

一是改变农村居民的生活方式，积极培育文化消费、养老消费、教育消费等消费热点，扩大农村消费需求面。让农村居民“愿消费”“知道在什么方面消费”。二是加强网络等基础设施建设，完善城乡一体化物流网络，彻底打通消费品下乡的“最后一公里”和农产品入城的“最初一公里”，使农村居民足不出户就可购买到优质商品。扩大电子商务进农村覆盖面，实施“互联网+”农产品出村进城工程。三是补齐冷链物流设施短板。建设农产品仓储保鲜冷链物流设施，对农村集贸市场、购物中心等商贸场所进行环境改造，完善冷链配送全链条设施，提升物流配

送便利程度。

2. 转变消费理念，提升农民的生活消费层次

一是帮助农民转变和提升消费理念，要充分发挥城镇示范效应，促进城乡互动和协调发展，向农村居民宣传现代新型消费理念，通过采取补贴和加大折扣力度等方式扩大优质的衣着、日用和家电品牌向农村地区的销售和推广。二是在农村地区积极倡导绿色、环保的消费理念，采取倾斜的财政补贴方式，加大对绿色环保的家用电器下乡的补贴力度。三是推动城市金融保险、文化娱乐、儿童教育、养老保健等优质服务向农村延伸拓展，促进农村消费结构的升级转型。

3. 提升消费产品质量，保障农村消费者权益

一是加大对农村市场的监管力度，及时打击假冒伪劣、价格欺诈、非法广告等各种不法行为，营造安全有序的消费环境。二是提高农村消费者的维权意识。制作内容简练、通俗易懂的维权宣传资料，加大对常见网购问题、假冒伪劣产品的维权方法方式进行宣传教育。三是畅通农村消费者的维权渠道。建设农村基层消费维权服务站，让广大农村消费者小事不出村、大事不出镇，在家门口就能妥善解决消费纠纷。

（三）优化农村基本公共服务，促进城乡基本公共服务均等化和均质化

提高农村居民的基本公共服务水平，逐步实现城乡基本公共服务均等化和均质化是促进农民农村共同富裕的前提条件和重要

目标之一。健全农村在教育、养老、医疗等方面的公共服务保障体系，提高农村基本公共服务的供给质量，缩小城乡基本公共服务差距至关重要。

1. 增加农村教育供给，提高农村教育质量

一是多渠道增加农村普惠性学前教育资源供给，提高农村学前教育毛入学率。二是促进县域范围内义务教育均等化。在必要情况下，保留农村地区小规模的乡村学校，推进县域内义务教育学校校长教师交流轮岗，支持建设城乡学校共同体。三是缩小城乡学校在教学网络信息化硬件配套设施上的差距，加强对教师的培训，提高农村网络信息化设备的使用效率。四是在县城和中心镇扩改建一批具有针对性的中等职业学校，建设一批产教融合基地，加大涉农高校、涉农职业院校、涉农学科专业建设力度。

2. 完善农村社会保障福利制度

一是提高城乡居民基础养老金的最低标准。将基础养老金的政府补贴增长率与农村居民人均可支配收入增长率挂钩，确保个人缴费额对养老金替代率有较大的正向作用，提高农村居民的投保积极性。二是采取政府宣传、现场咨询等多种方式加强对养老保险的宣传，增强农民的参保意识。三是加大医疗保障资金投入力度，进一步提升城乡居民医疗保险的报销额度。改善农村卫生室的硬件条件，让小病能够在农村卫生室看好。四是加大乡村医疗帮扶力度，将“医联体”的建设经验推广至乡村级医疗卫生机构。通过专家下基层、帮扶带训、远程医疗会诊、双向转诊等帮扶措施，提升基层医疗卫生服务能力，惠及农村群众。

3. 缩小城乡基本公共服务差距

一是以县域和地级市为切入点，加快推进城乡融合发展和基本公共服务均等化，使区域内居民不管是常住在城镇还是乡村，都能在教育培训、劳动就业、社会保障、医疗卫生、住房保障等领域享受到普惠可及均等的基本公共服务。二是加快推进农业转移人口市民化，将城镇常住农业转移人口全面纳入城镇基本公共服务覆盖的范围。三是持续推进乡村建设行动，在进一步扩大农村基本公共服务覆盖面的同时，提升农村基本公共服务的数量和质量。

（四）健全就业帮扶和社会救助兜底体系，确保农村低收入群体的共享发展

农民农村共同富裕的最薄弱环节在于农村低收入群体。在健全防返贫监测和帮扶机制的基础上，完善农村低收入群体的就业帮扶政策，并优化兜底保障体系，不让一个农民掉队，确保农村低收入群体的共享发展。

1. 健全防返贫监测和帮扶机制，有效防范和化解规模性返贫风险

一是精准确定监测对象，对于有返贫致贫风险和突发严重困难的农户等重点群体做好监测帮扶。区分风险类型和致贫方式，对脱贫不稳定户、边缘易致贫户、突发严重困难户等开展常态化预警监测，将符合条件的对象及时纳入监测，确保应纳尽纳。二是将风险解决在萌芽状态，对发现的住房、义务教育、就业、因灾因病因疫突发严重困难等苗头问题，及时落实帮扶措施。三是

要保持帮扶政策总体稳定，继续扶上马送一程，坚决守住不发生规模性返贫的底线。四是持续加大易地搬迁集中安置区产业就业、基础设施、公共服务、社区融入等后续扶持力度，确保搬迁群众搬得出、稳得住、逐步能致富。

2. 加强技能培训，促进农村脱贫人口稳岗就业

一是大力支持农民就地就近就业，重点支持脱贫地区的县域经济发展，通过发展壮大一批特色产业提升就业承载力，为脱贫人口提供更多的就业机会。继续发挥就业帮扶车间（原扶贫车间）的作用，为脱贫地区的农民提供更多的就近就业机会。二是落实脱贫人口的就业奖补政策，鼓励企业和政府合作开展形式多样的就业培训，提升农村脱贫人口的稳岗就业能力。三是健全有组织劳务输出的工作机制。将当地脱贫人口作为优先保障对象，为有集中外出务工需求的提供便利出行服务。结合本地区资源禀赋、文化特色、产业基础等优势，培育、创建、发展一批有特色、有口碑、有规模的劳务品牌，借助品牌效应扩大劳务输出规模，提高劳务输出质量。

3. 优化农村社会救助体系，补齐农村社会福利短板

一是要加强基础性、普惠性、兜底性民生保障建设，强化互助共济功能。注重农村低收入群体的主体性发挥和抵御风险冲击能力的提升，重点是弥补“福利缺失”，同时也要杜绝“福利依赖”。二是关注农村留守老人和儿童，完善“一老一小”的社会福利制度，缓解人口老龄化和少子高龄化的挑战。推动医养结合，建立长期护理保险制度；同时健全儿童福利体系，建立基本儿童服务制度。三是将农村社会救助纳入乡村振兴战略统筹推进，扩大农村特殊人群的福利覆盖范围，逐步提高保障标准，在巩固拓展脱贫攻坚成果同乡村振兴有效衔接中发挥社会救助的积极作用。

（五）提高社会流动性，扩大农村中等收入群体比重

共同富裕的社会是由大规模和高质量的中等收入群体构成，“中间大、两头小”的橄榄型社会结构是共同富裕社会的典型特征。目前，中国低收入人口规模较大，且其中绝大多数是农村居民，推动广大农民进入中等收入群体是实现共同富裕的有效路径。

1. 进一步深化户籍制度的改革，破除城乡劳动力流动的制度性障碍

一是全面贯彻落实城区常住人口 300 万人以下城市全面取消落户限制的政策，加大超大特大城市户籍制度改革攻坚力度，不断扩大居住证享受的基本公共服务范围，加快推进农业转移人口市民化进程。二是全面剥离户籍中内含的各种福利保障，消除以户籍、行业、区域和所有制为分割的制度性障碍，加快推进按常住人口标准配置各类公共资源，以此保障各类群体权益均等化，促进户籍制度回归人口登记管理功能。以户籍制度改革作为依托，推动实现 2035 年 1.4 亿农村人口转移到城镇地区，扩大中等收入群体的比重。

2. 精准识别中等收入群体，制定差异化的政策

一是采取差异化的政策帮助农民进入中等收入群体序列。对

有能力、有需求进城落户的农民群体，引导其在农村合法权益的有偿退出；对有专业技能和经营能力的农民群体，采取物质和精神激励相结合的措施，鼓励其发挥才能提高收入水平的同时，发挥引领示范带动作用。二是提高农村中等收入群体质量。采取就业培训和创业扶持等方式，提高农村居民就业能力和就业质量，保障收入韧性，以提升其对于不确定性环境的应对能力。三是稳定农村中等收入群体。农村中等收入群体的诉求各不相同，进城务工农民的主要诉求是实现与城镇居民基本公共服务均等化；农村中高收入群体的主要诉求是透明、可预期的农村市场环境，应区别对待不同群体的主要诉求，精准施策，梯度进行，制定结构化的政策框架。

3. 完善人才保障机制，重视农村人才培育和人才配置

一是提高农村学前教育和义务教育质量，促进教育公平，提高社会流动性。二是鼓励大学生、农业转移人口返乡创业，引导民营企业投身乡村振兴的建设。大力发展中职教育中涉农相关专业，为推进农业农村现代化提供专业技术人才储备。三是转变政府职能，提高服务水平，加大政策宣传和执行力度，搭建并完善政府综合服务体系，形成涵盖政策扶持、项目招标、税收优惠、金融支持、公共服务保障等多角度、多方位和多层次的信息平台，激发民营企业和各领域人才投身乡村振兴的积极性。

（六）完善“先富带后富”的区域帮扶机制，缩小农村地区间差距

加快补齐区域发展短板、缩小农村地区间差距，是实现农民

农村共同富裕的重要目标之一。发挥地区比较优势，鼓励不同区域农村联动发展，坚持富裕农村带动相对贫困农村，完善“先富带后富”体制机制，推动区域协调发展。

1. 探索农村地区抱团发展模式，推动区域间农村联动发展

一是在全国征集跨地区、跨村抱团联动发展模式的典型案例，在总结经验的基础上积极开展试点示范。发挥示范试点联村在土地、生态等自然资源与技术、人才的优势互补，联营联建、强村带弱村发展模式的引领带动作用。二是重视顶层设计，规范农村联村发展的相关流程、利益分配制度安排和相关支持政策，避免在联村发展过程中因处置不当造成对村集体经济和农民利益的损害，影响集体经济可持续发展。三是合理引导和鼓励跨村联合、抱团发展。鼓励各地集体经济组织采取联建联营、股份合作方式，整合、盘活集体资源资产，联合发展产业项目，实行按股分红；充分发挥党建的引领作用，推动跨村联合、抱团发展。

2. 深化东西部协作，加强对脱贫地区的定点帮扶

一是深化地方之间的横向帮扶协作，提升区域合作层次和水平，坚持“输血”和“造血”相结合。二是拓展东西部协作工作领域，深化东部地区对西部农村企业、学校、医院等结对帮扶。及时总结东部先富农村地区的发展经验，遵循客观合理的原则复制推广至脱贫地区，提升脱贫地区农村的内生发展动力和能力。三是建立健全国家乡村振兴重点帮扶县跟踪监测机制，开展定期监测评估。选派科技特派团帮扶，实行产业技术顾问制度，有计划地开展教育医疗“组团式”帮扶。

3. 积极倡导第三次分配，强化社会帮扶

一是发挥第三次分配作用，采取税收抵扣等激励方式鼓励企业履行社会责任，通过参与项目的方式，对农村地区给予支持和帮助。二是深入推进“万企兴万村”行动，优先将产业发展项目纳入衔接推进乡村振兴项目库，引导龙头企业参与农村地区产业发展。三是制定鼓励引导社会组织参与乡村振兴的意见。持续推进农业农村援藏、援疆以及革命老区、民族地区、边境地区等重点区域帮扶工作。

参考文献

1. Kharas, Homi, “The emerging middle class in developing countries”, OECD Development Center Working Paper No. 285, 2010. https://www.oecd.org/dev/44457738.pdf.
2. 《人间奇迹》编写组：《人间奇迹：中国脱贫攻坚统计监测报告》，中国统计出版社2021年版。
3. 陈锡文等:《中国农村改革40年》，人民出版社2018年版。
4. 《辞海》(第六版彩绘本)，上海辞海出版社2009年版。
5. 蓝海涛等:《新常态下突破农民收入中低增长困境的新路径》，《宏观经济研究》2017年第11期。
6. 李实:《共同富裕的目标和实现路径选择》，《经济研究》2021年第11期。
7. 李实、杨修娜：《中等收入群体与共同富裕》，《经济导刊》2021年第3期。
8. 厉以宁等：《共同富裕：科学内涵和实现路径》，中信出版集团

2022 年版。

9. 吕炜等：《城乡收入差距、城乡教育不平等与政府教育投入》，《经济社会体制比较》2015 年第 3 期。

10. 苏红键：《教育城镇化演进与城乡义务教育公平之路》，《教育研究》2021 年第 10 期。

11. 魏后凯：《中国乡村振兴综合调查研究报告（2021）》，中国社会科学出版社 2022 年版。

12. 魏后凯等：《新型城镇化重塑城乡格局》，社会科学文献出版社 2022 年版。

13. 魏后凯、杜志雄：《中国农村发展报告——面向 2035 年的农业农村现代化》，中国社会科学出版社 2021 年版。

14. 习近平：《决胜全面建成小康社会夺取新时代中国特色社会主义伟大胜利——在中国共产党第十九次全国代表大会上的报告》，《人民日报》2017 年 10 月 28 日，第 1 版。

15. 习近平：《关于〈中共中央关于制定国民经济和社会发展第十四个五年规划和二〇三五年远景目标的建议〉的说明》，《人民日报》2020 年 11 月 4 日，第 2 版。

16. 习近平：《扎实推进共同富裕》，《求是》2021 年第 20 期。

17. 习近平：《在高质量发展中促进共同富裕（奋进强国路，总书记这样引领中国式现代化）》，《人民日报》2022 年 3 月 1 日第 1 版。

18. 杨穗等：《新时代中国农村社会政策与收入差距》，《中国农村经济》2021 年第 9 期。

促进农民共同富裕

农村居民生活富裕：概念框架、进程研判与研究展望

王 瑜*

摘　要： 农村居民生活富裕是涵盖农村居民多维度福祉且福祉达到一定水平、居民间福祉差距控制在一定范围内的生活状态。结合现阶段数据可得性，本报告从收入、就业、居住、健康、教育、信息、主观福利 7 个维度的 14 个指标，呈现了农村居民生活富裕的现状及至 2035 年时的进程研判。从现有指标体系来看，农村居民生活富裕不同维度指标在水平上的推进难度不大，但在缩小差距方面的进程相对缓慢。在共同富裕视域下推动农村居民生活富裕，不仅要注重提升平均水平，更要注重弥合福祉差距。建议协同推进数据统计与测量评估研究，特别是推动专门的居民生活富裕数据库建设，为促进共同富裕提供透明、精准的政策评估依据。

关键词： 农村居民　生活富裕　概念框架　指标体系　进程研判

---

* 王瑜，管理学博士，中国社会科学院农村发展研究所助理研究员，主要研究方向为贫困与福祉、劳动力流动与城乡关系。

Shared Prosperity of Rural Inhabitants' Well-being: Conceptual Framework, Process Evaluation and Research Prospects

Wang Yu

Abstract: Shared prosperity of rural inhabitants' well-being is a state of life that covers multidimensional well-being, with an average reaching a certain level and meanwhile the inequality among different groups narrowed within a certain range. Taking into account the availability of data at the present stage, this report presents the status quo of the shared prosperity of rural population' well-being and the projected results up to 2035 based on 14 indicators of seven dimensions: income, employment, housing, health, education, information, and subjective well-being. From the current indicator system, it is not too difficult to improve the average level of well-being indicators, but the task of narrowing the gap is relatively more difficult. To promote rural inhabitants' well-being in the context of common prosperity, it is necessary to focus not only on improving the average state but also on bridging the well-being gap. It is recommended to promote research on data and statistics as well as measurement and evaluation, especially to promote the construction of a special database on residents' well-being, so as to provide a transparent and precise policy evaluation framework for policy implementation to promote common prosperity.

Key Words: Rural Inhabitants; Shared Prosperity of Well-being; Conceptual Framework; Indicator System; Process Evaluation

促进农村居民享有与城镇基本等值的生活水平，是现代化的基本要求，也是实现全体人民共同富裕的必然选择。2020 年年底，中国完成了消除农村绝对贫困的艰巨任务，区域性整体贫困得到解决，为促进共同富裕奠定了坚实基础。但是也必须看到，现阶段农村居民收入整体水平不高，2021 年农村居民人均可支配收入 18931 元，仅为城镇居民人均可支配收入的 39.9%；[①] 与此同时，农村内部收入差距扩大的趋势仍未得到遏制，2019 年农村居民收入分配的基尼系数比 2010 年提高了大约 20%，各收入组之间的收入差距大幅扩大（杜鑫，2021）。2021 年 8 月 17 日，习近平总书记在中央财经委员会第十次会议上的讲话，明确提出“现在，已经到了扎实推动共同富裕的历史阶段”，并强调“促进共同富裕，最艰巨最繁重的任务仍然在农村。”（习近平，2021）当前，从实现共同富裕的目标导向和问题导向出发，明确农村居民生活富裕“应然”和“实然”十分重要。本报告将从以下几个层次展开：第一，梳理农村居民生活富裕的概念框架；第二，确定农村居民生活富裕的测量思路，构建指标体系并

① 根据《中华人民共和国 2021 年国民经济和社会发展统计公报》数据计算。

进行进程预测；第三，形成基本结论，并针对后期研究提出建议。

一　农村居民生活富裕的概念框架

遵循以居民福祉为核心和体现共同富裕特征这两个基本内涵，以可测量性为导向，在福祉概念基础上，对农村居民生活富裕的概念框架给出结构性定义，即涵盖农村居民多维度福祉且福祉达到一定水平、居民间福祉差距控制在一定范围内的生活状态。

（一）农村居民生活富裕的两个基本内涵

以居民福祉为核心和体现共同富裕特征，是理解农村居民生活富裕的两个密不可分的原则，也是农村居民生活富裕概念框架需要紧扣的两个基本内涵。

首先，将居民福祉置于农村居民生活富裕概念的核心，从而充分体现出“以人民为中心”的全面的发展思想。对人的全面发展来说，最重要的并不是经济表现本身，而是人们具体福祉的改善。在现有研究中，与生活富裕相关的一个重要概念是福祉（Well-being），这是一个有别于单一收入维度的概念框架。发展是影响人们生活方方面面的多层面现象（UNDP，2014；World Bank，2001），GDP 增长不等于社会进步，因此，衡量人类福祉需要超越传统的经济指标，重视超越收入单一视角的测量方法（Stiglitz et al.，2010）。在具体的测量实践方面，经合组织的福祉测量框架覆盖的国家范围广，同时也通过建立一个更普遍的概念框架而适用于衡量处于不同发展阶段的国家的福祉及进展（Boarini et al.，2014）。从福祉的框架特征和比较研究的现实需要来看，可以在农村居民生活富裕的测量方面充分借鉴福祉概念框架及测量思路。

其次，农村居民生活富裕既遵循一般性的福祉概念内涵，又超越福祉框架而具有共同富裕根本特征。需要特别指出的是，全体人民共同富裕是一个总体概念，这是习近平总书记在中央财经委员会第十次会议上明确提出的，因此，农村居民生活富裕并非割裂于其他群体的概念，而是共同富裕框架下的农村居民生活富裕，是共同富裕在农村居民群体中的具体体现。在这样的整体视角下，农村居民生活富裕从根本上应该体现共同富裕的核心内涵，也就是在维度上涵盖多元福祉，平均福祉水平要达到一定门槛，福祉差距要控制在一定范围内。

（二）农村居民生活富裕的概念框架

从概念框架与测量框架相适应的角度出发，结合共同富裕的系统视角和农村居民的区域特点，可以对农村居民生活富裕给出一个结构性的定义，也就是涵盖农村居民多维度福祉且福祉达到一定水平、居民间福祉差距控制在一定范围内的生活状态。具体来说，三个层次的内涵主要体现在以下方面。

在维度方面，农村居民生活富裕是涵盖多元福祉的富裕。人的自由全面发展，是共产主义理想的核心内容和共产党的最终奋斗目标（秋石、陈志尚，2003）。从中国实践来看，中国已经实现的全面建成小康社会就是多元福祉的阶段性目标达成。在全面建成小康的进程中，小康就包括了经济发展、人民生活、社会发展、政治民主、农村环境领域等多维度指标体系（中国社会科学院农村发展研究所课题组，2020），而从全面小康迈向共同富裕，农民生活富裕也理应是全面的、多元的富裕。从乡村振兴战略的内容来看，产业兴旺、生态宜居、乡风文明、治理有效等各方面的推动，归根结底是会体现在农村居民生活的多元福祉改进上的。

在水平方面，农村居民生活富裕是达到较高品质的富裕。富裕意味着各方面福祉要达到称得上“富裕”的水平，是整体福祉和各维度都要在全面建成小康社会的基础上进一步显著提升。而从现阶段国情看，农村地区在人民生活、社会发展、农村环境等领域仍然存在一些突出短板和薄弱环节（中国社会科学院农村发展研究所课题组，2020），这意味着在全面推进乡村振兴过程中，促进实现农村居民生活富裕需要着力提升那些相对薄弱的福祉领域。

在差距方面，农民生活富裕是共享发展成果的富裕。共同富裕是社会主义的本质属性，中国作为一个社会主义国家，寻求并努力实现的是一种全面、公正、共享的富裕社会（魏后凯，2020），而“农民富”不仅是实现农村居民与城镇居民收入均衡化也即城乡共富的根本表现，更从农民主体层面回应了实现全体人民共同富裕的落脚点，它是在农民生活富裕基础上的城乡共富、乡村共富和农民共富（魏后凯等，2022）。按人均可支配收入计算，中国的城乡收入比在2002—2009年一直高于3.00，从

2010年开始虽然已经持续下降，但是2021年仍然高达2.50；[①] 以农村收入组之间的差距看，2020年，20%高收入组家庭人均可支配收入是20%低收入组家庭人均可支配收入的8倍以上。除了收入之外，不同区域城乡之间居民所享受的基本公共服务的差距依然很大，直接影响了生活富裕的多个层面，是共享发展成果的突出挑战。

二　农村居民生活富裕的测量思路与进程研判

遵循农村居民生活富裕的概念框架，可从7个维度14个指标，以2020年为基期，以2035年基本实现农业农村现代化这一时间为目标预测时点，对农村居民生活富裕开展现状描述和进程研判。

（一）农村居民生活富裕的测量思路

从农村居民生活富裕的概念出发，操作性的测量思路是以福祉的测量框架为参照，在此基础上纳入对福祉水平和福祉差距的评价判断层次，从而在测量框架中涵盖维度、水平、差距这三个层次。

结合福祉测量的主要维度和关键指标方面的共识（Glatzer et al.，2015；Mcgregor et al.，2009），及其在发展中国家的应用（Boarini，Kolev and McGregor，2014；Guillen-Royo et al.，2013；

① 根据《中国统计年鉴（2021）》和《中华人民共和国2021年国民经济和社会发展统计公报》中数据计算。

Mcgregor et al.，2007），根据中国实际和农村发展的阶段性特征，考虑指标契合性和数据可得性因素，可将农村居民生活富裕体现为收入、就业、居住、健康、教育、信息、主观福利7个维度（见图1），其中，收入、居住、就业是生活富裕的物质条件，健康、教育、信息是生活富裕的人力资本及发展基础，主观福祉是对生活富裕的切身感受。

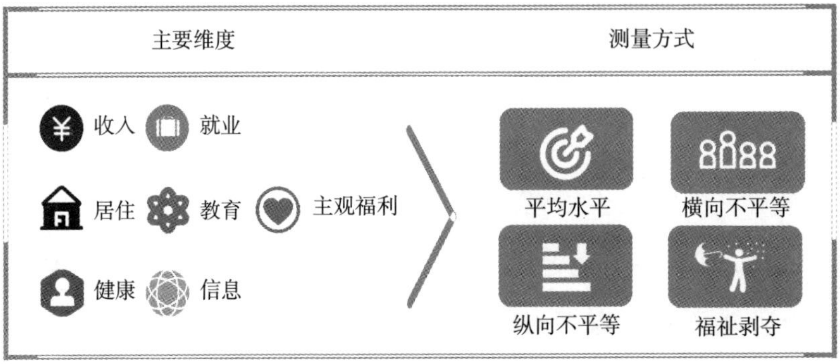

图1　概念框架的基本维度与测量方式

在此基础上，指标内容不仅包括均值水平，也包括群组之间的横向不平等、纵向不平等，以及福祉剥夺状况，从而满足农村居民生活富裕在“共同富裕”这一层面的研判。7个维度通过14个指标呈现，具体在下文中进一步说明（参见图1）。

（二）农村居民生活富裕的进程研判

考虑现有数据结构，从操作性角度，可对指标体系取基期值，并设定目标值，从而衡量农村居民生活富裕的当前实现程度和演进趋势。

首先，关于指标的基期选择，可将 2020 年作为基期，通过多种数据来源获得取值。到 2020 年年底，中国脱贫攻坚战如期取得全面胜利，实现现行标准下农村贫困人口全部脱贫，这是全面建成小康社会、实现第一个百年奋斗目标的标志性成果，奠定了共同富裕的基础，也标志着中国整体进入全面小康社会、迈向实现共同富裕的转型阶段（魏后凯，2020）。因此，可将 2020 年作为农村居民生活富裕的基准期。

其次，关于目标值设定方面，可将 2035 年作为农村居民生活富裕基本实现的时间点，结合各类指标的发展规划或演进逻辑设定目标值。实施乡村振兴战略，其最终目标是到 2050 年“乡村全面振兴，农业强、农村美、农民富全面实现”。2021 年中央一号文件又提出了“农业高质高效、乡村宜居宜业、农民富裕富足”的要求，可以看成是共同富裕视域下乡村振兴在 2035 年的中期目标。农村居民生活富裕是乡村振兴的落脚点和根本所在，也是全体人民共同富裕的重要组成部分。围绕着农村居民生活富裕的各维度指标，可以结合目标预测，对各维度指标开展至 2035 年的进程研判，从而有助于识别推进难度。

1. 收入维度

（1）农村居民家庭人均可支配收入。2020 年农村居民人均可支配收入为 17131.5 元。[①] 以潜在经济增速[②]为参考，按照不

① 《中国农村统计年鉴（2021）》。

② 结合白重恩和张琼（2017）以及中国社会科学院宏观经济研究中心课题组（2020）等，2020—2025 年潜在经济增长率为 5%—6%，2026—2035 年潜在经济增长率为 4%—5%，2036—2050 年潜在经济增长率下降至 3%—4%，预计农业增加值占比 2035 年下降至 5%以下。考虑到当前世界范围内疫情的持续，全球经济呈现衰退态势。采用保守估计 2021—2025 年中国潜在经济增长率为 5%，2026—2035 年潜在经济增长率为 4%。

同的年均增长率分别测算，2035 年农村居民人均可支配收入大概率可实现较 2020 年翻一番，最高接近 4 万元/人（2020 年价格）（魏后凯等，2022），相当于年均增长率约 6%。

（2）城乡居民收入比。2020 年城镇居民人均可支配收入与农村居民人均可支配收入的比值为 2.56。① 从国际经验看，城乡收入差距大多经历了从早期扩大到后期缩小的转变。目前，许多发达国家城乡居民收入水平已经大体接近，有的农村居民收入已经超过城镇居民。例如，日本自 20 世纪 70 年代中期以来城乡居民人均可支配收入之比已经降至 1.0 以下，进入 21 世纪以来，美国农场家庭平均收入一直超过全国家庭收入的平均水平，荷兰、丹麦、法国等欧洲发达国家农民平均收入也高于全国平均水平（曾国安、胡晶晶，2008）。由于当前城乡居民收入比仍在高位，即使按照城镇居民人均可支配收入 3%的较低年均增长率，也意味着农村居民收入年均增长率至少要达到城镇居民的 2 倍以上才有可能在 30 年内弥合绝对收入差距。作为弥合差距的中长期目标，2035 年的城乡居民收入比的目标值可设定为 1.8 以内（魏后凯等，2022）。

（3）农村家庭 S80/S20 收入份额比：S80/S20 比率是衡量纵向不平等的指标，数值越大说明纵向不平等越严重。这里使用前 20%家庭的收入/底层 20%家庭的收入。2020 年，农村 20%高收入组家庭人均可支配收入是 20%最低收入组家庭人均可支配收入的 8.23 倍，全国这一比率是 10.20，城镇为 6.16。从国际视角来看，2018 年，经合组织国家 S80/S20 比率最低的国家为 3.6（捷克、斯洛文尼亚），最高的国家为 10.3（智利、墨西哥），

① 根据《中国统计年鉴（2021）》数据计算。

34 个国家的平均值为 5.4，比 2010 年仅回落 0.03。中国目前的 S80/S20 收入份额比从 2018 年（10.97）开始有所回落，但近年来一直高于 10，伴随乡村振兴战略，农村投资增长和农村经济社会进一步发展，该比例将有所回落，但回落幅度将比较有限，预期 2035 年会低于 10；而从农村内部而言，进一步的农村增长既会带来农村家庭收入的分化，也会进一步提升最低收入组的收入水平，因此中长期来看，农村 S80/S20 收入份额比存在不同方向的作用力量，整体而言较有可能小幅下降，预期 2035 年能够低于 8。

（4）农村 20%低收入组家庭人均可支配收入：2020 年，农村 20%低收入组家庭人均可支配收入为 4681.5 元。[①] 由于落入最低收入组的家庭通常是人力资本较低或因老龄、疾病等收入减少的家庭，因此该收入组的收入增长主要来自社会整体收入的提高和救助体系的保障。结合农村居民整体收入提高和缩小内部差距的目标，最低收入组家庭的收入在 2020 年应至少翻一番，且增长率应略高于农村居民整体，按照 6.5%的增长率，2035 年农村 20%低收入组家庭人均可支配收入达到 12000 元以上。

2. 居住维度

（1）农村家庭住房负担能力：扣除居住费用后剩余可支配收入占收入的份额（%）。2020 年，农村居民居住负担能力为 82.71%，[②] 比城镇居民居住负担能力的 84.13%略低。从经合组

① 《中国农村统计年鉴（2021）》。

② 根据《中国统计年鉴（2021）》计算。在国家统计局 2012 年以后的城乡居民收入指标中，居住支出是指与居住有关的支出，包括房租、水、电、燃料、物业管理等支出，以及自有住房折算租金。

织国家 2020 年的情况来看，各国居住负担能力从 74%（新西兰）至 89%（韩国）不等，34 个有数据国家的平均水平为 79.2%（OECD，2020）。由此来看，中国农村居民的居住负担能力已经较高，而在宅基地自建住房的条件下，自有住房率较高，2016 年年末，99.5%的农户拥有自己的住房[①]，未来对农村居民居住成本影响较大的主要是建房成本的提升，考虑到成本提升的可能，2035 年农村居民居住负担能力可设定为不低于 80%的水平。

（2）农村卫生厕所普及率。截至 2020 年年底，全国农村卫生厕所普及率达到 68%以上。[②] 根据《农村人居环境整治提升五年行动方案（2021—2025 年）》，依据乡村建设为农民而建、尊重村民意愿的原则，方案确立了农村卫生厕所普及率稳步提高的行动目标，但未设定具体目标值。从当前一些区域的情况来看，农村人均可支配收入较低的省份也是农村卫生厕所普及难度较大的地区，例如，甘肃省 2018 年的农村卫生厕所普及率仅为 10%，三年“厕所革命”行动之后，2021 年的农村卫生厕所普及率为 43%。由于“厕所革命”已经采取了非常规推进举措，有基础、有条件的地区基本已经完成了户用厕所无害化改造，考虑自然条件的限制和尊重农民实际需求的原则，短期内很难大幅提升普及率，而建立长效管护机制也是一项挑战艰巨的长期工作，按照稳中求进每五年提升 5—6 个百分点的速度，可设定 2035 年农村卫生厕所普及率为 85%。

---

① 《第三次全国农业普查主要数据公报（第一号）》。

② 农业农村部。

（3）农村自来水普及率。2020年，农村自来水普及率达到83%。[①] 根据水利部印发《全国“十四五”农村供水保障规划》，到2025年，全国农村自来水普及率达到88%，到2035年，我国将基本实现农村供水现代化。按照每五年5个百分点的提升速度，同时考虑人口向中心村镇集聚的长期趋势，可设定2035年的目标值为90%。

3. 健康维度

（1）孕产妇死亡率（1/10万）。2020年，农村孕产妇死亡率为18.5/10万（全国为16.9/10万，城市为14.1/10万）。[②] 从全国水平来看，2020年，全国孕产妇的实际死亡率比《“健康中国2030”规划纲要》提出的2020年预期目标（18.0/10万）更低。根据健康中国建设主要指标，[③] 2030年，全国孕产妇死亡率预期降到12.0/10万，据此保守推算2035年能降到10.0/10万。考虑到农村地区道路交通和就医距离等客观因素的影响，与城市条件依然会存在一定差距，可设定2035年农村孕产妇死亡率的目标值降到12.5/10万。

（2）5岁以下儿童死亡率（‰）。2020年，农村5岁以下儿童死亡率为8.9‰（全国为7.5‰，城市为4.4‰）。[④] 从全国水平来看，2020年，5岁以下儿童实际死亡率比《“健康中国2030”规划纲要》提出的2020年预期目标（9.5‰）要低2个千分点。根据健康中国建设主要指标，2030年，全国5岁以下

① 《2020年全国水利发展统计公报》。
② 《2020年我国卫生健康事业发展统计公报》。
③ 《“健康中国2030”规划纲要》。
④ 《2020年我国卫生健康事业发展统计公报》。

儿童死亡率预期降到 6.0‰，据此推算 2035 年能降到 5.0‰。考虑到农村地区道路交通和就医距离等客观因素的影响，与城市条件依然会存在一定差距，可设定 2035 年农村 5 岁以下儿童死亡率的目标值降到 6.5‰。

（3）体质达标率（%）。达到《国民体质测定标准》“合格”等级以上的人数比率。2020 年，乡村人口体质达标率为 89.3%（全国为 90.4%，城镇为 91.1%）。[①] 从全国来看，2020 年，实际的国民体质达标率比《“健康中国 2030”规划纲要》提出的 2020 年预期目标（90.6%）略低。根据健康中国建设主要指标，2030 年城乡居民体质达标率为 92.2%。考虑到生活水平提高后的肥胖等健康风险因素影响，居民体质达标率在中长期内未必随着收入增长而改善，2035 年城乡居民体质达标率目标设为 92% 比较合理，而乡村地区由于健康管理等相对滞后，2035 年乡村人口体质达标率目标值设为 91%。

4. 就业维度

劳均农业增加值。2019 年，含农林渔业在内的劳均农业增加值为 5609 美元（2015 年价格），是中等偏上收入国家水平的 92.8%，是高收入国家水平的 13.9%。[②] 按照《中国农村发展报告（2021）》测算的 2035 年农业农村基本现代化指标的目标值，预计到 2035 年，劳均农业增加值将接近 1.5 万美元/人（2019 年价格），考虑价格指数，这相当于高收入国家 20 世纪

① 《第五次国民体质监测公报》。

② 世界银行数据库，https：//data.worldbank.org/indicator/NV.AGR.EMPL.KD? name_ desc=false.

90 年代初期的水平（主报告课题组，2021）。[①]

5. 教育维度

劳动年龄人口平均受教育年限（年）。2019 年，农村劳动力人口平均受教育年限为 9.14 年（城镇为 11.44 年）。[②] 2020 年全国劳动年龄人口平均受教育年限为 10.8 年，按照“十四五”规划，2025 年将达到 11.3 年。从国际视角来看，2017 年，主要发达国家 25 岁以上人口的平均受教育年限一般在 12 年以上，例如德国为 14.1 年，美国为 13.4 年，英国为 12.9 年，日本为 12.8 年，韩国为 12.1 年。[③] 从我国教育发展情况看，15—24 岁人口受教育水平具有后发优势，2020 年，新增劳动力平均受教育年限人均达到 13.8 年，受过高等教育比例达到 53.5%，[④] 且“十四五”时期已明确了到 2025 年九年义务教育巩固率达到 96%、高中阶段教育毛入学率提高到 92%以上，[⑤] 以及高等教育毛入学率提高到 60%[⑥]的目标，但由于劳动年龄人口存量大，整体上与发达国家仍有一定差距，据此推断 2035 年全社会劳动力受教育年限约为 12.5 年，考虑到农村受教育水平较高的劳动力会持续流向城镇，预期农村劳动力平均受教育年限将达到 10 年，即高于初中文化程度。

---

① 按当年价格，高收入国家在 20 世纪 90 年代初期的人均 GDP 已经迈入 2 万美元，大致相当于在 2020 年基础上中国人均 GDP 翻一番，因此将该时期高收入国家的农业劳均增加值水平作为中国农村居民基本实现生活富裕的劳动生产率参照具有合理性。

② 中央财经大学人力资本与劳动经济研究中心：《中国人力资本报告（2021）》。

③ *Human Development Report Office* 2020，https：//ourworldindata. org.

④ 《2020 年全国教育事业发展统计公报》。

⑤ 《“十四五”公共服务规划》。

⑥ 《中华人民共和国国民经济和社会发展第十四个五年规划和 2035 年远景目标纲要》。

6. 信息维度

互联网普及率（%）。2020 年，农村互联网普及率为 55.9%（全国为 70.4%，城镇为 79.8%），[1] 到 2022 年年底，农村地区互联网普及率将超过 60%。[2] 2021 年年底，中国整体互联网普及率已经达到 73.0%，相当于高收入国家在 2011 年的水平，而 2020 年年底，高收入国家的互联网普及率接近 90%。考虑到中国的网络发展后发优势足，政府提升网络覆盖的行动力强，中长期来看，中国整体互联网普及率有望在 2035 年提高到 90%以上，同时农村地区互联网普及率提升是重点，农村互联网普及率应该能提升到 80%以上。

7. 主观福祉

生活满意度（1—10 分）。2019 年，农村居民生活满意度均值为 6.99 分（以 1—10 分值表示“非常不满意—非常满意”，全样本均值为 7.09 分）。[3] 从国际视角来看，从 2013 年到 2018 年，大多数经合组织国家的生活满意度保持稳定或有所提高，平均水平（有数据的 27 个国家）从 7.2 分提升到 7.4 分（以 0—10 分值表示“完全不满意—完全满意”），部分国家提升了 5%或更多（OECD，2020）。虽然统计口径略有差异，但整体上可以预期中长期内的中国居民生活满意度及农村居民生活满意度会稳定有所提升，按照 2019 年到 2035 年满意度大约提升 10%来估

① 第 47 次《中国互联网络发展状况统计报告》。
② 《2022 年数字乡村发展工作要点》。
③ 笔者根据“中国社会状况综合调查”（CSS）2019 年数据计算。

计，2035 年农村居民生活满意度高于 7.7 分（1—10 分值口径），大致相当于经合组织国家当前的平均水平（0—10 分值口径）。

表 1　　农村居民生活富裕的指标预测

维度	指标	具体解释	指标进展		指标属性
			2020 年基期	2035 年预期	
收入	家庭收入	人均可支配收入（元）	17131.5	≥40000	均值
	城乡居民收入比	城镇居民人均可支配收入/农村居民人均可支配收入	2.56	≤1.8	横向不平等
	S80/S20 收入份额比	前 20% 家庭的收入/底层 20% 家庭的收入	8.23	≤8	纵向不平等
	低收入组家庭收入	20% 低收入组家庭人均可支配收入（元）	4681.5	≥12000	均值
居住	居住负担能力	扣除居住费用后剩余可支配收入占收入的份额（%）	82.71	≥80	均值
	卫生厕所	卫生厕所普及率（%）	68.00	≥85	均值
	供水保障	自来水普及率（%）	83.00	≥90	均值
健康	孕产妇死亡率	孕产妇死亡率（1/10 万）	18.5	≤12.5	均值（剥夺）
	儿童死亡率	5 岁以下儿童死亡率（‰）	8.9	≤6.5	均值（剥夺）
	体质达标率	体质达标率（%）	89.3	≥91.0	均值
就业	农业生产率	劳均农业增加值（以 2015 年美元价格）	5609 *	≥15000	均值
教育	劳动力受教育年限	劳动年龄人口平均受教育年限（年）	9.14*	≥10.0	均值
信息	信息接入	互联网普及率（%）	55.90	≥80	均值
主观福祉	生活满意度	量表测评的满意度（1—10 分制）	6.99*	≥7.7	均值

注：* 为 2019 年数据。

三　基本结论与研究展望

农村居民生活富裕的测量框架是公共政策实施的一项评估工具。其概念内涵与进程研判表明，在共同富裕视域下推动农村居民生活富裕，挑战是多方面的，不仅在于提升收入，更在于同步改善多维度福祉；不仅在于提高平均水平，更在于缩小各类差距。为进一步促进测量评估研究，有必要完善相应的数据监测基础。

（一）基本结论

本报告尝试性地建立了一个反映农村居民生活富裕的概念框架和测量思路，具体涵盖当前有数可依的 7 个维度 14 个指标。这些指标围绕居民生活展开，强调的是到户及人的福祉，不同于过去以村庄覆盖率为考察对象的评价。这一研究思路，符合中国农村发展领域公共政策关注点从区域覆盖向人户覆盖的趋势①。

从现有指标体系来看，农村居民生活富裕不同维度指标在水平上的推进难度不大，但在差距方面的缩小较为艰巨和缓慢。以城乡居民收入比为表征的横向不平等，和以农村 S80/S20 收入份额比为表征的纵向不平等，其进程预判表明，中国农村居民与城镇居民之间、中国农村内部的不平等水平在中长期内还将位于较高水平。这还不包括尚未能评价的其他维度的不平等情况。考虑

① 2022 年中央一号文件对民生建设方面提出了“推动基本公共服务供给由注重机构行政区域覆盖向注重常住人口服务覆盖转变”的要求。

到农村居民生活富裕是共同富裕目标下的共享发展，因此，未来致力于促进农村居民生活富裕的政策框架，不仅要注重平均水平的提升，更要注重缩小差距。

从测量实施困难来看，当前农村居民生活富裕研究的主要障碍是数据缺乏，这一问题也导致了指标体系在短期内很难健全。生活富裕是一个整体的基于居民福祉的概念，其测量需要广泛且可比的指标体系，在数据结构上包含不同层面，例如，城乡、省级区域、群体（分性别、分教育程度、分收入水平）等，以确保在城乡区域和群体之间可横向、纵向比较，并且能够获得连续观测值。从当前数据可得性来看，围绕居民生活的指标统计或者是全国整体的（不区分地区和城乡的），或者是针对地域而非针对居民采集的，比如农村覆盖率方面的指标较多，但涉及农村居民可及性的指标较少。此外，尽管微观调查数据库是可替代方案，但由于数据库研究目标的不同，在维度指标上很难直接利用各类微观调查数据库。

（二）研究展望

对农村居民生活富裕的概念框架梳理和进程研判，是评估农村居民生活富裕状态的一个实用工具，也是识别既定发展目标下发展挑战的参照系。但从评估实施来看，开展农村居民生活富裕的研究，需要进一步克服统计数据支撑不足所带来的挑战，而推动这一项研究还有赖于数据统计与测量评估的协同推进。

从短期内的解决方案来看，将农村居民生活富裕的指标体系与现有的专门的农村调查数据库进行衔接。结合现有的概念框架，可以依托中国社会科学院农村发展研究所的“中国乡村振兴综合调查”这一项专门针对农村的追踪调查，进一步吸收调查研究中所掌握的农村居民在福祉方面的实际需求，并了解政策制定者在刻画农村社会进步方面的具体意愿，将农村居民生活富裕的指标进行梳理和完善，纳入追踪调查内容，从而尽快形成追踪评估。

从长期的发展战略来看，建议开展专门的居民生活富裕数据库建设。通过概念和测量框架的利用，可以为破解发展政策和资源分配优先事项的复杂性提供潜在可能，并增加公共政策对需求瞄准的透明性（Mcgregor，Camfield and Woodcock，2009）。结合中国全面推进乡村振兴、促进实现共同富裕的战略进程，农民生活富裕的测量框架可用于支持乡村振兴的工作推进，将测量工具与乡村建设行动等举措相结合，有助于系统地评估各类行动的福祉成果。但这一工作需要系统考虑国家的长期发展战略、与国际社会的对话，以及国家数据统计方面的协同。从当前数据可得性来看，还很难获得除了收入之外的其他指标的省级数据，考虑到共同富裕的战略长期性和政策决策的参考需要，为了系统促进有助于福祉改善的举措实施进程，有必要在国家层面建立系统的共同富裕测量框架和包含城乡和区域层次的数据采集计划，在整体框架之下对农村居民开展有针对性的测量，以便长期跟踪共同富裕的分布、趋势和关键挑战，并科学调整公共政策实施框架。

参考文献

1. 杜鑫：《当前中国农村居民收入及收入分配状况——兼论各粮食功能区域农村居民收入水平及收入差距》，《中国农村经济》2021 年第 7 期。

2. 秋石、陈志尚：《人的自由全面发展论》，《求是》2003 年第 19 期。

3. 魏后凯等：《共同富裕视域下乡村振兴的目标演进与推进战略》，《中国经济学人》2022 年第 4 期。

4. 魏后凯：《从全面小康迈向共同富裕的战略选择》，《经济社会体制比较》2020 年第 6 期。

5. 习近平：《扎实推进实现共同富裕》，《求是》2021 年第 20 期。

6. 曾国安、胡晶晶：《城乡居民收入差距的国际比较》，《山东社会科学》2008 年第 10 期。

7. 中国社会科学院农村发展研究所课题组：《农村全面建成小康社会及后小康时期乡村振兴研究》，《经济研究参考》2020 年第 9 期。

8. 《中国农村发展报告》主报告课题组：《面向 2035 年的中国农业农村现代化战略》，中国社会科学出版社 2021 年版。

9. Boarini, R., et al., "Measuring Well-being and Progress in Countries at Different Stages of Development", OECD Development Centre Working Papers No. 325, 2014.

10. Glatzer, W., et al., *Global Handbook of Quality of Life: Exploration of Well-being of Nations and Continents*, Springer International Publishers, 2015.

11. Guillen-Royo, M., et al., "Universal and Local Reconciled: Exploring Satisfaction with Universal and Local Goals in Thailand and Bangladesh", *Social Indicators Research*, 2013, 113 (2): 627-645.

12. Mcgregor, J. A., et al., "Needs, Wants and Goals: Wellbeing, Quality of Life and Public Policy", *Applied Research in Quality of Life*, 2009, 4 (2): 135-154.

13. Mcgregor, J. A., et al., "Needs and Resources in the Investigation of Well-being in Developing Countries: Illustrative Evidence from Bangladesh and Peru", *Journal of Economic Methodology*, 2007, 14 (1): 107-131.

14. OECD, *How's Life? 2020: Measuring Well-being*, OECD Publishing, 2020.

15. Stiglitz, J., et al., *Mismeasuring Our Lives: Why GDP doesn't Add Up*, The New Press, 2010.

城乡居民收入差距的变迁及展望

杜　鑫*

摘　要：改革开放以来长期高企的中国城乡居民收入差距在近年来已经出现了积极的改善势头，绝对收入差距增长速度大为降低，城乡居民收入比已经处于下降趋势。中国城乡居民收入差距主要源于工资性收入差距，后者目前占全部城乡居民收入差距的比例高达80%，而城乡居民人力资本差异与非农就业率差异是导致城乡居民工资性收入差距的主要原因。农村居民缺乏市场价值较高的财产使城乡居民财产性收入差距不断增长，目前其占全部城乡居民收入差距的比例接近20%。21世纪以来，政府同时扩大了对城乡居民的转移支付力度，在一定程度上抑制了城乡居民转移性收入差距的继续扩大，目前其占全部城乡居民收入差距的比例为15%。经营性收入虽有利于缩小城乡居民收入差距，但其贡献度却逐年下降，目前仅有10%左右。预测结果表明，在保持现有的城乡居民收入差距改善速度的条件下，中国有望实

* 杜鑫，经济学博士，中国社会科学院农村发展研究所副研究员，主要研究方向为发展经济学。

现逐步缩小城乡居民收入差距的各个阶段目标，最终实现农民农村共同富裕。为此，需要深入推进以人为本的新型城镇化，加强农村人力资本投资，深化农村产权制度改革，完善农业农村转移支付政策体系。

关键词： 收入　城乡居民收入差距　共同富裕

Urban-Rural Income Gap in China: Evolution and Forecasts

Du Xin

Abstract: In recent years, there has been emerging a positively improving trend in the urban-rural income gap in China that had been high after the reform and opening up, which is represented by a significant reduction in growth rate in absolute urban-rural income gap and a declining trend in urban-rural income ratio. The income gap from wages and salaries contributes mostly to the urban-rural income gap in China which accounts for nearly 80% of the whole urban-rural income gap. Differences in human capital and non-farm employment rate of urban and rural residents are the main factors which cause the urban-rural income gap from wages and salaries. Lack of properties with high market value has led to a steady increase in urban-rural income gap from properties which accounts for nearly 20% of the whole urban-rural income gap. After entering this century, the government has simultaneously increased transfer payment to urban and rural residents, which has suppressed the growing urban-rural income gap from transfer to some extent that contributes about 15% to the urban-rural income gap. The business income contributes to reduction in urban-rural income gap, but its contribution has been decreasing gradually with a current percentage of 10% or so. Forecasts indicate that, under the condition that the current improving trend in the urban-rural income gap is maintained, each target of various development stages on narrowing urban-rural income gap will be fulfilled and eventually the common prosperity of farmers and rural areas will be achieved. To realize the above aims, China should advance new people-oriented urbanization, strengthen investment in human capital in rural areas, deepen reforming property rights system in rural areas, and improving agricultural and rural transfer payment policies.

Key Words: Income; Urban-Rural Income Gap; Common Prosperity

在经济持续快速发展、城乡居民收入不断提高中，努力缩小城乡居民收入差距，对于实现共同富裕具有重要意义。本报告在回顾改革开放以来中国城乡居民收入差距演变的基础上，探讨了城乡居民收入差距的构成因素及形成原因，并对其未来发展趋势进行预测和展望，最后提出了关于缩小城乡居民收入差距、实现农民农村共同富裕的政策建议。

一　改革开放以来城乡居民收入差距变化趋势

改革开放以来，中国城乡居民收入实现了持续快速增长。但与此同时，由于中国在市场化改革与结构转型过程中依然面临着传统城乡二元分割体制的束缚，城乡居民收入差距在改革开放后的较长时期内也在不断扩大；进入21世纪之后，刘易斯转折点的到来使城乡劳动力市场供求形势发生了深刻变化，加之政府相继实施一系列支农惠农政策，城乡收入差距在近年来开始呈现出积极的发展趋势。

（一）城乡居民绝对收入差距变化趋势

城乡居民绝对收入差距是指以收入差额计算的城乡居民收入差距。图1和图2分别画出了按照当年价和1978年城乡不变价计算的改革开放以来中国城乡居民名义人均可支配收入及其收入差距、实际人均可支配收入及其收入差距的增长趋势。图3则画出了2001—2021年城乡居民绝对收入差距的增长速度。根据图1和图2，无论是按照当年价计算还是按照不变价计算，城乡居民绝对收入差距在改革开放以来的绝大部分时期内都是持续扩大的，但图3表明，城乡居民绝对收入差距的增长速度在近年来已经降到了较低的水平。

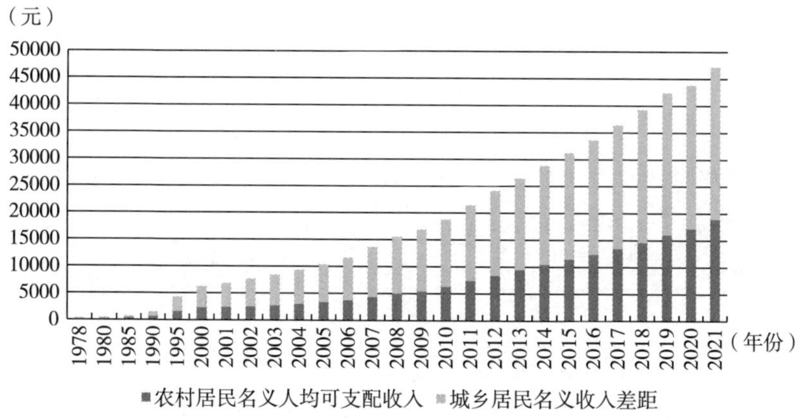

图 1　改革开放以来城乡居民名义人均可支配收入与名义收入差距的变化趋势

资料来源：国家统计局编：《中国统计年鉴（2022）》，中国统计出版社 2022 年版。

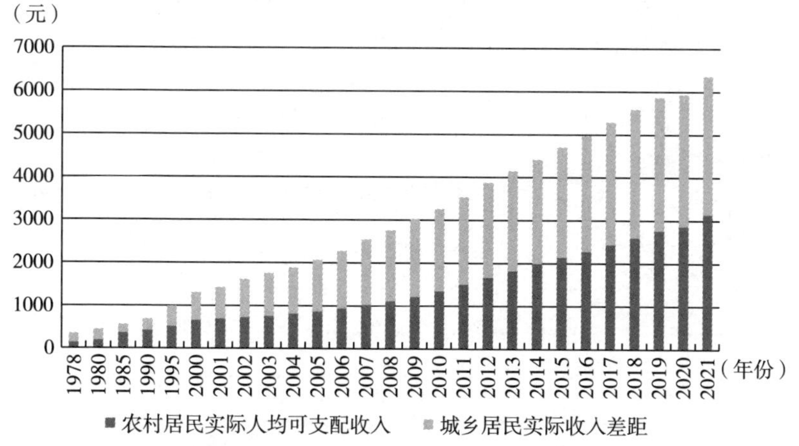

图 2　改革开放以来城乡居民实际人均可支配收入与实际收入差距的变化趋势

资料来源：国家统计局编：《中国统计年鉴（2022）》，中国统计出版社 2022 年版。

（二）城乡居民相对收入差距变化趋势

城乡居民相对收入差距是以收入比率或倍数计算的城乡居民收入差距。图 4 给出了按照城乡居民收入比计算的城乡居民相对

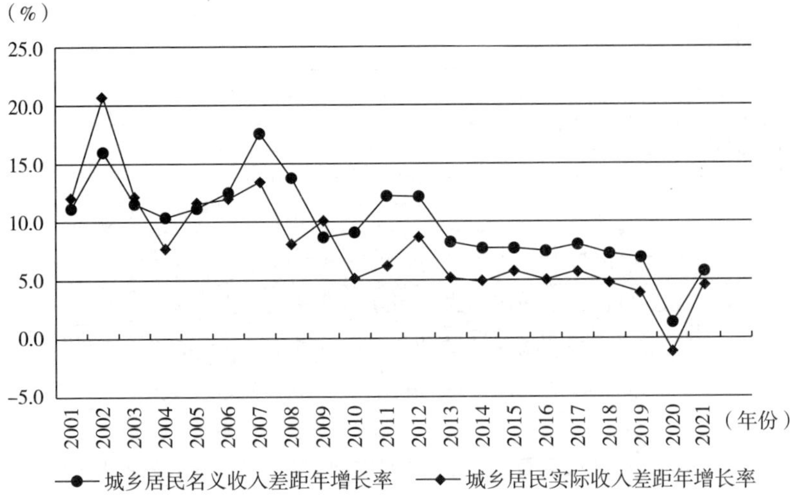

图 3　2001—2021 年城乡居民绝对收入差距的年增长率

资料来源：国家统计局编：《中国统计年鉴（2022）》，中国统计出版社 2022 年版。

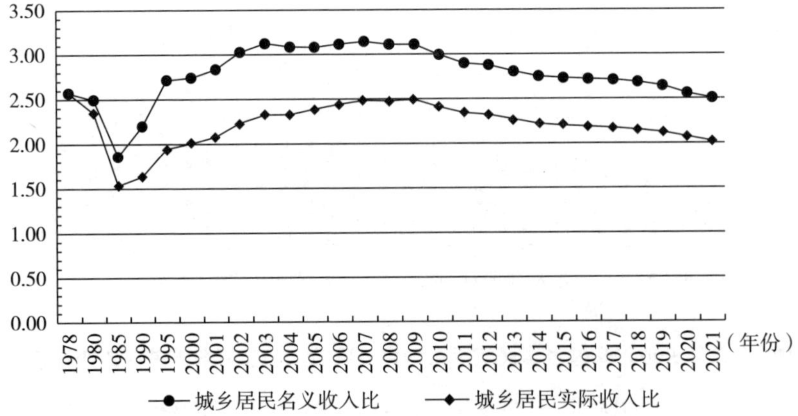

图 4　改革开放以来中国城乡居民收入比的变化趋势

资料来源：国家统计局编：《中国统计年鉴（2022）》，中国统计出版社 2022 年版。

收入差距的变化趋势。从图 4 可以看出，无论是按照当年价计算的城乡居民名义收入比还是按照 1978 年城乡不变价计算的城乡居民实际收入比，二者都在改革开放初期出现了显著的下降趋势，但随后至21世纪前十年出现了连续上涨，2009年后则开始呈现出缓慢下降的趋势。2021年，城乡居民名义收入比为2.50，已经略低于1978年改革之初的水平；城乡居民实际收入比为2.02，比1978年改革之初降低了大约20%，表明近年来中国城乡居民收入差距已经出现了积极的改善势头。

二 城乡居民收入差距构成因素分析

本部分利用国家统计局历年城乡居民可支配收入数据，对城乡居民收入差距构成因素（四种分项收入差距）对总收入差距的影响或贡献度进行深入分析，探讨城乡收入差距演变的深层次原因。为扣除物价水平的影响，除特别说明外，本部分所使用的城乡居民各项可支配收入及收入差距均按照1978年不变价折算。

（一）各分项收入对城乡居民收入差距的贡献度

图5和图6画出了1998—2020年城乡居民工资性收入差距、经营性收入差距、转移性收入差距、财产性收入差距的绝对数额及其在全部城乡居民收入差距中所占比例的变化趋势。从图5和图6可以看出，长期以来，工资性收入差距一直都是城乡居民人均可支配收入差距的主要构成部分，其对城乡居民可支配收入差距的贡献度（即其占全部城乡居民可支配收入差距的比例）虽然处于下降趋势，但直到近年，工资性收入差距对城乡居民收入差距的贡献度依然高达大约80%。进入21世纪以来，原本极低

的城乡居民财产性收入差距及其对全部城乡居民收入差距的贡献度开始逐年增长；到 2018 年，财产性收入差距开始超过转移性收入差距成为全部城乡居民收入差距的第二大构成因素，目前其对城乡居民收入差距的贡献度已接近 20%。转移性收入差距对全部城乡居民收入差距的贡献度从世纪之交的 40%左右一直下跌到 2012 年的大约 15%，此后便一直稳定在这一水平。长期以来，经营性收入一直都发挥了缩小城乡居民收入差距的重要作用，也是四个分项收入中唯一能够发挥这一积极作用的分项收入，但这一积极作用一直处于下降趋势；到目前，经营性收入对城乡居民收入差距的贡献度仅有大约-10%的水平，即经营性收入缩小了大约 10%的城乡居民收入差距。

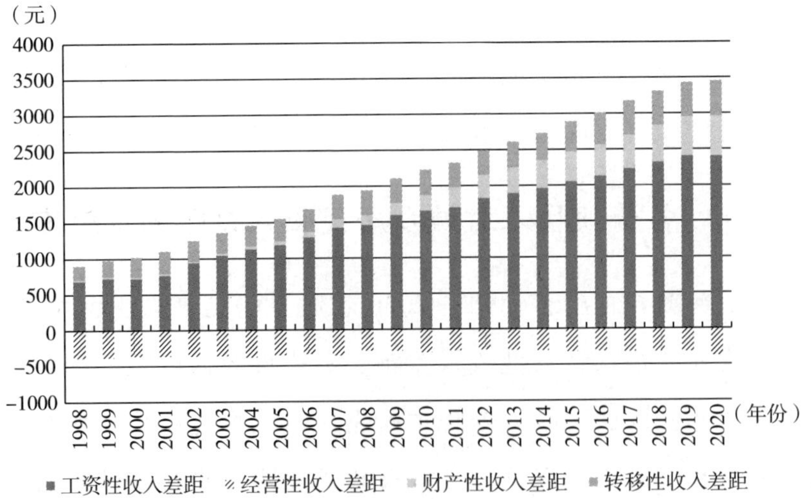

图 5　1998—2020 年城乡居民人均可支配收入差距分项收入构成

资料来源：国家统计局编：《中国统计年鉴（2022）》，中国统计出版社 2022 年版。

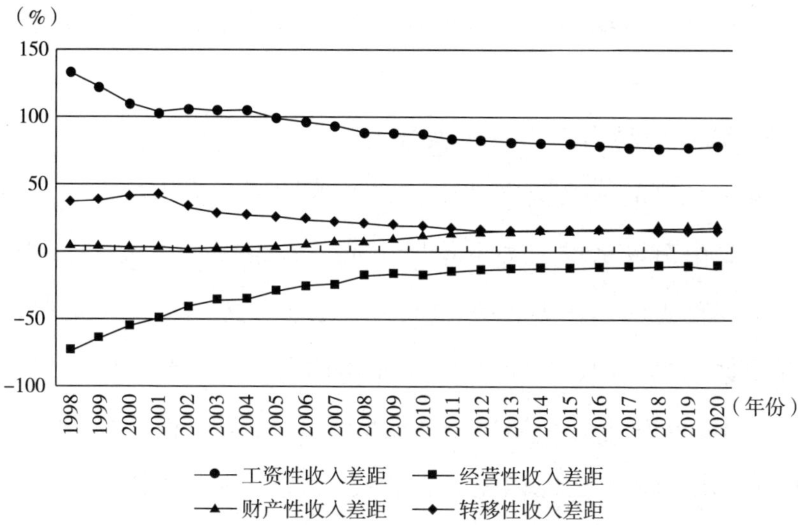

图 6　1998—2020 年各分项收入对城乡居民人均可支配收入差距的贡献度

资料来源：国家统计局编：《中国统计年鉴（2022）》，中国统计出版社 2022 年版。

总的看来，在四个分项收入之中，工资性收入差距是构成全部城乡居民收入差距的最主要因素，其次是财产性收入差距和转移性收入差距，经营性收入差距虽有利于缩小收入差距，但其作用效果已逐渐式微。下面分别对这四个分项收入差距的演变及其原因进行分析。

（二）工资性收入差距

根据图 5 和图 6 可知，长期以来，工资性收入差距一直都是城乡居民人均可支配收入差距的主要构成部分，目前其对城乡居民收入差距的贡献度将近 80%。城乡居民工资性收入主要来自城乡劳动者在劳动力市场上从事工资性就业所获得的雇佣劳动报酬，二者之间的差距主要来源于三个方面的因素：城乡劳动力人力资本差异、劳动力市场歧视以及城乡居民非农就业率差异。

1. 城乡劳动力人力资本差异

按照经典的人力资本理论，在竞争性劳动力市场上，工资性收入主要由劳动者的人力资本所决定。考察城乡居民的工资性收入差距，首先应当考察两者的人力资本水平差异。下面以受教育程度为例，考察城乡居民人力资本水平的差异。表 1 列出了 2000 年和 2020 年城乡居民中各受教育程度者所占的比例。从表 1 可以看出，城镇居民以受教育程度为代表的人力资本水平显著高于农村居民，反映人力资本水平差异的城乡居民工资性收入差距部分是市场竞争的结果，是具有经济合理性的。

表 1　2000 年和 2020 年全国城乡居民各受教育程度所占比例　单位:%

	2000 年					2020 年				
	小学以下	小学	初中	高中	大专及以上	小学以下	小学	初中	高中	大专及以上
全国	13.37	38.50	34.33	10.71	3.09	7.45	25.56	35.60	15.51	15.88
城市	7.84	24.72	36.06	22.04	9.34	5.38	16.47	30.38	20.64	27.12
镇	8.41	26.12	37.11	21.59	6.76	7.37	25.21	37.16	16.88	13.38
乡村	16.06	45.22	33.29	5.07	0.35	9.85	36.04	40.52	8.84	4.76

资料来源：国家统计局人口与就业统计司编：《中国人口与就业统计年鉴（2001）》，中国统计出版社 2001 年版。

国家统计局人口与就业统计司编：《中国人口与就业统计年鉴（2021）》，中国统计出版社 2021 年版。

2. 劳动力市场歧视

考察城乡居民的工资性收入差距，应当注意中国体制转轨过程中传统体制残余因素可能对农村居民所造成的工资歧视或不公平待遇。传统的城乡二元分割体制造成了中国城乡劳动力市场的割裂，但在由计划经济体制向社会主义市场经济体制转轨的过程中，中国城乡劳动力市场一体化水平也在不断提高，同时中国城乡劳动力供求形势随着刘易斯转折点的到来也发生了重大变化。在上述因素的作用下，农村劳动力在劳动力市场上所遭受的工资歧视或不公平待遇是动态变化的。早期的研究大都表明，由于农民工所遭受的户籍歧视以及由此而导致的行业或职业进入壁垒，农民工与城镇职工之间存在显著的收入差距（王美艳，2005；万海远、李实，2013）。随着刘易斯转折点的到来与城乡劳动力市场一体化水平的提高，近期的一些研究则发现，农民工遭受收入户籍歧视的程度不断降低，并在近年来出现了逆转，即在控制了教育、技能等其他个人特征的情况下，农民工工资水平不仅不再低于城镇职工，反而开始享有正的工资溢价（陈昊等，2017；章莉、吴彬彬，2019）；此外，农民工所享有的这种工资溢价并没有由劳动合同签署状况、社会保障差别来解释（邢春冰等，2021）。尽管关于近年来农民工开始享有工资溢价的研究也还存在一些不足之处，主要由于其所使用的微观调查数据没有较详细的劳动条件、福利待遇等信息，农民工所享有的这种所谓的“工资溢价”可能是一种补偿性工资收入，并不能据此断定农民工在同等条件下确实获得了比城镇职工更高的报酬，但上述研究结果说明，随着城乡劳动力市场供求形势的变化和城乡劳动力市场一体化水平的提高，农村劳动力在劳动力市场所遭受的收入歧视程度已经大为降低甚或不复存在。图 7 画出了 21 世纪以来农民工与城镇职工之间工资差距的演变过程。从图 7 中可以看出，

2002—2013 年，农民工与城镇职工的小时工资差距不断缩小；到 2018 年，农民工的小时工资水平反而比城镇职工高出了将近 10%。

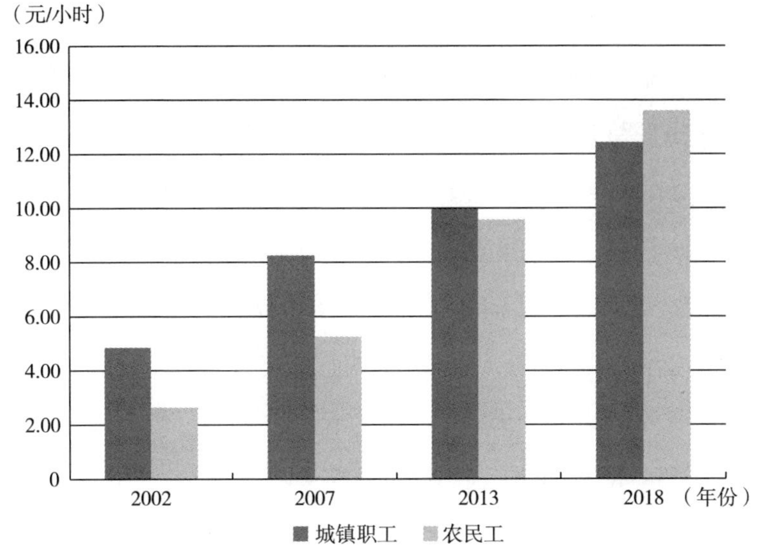

图 7　2002—2018 年城镇职工与农民工的小时工资差距

资料来源：邢春冰等：《农民工与城镇职工工资差距演变及原因分析》，《经济学动态》2021 年第 5 期。

3. 城乡居民非农就业率差异

考察城乡居民的工资性收入差距，还应当注意城乡居民中非农就业人口所占比例或非农就业率的差异。根据宏观统计数据可获得性，本报告将农村居民非农就业率约等于农民工总量与农业户籍人口数之比，将城镇居民非农就业率约等于城镇非农业户籍就业人口数（约等于城镇就业人口数减去外出农民工总量）与非农业户籍人口数之比。图 8 画出了 2010—2020 年城乡居民非农就业率的差异。图 8 显示，2010—2020 年，城镇居民非农就业率一直高于农村居民非农就业率。2010 年，城镇居民非农就业率大约为农村居民非农就业率的 1.5 倍；在此之后，这一比率呈现逐渐降低的趋势，但到 2020 年，二者依然保持着较大的差距，前者约为后者的 1.2 倍。显然，城乡居民非农就业率所存在的较大差距，或者说农村劳动力转移从事工资性就业的比例依然过低，是造成城乡居民工资性收入差距的一个重要原因。

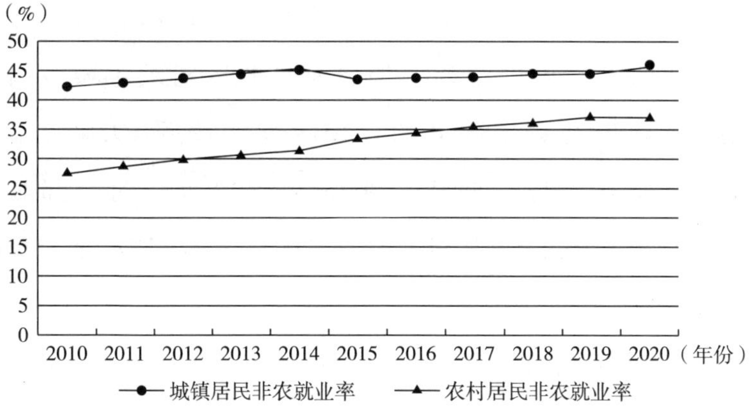

图 8　2010—2020 年城镇居民与农村居民的非农就业率

资料来源：根据历年《中国人口与就业统计年鉴》《农民工监测调查报告》相关数据计算。详见国家统计局人口与就业统计司编：《中国人口与就业统计年鉴》（2010—2020），中国统计出版社各年份版；国家统计局：《农民工监测调查报告》，http：//www. stats. gov. cn/。

总的来看，在影响城乡居民工资性收入差距的三个主要因素中，随着城乡劳动力市场供求形势的变化和劳动力市场一体化水平的提高，由劳动力市场歧视所导致的工资性收入差距已经大为缩小甚或不复存在，城乡居民人力资本差异与非农就业率差异才是导致当前城乡居民工资性收入差距得以存在的主要原因。因此，缩小城乡居民工资性收入差距的重点在于加强教育与技能培训，提高农村劳动力人力资本水平，同时深入推进农村劳动力转移，提高其非农就业率水平。

（三）经营性收入差距

根据图 5 和图 6 可知，长期以来，经营性收入一直都发挥了缩小城乡居民收入差距的重要作用，也是四个分项收入中唯一能够发挥这一积极作用的，这是由城乡居民所拥有的经营性资产禀赋差异所导致的结果。但经营性收入对缩小城乡居民收入差距的贡献度是逐年降低的。2019 年，按照 1978 年不变价计算的城乡居民经营性收入差距仅为-322 元，对全部城乡居民收入差距的贡献度仅为-10.4%；2020 年为-378 元，贡献度仅为-12.3%。

在保持城镇居民经营净收入不降低的情况下，缩小城乡居民经营性收入差距的关键在于提高农村居民经营净收入，而后者主要来源于农村居民的家庭农业经营与非农业经营活动，特别是家庭农业经营活动。[①] 提高农村居民人均经营净收入，关键在于提高其人均第一产业经营净收入，而后者主要决定于农村家庭农业生产经营中的人均土地、资本水平与农业生产技术、组织方式、管理制度等。当前，中国农业生产经营的农户主体生产规模过小，耕地细碎化，小规模兼业型农户满足于农地的保障型功能而

① 根据《中国住户调查年鉴（2021）》，2015—2020 年，在全部农村居民经营净收入中，第一产业经营净收入所占比例稳定保持在 65%—70%，是农村居民经营净收入的主要构成部分。

缺乏加强农业投资和技术创新的动力，由此导致农业生产成本较高，经营效益及农业劳动生产率低下。由于“大国小农”国情的制约和城乡劳动力资源配置不合理，中国农业生产的比较劳动生产率长期低于第二、第三产业（蔡昉等，2008），农业劳动生产率水平的低下决定了农业劳动力及农村居民人均农业经营净收入水平的低下。因此，提高农村居民人均农业经营净收入及人均经营净收入，其关键在于持续深入推进农村劳动力转移和城镇化进程，提高职业农民土地经营规模水平和农业劳动生产率。

（四）财产性收入差距

根据图5和图6可知，21世纪初期之前，城乡居民财产性收入差距及其对全部城乡居民收入差距的贡献度均处于极低的水平；21世纪初期之后，财产性收入差距及其对全部城乡居民收入差距的贡献度开始逐渐增加，并于2018年开始超过转移性收入差距成为城乡居民收入差距的第二大构成因素；到2020年，其贡献度进一步达到了18.1%的水平。

城乡居民财产性收入差距从21世纪初期开始逐年增加，这一时间趋势是与城镇房地产市场化改革以及随后出现的城镇房地产价格大幅上涨是基本一致的。1998年7月3日，《国务院关于进一步深化城镇住房制度改革加快住房建设的通知》（国发〔1998〕23号）发布，决定建立住房分配货币化、住房供给商品化、社会化的住房新体制，城镇房地产业自此进入市场化阶段。进入21世纪之后，随着城镇房地产市场的迅速发展与房地产价格的快速上涨，城镇居民的财产性收入也随之上升。与城镇居民相比，一是农村居民所拥有的房屋、土地等财产所处地理位置偏远，市场交易价值不高；二是农村居民对其财产仅拥有有限的产权，包括农用地的承包经营权、宅基地的使用权、附着于宅基地之上的自建住宅所有权以及按份享有的农村集体资产收益权，这些财产权受现行法律制度限制而不能自由交易，使农村居民的财产性收入长期处于极低的水平。因此，城乡居民财产性收入差距不断扩大的主要原因在于农村居民缺乏市场价值较高的财产，通过农村产权制度改革增强农村居民产权的完整性，同时通过改善农村房屋、土地等资产的资源配置效率而提高其市场价值，才是提高农村居民财产性收入、缩小城乡居民财产性收入差距的有效途径。

（五）转移性收入差距

根据图 5 和图 6 可知，长期以来，城乡居民转移性收入差距呈现出小幅稳步扩大的态势，但其对全部城乡居民收入差距的贡献度从世纪之交的 40%左右一直下跌到 2012 年的大约 15%，此后便一直稳定在这一水平。城乡居民转移性收入差距之所以出现上述变化趋势，其原因在于政府在此期间扩大了对城镇居民社会保障待遇等方面的转移性支出力度，同时也通过实施一系列的支农惠农政策，如完善农村社会保障体系和农业生产补贴政策，增加了对农村居民的社保和农业补贴支出，这在一定程度上抑制了城乡居民转移性收入差距的继续扩大。表 2 给出了 2005—2020 年城镇职工社会保险基金支出、城乡居民社会养老保险基金支出与国家财政农林水事务支出的增长情况。

表 2　　2005—2020 年城镇职工社会保险基金支出、城乡居民社会养老保险基金支出与国家财政农林水事务支出

年份	城镇职工社会保险基金支出		城乡居民社会养老保险基金支出		国家财政农林水事务支出	
	数额（亿元）	年增长率（%）	数额（亿元）	年增长率（%）	数额（亿元）	年增长率（%）
2005	4322. 1					
2006	5200. 7	20. 3				
2007	7877. 8	51. 5			3404. 7	
2008	9861. 2	25. 2			4544. 01	33. 5
2009	12135. 3	23. 1			6720. 41	47. 9
2010	14552. 1	19. 9			8129. 58	21. 0
2011	17641. 6	21. 2			9937. 55	22. 2
2012	21506. 5	21. 9	1149. 7		11973. 9	20. 5
2013	25596. 8	19. 0	1348. 3	17. 3	13349. 5	11. 5
2014	29994. 6	17. 2	1571. 2	16. 5	14173. 8	6. 2
2015	35090. 8	17. 0	2116. 7	34. 7	17380. 5	22. 6
2016	42257. 5	20. 4	2150. 5	1. 6	18587. 4	6. 9
2017	49818. 5	17. 9	2372. 2	10. 3	19089	2. 7
2018	57770. 8	16. 0	2905. 5	22. 5	21085. 6	10. 5
2019	64041. 3	10. 9	3114. 3	7. 2	22862. 8	8. 4
2020	67091. 7	4. 8	3355. 1	7. 7	23948. 5	4. 7

资料来源：国家统计局网站，https：//data. stats. gov. cn/.

三　城乡居民收入差距未来发展目标及趋势展望

本部分首先根据实现农业农村共同富裕的要求，提出中国未来一段时期缩小城乡居民收入差距的目标，然后利用国家统计局

的宏观统计数据对中国城乡居民收入差距的未来发展趋势进行预测和展望。

（一）共同富裕背景下缩小城乡居民收入差距的未来目标

社会主义的本质，是解放生产力，发展生产力，消灭剥削，消除两极分化，最终达到共同富裕。[①] 2021 年 8 月 17 日召开的中央财经委员会第十次会议指出，“共同富裕是社会主义的本质要求，是中国式现代化的重要特征，要坚持以人民为中心的发展思想，在高质量发展中促进共同富裕”。[②] 2021 年 10 月 16 日，习近平总书记在《求实》杂志发表了《扎实推动共同富裕》一文，阐述了实现共同富裕的重大意义、基本原则和工作思路，其中也提出了分阶段促进共同富裕的工作目标，即“到‘十四五’末，全体人民共同富裕迈出坚实步伐，居民收入和实际消费水平差距逐步缩小。到 2035 年，全体人民共同富裕取得更为明显的实质性进展，基本公共服务实现均等化。到 21 世纪中叶，全体人民共同富裕基本实现，居民收入和实际消费水平差距缩小到合理区间”。[③]

由于中国独特的城乡二元分割体系，导致劳动、土地等生产要素不能在城乡之间进行自由流动，使城乡收入差距成为一个极具中国特色的经济社会问题。在进行国际比较时，难以找到可与中国城乡居民收入差距相对应的跨国指标。尽管如此，国内一些

① 《邓小平文选》（第三卷），人民出版社 1994 年版。

② 《习近平主持召开中央财经委员会第十次会议》，http：//www. gov. cn/xinwen/2021－08/17/content_ 5631780. htm.

③ 习近平：《扎实推动共同富裕》，《求实》2021 年第 20 期。

学者尝试寻找了国外一些相近的经济指标来与中国的城乡居民收入差距进行对比。其中，比较具有代表性的有蔡昉、杨涛和胡晶晶等。蔡昉、杨涛（2000）收集了36个国家的农业和非农业标准劳动者的收入比率数据，发现无论是发达国家、发展中国家还是原计划经济国家，这一收入比率大都低于1.5。胡晶晶（2013）收集了发达国家的相关数据，发现发达国家虽然曾在历史上出现过非农业就业者与农业就业者之间的较大收入差距，但“二战”之后，在政府强力的政策干预下都出现了持续而显著的收入差距缩小趋势，直至产生逆转。例如，自20世纪90年代以来，美国城市中位数收入家庭与农村中位数收入家庭的收入比率一直处于1.28—1.33，而农场家庭平均收入则一直超过全国家庭平均收入，即农场家庭平均收入一直超过非农场家庭平均收入；自20世纪70年代初之后，日本职工人均可支配收入与农民人均可支配收入之比一直低于1，即农民人均可支配收入一直高于职工人均可支配收入；进入21世纪之后，欧洲发达国家农民平均收入也已经高于全国平均水平。总的来看，当前发达国家农业劳动者（或农场家庭）与非农业劳动者（或非农场家庭）之间已经不存在明显的收入差距，甚至出现了前者收入高于后者的现象。

2021年我国人均GDP达到80976元，按年平均汇率折算达12551美元。[①] 根据世界银行2021年7月公布的最新标准，人均国民收入（GNI）超过12695美元（现价）的经济体即为高收入国家（或地区）。因此，在保持当前经济增长趋势基本不变的条

① 《中华人民共和国2021年国民经济和社会发展统计公报》，http://www.stats.gov.cn/tjsj/zxfb/202202/t20220227_1827960.html.

件下，中国在“十四五”时期将稳步迈入高收入国家门槛。根据习近平总书记关于分阶段促进共同富裕的目标要求，结合发达国家农业劳动者（或农场家庭）与非农业劳动者（或非农场家庭）之间收入差距状况，本报告提出如下关于中国城乡居民收入差距的未来阶段性目标：“十四五”时期，城乡居民收入差距继续保持现有的缩小趋势；到 2035 年，城乡居民实际收入比缩小到 1.5 左右；到 21 世纪中叶，城乡居民实际收入比缩小到 1.0 左右，基本实现农民农村共同富裕。

（二）城乡居民收入差距未来发展趋势预测

从图 3 可以发现，改革开放以来，中国城乡居民实际收入比大致呈现出周期性变化的趋势，即改革开放之初到 20 世纪 80 年代中期，城乡居民实际收入比呈现下降趋势；20 世纪 80 年代中期之后直到 21 世纪前十年，呈现出不断上升的趋势；自 2009 年达到改革开放之后的最高点 2.49 之后，则开始呈现出持续稳定下降的趋势。本报告以 2009 年为起点，采用直线趋势外推法来对未来一段时期的城乡居民实际收入比变化情况进行预测。图 9 画出了 2009 年（对应于时间轴的数值 1）之后城乡居民实际收入比演变的直线趋势。据此推算，中国城乡居民实际收入从 2021 年的 2.02 开始，到“十四五”末期大约降至 1.89，2035 年大约降至 1.56，到 21 世纪中叶大约降至 1.05。上述预测结果表明，在保持现有的城乡居民收入差距改善速度的条件下，从“十四五”时期到 21 世纪中叶建成社会主义现代化强国，中国有望实现逐步缩小城乡居民收入差距的各主要阶段目标，最终实现农民农村共同富裕。

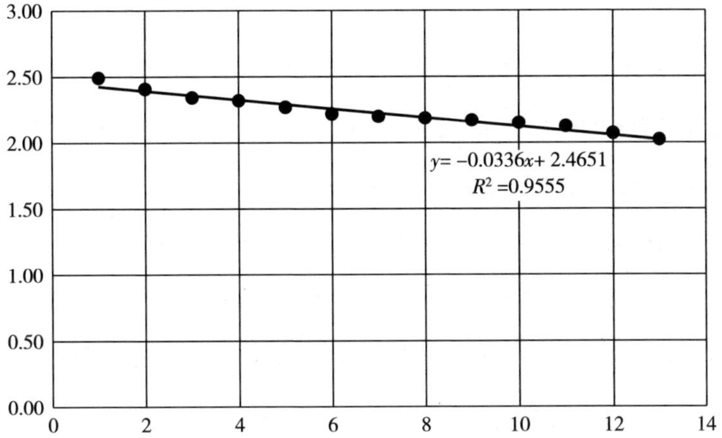

图 9　2009—2021 年城乡居民实际收入比变化趋势的拟合直线

四　结论及政策建议

本报告利用国家统计局的居民收入统计数据，回顾了改革开放以来中国城乡居民收入差距的历史演变，分析了城乡居民收入差距的构成因素及形成原因，并对其未来发展趋势进行了预测和展望。通过本报告的研究，主要得到以下结论。

第一，改革开放以来，由于中国在市场化改革与结构转型过程中依然面临着传统城乡二元分割体制的束缚，中国按照当年价和不变价计算的城乡居民绝对收入差距在较长时期内都处于扩大过程之中。但是，伴随着刘易斯转折点的到来使城乡劳动力市场供求形势发生了深刻变化，以及政府支农惠农政策力度不断加强，中国城乡居民收入差距近年来已经出现了显著的改善势头，绝对收入差距的年增长速度已经降到一个较低的水平，以城乡居民收入比表示的相对收入差距自 2009 年开始出现了连续下降。2021 年，城乡居民名义收入比和实际收入比已经分别下降到 2.50 和 2.02，前者与 1978 年改革开放之初的水平大体相当，后者更是比 1978 年改革开放之初降低了大约 20%。

第二，在城乡居民收入差距的四个构成因素中，工资性收入差距一直都是城乡居民收入差距的主要构成部分，目前其占全部城乡居民收入差距的比例高达将近 80%；21 世纪以来，财产性收入差距及其对城乡居民收入差距的贡献度逐渐扩大，目前其占全部城乡居民收入差距的比例接近 20%；城乡居民转移性收入差距一直呈现缓慢增长的态势，其占全部城乡居民收入差距的比例则有所降低，近年稳定在大约 15%的水平；经营性收入是唯一能够缩小城乡居民收入差距的分项收入，但其积极作用一直处于下降趋势，目前其对缩小城乡居民收入差距的贡献度已降到大约 10%的水平。

第三，工资性收入差距一直是城乡居民收入差距的主要构成部分。当前，随着城乡劳动力市场供求形势的变化和劳动力市场一体化水平的提高，农村劳动力所遭受的收入歧视程度已经大为降低甚或不复存在，城乡居民人力资本差异与非农就业率差异才是导致当前城乡居民工资性收入差距得以存在的主要原因。较低的农业劳动生产率水平是农村居民人均农业经营净收入及人均经营净收入较低的根本原因。农村居民缺乏市场价值较高的财产是城乡居民财产性收入差距不断扩大的主要原因。21 世纪以来，政府同时扩大了对城乡居民的转移支付力度，在一定程度上抑制了城乡居民转移性收入差距的不断扩大。

第四，根据习近平总书记关于分阶段促进共同富裕的目标要求，同时参考发达国家的经验，中国城乡居民实际收入比应当到2035年缩小到1.5左右，到21世纪中叶缩小到1.0左右。预测结果表明，在保持现有的城乡居民收入差距改善速度的条件下，从“十四五”时期到21世纪中叶，中国有望实现上述阶段性目标，最终基本消除城乡居民收入差距，实现农民农村共同富裕。

为提高农村居民收入，缩小城乡居民收入差距，最终实现农民农村共同富裕的发展目标，需要重点采取以下政策措施。

一是深入推进以人为本的新型城镇化，促进农村劳动力转移和农业转移人口市民化。当前及未来一段时期，深入推进中国城镇化进程的重点应当是坚持以人为本，走高质量的新型城镇化道路，具体来说，包括全面推进户籍制度改革，从根本上改变户籍人口城镇化率与常住人口城镇化率差距不断扩大的状况，加快推进基本公共服务均等化，全面维护进城落户人员的农村资产权益，为农业转移人口市民化提供制度保障。

二是加强农村人力资本投资。改善农村居民人力资本，既有利于提高农村居民非农就业工资性收入，也有利于提高职业农民从事现代农业生产的技能，提高其农业经营收入。为此，应当科学规划，加大投入，针对不同对象及其意愿，加强教育和职业技能培训，提高全体农村居民的人力资本水平。

三是深化农村产权制度改革。深化农村土地承包经营权制度改革、宅基地制度改革、集体经营性建设用地入市改革，继续推进农村集体产权制度改革，建立健全合理的农村集体资产利润分配机制，实现各项农村资源、资产的自由流动和优化配置，为增加农村居民财产性收入、缩小城乡居民财产性收入差距拓宽渠道。

四是完善农业农村转移支付政策体系。首先是建立健全农业支持保护制度和农业生产者收入保险制度，完善农业补贴政策体系，加强农业的财政补贴力度，并不断优化补贴结构；其次是完善城乡统一的社会保障体系，以加强对农村居民的社保投入为重点，实现城乡居民社保待遇均等化。

参考文献

1. 蔡昉等：《中国农村改革与变迁：30 年历程和经验分析》，格致出版社、上海人民出版社 2008 年版。
2. 陈昊等：《户籍所在地“反向歧视之谜”：基于收入补偿的一个解释》，《世界经济》2017 年第 5 期。
3. 胡晶晶：《改革开放以来中国城乡居民收入差距研究》，人民出版社 2013 年版。
4. 邢春冰等：《城镇地区还存在对外来务工人员的工资歧视吗？——外来人口分布与城镇地区的工资决定》，《深圳社会科学》2021 年第 1 期。
5. 章莉、吴彬彬：《就业户籍歧视的变化及其对收入差距的影响：2002—2013 年》，《劳动经济研究》2019 年第 3 期。
6. 万海远、李实：《户籍歧视对城乡收入差距的影响》，《经济研究》2013 年第 9 期。
7. 王美艳：《城市劳动力市场上的就业机会与工资差异——外来劳动力就业与报酬研究》，《中国社会科学》2005 年第 5 期。

优化提升公共服务
促进农民农村共同富裕

杜志雄　杨园争*

摘　要：共同富裕是社会主义的本质特征，公共服务的高效供给既是共同富裕的重要内容，也是实现共同富裕的重要手段。本报告基于公共服务与农民农村共同富裕的密切关系，针对城乡间、区域间及不同群体间的基本公共服务差距，提出了以优化提升农村基本公共服务来促进农民农村共同富裕的路径，即以城乡一体化消解公共服务的二元分异、以县乡村一体化推动农村基本公共服务均等化、以基本公共服务标准化加速均等化实现、以数字化提升农村基本公共服务可及性等。在具体实践中，要持续打破公共服务的制度壁垒，提高对弱势群体的保障水平；以评选和创建示范县的形式，加速形成县乡村基本公共服务一体化格局；统筹布局城乡"新基建"，以数字化提升公共服务利用效率。

关键词：公共服务　共同富裕　一体化　均等化　数字化

---

* 杜志雄，农学博士，中国社会科学院农村发展研究所党委书记、研究员、博士生导师，主要研究方向为中国农业农村现代化理论与政策等；杨园争，管理学博士，中国社会科学院农村发展研究所助理研究员，主要研究方向为农村公共服务、农民收入等。

Optimizing and Improving Public Services to Promote Common Prosperity of Farmers and Rural Areas

DU Zhixiong   YANG Yuanzheng

Abstract: The common prosperity of farmers and rural areas is the essential feature of socialism, and the efficient supply of public services is not only an important content of common prosperity, but also an important means to achieve common prosperity. This report theoretically expounds the mechanism by which public services promote the common prosperity of farmers and rural areas, and aims at the basic public service gaps between urban and rural areas, between regions and between groups, and clarifies the main paths to improve basic public services . These paths include the integration of urban and rural areas to reconcile the binary differentiation of public services, promoting the equalization of basic public services in rural areas through the integration of counties and villages, accelerating the realization of equalization through the standardization of basic public services, and improving the accessibility of basic public services in rural areas through digitalization. In practice, it is necessary to break the existing barriers of the public service system and improve the level of protection for vulnerable groups; to speed up the formation of an integrated pattern of basic public services in the county and rural areas in the form of selecting and creating demonstration counties; to make overall arrangements for urban and rural "new infrastructure", to improve the utilization efficiency of digital public services.

Key Words: Public Service; Common Prosperity; Integration; Equalization; Digitization

公共服务事关国计民生，既可以在短期提升农村居民尤其是低收入群体和弱势群体的当期福利，还能通过积累人力资本在长期提升农村居民的收入水平和社会福利水平。从这个意义上说，它既是农民农村共同富裕的重要内容，也是实现共同富裕的重要手段。目前，我国依旧存在基本公共服务在城乡间、区域间和群体间的较大差异，需要以城乡一体化、县乡村一体化、标准化以及数字化的发展思路积极探索创新。

一　公共服务是促进共同富裕的重要手段

共同富裕是社会主义的本质特征，其目的是通过促进国民收入和福利水平的提升，使全体国民均衡享受经济发展的利益。这里的“富裕”不仅指收入上的“富足”，也包含了对民生供给

“充裕”这一福利水平的要求①。当前阶段，我国发展最大的不平衡是城乡发展不平衡，最大的不充分是农村发展不充分，推进共同富裕的重点在农民农村，着力点在提高收入和改善民生上。

共同富裕的结果是全体居民的生计和福利水平都能获得代际间、持续稳定的提升。动态地看，生计福利水平提升有两种实现形式。其一，也是最为普遍的是居民通过收入水平增加，购买更多的教育、医疗等服务，提升自身生计福利水平；其二，是政府通过向所有居民普遍提供公共服务，特别是向低收入人群供给更多数量和更高质量公共服务的方式，直接提升该人群的生计和福利水平。农村公共服务的有效供给不仅可以直接提升全体农民的福利水平，还可以使低收入人群通过享受到更多的教育、医疗等与人力资本积累相关的公共服务，为未来收入增长、促进共同富裕提供可能，参见图1。可见，确保农村居民享有公平、可及的基本公共服务既是共同富裕的重要内容，又是促进共同富裕的有效手段。

（一）公共服务直接提升农民福利水平，促进农民农村共同富裕

公共服务具有多种样态和形式，它既可以通过提供具体的产品或服务直接提升全体民众的福利水平，又可以有针对性地帮扶弱势群体，促进共同富裕的实现。首先，公共服务可以直接提升全体农民的福利水平。基本公共服务解决的是民众日常生存、生

---

① 共同富裕不仅体现在收入和物质层面，它也包含文化和精神层面的共同富裕。物质层面的共同富裕本质上体现为居民收入的升级和福利水平的提升。本报告主要从物质层面展开讨论，但从这些公共服务的内容看，它们本身也广泛涉及了文化和精神层面的共同富裕问题。

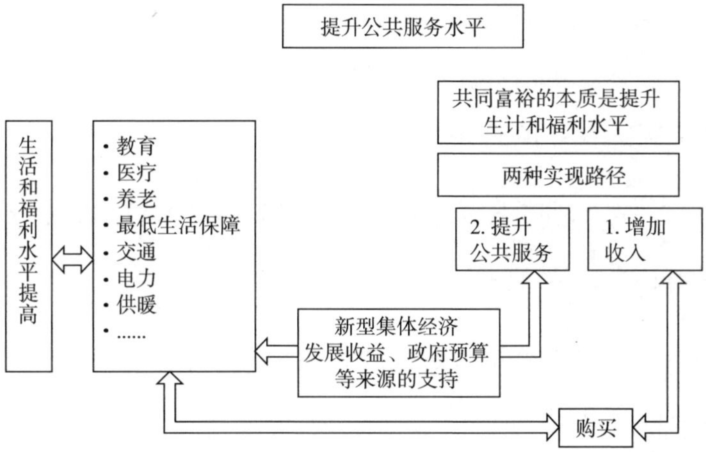

图 1　共同富裕的本质及两种实现途径

活和生产方面的直接需求问题，在需求解决的同时即产生福利效应，民生状况得以改善。基本公共服务使广大农民幼有所育、学有所教、劳有所得、病有所医、老有所养、住有所居，是农民获得感、公平感、幸福感、安全感的重要保障。发展社会公共服务，对于保障农民的基本权益、维护社会公平和构建社会主义和谐社会具有十分重要的意义，是促进农民农村共同富裕的核心举措。

其次，公共服务可以直接提升特定农民群体的福利水平。我国有很多重大公共服务推进项目直指一些农村地区和特定人群。例如，我国长期进行的脱贫事业，特别是党的十八大以来进行的脱贫攻坚战，其中很重要的工作内容就是完善这些地区的各项公共服务。党的十八大以来，平均每年有 1000 多万人脱贫，脱贫群众不愁吃、不愁穿，其义务教育、基本医疗、住房安全和饮水安全等也都有了保障；有 2000 多万贫困患者得到分类救治，近

2000 万贫困群众享受低保和特困救助供养，2400 多万困难和重度残疾人拿到了生活和护理补贴[①]，这些都使贫困农民群众的福利得到了实实在在的直接改善。

（二）公共服务为农村经济增长提供长期动力，促进农民农村共同富裕

首先，公共服务可以为农村经济发展提供直接拉力。投资是经济增长的“三驾马车”之一，大多数公共服务以公共服务设施建设为基本前提。这些设施包括道路、学校、医院、文化活动中心等硬件基础设施，也包括各类服务软件，都体现为直接投资，也因此是经济增长本身。例如，我国各类养老床位数到 2020 年已增加至 823.8 万张[②]；仅“十三五”时期，我国棚户区改造累计已达 2300 多万套[③]；交通、用水、燃气、网络等方面的基础设施建设也都为经济发展提供了直接驱动力。

其次，公共服务可以积累人力资本，为农村经济发展提供长期要素驱动。人力资本是决定经济增长速度和可持续性的最重要因素。国家创新驱动发展战略的根本也在于人力资本的支撑能力。公共服务是确保、培育和提高人力资本的最直接方式。例如，农村饮用水安全工程直接提升农民生活质量，农村公共医疗卫生服务直接影响农民的健康水平，这些都是提升农村人力资本的必要前提；教育是提高人力资本的主要手段，农村公共服务通

① 参见《习近平：在全国脱贫攻坚总结表彰大会上的讲话》，http：//www.jzjjw.gov.cn/sitesources/jzjjw/page_ pc/xsqjw/mcq/ywyl/article639241aca5bd4140926b3ec17e578727.html。

② 数据来源：《国家统计局：2020 年末全国养老机构 3.8 万个，养老服务床位 823.8 万张》，http：//www.lelaohui.com/news_ details239.html。

③ 数据来源：《“十三五”期间我国棚改累计开工 2300 多万套》，https：//www.sohu.com/a/451722127_ 120790342。

过提供教育服务，可以提高人力资本水平，优化人力资本结构、提高劳动生产率，进而推动经济结构转型升级，实现经济增长，促进个人及区域的长期发展；农村养老公共服务可以改善老年人生活质量，提升老年人幸福感，有利于社会稳定，同时也为子女务工提供坚实保障，可以间接增加劳动力供给时间和供给效率；农村公共文化服务通过提供文化、体育等服务，可以提升人口幸福感、获得感，促进个人及区域的长期发展。所有这些公共服务作为一个系统，对农村人力资本的存续与发展起到决定性作用，为农民农村共同富裕奠定坚实基础。

值得指出的是，农村公共服务的供给对象当然是全体农村居民。但是对于那些低收入群体而言，公共服务供给水平和质量的提升，无疑会使他们自身特别是下一代获得人力资本水平的提升，增强他们参与发展、增加收入的能力，从而在阻断贫困代际传递中发挥重要作用。

由此看来，面对作为社会主义本质特征的共同富裕这一初心使命和现实需求，公共服务可以在短期内提升农民尤其是低收入群体和弱势群体的当期福利，还能通过改善基础设施、促进经济增长，在长期提升农民收入水平和农村经济发展水平，是实现农民农村共同富裕的有力抓手。

二　共同富裕目标下农村基本公共服务的现实差距

全体人民的共同富裕离不开农民农村，而农民农村的共同富裕又离不开公共服务的高效供给。改革开放以来，我国农村地区的公共服务水平不断上升、结构不断优化，人民的幸福感、获得感稳步提升。然而我们仍要清醒地认识到，我国目前的基本公共服务在城乡间、区域间以及群体间仍有着明显差距。

（一）城乡间基本公共服务差距明显

一是城乡教育水平差距依然较大。虽然2021年全国教育支出已达3.76万亿元，比2020年增长3.5%[①]，但我国城乡教育服务水平的差距仍然较大，农村办学条件差、师资力量薄弱、教育资源不足问题等仍然突出。根据2018年《中国教育统计年鉴》，全国小学教师中，乡村外语、体育、科学、音乐、美术教师占比分别低于城区2.3个、2.2个、0.3个、1.7个、1.6个百分点。同时，乡村教师老龄化的现象更甚于城市：2018年全国小学专任教师中，29岁及以下教师所占比重城区和乡村相当，30—49岁教师所占比重乡村比城区低10.8个百分点，但50岁及以上教师占比乡村却高出城区10.5个百分点。

二是城乡医疗卫生资源差距仍然较大。《中国社会统计年鉴》数据显示，我国政府卫生支出从2003年的1116.94亿元增加到2019年的18016.95亿元，增长了约15.13倍。但长期以来，我国公共医疗卫生资源向城镇倾斜，导致农村公共医疗卫生资源严重不足。2019年，城乡每千人拥有卫生技术人员数比例为2.24∶1，每千人拥有执业（助理）医师数比例为2.09∶1，每千人拥有注册护士数比例为2.62∶1；2000年至2019年，农村5

① 数据来源：《财政部：2021年全国教育支出3.76万亿元，比上年增长3.5%》，https://baijiahao.baidu.com/s?id=1722920310549271791&wfr=spider&for=pc。

岁以下儿童死亡率保持在城市的2倍以上，农村孕产妇死亡率也一直高于城市[①]。

三是城乡养老服务质量差距较大。从全国层面来看，农村居民领取的养老金水平要远低于城市，且农村养老服务业发展明显滞后。在现阶段，农村以家庭养老为主的养老模式已不能完全满足城镇化推进带来的留守老人、空巢老人、失能老人日益增多的现实需求，农村出现养老资源供不应求、供求错位等问题，这在一定程度上影响了农民的生产积极性。相较于城市的养老服务，农村居家养老的职业培训制度并不健全，其工作人员一般是下岗再就业者或闲置劳动力，他们普遍缺乏专业化知识，难以提供除助餐、助洁[②]之外的专业化护理保健服务。此外，农村养老机构还欠缺规范化、标准化的管理；部分养老场所甚至只提供场地，不提供服务，不能有效地满足农村老年人急迫的、多样化的需求，形成了农村养老服务严重滞后的局面。

（二）区域间基本公共服务差距明显

一是农村医疗资源的总量和结构在区域间差距明显。根据《中国卫生健康统计年鉴》，2019年我国东部地区每千人口有卫生技术人员7.6人，分别是中部及西部地区的1.15倍和1.03倍。具体到农村，东部地区的每千人口卫生技术人员、执业医师、注册护士分别是中部地区的1.23倍、1.31倍和1.17倍。在广大农村地区，村卫生室承担着基层医疗的主要任务。东、

---

① 数据来源：《2020中国卫生统计年鉴》。

② 《“十四五”城乡社区服务体系建设规划》（国办发〔2021〕56号）提出，“要支持一批……示范性社区居家养老服务网络，提供失能护理、日间照料以及助餐、助浴、助洁、助医、助行等服务”。

中、西部村卫生室人员数分别占全国总数的34.87%、37.10%和28.03%，中部与东部地区基本持平，西部地区占比明显较低。从村卫生室人员构成来看，东部地区的执业（助理）医师占全国总数的41.22%，反超中部地区3.34个百分点，更是高于西部地区20.32个百分点。西部地区的卫生员占比在三个地区中最高，为42.65%，高于东部地区25个百分点。由此可见，东部农村地区无论是其卫生技术人员总数，还是其村卫生室专业水平，都要明显高于西部地区，区域间差距显著。

二是农村养老服务保障能力在区域间差距明显。截至2021年第四季度，东部地区养老机构总数为15422个，中部地区为17189个，西部地区为7206个，三者的养老机构床位数分别为227.41万张、191.72万张和82.49万张，区域间差异显著①。不仅如此，区域间的基础养老金最低标准也分异较大。例如，2021年上海市、北京市的城乡居民基础养老金已分别高达1200元和850元，同在东部地区的山东省也上调至190元；而中部地区的内蒙古自治区和山西省则分别为140元和108元；西部地区的四川省基础养老金最低标准较低，仅为105元②。

三是农村公共设施在区域间差距明显。现阶段我国大部分建制镇的供水普及率已经超过了70%，区域间水平较为接近。然而建制镇的燃气普及率、排水管道暗渠密度、生活垃圾处理率、

---

① 数据来源：中华人民共和国民政部，http：//www.mca.gov.cn/article/sj/tjjb/2021/202104jgqk.html。

② 基础养老金标准具体参见以下相关文件：https：//baijiahao.baidu.com/s？id=1726609498080247846&wfr=spider&for=pc；http：//www.z8000w.com/shebao/shebao42198.html；http：//www.pcyanglao.com/life/18176.html；http：//www.gov.cn/xinwen/2021-09/13/content_5636985.htm；http：//shebao.southmoney.com/yanglao/yanglaojin/202204/276405.html；https：//baijiahao.baidu.com/s？id=1724810267604729485&wfr=spider&for=pc。

无害化处理率在东部地区明显较高。建制镇燃气普及率最低的省（区）是西藏自治区（9.38%），其次为甘肃省（11.38%）和云南省（12.66%），三者均属于西部地区，低于普及率排名第一的江苏省（94.63%）、第二的海南省（83.37%）以及第三的广东省（81.44%）。建制镇生活垃圾处理率最低的是内蒙古自治区（38.21%），其次是黑龙江省（43.74%）和山西省（54.82%），三者均为中部地区省份；而江苏省（99.61%）、福建省（98.87%）和山东省（98.78%）等东部省份则以高于98%的垃圾处理率处于前三位。2020年，村庄燃气项目资金投入最少的前三个省（区）为西藏自治区、吉林省和青海省，污水和垃圾处理投入资金最少的两个省（区）则为西藏自治区和青海省，均在西部地区①。

四是县域内农村公共服务也存在差距。公共服务设施的空间分布与人口规模及结构密切相关。人口越多、人均收入越高、越靠近县驻地的行政村，其公共服务供给及设施配置越完善。与之相反，人口较少、人均收入较低、距离县、乡驻地较远的农村，其公共服务供给及设施配置就相对不足，当地居民较难享受到与县城、乡镇居民均等的公共服务获取机会。茅锐等（2018）通过对云南省M县的调研发现，相比于县城区域的小学，城乡接合部的街道小学在校舍、教学设施设备、图书、多功能教室等设施设备上均存在明显不足，教学设备不完善、没有多媒体教室、教育信息化处于劣势等问题十分突出。这种公共教育资源在县域内的校际配置不均衡会导致义务教育阶段同类型学校产生质量差别，阻碍地方义务教育均衡发展目标的实现。

① 数据来源：《2020年中国城乡建设统计年鉴》。

（三）不同群体间基本公共服务差距明显

受历史和文化传统的影响，我国许多基本公共服务项目与社会成员个人身份和社会地位相联系。目前基本公共服务权益在群体之间还存在显著差异，与共同富裕的要求不相适应（何文炯，2022）。一是基本公共服务部分项目须以户籍为基础。义务教育和社会救助项目及特殊群体公共福利中的多数项目，如最低生活保障制度、特困人员救助、医疗救助、住房救助、教育救助、就业救助、临时救助，以及老年人福利、儿童福利、残疾人福利、殡葬服务等，需要有本地户籍才能享受，而且面向非就业群体的城乡居民基本医疗保险和基本养老保险，大多数地区也规定具有本地户籍者才能参加。二是基本公共服务某些项目因身份不同而有差异。例如，生育保障、养老金和医疗保障等项目的保障水平，工薪劳动者大大优于其他社会成员。三是劳动者基本公共服务因是否存在劳动关系而有显著差异。例如，正规就业者有明确的劳动关系，可以得到职工社会保险 5 个项目的保障，但其他劳动者（如农业劳动者、灵活就业人员、新业态从业人员等非正规就业者和部分进城务工的农民工）参加职工社会保险时会遇到诸多障碍，典型的表现就是参加工伤保险难。四是一些公共服务对弱势群体的可及性较差。例如，农村老年人群体大多行动不便，再加上外出务工所造成的陪伴就医者缺乏的现实约束，距离稍远的医疗服务对他们来讲可及性很低，只能选择就近就医。再如农村失能失智群体，因为受到照护机构数量和专业服务人员素质的限制，这部分群体基本处于照护公共服务的“洼地”。

三　提升农村基本公共服务的主要路径

面对基本公共服务的供给现状，如何有效弥合其在城乡间、区域间以及不同群体间的差距，是实现农民农村共同富裕所要解决的重大问题。

（一）以城乡一体化消解公共服务二元分异，促进农民农村共同富裕

城乡公共服务一体化发展是全民共同富裕和农村健康发展的共同要求。首先，农民对公共服务的需求使得城乡一体化发展成为必然。当前阶段，我国农村居民收入不断增加，受教育水平逐渐上升，其对美好生活的理解和需求与城市居民别无二致，城乡公共服务的配置需要适应这种需求变化加以调整。而且，社会主义的本质是获得感和幸福感的共同提升，将公共服务在城乡间统筹布局、实现一体化供给，是农民农村共同富裕的本质要求。

其次，城乡公共服务一体化可以使农村公共服务“提质增效”。受城乡二元经济的影响，农村在基础设施方面仍远落后于城市；加之过往对农村的规划多存在随意性大、规范性差、兼容性弱的问题，很多农村在基础设施优化上需要较高的成本。城乡公共服务的一体化发展，既可以拓宽农村公共服务设施的规划思路、提升规划水平，进而提升当期规划质量；又能更好地兼顾未来城乡深度融合发展的需求，降低农村后期改造成本；还能使农村与城市成为更加紧密的“联合体”，在更大程度上共享城市的教育、

医疗资源，达到使农村公共服务提质增效的目标。城乡公共服务的一体化发展是沿着城市反哺农村的思路，将“一张蓝图绘到底”，最大限度地增强城市对乡村的渗透、辐射、带动能力，促进城市基础设施和公共服务向乡村延伸覆盖，促进农民农村共同富裕。

最后，城乡一体化发展也是阻断“数字鸿沟”进一步扩大的必然选择。第四次技术革命已经到来，5G 等网络通信技术、智能手机和短视频等智能终端应用、物流公司多网融合的物联网革新等，都极大地提高了社会的运作效率，同时也使经济增长方式和人际交往模式不断出现分化。城市的 5G 网络覆盖率更高、物流更加便利，各种公共服务也通过手机大幅提高了其可及性；而农村的网络覆盖率和网速都较低、“快递进村”还远没有实现、农村居民的触网程度依旧不高，农村各项公共服务对数字技术的应用也尚处于起步阶段。农村在发展包容性和技术利用程度上已经落后于城市，城乡间的“数字鸿沟”十分明显。如果不统筹考虑，不在城乡间综合布局 5G 基站、物流配送网络，不积极探索农村共享城市教育、医疗资源的数字化模式，不按照城乡一体化的思路提升农村公共服务水平，单靠农村自身资源，那么城乡间公共服务的“数字鸿沟”将会持续拉大，共同富裕难以实现。因此，农村公共服务的升级要与城市“一盘棋”布局、一体化发展。

（二）以县乡村一体化推动农村基本公共服务均等化，促进农民农村共同富裕

以县为核心的县乡村公共服务一体化是城乡公共服务一体化发展的“主战场”。县域是城乡融合发展的平台和载体，也是推进公共服务城乡一体化的基本空间单元。我国幅员辽阔，区域间

差异显著，这不仅表现在东、中、西部地区的差异上，还表现为省际乃至县际的差异上。因此，城乡一体化的过程绝不是全国层面所有城乡的一体化，也不是各个省内部所有城乡的一体化，而应是以县为单位的公共服务一体化。只有确定了县域这个一体化的范围和参照对象，才能将公共服务一体化的具体工作由框架布局推进到水平提升，才能将城乡公共服务一体化真正落地。而且，唯有县一级，既包含城乡两种公共服务模式，又在一定程度上具备较大的经济社会相似性；既有推开公共服务一体化的必要性，又具备推动公共服务一体化提质增效这项工作的行政主体资格，能够真正推动和落实城乡公共服务一体化工作。所以，以县域为单位的县乡村公共服务一体化是解决城乡公共服务一体化现实问题的必然选择。

县乡村公共服务一体化是在县域内的城市和乡村实现公共服务一体化。县域内的城市包括县城城区所在地、中心集镇等，乡村包括所有村庄及一些社区等。县乡村公共服务一体化的核心是县域内所有人民都能均等地享受到基本公共服务，这是一种在县域内城乡基本公共服务没有差异的状态，是在基本公共服务层面实现了共同富裕的状态。

县乡村的公共服务一体化，关键是提高县城辐射带动乡村的能力，促进县乡村功能的衔接互补。根据中共中央办公厅、国务院办公厅印发的《关于推进以县城为重要载体的城镇化建设的意见》，在公共服务的县乡村一体化过程中，要注重推进县城基础设施向乡村延伸：推动市政供水供气供热管网向城郊乡村及规模较大的镇延伸，在有条件的地区推进城乡供水一体化；推进县乡村（户）道路连通、城乡客运一体化；以需求为导向逐步推进第五代移动通信网络和千兆光网向乡村延伸；建设以城带乡的污水垃圾收集处理系统；建设联结城乡的冷链物流、电商平台、农贸市场网络，带动农产品进城和工业品入乡；建立城乡统一的基础设施管护运行机制，落实管护责任。在公共服务一体化过程中，还要注重县城公共服务向乡村覆盖：县级医院可与乡镇卫生院建立紧密型县域医疗卫生共同体，利用派驻、巡诊、轮岗等方式发展远程医疗，提升非县级政府驻地特大镇卫生院医疗服务能力；发展城乡教育联合体，深化义务教育教师“县管校聘”管理改革，推进县域内校长教师交流轮岗；健全县乡村衔接的三级养老服务网络，发展乡村普惠型养老服务和互助性养老。

需要注意的是，县乡村公共服务一体化不是“整齐划一”的一体化。随着经济社会的快速发展，村庄在发展功能、人口数量和结构等方面的分化已十分显著。强调县乡村公共服务的一体化并非简单和机械地将所有公共服务项目向县域内所有村庄均衡分布，将任何一项公共服务及供给分布于每一个乡或村，这不利于资源的统筹配置，同时也会大大降低使用效率，缺乏可持续性。要在综合考虑人群实际需求、公共服务辐射半径、成本—效益比等多重因素之后统筹规划，使县域内公共物品达到相对均衡的布局。另外，还应突出强调农村公共服务设施的共享性，以共享性促进设施布局的合理性，以布局合理性提升设施利用的高效性。

（三）以标准化推动农村基本公共服务均等化，促进农民农村共同富裕

农民农村共同富裕离不开基本公共服务的均等化。均等化包括项目类别的均等化和服务水平的均等化，二者都需要划定一个

最低标准以实现全国、省域、县域大致水平上的对齐。标准化正是通过制定最低标准、用最大的努力和最“刚”的要求提升后进地区的基本公共服务水平。标准化是均等化的先期步骤，也是实现均等化的重要路径。没有标准化，均等化很有可能停留在口号上，难以刚性推开、快速推开、方向明确地推开。

《国家基本公共服务标准（2021 年版）》(发改社会〔2021〕443 号）按照兜住民生底线、保障基本民生的总体要求，聚焦人民群众最关心、最直接、最现实的利益问题，对“幼有所育、学有所教、劳有所得、病有所医、老有所养、住有所居、弱有所扶、优军服务保障、文体服务保障”9 个方面、22 个大类、80 个基本公共服务项目设定了国家最低标准，并要求各级地方政府进一步细化当地基本公共服务项目的设施建设、功能布局、施工规范、设备配置、人员配备、服务流程、管理规范等方面内容，制定出相应的地区基本公共服务具体实施标准。

通过基本公共服务的标准化，各级地方的服务项目都将按照不低于国家统一的标准落实执行，这就保证了基本公共服务在全国范围内标准有底线、内容无缺项、人群全覆盖、财力有保障、服务可持续。即使公共服务水平在县际之间、省际之间有所差异，也都是国家底线之上的差异；且在县或省的内部，也有相应的地方标准化底线以保证一定的均等化水平。也就是说，基本公共服务的标准化，是实现公共服务大范围、高水平均等化进而农民农村共同富裕的重要阶段和必要步骤。

（四）以数字化提升农村基本公共服务可及性，促进农民农村共同富裕

数字化与基本公共服务的融合，首先是公共服务获得手段的

跃升。这可以减少空间对公共服务可及性的限制，以“信息跑路”的方式代替个体长距离奔波，提高效率、提升使用感受。以数字政务为例，个体对水、电、暖、燃气、宽带光纤、医疗保险、养老保险等服务的购买无须到实体场所，可直接通过手机“一键实现”。此外，数字化与基本公共服务的融合更是服务内容的跃升。通过数字技术，可以实现公共服务的优质资源共享，大幅提升服务质量。网络问诊、线上课堂等形式就是个体超越空间限制、获得优质资源的典型代表。在公共安全事件发生的特殊情况下，轻症患者可以网络问诊、学生可以通过“云课堂”停课不停学。可见，数字化的公共服务已成为解决基本民生问题、提高行政效率的关键手段。

在实践中，数字技术与农村基本公共服务的融合还存在供给内容偏少、供给主体单一、供给对象有限等问题，这与共同富裕对基本公共服务的要求尚有差距。基于此，要有针对性地从以下三方面入手，不断提升数字化对公共服务和农民农村共同富裕的作用。

首先，在农村基本公共服务的数字化供给内容上，要从点到线，由线及面。目前农村的很大一部分公共服务已经运用了数字化手段，提高了公共服务可及性，例如村级政务服务站、乡镇医院远程医疗、农村中小学校“智慧黑板”等。然而这只是数字化、智慧化在公共服务中一些离散的“点”，未来的方向是在更大范围内和更深层次上的运用，是对公共服务各个领域、各个环节的数字化改造，要做到从点到线。例如，为了提高优质医疗资源的可及性，可把电话及网络预约挂号、智能排号叫号、电子化病例、手机终端缴费、药品配送等环节串联起来，提高整个服务链条的数字化水平。在从点到线的基础之上，还要逐步打破不同项目之间的“各自为政”，实现民政、教育、医疗、财政、城建、司法等部门间数据信息的互联共享，建立公共服务大数据系统，使公共服务数字化由线及面。

其次，在农村公共服务的数字化供给主体上，要从政府供给转为多元供给。可将现有的以政府单主体供给为主的模式，数字化升级为多主体协同供给，鼓励农民、企业、社会组织等利用社交媒体、问政平台等，共同参与公共服务供给，表达多元化诉求、提出多样化措施，以达到共建共享、共同富裕的政策效果。

最后，在农村公共服务的数字化使用主体上，要从“数字优势”群体拓展到全部农村居民。在现阶段的农村中，还存在相当多的以老年人为代表的尚未熟练掌握数字技能的群体。公共服务数字化所带来的可及性增量对于他们来讲，恰恰是难以逾越的“数字鸿沟”。在对公共服务进行数字化升级时，要将此类群体考虑在内，开发配套的适老化便利措施，使全民尤其是弱势群体共享发展成果。

四　农村基本公共服务优化提升的对策建议

农村基本公共服务的优化提升要在城乡一体化、县乡村一体化、均等化、数字化的总体思路之下，聚焦对不合理公共服务壁垒的破除，并以创建县乡村公共服务一体化示范县为具体抓手，统筹城乡“新基建”，不断提高公共服务可及性，促进农民农村共同富裕。

(一) 打破公共服务制度壁垒，提高弱势群体保障水平

逐渐破除以户籍为代表的制度藩篱，对区域内的常住人口提供合理的最低生活保障制度、特困人员救助、医疗救助、住房救助、教育救助、就业救助、临时救助，以及老年人福利、儿童福利、残疾人福利、殡葬服务等。逐步减小社会保障制度在城市职工和城乡居民间的保障水平差异，逐步扫清农业非正规就业者和部分进城务工农民工参加社会保险的现实障碍，在制度层面上缩小城乡二元分异。在农村公共设施和公共服务的提供上，应当注重服务的适老化改进和适老化技术创新；同时还应逐步提高对农村老年人群体和失能失智群体的照护水平，广泛吸纳社会力量，增加养老机构、儿童福利机构及其床位数，提高弱势群体的受保障水平。

(二) 评选和创建示范县，构建县乡村基本公共服务一体化格局

县乡村公共服务一体化本身是探索性的事业，如何推进仍有很多未解问题，有必要通过确立示范县的形式将地方经验进行总结、宣传，以带动县乡村公共服务一体化水平的整体提升。由于各地发展阶段和发展水平不同，一体化的内容和深度自然也会存在显著差异，示范的目的并非令各地公共服务模式整齐划一，而在于强调创新和试验的重要性，强调在吸收可行经验基础上的因地制宜，进而推进具有地方特色的县乡村公共服务一体化路径。示范县可以是在县乡村基本公共服务一体化中整体水平较高的

县，也可以是一体化在某项公共服务中展现出明显创新的县，还可以是一体化水平提升明显的县。示范县的经验可以通过现场会、典型经验交流、培训讲座、专题宣传报道等多种方式加以宣传推广；示范县政府也要切实树立标杆意识，加快形成县乡村公共服务一体化长效工作机制；其他地区则要针对自身短板、找准自身优势、吸取示范县的可行经验，积极推进基本公共服务的县乡村一体化，让农民农村能够共享城镇的公共服务，推进共同富裕的更快实现。

（三）统筹城乡“新基建”，提升数字化公共服务利用率

在基础设施建设上，要抓住“新基建”的契机，统筹城乡发展规划，盯住补齐农村数字化基础设施缺乏、数字化服务匮乏的短板，在地方政府合理规划、财政倾斜的基础上，鼓励企业、社会团体以及专业组织等多元主体参与到农村公共服务的数字化改造中。在公共服务的管理上，要打破城乡分异的“双系统”模式，搭建城乡互通、接口兼容的公共服务一体化平台，提高管理效能；打破部门间的“独门独院”壁垒，建立起融合教育、医疗卫生、社会保障、文化、政务等板块的公共服务大系统，提升服务水平。

正如人类可以消除导致贫穷的不合理制度和政策从而整体上消除贫困现象，但人类永远不可能彻底消灭收入位于最低层级的群体一样，强调共同富裕并非追求所有人收入水平的无差别性，而是重在强调所有居民对经济增长成果的分享性、获得感以及打破收入差距的代际固化。正是从这个意义上说，公共服务水平和

质量是农民农村共同富裕的体现和标志，更是实现农民农村共同富裕的路径和手段。促进农民农村共同富裕有必要强化公共服务的城乡一体化设计、标准化供给和数字化增效。

参考文献

1. 茅锐等:《县域内义务教育公共资源校际配置研究——以 M 县城区小学教育设施设备的不均衡为切入点》,《教育导刊》2018 年第 2 期。
2. 何文炯:《共同富裕视角下的基本公共服务制度优化》,《中国人口科学》2022 年第 1 期。

共同富裕目标下的农村消费升级

朱文博*

摘　要： 促进农村消费升级是实现共同富裕的关键引擎，也是畅通国内大循环和拉动经济增长的重要力量。把握农村消费的基本特征和短板问题，明晰农村消费升级的潜力空间，对于推动实现全体居民共同富裕具有重要的战略意义。进入新时代，中国农村居民消费水平快速提升，城乡消费差距逐渐缩小且小于城乡收入差距。农村居民的生存性消费比重依旧最高，发展享受性消费和服务性消费的升级空间较大，但是新冠肺炎疫情的暴发减缓了农村消费升级的步伐。农村消费方式也由传统的线下消费向互联网线上消费转变、由农村居民本地消费为主向城镇居民下乡消费增多转变。同时，农村消费也存在消费意愿不稳定、消费结构不合理以及消费配套基础设施不健全的现实困境。无论是从现实对比看还是从理论潜力看，中国农村消费存在较大的发展升级空间。未来，需要通过促进农村居民收入稳定增长和完善社会保障

* 朱文博，管理学博士，中国社会科学院农村发展研究所助理研究员，主要研究方向为食物消费、粮食安全。

体系来提高消费意愿，通过转变消费理念和促进耐用品更新换代来升级农村消费结构，还需要聚焦于完善快递物流、网络通信和乡村旅游等相关基础设施建设，多方面发力推动农村居民乃至全体居民的共同富裕。

关键词： 农村消费升级　共同富裕　消费潜力　促进消费对策

Rural Consumption Upgrading under the Goal of Common Prosperity

Zhu Wenbo

Abstract: Promoting the upgrading of rural consumption is the key engine for achieving common prosperity. It is also an important force for smoothing the domestic cycle and driving economic growth. Grasping the basic characteristics and shortcomings of rural consumption and clarifying the potential for upgrading is of great significance for promoting common prosperity. Entering the new era, the consumption level of Chinese rural residents has grown rapidly. The urban-rural consumption gap has gradually narrowed and it is smaller than the urban-rural income gap. The proportion of subsistence consumption is still the highest, while there is more space for upgrading enjoyment consumption and service consumption. However, the outbreak of the COVID-19 has slowed down the pace of upgrading. Additionally, the consumption pattern has also changed from traditional consumption to Internet consumption, and from local consumption mainly by rural residents to increasing consumption by urban residents going to the countryside. Of course, rural consumption also has the real dilemma of unstable consumption willingness, unreasonable consumption structure and imperfect supporting infrastructure for consumption. No matter from the perspective of practical comparison or from the perspective of theoretical potential, rural consumption has a large space for development and upgrading. In the future, it is necessary to increase the willingness to consume by promoting the steady growth of rural residents' income and improving the social security system. It is necessary to upgrade the rural consumption structure by changing consumption concepts and promoting the upgrading of durable goods. It is also necessary to focus on improving the infrastructure construction of express logistics, network communication and rural tourism. It is important to make efforts in various aspects to promote the common prosperity of rural residents and even all residents.

Key Words: Rural Consumption Upgrading; Common Prosperity; Consumption Potentiality; Consumption Promoting Measures

共同富裕目标下促进农村消费升级的重要性不容忽视。实现共同富裕与消费升级是相辅相成、互相促进、循环互通的。共同富裕的实现通过收入增长效应拉动提高居民消费意愿和消费能力，转变消费观念，进而促进消费升级。消费升级通过其溢出效应带动产业升级，创造就业，进而促进居民增收致富，是实现共同富裕的重要动力。习近平总书记在2020年中央农村工作会议上强调，构建新发展格局，把战略基点放在扩大内需上，农村有巨大空间，可以大有作为。立足于“三农”领域的潜力后劲，农村消费升级是实现全体居民共同富裕的关键引擎。国务院印发的《“十四五”推进农业农村现代化规划》明确了“十四五”时期扩大农村消费的重点方向，包括畅通农民增收渠道、实施农村消费促进行动以及优化农村消费环境三个方面。[①] 2022年中央一号文件提出“实施县域商业建设行动，促进农村消费扩容提质升级”,[②] 将近期促进农村消费升级的着力点放在县域商业体系建设上。为此，本报告将聚焦于共同富裕目标下的农村消费升级，对农村消费的基本特征、短板问题、发展潜力进行分析，据此提出促进农村消费升级，推动共同富裕的政策建议。

一　农村消费的基本特征

本部分从消费支出、消费结构以及消费方式三方面对农村消费的基本特征及变化特点进行分析，从而进一步厘清现阶段农村

① 《国务院关于印发“十四五”推进农业农村现代化规划的通知》，中国政府网，2021年11月12日，http：//www. gov. cn/zhengce/content/2022-02/11/content_ 5673082. htm.

② 《中共中央国务院关于做好2022年全面推进乡村振兴重点工作的意见》，中国政府网，2022年2月22日，http：//www. gov. cn/zhengce/2022-02/22/content_ 5675035. htm.

消费的短板问题。

（一）消费支出的变动特征①

进入新时代以来，农村居民消费支出呈现快速增长趋势，但是2020年新冠肺炎疫情的暴发对农村消费的冲击较大。根据表1可知，从总体消费水平看，农村居民人均消费支出从2013年的7485元增长到2019年的13328元，实际年均增长率为7.9%。2020年农村居民消费支出增速放缓，实际同比增长仅为0.4%，达到13713元。其背后原因主要是2020年新冠肺炎疫情的暴发导致居民消费意愿降低，一是来源于收入增速的放缓，农村居民人均可支配收入的实际年均增速从2013—2019年的7.1%放缓至2019—2020年的4.3%；二是来源于不确定性影响，居民理性增加预防性储蓄，对当期消费产生了挤出效应。消费倾向变动特征甚至出现下降趋势，据作者计算，农村居民平均消费倾向从2019年的0.83下降至2020年的0.80。

从八大类商品或服务的消费水平变动看，2013—2019年农村居民各类消费支出均呈现显著增长趋势，实际年均增长率在5.6%—11.2%，增速由高到低的消费类别依次是医疗保健、交通通信、教育文化娱乐、居住、生活用品及服务、其他用品及服务、衣着、食品烟酒（见表1）。2020年新冠肺炎疫情暴发带来的疫情封控和居家生活改变了农村居民的消费行为，剔除通胀因

① 按照国家统计局的定义和划分标准，居民消费支出是指居民满足家庭日常生活消费需要的全部支出，既包括现金消费支出，也包括实物消费支出，一般情况下，中国农村居民生活消费都被分为食品烟酒、衣着、居住、生活用品及服务、交通通信、教育文化娱乐、医疗保健、其他用品及服务八大类。由于国家统计局于2013年调整了城乡数据调查方案及统计口径，故本报告只分析2013年之后的农村消费升级变动特征。

素后，2020 年仅有食品烟酒和居住支出实现了增长，同比实际增长率分别为 9.3%和 0.6%；其他类别的实际消费支出均呈现不同程度的下降，降幅最高的是教育文化娱乐支出，比 2019 年支出水平实际降低了 13.8%。

城乡消费差距小于城乡收入差距且呈现逐渐缩小的趋势。根据表 1 可知，2013—2019 年，城乡居民人均可支配收入之比从 2.8 缩小到 2.6。同期，城乡居民人均消费支出之比从 2.5 缩小到 2.1，水平值更小且下降速度更快。即使在 2020 年新冠肺炎疫情暴发后，城乡消费支出差距依旧在收缩，而城乡收入差距显现出停滞状态。从具体消费支出类别看，医疗保健、食品烟酒和交通通信支出的城乡差距较小，衣着和居住支出的城乡差距较大，这不仅体现了政府在保障基础食物供给和推动城乡公共服务均等化方面做出的努力，而且也反映出共同富裕目标下缩小城乡消费差距的主攻方向。

表 1　　农村居民消费支出及城乡比率变动情况　　单位：元/人;%

指标	农村居民消费支出额					城乡比率（农村=1）		
	2013 年	2019 年	2020 年新冠肺炎疫情暴发	2013—2019 年实际年均增长	2019—2020 年实际年均增长	2013 年	2019 年	2020 年新冠肺炎疫情暴发
人均消费支出	7485	13328	13713	7.9	0.4	2.5	2.1	2.0
食品烟酒	2554	3998	4479	5.6	9.3	2.2	1.9	1.8
衣着	454	713	713	5.7	−2.4	3.4	2.6	2.3
居住	1580	2871	2962	8.3	0.6	2.7	2.4	2.3
生活用品及服务	455	764	768	6.9	−1.9	2.5	2.2	2.1

续表

指标	农村居民消费支出额					城乡比率（农村=1）		
	2013 年	2019 年	2020 年新冠肺炎疫情暴发	2013—2019 年实际年均增长	2019—2020 年实际年均增长	2013 年	2019 年	2020 年新冠肺炎疫情暴发
交通通信	875	1837	1841	10.9	−2.2	2.6	2.0	1.9
教育文化娱乐	755	1482	1309	9.7	−13.8	2.6	2.2	2.0
医疗保健	668	1421	1418	11.2	−2.7	1.7	1.6	1.25
其他用品及服务	144	241	224	6.8	−9.3	3.4	3.1	2.9
人均可支配收入	9430	16021	17131	7.1	4.3	2.8	2.6	2.6
平均消费倾向	0.79	0.83	0.80	—	—	—	—	—

注：农村居民消费支出额为名义值；增长率为基于消费价格指数平减后的实际增长率；城乡比率为城镇居民消费支出（或收入）与农村居民消费支出（或收入）的比值。

资料来源：笔者根据历年《中国统计年鉴》整理和测算。

（二）消费结构的升级特征

消费升级最直接的反映就是消费支出结构的变化，遵循生存性消费到发展享受性消费，再到服务性消费的升级演变路径。根据马斯洛需求层次理论，生理需求是人类生存所需的基本底线需求，生存性消费支出是指用于食品烟酒、衣着和居住的支出；发展享受性消费是指人们为了满足可持续发展需求以及舒适快乐需求而产生的，包括生活用品及服务、交通通信、教育文化娱乐、医疗保健的消费；服务性消费支出是指用于餐饮服务、教育文化娱乐服务和医疗服务等各种生活服务的消费支出。发展享受性消费和服务性消费体现了马斯洛需求层次理论中的高层次需求。

随着收入水平的提高以及共同富裕目标的趋近，农村居民消费结构升级特征具体表现为生存性消费支出比重降低，发展享受性消费和服务性消费的支出比重提高。2013—2019 年，农村居民的生存性消费支出比重从 61.3%下降到 56.9%，发展享受性消费支出比重从 36.8%上升到 41.3%，服务性消费支出比重从 34.3%上升到 39.7%[①]。但是随着新冠肺炎疫情的暴发，2020 年农村居民生存性消费占比有所回升，发展享受性消费和服务性消费支出比重下降。从数量级上看，生存性消费依旧是最大的支出项，无论是发展享受性消费还是服务性消费的支出比重都还处于相对较低水平，这意味着农村居民消费升级的潜力空间较大，但是要警惕新冠肺炎疫情等突发性不确定事件对农村居民消费的影响。

从具体八大类消费支出的份额变动看，2013—2019 年，农村居民的食品烟酒、衣着、生活用品及服务、其他用品及服务方面的支出份额呈现降低趋势，其中食品烟酒支出份额的降幅最大，居民家庭恩格尔系数从 34.1%下降到了 30.0%；居住、交通通信、教育文化娱乐和医疗保健的支出份额均有不同程度的增长，增幅最大的是交通通信支出份额，其次是医疗保健。2020 年新冠肺炎疫情暴发后，食品烟酒和居住消费支出份额上升，恩格尔系数回升到 32.7%，其他类别消费支出份额均下降，这与上文分析的消费升级发展路径是一致的。

---

① 凡未注明出处的数据，一律来自笔者根据历年《中国统计年鉴》的数据测算。

表 2　　农村居民消费支出份额变动　　单位：%

指标	2013 年	2019 年	2020 年新冠肺炎疫情暴发	2013—2019 年变动的百分点	2019—2020 年变动的百分点
消费支出合计	100. 0	100. 0	100. 0	0. 0	0. 0
食品烟酒	34. 1	30. 0	32. 7	−4. 1	2. 7
衣着	6. 1	5. 3	5. 2	−0. 7	−0. 2
居住	21. 1	21. 5	21. 6	0. 4	0. 1
生活用品及服务	6. 1	5. 7	5. 6	−0. 3	−0. 1
交通通信	11. 7	13. 8	13. 4	2. 1	−0. 4
教育文化娱乐	10. 1	11. 1	9. 5	1. 0	−1. 6
医疗保健	8. 9	10. 7	10. 3	1. 7	−0. 3
其他用品及服务	1. 9	1. 8	1. 6	−0. 1	−0. 2
生存性消费支出比重	61. 3	56. 9	59. 5	−4. 4	2. 6
发展享受性消费支出比重	36. 8	41. 3	38. 9	4. 5	−2. 4
服务性消费支出比重	34. 3	39. 7	37. 8	5. 4	−1. 8

资料来源：笔者根据历年《中国统计年鉴》整理和测算。

（三）消费方式的变化特征

消费升级还表现在消费方式的变化上。随着居民收入增长和消费理念的转变，尤其是近年来数字互联网技术迅速发展和新冠肺炎疫情暴发，加快了农村居民消费方式的转变，主要体现在两个方面：

一是由线下的传统型消费方式向互联网线上消费方式转变。随着数字互联网技术的发展和农村物流网络的逐步完善，网上购物迅速在农村普及。直播带货、社区团购等新型电商模式不断涌现，加快了农村居民消费方式的转变。尤其是在 2020 年新冠肺炎疫情暴发后，农村电子商务凭借其非接触和产销高效衔接等优势在县域稳产保供、复工复产和民生保障等方面发挥了重要作用。根据农业农村部信息中心和中国国际电子商务中心数据，2020 年中国县域网络零售额达 35303 亿元，同比增长 14.02%，占全国网络零售额的比重为 30.0%。从网购商品类型也可以发现消费升级趋势，县域网络零售额增速最快的三类商品分别为虚拟商品、农资绿植和食品酒水，反映出农村居民娱乐享受需求的增长。

二是由农村居民本地消费为主向城市居民下乡消费增多转变。农村居民的消费并不是农村消费的全部，城市居民在农村的消费也是农村消费的一部分。随着乡村休闲旅游逐渐兴起，城市居民下乡消费日益增多，体现了现代城市人群在物质生活丰足后追崇回归田园、寄情山水、畅享自然的新时代需求。在新冠肺炎疫情之下，中长距离的跨区域旅游受限，而短距离的本地乡村旅游因为相对开敞、密度较低，同时在城乡公共交通以及“网约车”等交通新业态的赋能下，成为城市居民休闲度假的重要选择。根据中国旅游协会发布的《中国休闲度假产业发展趋势报告（2021）》，2021 年第一季度全国乡村旅游接待总数为 9.84 亿人次，比 2019 年同期增长 5.2%；全国乡村旅游总收入 3898 亿元，比 2019 年同期增长 2.1%。[①] 城市居民在农村的消费支出增加，农村居民就多了一项收入来源，农村居民的消费能力自然也会增强，城乡居民的消费互动效应将促进全体居民共同富裕的实现。

---

① 《2021 年中国休闲度假产业发展趋势报告：乡村度假率先恢复》，人民资讯，2021 年 5 月 27 日，https://baijiahao.baidu.com/s?id=1700920601185811179&wfr=spider&for=pc.

二　农村消费的短板问题

农村消费无论是在消费支出结构上还是在消费方式上均表现出了快速发展的态势，但是仍然存在消费意愿不稳定、消费结构不合理和消费配套设施不健全的三方面短板，在一定程度上制约了农村消费升级和共同富裕目标的实现。

（一）农村居民的消费意愿不稳定

边际消费倾向反映了每增加或减少一个单位可支配收入时消费的变动情况，可以反映消费意愿的变动。农村居民的边际消费倾向波动剧烈，从 2013 年的 0.786 上升到 2016 年的 0.964，2017 年下降到 0.772，2018 年和 2019 年又有所回升，2020 年遭遇新冠肺炎疫情再次出现较大降幅。农民收入来源的不稳定是导致其消费意愿低的根本原因。据笔者计算，1978—2020 年，农村居民和城镇居民人均可支配收入的变异系数分别为 1.161 和 1.134；2010—2020 年，二者的变异系数分别下降到 0.307 和 0.267。可见，无论是长期还是短期，农村居民收入的离散程度更大，收入不稳定性更强。农民是生产和消费的复合体，面临着生产决策和消费决策的并行和权衡，即生产投入成本上升可能降低消费倾向和挤压消费空间。同时，农民还面临着生产经营的不确定性，即市场风险和自然风险并存，未来的不确定性可能会降低当期消费倾向。此外，农村社会保障体系不健全所引致的就业、教育、医疗和养老等问题也会在一定程度上降低农村居民的消费意愿。

(二) 农村居民的消费结构不合理

从生存性消费类别看，一方面，虽然农村居民的基本饮食消费需求完全得以满足，但是存在健康膳食理念落后和饮食结构不合理等问题，直接后果是超重肥胖的迅速蔓延。根据中国健康与营养调查（CHNS）数据，中国农村成年居民超重率和肥胖率均处于上升趋势且增速均高于城市成年居民，2015 年，农村成年居民超重和肥胖率合计为 47.6%，意味着近一半的农村成年居民面临超重或肥胖问题。另一方面，农村居民的住房消费支出压力较高，受婚嫁传统和社会“面子”的影响，修缮房屋和购买房产越来越成为一种刚性需求，甚至可能通过借贷进行超前消费，严重挤压其他消费。从近年来八大类消费支出的城乡比率变动看，仅有居住支出的城乡差距停滞在 2.35 左右，其他消费的城乡差距均稳步下降。在耐用消费品中，除了照相机外，其他主要耐用消费品拥有量的城乡差距均在缩小，但是汽车、微波炉、空调、热水器、抽油烟机拥有量的城乡差距较大，维持在 1.3 以上（见图 1），反映出农村居民耐用消费品使用时间长、更新换代慢的问题。

(三) 农村消费的配套设施不健全

首先，农村快递物流基础设施薄弱。农村快递物流基础设施肩负着畅通农产品出村进城和工业消费品下乡进村双向流通渠道的重任。在原产地“最初一公里”的农产品上行环节，冷链物流和冷链仓储设备不发达，导致农产品运输和储存的损耗大、成

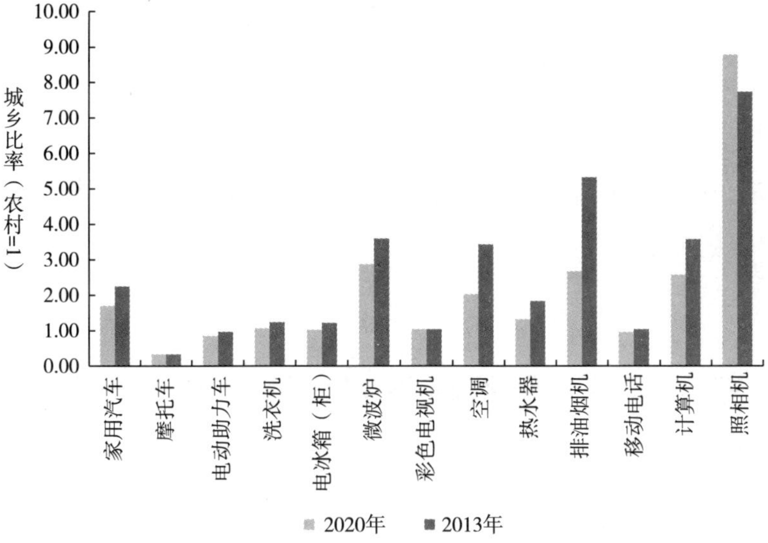

图1　城乡居民耐用品拥有量比率的变动

资料来源：笔者根据《中国统计年鉴》整理和计算。

本高；在消费端“最后一公里”的消费品下行环节，由于农村居民居住分散，终端物流的配送体系不完整，导致配送时间慢、成本高。其次，农村网络通信基础设施薄弱。在电商快速发展背景下，农村网购消费的便捷程度除了受物流设施的影响外，还受约束于网络通信设施的发展。农村地区家庭网络设施薄弱，严重落后于城市。2020 年，农村宽带接入用户数为 1.42 亿户，仅为城市用户数的 41.5%。同时，农村的移动通信网络还存在信号覆盖面不全的问题，尤其是西部地区以及山区农村的网络基站数量较少，目前仍有网络盲区，不利于区域协调发展，以及消费升级、共同富裕的实现。最后，农村旅游配套基础设施薄弱。与下乡旅游消费的热度相比，农村地区道路硬化、游览线路标识等相关配套基础设施的发展则相对滞后，保证游客“进得来”“留得住”“玩得好”的交通、景点、餐饮、住宿等全程旅游设施体系不完善。同时，发展乡村旅游的主要障碍是土地问题，如何在不占用永久基本农田、不逾越耕地红线、不破坏生态环境和乡村风貌的底线下发展乡村旅游，进而实现三产融合与农民致富，是亟须解决的问题。

三 共同富裕目标下农村消费升级的潜力

在共同富裕的目标下推动农村消费升级，不仅需要了解中国农村消费水平与城镇以及发达国家消费水平的差距，而且需要明晰未来中国农村居民消费升级的潜力空间。本部分在中国城乡居民与发达国家居民消费对比分析的基础上，建立需求系统模型对未来中国农村居民消费结构升级趋势进行预测展望。

（一）中国城乡居民与发达国家的消费比较

在共同富裕目标下，比较中国城乡居民与发达国家居民的消费水平需要基于收入水平展开分析。一方面，比较当前收入水平下中国城乡居民与发达国家居民的消费特征，以此来反映农村居民与其他群体的现实消费差距。本报告对 2020 年中国农村、中国城镇、中国以及日本居民和美国的人均消费支出数据进行对比。另一方面，比较全国人均 GDP 为 1 万美元水平下的消费特征，以此来反映农村居民与其他群体的理论消费差距。根据世界银行数据，中国、日本和美国的人均 GDP 水平分别在 2019 年、1981 年和 1978 年首次迈上 1 万美元的台阶，分别达到 10217 美元、10361 美元和 10565 美元。对此，本报告对 2019 年中国居民、1981 年日本居民和 1978 年美国居民的人均消费支出数据进行对比。

在当前收入水平下，中国农村居民消费支出水平均低于城镇居民和全国平均水平，相比日本居民和美国居民消费水平更是有较大差距。根据表 3 可知，按照 1978 年不变价计算，2020 年，中国农村居民的人均消费支出为 1996 元，相当于城镇居民（3931 元）和全国居民（3087 元）消费支出的 50. 8%和 64. 7%。与发达国家相比，2020 年，中国农村居民的人均消费支出仅为日本居民和美国居民消费支出水平的 18. 8%和 4. 6%。从消费升级状况看，符合恩格尔定律所表述的一般规律，2020 年，中国农村居民的恩格尔系数最高（32. 7%），美国居民的恩格尔系数最低（13. 9%），二者相差 18. 8 个百分点。

在人均 GDP 为 1 万美元水平时，中国农村居民的消费支出水平仍然低于城镇、全国以及日本和美国。根据中国国家统计局、日本总务省统计局和美国经济分析局的数据（见表 3），按照 1978 年不变价人民币计算，在国家人均 GDP 达到 1 万美元时的对应年份，中国农村居民的实际人均消费支出为 1988 元，分别相当于中国城镇、中国、日本和美国居民消费水平的 47. 5%、61. 8%、38. 1%和 18. 5%。同等人均 GDP 水平下，中国和日本的恩格尔系数已基本接近，但是仍高于美国 7—10 个百分点。从理论潜力上看，中国农村居民仍存在较大的消费升级空间。

表 3　　　　中国城乡居民与发达国家的消费比较　　　单位：元/人、%

收入水平	项目	中国			发达国家	
		农村	城镇	全国	日本	美国
当前收入水平	年份	2020 年	2020 年	2020 年	2020 年	2020 年
	实际人均消费支出	1996	3931	3087	10630	43012
	恩格尔系数	32.7	29.2	30.2	27.5	13.9
人均 GDP 为 1 万美元	年份	2019 年	2019 年	2019 年	1981 年	1978 年
	实际人均消费支出	1988	4187	3219	5212	10756
	恩格尔系数	30.0	27.6	28.2	28.8	20.6

注：实际人均消费支出是按照 1978 年不变价人民币计算；中国、日本、美国的人均国内生产总值（GDP）分别于 2019 年、1981 年和 1978 年首次超过 1 万美元。

资料来源：笔者根据中国国家统计局、日本总务省统计局和美国经济分析局的数据计算和整理。

（二）农村消费升级的潜力预测

本报告基于国家统计局 2013—2020 年农村居民八大类消费的省级面板数据，在此建立二次型近乎理想需求系统（Quadratic Almost Ideal Demand System，QUAIDS）模型，通过估计各类支出的收入弹性来开展未来农村消费升级潜力的预测分析。[①] 在此设定的 QUAIDS 模型中，共包含了八个消费方程，分别对应于国家统计局口径下的八大类消费支出。模型的被解释变量为消费支出份额，解释变量中除了包含总收入和八类价格指数外，还加入了城镇化率、反映人口结构的变量、反映消费配套基础设施的变量以及反映消费意愿的变量作为控制变量。受限于篇幅，模型的

① QUAIDS 模型是在 2015 年诺贝尔经济学奖得主安格斯·迪顿构建的 AIDS 模型的基础上发展而来，相比于单方程模型和早期的需求系统模型，该模型具备理论一致性、方便运算、能够运用到加总数据和可分的需求结构中去的优势，而且可以刻画非线性二次型的恩格尔曲线，对于开展基于收入变动的模拟预测研究具有明显的优势。

具体形式不再展示。

实现全体居民共同富裕，人均收入水平是核心评价指标，为此，基于估计出的八大类消费支出的收入弹性，对共同富裕目标下未来农村消费升级的发展潜力进行预测分析。基于 2020 年农村居民消费支出结构的基准情景，共设定四种情景方案：一是 2035 年预测情景；二是 2050 年预测情景；[①] 三是达到日本 2020 年收入的预测情景；四是达到美国 2020 年收入的预测情景。[②] 预测结果见表 4。

表 4　　农村居民消费支出份额预测　　单位：%

指标	2020 年 基准情景	2035 年 预测情景	2050 年 预测情景	达到日本 2020 年收入 预测情景	达到美国 2020 年收入 预测情景
消费支出合计	100. 0	100. 0	100. 0	100. 0	100. 0
食品烟酒	32. 7	23. 7	20. 5	20. 9	18. 8
衣着	5. 2	5. 7	5. 9	5. 9	6. 0
居住	21. 6	20. 2	19. 7	19. 8	19. 4
生活用品及服务	5. 6	6. 0	6. 2	6. 2	6. 3
交通通信	13. 4	18. 7	20. 6	20. 4	21. 6
教育文化娱乐	9. 5	11. 3	12. 0	11. 9	12. 3
医疗保健	10. 3	12. 0	12. 7	12. 6	13. 0
其他用品及服务	1. 6	2. 2	2. 5	2. 4	2. 6
恩格尔系数	32. 7	23. 7	20. 5	20. 9	18. 8
生存性消费支出比重	32. 4	32. 0	31. 8	31. 8	31. 7

① 党中央明确了新的“两步走”战略部署，即在全面建成小康社会基础上，2035 年要基本实现社会主义现代化，全体人民共同富裕迈出坚实步伐；2050 年要把我国建设成富强、民主、文明、和谐、美丽的现代化强国，全体人民共同富裕基本实现。据此，设定了 2035 年和 2050 年的预测情景。

② 本报告在开展预测时假定收入外的其他因素保持不变且一方面是突出共同富裕目标背景下的净增长潜力，另一方面是考虑到其他因素对消费的影响程度要远低于收入效应。

续表

指标	2020 年基准情景	2035 年预测情景	2050 年预测情景	达到日本 2020 年收入预测情景	达到美国 2020 年收入预测情景
发展享受性消费支出比重	34.9	44.3	47.7	47.3	49.5

资料来源：基期情景的数据来源于国家统计局，其他情景的数据为笔者运用需求系统模型测算。

从以上四种情景的预测结果看，如果按照既往收入增长模式发展，与现阶段农村消费结构相比，达到 2035 年、2050 年以及日本和美国居民收入水平时，中国农村消费升级的潜力较大。总体表现为恩格尔系数和生存性消费支出比重下降，发展享受性消费支出比重上升。其中，食品烟酒和居住支出份额下降，衣着、生活用品及服务、交通通信、教育文化娱乐、医疗保健和其他用品及服务的支出比重上升（见表 4）。

具体来看，根据表 4 可知，到 2035 年和 2050 年，农村居民家庭恩格尔系数将分别比 2020 年下降 9.0 个和 12.2 个百分点；生存性消费支出比重也有所下降，但降幅均低于 1 个百分点，主要是因为未来随着农村居民的衣着消费增长更快，衣着支出比重的上升抵消了部分食品和居住份额的下降；发展享受性消费支出比重将分别比 2020 年提高 9.4 个和 12.8 个百分点，其中贡献度最大的是交通通信类消费，重点在于交通支出增长，随着农村拥有私家车的家庭将越来越多，与汽车相关的服务费、维修费和车辆保险的支出显著增长。作为耐用消费品，未来汽车向高端化、智能化、新能源方向更新换代速度将加快。同时，教育文化娱乐和医疗保健消费支出比重的增长幅度并没有很高，教育领域的

“双减”政策和社会保障体系的逐步健全发挥了巨大作用。如果达到日本和美国居民2020年的收入水平，农村消费升级的方向与2050年发展趋势基本一致。

四　共同富裕目标下促进农村消费升级的对策建议

在新发展阶段，激活农村消费市场、促进农村消费升级、释放农村消费潜力已经成为畅通国内经济大循环和推动全体居民共同富裕的重要力量。无论是从现实对比看还是从理论潜力看，未来中国农村消费存在较大的发展升级空间，需要通过提高消费意愿、升级消费结构和完善配套基础设施三方面的针对性对策促进农村消费升级，推动农村居民乃至全体居民的共同富裕。

（一）促进收入稳定增长和完善社保体系来提升消费意愿

收入水平滞后和社会保障体系不健全会降低居民消费意愿、制约消费升级，是当前中国农村居民消费支出水平落后于城镇居民和发达国家的主要原因。因此，促进农村消费升级潜力释放的重中之重是保障农村居民收入的持续稳定增长和健全医疗、养老、教育等社会保障体系。

从增收视角看，需要在多措并举扩宽农村居民增收渠道的基础上，建立依托于产业的长效利益联结机制，稳定提高农村居民的当期收入和预期收入。对于农民工群体，要加快推动城乡融合发展，使农民工群体的“市民化”过程更加顺畅高效，依托城镇产业稳步提高农民工的工资性收入；对于农民群体，依托农村产业结构优化和第一、第二、第三产业融合发展的机遇，增加农民在农村的非农就业机会，同时产品增值留在农民手中，建立以农民为核心紧密的利益联结机制。

从社会保障视角看，社会保障体系的完善能够降低农村居民未来生活的不确定性，进而改变消费预期，刺激农村居民的消费欲望。充分利用脱贫攻坚阶段形成的人才队伍、组织机制、创新性模式，在全面推动乡村振兴阶段进一步聚焦就业、养老、医疗和教育，逐步改进和完善农村社会保障体系。例如，在财政资金支持下，建立集养老和医疗于一体的新型养老社区，并通过公益岗位增加农民就业机会；还可以对有儿童的家庭给予一定的生活补贴，尤其是农村留守儿童家庭，降低家庭抚养成本。

（二）推动消费理念转变和耐用品更新换代来升级消费结构

当前全中国已经实现了全体居民的脱贫，“两不愁三保障”等生存性问题得到根本解决，农村居民的饮食、穿衣和住房等基础性消费也有所保障。但是受限于收入水平、教育程度和眼界视野，农村居民仍旧保留着传统消费理念，导致基础消费品的质量不高、使用年限长，已开始显现出无法适配快速发展的现代科技社会和日益增长的美好生活需要的困境。因此，需要通过转变提高消费理念和促进耐用品更新换代来升级农村居民的消费结构。

在消费理念转变提升上，要充分发挥城镇示范效应，促进城乡互动的协调发展，向农村居民宣传现代新型消费理念。消费理念的“新”主要表现为致力于质量改善。食品消费的质量改善在于注重食物的健康营养特性，在农村地区强化2022新版《中国居民膳食指南》的宣传和普及，推动农村居民高盐高油高脂的饮食方式向膳食均衡的方向转变；衣着、家用电器等消费品的质量改善在于注重优质品牌、优质产品，需要增加开展品牌商品的下乡进村折扣活动的频次，通过向农村居民发放消费券等方式刺激农村地区消费升级。

在耐用消费品方面，消费理念改善亦可促进耐用消费品更新换代。但是更新换代的商品类型和换代方向需要重点把握。商品类型要聚焦在家电、家具、家装和汽车上，换代方向在于推动家电产品的轻薄化和智能化，实现家居家装的健康舒适和绿色环保，鼓励汽车向低碳环保方向更新换代，遏制高价值汽车的攀比消费风气。

（三）完善快递物流、网络通信和乡村旅游的配套基础设施

为了适应消费方式由传统型消费向互联网消费转变，以及由农村居民本地消费为主向城镇居民下乡消费增多转变的发展趋势，需要完善农村消费相配套的基础设施来增强城乡居民在农村地区消费的可得性和便利性，应重点聚焦于快递物流基础设施、网络通信基础设施和乡村旅游基础设施。

首先，在完善快递物流基础设施建设上，以县域为抓手，有必要整合各类物流企业的设施和资源，强化县域乡镇商贸设施和到村物流站点建设。同时，要强化政府对于支持冷链仓储和冷链物流建设的资金投入，彻底打通消费品下乡的“最后一公里”

和农产品入城的“最初一公里”。其次，在提升网络通信基础设施建设上，要在农村地区扩大主要网络运营商基站的数量和覆盖范围，让偏远地区和偏僻山区都能有信号、有网络，还要逐步调低手机流量费和网络宽带资费，普及移动支付等消费新业态、新模式，降低网络购物的通信成本，提高其便利程度。最后，在改善乡村旅游基础设施建设上，要强化多元一体化的综合配套服务设施，以提高交通等基础设施和公共服务的供给能力为核心，推动城际旅游路、乡间旅游路建设，使旅居游客“进得来”，创造消费机会；完善旅游景点的布局规划及配套基础设施和服务，使旅居游客“留得住”，扩大消费规模；改善留宿当地所需要的餐饮、住宿等配套基础设施和服务，使旅居游客“玩得好”，升级消费体验。

参考文献

1. 方松海等：《增加农民收入与扩大农村消费研究》，《管理世界》2011 年第 5 期。
2. 黄隽、李冀恺：《中国消费升级的特征、度量与发展》，《中国流通经济》2018 年第 4 期。
3. 农业农村部信息中心、中国国际电子商务中心：《全国县域数字农业农村电子商务发展报告（2021）》，2021 年 9 月，https://www.gov.cn/xinwen/2021-09/11/5636759/files/55ff71aa99934732ad1e285adc65ec42.pdf.
4. 石明明等：《消费升级还是消费降级》，《中国工业经济》2019 年第 7 期。
5. 谭涛等：《中国农村居民家庭消费结构分析：基于 QUAIDS 模型的

两阶段一致估计》，《中国农村经济》2014 年第 9 期。

6. 唐博文、郭军：《如何扩大农村内需：基于农村居民家庭消费的视角》，《农业经济问题》2022 年第 3 期。

7. 郑志浩等：《收入增长对城镇居民食物消费模式的影响》，《经济学（季刊）》2016 年第 1 期。

8. Banks J. , et al. , "Quadratic Engel Curves and Consumer Demand", *Review of Economics and Statistics*, Vol. 79, No. 4, Nov 1997.

农民精神富裕的内涵及实现途径

廖永松　张宗帅*

摘　要： 农民精神富裕是共同富裕的重要内容，可从现代性、乡土性和社会主义核心价值观三个维度界定其内涵。我国农民文化素质不断提高，精神生活更加丰富多元，乡村文化基础设施有效改善，农耕文化、乡土文化和红色文化得到传承和发扬，民风持续向好。当前农民教育水平明显偏低，制约着农业农村现代目标的实现，乡村文化服务不均衡，优秀传统文化受到冲击，影响到农民对社会主义核心价值观的认同。建议立法实施农民12年制义务教育，加大乡村文化设施投入，以乡村休闲旅游业为载体，丰富乡村文化生活，加强农村党组织对农民精神生活的引导，打击农村各种非法宗教活动，确保农民精神生活生动活泼、健康向上。

关键词： 精神富裕　乡村文化　共同富裕　核心价值观

---

* 廖永松，管理学博士，中国社会科学院农村发展研究所研究员，主要研究方向为农村产业经济、农业企业管理；张宗帅，文学博士，山东师范大学文学院讲师，研究方向为农村社会文化。

The Connotations and Approaches of Farmers' Spirit Prosperity

Liao Yongsong Zhang Zongshuai

Abstract: Farmers' spirit prosperity plays an important role in common prosperity. This concept can be defined from three dimensions: modernity, localization and socialism core values. Since Farmers' education level has been continuously improved in China, their spiritual life has become richer and more diverse. Furthermore, cultural infrastructure has been effectively improved, the good parts of traditional agrarian culture, local culture and communist culture have been inherited and carried forward, and farmers' morals have continued to improve. At present, the educational level of farmers is so low that restricts the modernization goals of agriculture and rural areas. The cultural services are unevenly provided, the traditional virtues are partially impaired, which influences farmers' recognition of the core socialism values. It is suggested to legislate and implement farmers' 12-year compulsory education, increase investment in cultural facilities, development rural leisure tourism as a standing point for enriching cultural activities, strengthen the leading roles of Communist Party in farmers' spiritual life, crack down on various illegal religious activities in rural areas, and ensure that farmers' spirits are vigorous and healthy.

Key Words: Spiritual Prosperity; Rural Culture; Common Prosperity; Core Values

习近平总书记指出："共同富裕是全体人民共同富裕，是人民群众物质生活和精神生活都富裕""促进共同富裕，最艰巨最繁重的任务仍然在农村"。[①] 农民作为建设中国特色社会主义市场经济的重要参与主体，农民的物质富裕和精神富裕程度是共同富裕的重要组成部分，也是共同富裕的焦点和难点。本报告重点探讨了农民精神富裕的具体内涵，回顾了我国农民精神富裕建设取得的成绩和面临的挑战，并提出了面向2035年和2050年两个现代化奋斗目标下推进农民精神富裕的总目标和实现路径。

一　农民精神富裕的内涵

农民是农业生产者，是乡村生活者，更是美好乡村建设者，相对于城市居民而言，农民精神富裕既有现代市场经济的现代性特征，也有农耕文明的传统性、民族性和地域性特征。在社会主义核心价值观引领下，农民精神富裕既要通过将现代生产要素引入农业和乡村，消除传统农民精神文化生活中的落后性，培育农

① 习近平：《扎实推动共同富裕》，《求是》2021年第20期。

民现代性，也要尊重农民精神文化生活的多样性，促进农民精神生活现代与传统的有机结合。农民精神富裕水平可以从现代性、乡土性和社会主义核心价值观三个方面来考量。

（一）对标现代世界文明，农民精神富裕的现代性

随着现代社会发展和现代化进程的推进，使不论是城镇居民还是农村居民，在精神文化生活上都经历着工业化、城镇化和现代化的洗礼，都要求具备现代社会意识。农民精神富裕，要与农业农村现代化和与自治、法治和德治相结合的现代乡村治理体系相一致。现代农业由先进的科技装备和管理理念构成，需要农民具备较高的科学文化知识，具备运营现代农业的基本能力。农业和农村现代化为农民现代化奠定了物质基础，农民物质生活富裕为农民精神富裕创造条件，也促使农民随着物质条件改善而产生更高层次的精神文化需求；与此同时，农民文化精神认识水平提升，现代意识增强，也反过来会促进物质财富的创造。农民精神现代性与科学技术所推动的物质富裕形成良性互动，精神富裕成为人性完善的必然追求。因此，农民精神富裕的内在目的，在于增强农民勤劳致富的本领和满足对幸福生活不断追求的需要，体现农民个性发展能力的提升，与世界现代文明相适应。

（二）对标农耕文化传统，农民精神富裕的乡土性

作为中国传统农耕文化的继承者和新乡村文明的建设者，农民精神富裕需要充分考虑其乡土性。乡村继承着传统的农业生产生活方式，保存着具有地域特色和民族特色的民风习俗、民间工艺及文化景观，保留着许多积极文化要素，如重视亲情孝顺、家

庭友爱、勤劳朴实、感恩知足等优秀品德。这些独具特色和多样性的乡村文化资源，相对于同质化、快节奏的城市文化具有很强的互补性，成为实现农民精神富裕的资源宝库和发扬传统文化的基础。因此，农民精神富裕内涵之一，也在于加强农民的文化自觉意识，实现农村精神文化自信，增强对农村优秀传统文化的认同。与此同时，首先，由于传统农业生产自给程度高，市场化和专业化程度低，传统农民不需要具备太高的科学文化水平和市场经营管理能力就能从事农业生产。其次，农村相对封闭的血缘和地缘社会关系长期存在，造成了农民封闭内向的心态（廖永松，2017)。最后，历史原因导致的长期城乡发展不平衡，城乡基本公共文化服务供给的不均衡，最终造成了与城镇居民相比，农民群体在受教育程度、专业能力、发展创造能力、致富能力，在知识、技术、信息、管理等方面存在较大短板，使农民传统的人生观、价值观和精神世界与现代社会、经济和法律意识之间存在着张力和冲突。与城镇居民相比，农民适应工业文明、城市文明和商业文明，掌握现代信息技术，获得现代经济管理思维的过程更为漫长，面临着更为艰巨的发展任务。

（三）对标社会主义核心价值观，农民精神富裕的社会主义本质

我国是社会主义国家，农民精神富裕的内涵应在社会主义核心价值观引领下进行界定。2012 年 11 月，党的十八大正式提出，要“倡导富强、民主、文明、和谐，倡导自由、平等、公正、法治，倡导爱国、敬业、诚信、友善，积极培育社会主义核心价值观”，分别从国家、社会和个人三个层面高度概括和凝练

出社会主义核心价值观的基本内容。农民精神富裕的目标追求，是社会主义核心价值观在乡村的具体体现，在实现共同富裕的伟大目标中占据重要位置。精神富裕的目的在于促进人的全面发展，立足于人的思想道德观念，价值信仰追求，审美意识和精神风貌，体现以人民为中心的发展思想。中国特色社会主义的伟大历史进程以及中国式现代化的历史要求，使不论是城镇居民还是农村居民，在精神文化生活建设上都要与社会主义核心价值观和社会主义建设相适应。实现农民精神富裕蕴含了共同富裕六个方面部署中的三个方面："促进农民农村共同富裕""促进人民精神生活共同富裕""促进基本公共服务均等化"，以社会主义核心价值观作为引领，将爱国主义、集体主义、社会主义融入精神文化生活中。

二　我国农民精神富裕发展现状

改革开放肇始于农村，充分体现了我国农民的首创精神。中华人民共和国成立以来，我国农民文化程度不断提升，精神生活更加丰富多元，以村民自治为主体的现代乡村治理体系日益完善，在制度上保障了农民精神富裕的实现。从现代性、乡土性、社会主义本质三个方面看，目前我国农民精神富裕具有以下特点：

（一）农民教育和文化消费水平显著提高

我国实行全民九年制义务教育，2002年《国务院关于基础教育改革与发展的决定》（国发〔2001〕21 号）明确提出，加强农村义务教育是涉及农村经济社会发展全局的一项战略任务。通过加强乡（镇）人民政府主体责任，截至2020 年11 月30 日，全国义务教育阶段辍学学生降至831 人，九年义务教育巩固率达到95%。截至2020 年，全国乡村普通小学8.6 万所，在校学生2450.5 万人；初中14241 所，高中777 所，普通中学在校学生728.3 万人，农民基础教育程度明显提升。同时，国家大力加强农民职业教育，对农村人才培训力度不断加大。2020 年，中央财政就拨付现代职业教育投入资金257.11 亿元，培训农民工1046.6 万次。

现代农业技术发展，农业机械化程度提高，农民休闲时间增多，乡村现代文化产品和服务供给数量增加，质量提升，促进了农民文化消费。2021 年农村居民人均教育文化娱乐支出达1308.7 元，占消费总支出的9.5%，[①] 比2014 年提高了52%。2019 年，国内农村居民游客15.35 亿人次，农村居民旅游消费9741.9 亿元，人均旅游消费634.7 元。农民体育健康条件不断改善，“十三五”期间，全国维修改造农民体育健身工程项目3 万多个，维修改造体育场面积约1600 万平方米，配置体育器材约26 万件。[②]

随着乡村信息基础设施全面升级，文化产品数字化、互联网化、智能化不断发展，农民精神生活和文化消费的数字化程度加深。截至2020 年年底，全国行政村、贫困村通光纤和通4G 比

---

① 国家统计局：《中国农村统计年鉴（2021）》，中国统计出版社2021 年版。

② 农业农村部农村社会事业促进司：《中国农村社会事业发展报告（2021）》，中国农业出版社2021 年版，第76 页。

例均超过98%，电视节目的农村人口覆盖率达99.45%，有线广播电视农村实际用户7055万户，占农村家庭总户数的30.18%。① 2020年全国农村广播节目制作时间139万小时，播出时间459.26万小时，占总播出时间的29.05%。农村电视节目制作时间71.38万小时，播出时间452.02万小时，占公共电视节目播出总时长的22.73%。人工智能、5G、大数据等数字技术渗入乡村文化生活中，截至2020年年底，我国农村宽带用户达1.42亿户，农村网民规模3.09亿户，农村地区互联网普及率达55.9%。越来越多的农民掌握网络直播、短视频平台等信息工具，通过乡村文化创作、在线休闲娱乐、在线旅游等多种方式丰富精神文化生活。

（二）乡村公共文化服务水平不断提升

第一，国家出台相关法规政策支持提升农村公共文化服务。比如，2017年出台《中华人民共和国公共文化服务保障法》，中共中央办公厅、国务院办公厅印发的《关于加快构建现代公共文化服务体系的意见》《国家基本公共文化服务指导标准（2015—2020年）》，文化和旅游部等部门制定出台《推进乡村文化振兴工作方案》《关于推动公共文化服务高质量发展的意见》《“十四五”公共文化服务体系建设规划》等政策文件，为增加农村地区公共文化产品供给，促进城乡公共文化服务均等化提供了强有力的法治和政策保障。

第二，国家不断加大乡村文化基础设施的投入力度。截至2020年年底，我国2578个县（市、区）建成文化馆总分馆制，

① 国家统计局:《中国统计年鉴（2021）》，中国统计出版社2021年版。

2379个县（市、区）建成图书馆总分馆制，[①] 乡镇文化站32825个，[②] 组织文艺活动61.3万次，村（社区）综合性文化服务中心57.54万个，农家书屋58.7万家，文化馆（站）指导的群众自办业余文艺团体达44.18万个。2020年，全国县及县以下文化和旅游事业费587.28亿元，占全国的54.0%。[③] 中央财政设立中央补助地方公共文化服务体系建设专项资金，重点支持乡村基层地区开展公共文化服务，累计为脱贫地区约11.3万个村文化活动室购置基本公共文化服务设备，为3.2万个村综合性文化服务中心购置广播器材，为1.3万个乡镇提供以地方戏为主的文艺演出约39万场。

“文化惠民”工程、“戏曲进乡村”项目有序开展，2020年，我国艺术表演团体在国内农村地区演出达84.3万场次，观看演出的农村观众人数达32553万人次。[④] “十三五”时期，中央财政为乡镇（街道）文化站安排免费开放补助资金58.54亿元，新时代文明实践中心、村史馆、乡村文化礼堂、非遗传习所等农村公共文化设施全部免费开放。实施基层文化队伍培训，截至2020年年底，中央财政累计投入资金24.7亿元，向中西部“三区”县及县以下文化单位选派文化工作者13.3万余名，为基层培养1.2万余名文化工作者。[⑤] 2021年上半年，文旅部会同

---

① 农业农村部农村社会事业促进司：《中国农村社会事业发展报告（2021）》，中国农业出版社2021年版，第74页。

② 国家统计局：《中国农村统计年鉴（2021）》，中国统计出版社2021年版。

③ 文化和旅游部：《中华人民共和国文化和旅游部2020年文化和旅游发展统计公报》，2021年7月5日，http：//www.gov.cn/xinwen/2021-07/05/content_ 5622568.htm.

④ 国家统计局：《中国统计年鉴（2021）》，中国统计出版社2021年版。

⑤ 文化和旅游部关于政协十三届全国委员会第三次会议第2120号（文化宣传类099号）提案答复的函，http：//zwgk.mct.gov.cn/zfxxgkml/zhgl/jytadf/202012/t20201204_ 907071.html.

中央文明办印发了《2021 年文化和旅游志愿服务工作方案》，常态化开展“春雨工程”“阳光工程”“圆梦工程”等示范性志愿服务项目。目前，全国文化志愿服务队伍超过 7000 支，注册志愿者达 200 万人。

（三）乡村优秀传统文化得到一定保护，民风向好

我国传统农耕文化极其丰富多彩，重要农业文化遗产得到认定和保护，截至 2020 年农业农村部共认定了 5 批 118 项中国重要农业文化遗产，涉及全国 28 个省（区、市），涵盖 20 多个民族聚集地。自 2012 年开始，住房城乡建设部等七部委联合开展传统村落调查挖掘工作，挖掘和保护中国优秀传统村落文化遗产，历经 10 年先后分 5 批将全国 6819 个具有重要保护价值的村落列入中国传统村落名录。[①] 传统村落和非遗保护的数字化提档升级，2017 年以来，启动了中国传统村落数字博物馆建设工作，建成了总展馆、村落单馆及全景漫游手机客户端，截至 2020 年，单馆数量达 477 个，[②] 实现全景网络漫游，覆盖 4.3 万栋以上传统建筑和 7500 项以上非物质文化遗产数据，全方位展示传统村落的文化魅力。

农村各类非遗文化展演展示活动有序开展。2015 年以来原文化部联合教育部、人力资源社会保障部实施“中国非物质文化遗产传承人群研修研习培训计划”，截至 2020 年年底，全国累计举办各类培训班 850 余期，培训学员 3.3 万人，覆盖传承人

① 农业农村部农村社会事业促进司：《中国农村社会事业发展报告（2021）》，中国农业出版社 2021 年版，第 80 页。

② 农业农村部农村社会事业促进司：《中国农村社会事业发展报告（2021）》，中国农业出版社 2021 年版，第 80 页。

群超过 10 万人。中国传统节日清明节、端午节、中秋节与春节纳入国家法定假日。2020 年春节、元宵节期间，各地组织开展民俗文化活动 38 万场，现场观众 3.79 亿人次，网络参与超 4.65 亿人次。2020 年，文旅部引导组织全国“乡村春晚”集中展示活动和“百县万村”网络联动，覆盖全国 24 个省（区、市），49617 个村参与，线上参与人次达 1320.5 万。①

近年来，乡村自然景观得到有效开发，乡村休闲旅游得到快速发展。各种油菜花节、西瓜节、荔枝节、农业嘉年华活动与乡村休闲旅游相结合，丰富了传统农业文化活动，中国农民丰收节、广场舞展演等活动丰富多样。文化和旅游部联合腾讯视频、爱奇艺等 8 家网络平台举办“云游非遗·影像展”将 1600 余部非遗传承记录影像、非遗题材纪录片搬上网络进行公益性展播，吸引包括农民在内的网络用户发布非遗相关视频总数超 8 万个。② 美丽乡村建设与乡村休闲旅游相结合，美化了乡村环境，提升了农民家风。

（四）共产党领导下的乡村治理体系提供了制度保障

党的十九大报告提出了健全自治、法治、德治相结合的乡村治理体系，2018 年，中央一号文件把深化村民自治实践、建设法治乡村、提升乡村德治水平作为乡村振兴的基本内容。一是村民自治体现现代农民政治民主意识，农民通过村民委员会组织形

① 文化和旅游部：《中华人民共和国文化和旅游部 2020 年文化和旅游发展统计公报》，2021 年 7 月 5 日，http://www.gov.cn/xinwen/2021-07/05/content_5622568.htm.

② 农业农村信息化专家咨询委员会：《中国数字乡村发展报告（2020）》，2020 年。

式，参与乡村公共事务治理。二是农村法治建设得到加强，通过平安乡镇、平安乡村建设，专项整治乡村治安问题，农民自觉守法用法意识增强，用法律维护自身权益的现代公民意识明显提升。三是依托村规民约等褒扬善行义举、贬斥失德失范，弘扬中华优秀传统文化，推进乡村移风易俗。广大农村孕育出更多的淳朴乡风民俗，农民的精神文化生活渐趋丰富活跃，农民的文明素质和思想境界不断提升，邻里相助、公正诚信、孝悌仁爱等道德风尚正在日益形成。四是农村基础党组织建设有力开展，党对农村建设的领导力明显加强，农民听党话，跟党走的意识成为主导。

三　我国实现农民精神富裕过程中的主要问题

目前制约我国农民实现精神富裕的客观因素仍然较多，与农业和农村现代化的要求还不相适应，主要表现为：

（一）农民文化教育水平低

我国农民文化教育水平偏低，2020 年，我国农村居民家庭户主文化程度，未上过学的占 3.4%，小学文化程度的占 32.3%，初中文化程度的占 51.3%，高中文化程度的占 11.2%，大学专科以上程度的占 1.6%。[①] 农村居民家庭户主文化程度初中及以下的占了 87%，高中及大专以上的只占 13%，[②] 农民文化

① 国家统计局：《中国农村统计年鉴（2021）》，中国统计出版社 2021 年版。
② 国家统计局：《中国农村统计年鉴（2021）》，中国统计出版社 2021 年版。

程度与发达国家相比，存在很大差距。以美国为例，2020年，美国农民文化教育程度87%以上都是高中。我国农民文化教育水平低不仅制约了农民物质财富的创造力，而且也极大限制了农民对现代性精神生活的追求，与现代公民社会的现代性要求不相适应。

（二）农民文化消费水平低

2020年我国城镇居民在教育文化娱乐上的人均消费为2591.7元，相比之下，农民在教育文化娱乐上的人均消费支出仅为1308.7元，城镇居民的人均教育文化娱乐消费水平约为农村居民的两倍。在艺术演出场次上，农村演出场次只占全国总场次的37.85%，演出的观众人数，农村观众人次只占全国观众人次的36.6%。[①] 乡村文化产品和公共文化服务软硬件供给脱离农民需求，长期闲置，传统乡土文化资源未充分传承与利用，农民闲暇时间的无意义感较为突出，导致了农民精神文化消费出现了单一化、娱乐化、畸形化、炫耀性和失范性等现象。

（三）乡村优秀传统文化受到市场经济冲击

2021年年末，中国常住人口城镇化率为64.72%，[②] 大量农民进入城镇就业，流动性增强，农民接触市场思想的机会增多，对乡村传统文化和道德规范产生了冲击。这种冲击一方面对于抵制乡村低俗文化、封建风俗产生了积极影响；另一方面，也冲击

① 国家统计局：《中国农村统计年鉴（2021）》，中国统计出版社2021年版。

② 国家统计局：《中华人民共和国2021年国民经济和社会发展统计公报》，2022年2月28日，http：//www.stats.gov.cn/xxgk/sjfb/zxfb2020/202202/t20220228_ 1827971.html.

了乡村传统价值观，民俗文化活动日渐消失，家风家训传承意识日趋淡化，道德缺失、利益至上等负面影响开始显现。尤其是农村的老人、妇女、儿童等留守群体，精神生活的支持与引导不足，一部分农民出现了自闭、焦躁、孤独等精神困境（郝亚光2021），2021 年，乡村留守儿童抑郁检出率为 28.5%，过度焦虑检出率为 27.7%，[①] 农村留守老人中四成以上存在害怕和孤独的心理感受。[②] 农村一些地方出现婚丧嫁娶过度大操大办，相互攀比，超过实际经济能力高消费。

（四）乡村中存在非法宗教传播现象

近年来，一些非法宗教思想在农村传播，对农民社会主义核心价值观的形成和主导地位产生了不利影响。主要表现在：有的散布歪理邪说，制造混乱恐慌；有的乱建滥塑宗教神像，借宗教敛财；有的从事“治病”“驱鬼”等封建迷信活动，骗钱骗人；有的成立非法传教组织，走村串户非法传教；有的组织非法宗教活动，非法发展信徒，一些地方甚至出现宗教狂热现象；有的利用宗教组织直接干预乡村公共事务，插手或阻挠乡村基层治理；有的甚至与境内外敌对势力勾结，传播极端主义和分裂思想，破坏民族团结，危害国家安全（武志伟，2019）。

---

① 农业农村部农村社会事业促进司：《中国农村社会事业发展报告（2021）》，中国农业出版社 2021 年版，第 120 页。

② 农业农村部农村社会事业促进司：《中国农村社会事业发展报告（2021）》，中国农业出版社 2021 年版，第 140 页。

四　农民精神富裕的发展目标与途径

(一) 农民精神富裕发展目标

人民精神生活的共同富裕，目的在于促进人的全面发展，使社会主义核心价值观深入人心，实现人民群众的精神生活丰富、精神自信自强、精神面貌良好，不断满足人民群众多样化、多层次、多方面的精神文化需求。共同富裕只有相对标准，没有绝对标准，农民精神富裕程度具有相对性和时代性，与一定的历史条件下的生产力水平和生产关系相适应，农民精神富裕是一个从低级到高级，从局部到全面的动态过程，遵循共建、共享、可持续发展原则。农民精神富裕的发展目标在于以社会主义核心价值观为引领，继承和发扬中华优秀文化。

到 2025 年，农民精神富裕的目标为：①农民 12 年制义务教育制度全面实施，农民职业资格得到全面认定；②城乡一体的现代公共文化服务体系全面覆盖，发展不平衡不充分的矛盾得到明显改变；③农村优秀传统文化得到大力发扬，体现乡村文化特色的文化活动显著增加，民风进一步向好；④社会主义核心价值观深入人心，党领导下的村民自治制度完备。

到 2035 年，与农业农村现代化发展目标相对应制定农民精神富裕目标：①农民的科学素养、人文素养全面提升，文明习惯全面养成；②城乡文化公共消费支出比例基本相同，城乡文化服务供给基本平衡，区域差异明显缩小；③体现乡村文化特色的文化活动显著增加，农民的文化自信明显增强，精神凝聚力和精神文化活动参与度显著提高，共同富裕内生动力有效激发；④农民群众共享改革发展成果和幸福美好生活，享有更高水平的获得感、幸福感和安全，中国农民精神生活自信于世界。

（二）农民精神富裕的实现路径

1. 加强农民文化教育，培育高素质现代农民

逐步推进乡村 12 年制义务教育，将有限的财力用于改造下一代农民身上。深化农业职业教育改革，扩大中高等农业职业教育招收农民学员规模。健全完善农业高等院校人才培养评价体系，定向培养一批农村高层次人才。建立短期培训、职业培训和学历教育衔接贯通的农民教育培训制度，促进农民终身学习。充分发挥农业广播电视学校、农业科研院所、涉农院校、农业产业化龙头企业作用，引导优质教育资源下沉乡村，推进教育培训资源共建共享。依托现有资源建立农村创业创新导师队伍，依托普通高等院校、职业院校和相关培训机构，让有意愿的创业创新人员参加创业创新培训，对符合条件的人员按规定给予培训补贴。以家庭农场主和农民合作社带头人为重点，加强职业农民培育。实行乡村网红培育计划，组织学习政策、规划、创意、管理等业务知识，增强乡村从业者电子商务技能。

2. 激活农民主体性，积极传承乡村优秀文化

农民精神富裕最终要靠农民自己去实现，通过体制机制创新和发展农村公共文化事业，激活农民精神富裕主体性作用。尊重农民精神文化发展差异，实行差异化引导措施，引导广大农民追

求更高层次的精神文化生活。对于农村出身的在校学生，要加大基础教育支持力度，引导其与现代社会意识相适应；对于已进入社会的农民，要利用数字网络等现代技术提升职业技能，造就现代新型农民。坚持平等参与、共建共享的原则，调动农民共同开发和保护优秀乡土文化的积极性，增强农民参与感和归属感。深入实施农耕文化传承保护工程，加强农业文化遗产发掘认定和转化创新，弘扬农耕文化、地域特色文化、戏曲曲艺、传统体育等农村优秀传统文化，推动民间艺术、民间技艺等非遗保护性传承。打造乡村节日民俗活动，振兴传统农业节庆，借助端午、中秋等传统节日，形成具有区域影响力的乡村名片。加强历史文化名村名镇、传统村落、农村文物、文化遗产和古树名木保护，建设农耕文化馆、民俗博物馆、乡村记忆馆等文化服务设施，讲好农村的优秀文化故事，提高农民文化自觉和精神自信。

3. 以乡村休闲旅游为载体，丰富农民精神生活

发挥乡村资源多种功能性，以乡村休闲旅游促进城乡要素流动，发掘优秀乡土文化的产业价值。将农业遗迹、农田水利工程遗产、农业文化遗产、传统村落、非物质文化遗产等农村特色文化，融入乡村旅游产品和文创产品开发中，推动农业与旅游、教育、康养等产业融合，发展田园养生、研学科普、农耕体验、民宿康养等乡村新业态。实施休闲农业和乡村旅游精品工程，支持乡村依托非遗展示馆、传习所、工坊等设立非遗旅游体验基地，开展乡村非遗研学游、体验游等，打造一批兼具教育性、艺术性、体验性的乡村休闲旅游精品景点线路。打造具有乡村特色的文化产业和文创产品，引导和整合设计企业、高等院校、行业协会、新媒体平台等社会力量发挥文化创意优势，对乡村手工艺、民居、餐饮等特色资源深入挖掘、提炼，以培训、研习互动等多种方式丰富创意产品体系，以乡村文化创意推动农民精神富裕。通过直播、短视频等数字技术，多维度传播以农耕文化为主题的文创产品，推广县域小众景区、特色民风民俗、乡村风光，提供给消费者更多的直观体验和在线互动。提高农民文化自信，带动农民创新创业，实现乡风文明与产业兴旺的互促共进。

4. 发挥社会主义核心价值观的引领作用

在中国特色社会主义新时代，必须把“坚持党对一切工作的领导”作为新时代坚持和发展中国特色社会主义的基本方略。坚持党组织在乡村基层工作的思想引领作用，就是要以社会主义核心价值体系引导农民的精神文化生活。从日常性的农民闲暇文化生活和引导性的乡村文化治理入手，既要满足农民喜闻乐见的民间文化需求，又要加强社会主义先进文化对农村文化风气的引领和塑造，深入开展新时代中国特色社会主义思想学习教育，加强党史、新中国史、改革开放史、社会主义发展史教育，大力宣讲红色文化，讲好红色故事，发展红色旅游，在对农民进行爱国主义、集体主义和社会主义教育中树牢共同富裕理念。以社会主义核心价值观转化和消解农民尤其是新生代农民在精神信仰、价值观念方面的冲突和危机，使各具差异性的农民精神文化与社会主义核心价值观相适应。革除高价彩礼、人情攀比、厚葬薄养、铺张浪费等陈规陋习，加强农村家庭、家教、家风建设，深化文明村镇、星级文明户、文明家庭创建。依法管理农村宗教事务，加大对农村非法宗教活动和境外渗透活动的打击力度，依法制止利用宗教组织干预农村公共事务。

参考文献

1. 郝亚光:《促进农民精神生活共同富裕的地方实践评析》,《国家治理》2021年第45期。
2. 孙海燕、孟宪生:《补齐精神生活短板实现农民共同富裕》,《光明日报》2021年11月18日第7版。
3. 武志伟:《正本清源,抵制非法宗教、邪教向农村渗透》,《中国民族报》2019年3月18日。
4. 廖永松:《农民的价值世界》,中国社会科学出版社2017年版。
5. 农业农村部农村社会事业促进司:《中国农村社会事业发展报告(2021)》,中国农业出版社2021年版。

重点群体和重点区域

带动小农户共同富裕的实现机制

芦千文*

摘　要：“富裕不富裕，重点在小农户”。促进农民农村共同富裕，小农户是重点和攻坚点。小农户沿着城乡两栖、工农兼业的方向持续演变，呈现其家庭成员留乡、外出、返乡三类群体的发展和生活需求不断分化的新格局。目前，带动小农户实现共同富裕面临小农户家庭收入持续增长乏力，面向小农户的富裕生活服务供给滞后、文化建设内容与需求脱节，促进小农户发展的社会支撑缺位、政策支持脱靶等困难挑战。促进小农户同步迈入共同富裕，要循着小农户动态演变趋势，实施小农户专项扶持行动，采取政府全方位保障和市场灵活性补充策略，创新小农户持续增收机制，营造富裕富足生活环境，打通小农户向上流动通道，形成包容小农户的乡村全面振兴和城乡融合发展新格局。

关键词：小农户　共同富裕　乡村振兴　城乡融合

---

* 芦千文，管理学博士，中国社会科学院农村发展研究所助理研究员，主要研究方向为农业生产性服务业、农村组织与制度。

Driving Mechanism for Small Farmers to Achieve Common Prosperity

Lu Qianwen

Abstract: Small farmers are the focus and key point of promoting farmers' common prosperity in rural areas. Small farmers continue to evolve along the direction of amphibious in urban and rural areas, employment in both industry and agriculture, showing a new pattern of development and living needs of three groups: staying in rural areas, going out and returning. Driving small farmers to achieve common prosperity faces difficulties such as weak continuous income growth, short service supply, disconnection of cultural construction, absence of social support, miss of policy support and so on. Therefore, we should follow the dynamic evolution trend, implement special support actions, adopt the strategy of all-round government guarantee and market flexibility supplement, innovate the mechanism of sustainable income increase, create a rich and prosperous living environment, open up the channel of upward flow of small farmers, and form a new pattern of rural comprehensive revitalization and urban-rural integrated development that includes small farmers.

Key Words: Small Farmers; Common Prosperity; Rural Vitalization; Urban-rural Integration

全体人民共同富裕是社会主义的本质要求，是中国式现代化的重要特征。促进全体人民共同富裕，最艰巨最繁重的任务在农村，而农村的短板和重心是小农户。小农户作为新发展阶段的弱势群体，有着特殊的动态分化特征。要推动小农户全面发展，达到富裕富足的收入水平、生活状态，还面临很多困难和挑战。界定共同富裕视域下的小农户动态特征，分析小农户全面发展“瓶颈”，建立激发小农户内生动力、带动小农户共同富裕的政策机制，对于实现农民农村共同富裕具有重要意义。

一 共同富裕视域下的小农户

在很长一段时期内，小农户是农业的主要经营主体和乡村的主要居住户，是乡村经济社会发展基础。乡村全面振兴、城乡融合发展的潜力主要通过小农户全面发展实现。过去是“小康不小康，关键在老乡”，现在是“富裕不富裕，重点在小农户”。农业现代化视域下，小农户的动态特征主要从农业的从业范围、经营规模、产值大小、就业状态、收入结构等反映。共同富裕是全体人民的共同富裕，是物质生活和精神生活都富裕。共同富裕视域下，反映小农户动态特征的重要因素，除了从事农业的特点外，还包括家庭收入结构、非农就业创业、城乡流动状态、生产生活支出、社会文化生活、公共事务参与等方面。迈向共同富裕的小农户动态特征与农业现代化中的小农户动态特征相比，需要考虑的因素更多。为此，需要把更多因素纳入进来，准确把握小农户的动态特征。

（一）小农户的范围边界

农户即农民家庭，是指在农村以婚姻和血缘关系为基础组成的家庭住户，并有家庭成员从事农业生产经营活动。小农户是农业生产经营活动规模较小的农户。“大国小农”的基本国情农情，决定了农业经营主体以小农户为主将贯穿中国农业现代化全程。在农业现代化过程中，受基本经营制度、城乡二元体制和农村要素市场化改革影响，小农户呈现明显的分化特征，逐步卷入城乡二元结构和农业专业化分工体系中。随着小农户农业生产经营活动拓展到农业全产业链，少部分小农户发展为新型经营主体（家庭农场、合作社、公司）和农业服务主体。小农户成为与新型经营主体和农业服务主体相对应的一类小规模农业经营主体。界定小农户的基本思路是以农业全产业链为从业范围和收入来源，以农产品产值或销售收入、农业经营净收入或农业劳动力务农收入等不同维度替代以土地规模为主的农户规模衡量指标，从中选择规模较小的标准。一是扩大农业收入统计范围，把农业生产性服务，农业产业链第二、第三产业环节，农业新产业新业态等考虑进来，以调整范围后的农业收入水平作为农户农业生产经营活动规模的衡量指标。二是以粮食种植领域的家庭农场最低经营规模对应的产值或销售收入作为基准，当农户农产品产值或销售收入小于基准值时就可认定为是小农户。三是以当地非农行业就业平均收入为参照，当农户家庭农业劳动力收入低于当地非农行业就业平均收入时，就可认定为是小农户。四是把对小农户分化特征的描述，从以农业收入占家庭收入比重，转变为农业劳动力从业领域、从业形态等，如根据从业范围分为种养户、服务户，根据农业劳动力是否兼职来判断是否为兼业农户。

小农户的范围边界由农业从业特征确定。小农户兼具生产和生活双重属性，既是独立的生产经营单元，也是独立的生活消费单元。共同富裕视域下更强调小农户通过生活消费体现的富裕富足生活状态。小农户通过各种生产经营和就业创业活动获得的收入，满足家庭生活消费支出，维持家庭可持续发展。小农户的农业生产经营积累，不足以满足家庭生活消费支出，如果没有其他收入来源作补充，农业生产经营积累只能主要用于家庭生活消费支出，难以维持农业简单再生产。新型经营主体规模化、职业化发展的结果是，农业生产经营积累既能满足农业扩大再生产的需要，也能满足家庭生活消费支出。新型经营主体收入来源以农业为主，支出也以农业扩大再生产为主，家庭生活消费的相对数额小。这是小农户与新型经营主体的主要区别。

（二）小农户的动态特征

农业生产经营活动的“小规模”，使小农户必须在城乡工农之间配置家庭要素，才能获得满足家庭生活消费支出的足够收入。城乡两栖、工农兼业已经成为小农户常态。2020 年，全国农村有农户 2.73 亿户，未经营耕地的农户 0.32 亿户，占 11.8%；经营耕地 10 亩以下的农户 2 亿户，占 73.3%；经营耕地 10—50 亩的农户 0.36 亿户，占 13.3%；经营耕地 50—100 亩的农户 291.7 万户，100 亩以上的农户 160 万户，两项合计占 1.7%。家庭劳动力总数 5.75 亿，外出务工劳动力数 2.68 亿，占 46.6%，从事家庭经营的劳动力数 3.03 亿，占 52.8%，其中从事第一产业劳动力数 2.08 亿。[①] 小农户城乡两栖、工农兼业的发展状态，使其在农业农村现代化推进和城乡工农关系演变过程中，呈现如下动态演变特征。

其一，顺应城乡两栖、工农兼业的经济参与逻辑变化。小农户的农业生产经营活动持续卷入现代农业的专业化分工中，少部分小农户逐步发展为新型农业经营和服务主体。大部分小农户把家庭优质要素（青壮年劳动力）配置到城市和非农领域，虽然农业生产经营活动通过购买服务逐步实现与现代农业衔接，但会形成另一种“小、散、弱”的相对稳固发展状态。小农户家庭成员在城乡工农之间的同代分工加速向代际分工转变，呈现年青一代持续外出务工、老年一代回乡务农的新特点。小农户家庭成员青壮年时代主要在城市生活就业，幼年和老年时代主要在农村生活居住。小农户生产资料少、能力素质弱、发展机会缺乏的现实问题，使其青壮年家庭成员市民化过程受阻。为支付家庭成员市民化的一次性成本（在落户地买房），部分小农户会有偿退出在农村的土地承包权、宅基地使用权以及农村集体经济股份。但市民化中止或失败的小农户家庭成员，因为已经退出上述权益，返乡后有可能成为无地无房农户。这样，在城镇化持续推进背景下，小农户总数量会缓慢减少，但小农户居住在农村的家庭成员中，老年群体和返乡群体持续增加。这深刻改变了小农户经济发

① 农业农村部政策与改革司编：《2020 年中国农村政策与改革统计年报》，中国农业出版社 2021 年版。

展特征。一是对返乡和留乡的小农户家庭成员来说，土地和农业的保障功能进一步强化。保留土地承包权和集体成员权成为常年外出务工但最终返乡农民的最终保障。农业成为老年农民的收入来源和就业载体。二是家庭成员生活消费呈现城乡二元分化。小农户家庭成员的城乡二元分布，使家庭的生活消费结构呈现城乡二元分化。小农户的养老、托幼服务的实际消费和需求增长主要集中在农村，而文化、娱乐等实际消费和社会参与诉求主要集中在城市。

其二，顺应城乡两栖、工农兼业的社会参与逻辑变化。小农户家庭成员进入城乡代际分工后，城乡人口持续流动使小农户在农村的人口分布由留守的老弱妇孺转向乡村留守人口逐步减少、返乡老年人口迅速增多的新格局。以留守人口为主的小农户，一直融入在乡村传统社会生活中，社交圈封闭，社会网络内敛，社会资本不足，可获取的资源少，现代文化、乡村治理需求弱，实体性文化生活贫瘠，休闲娱乐层次低，对村级事务有参与意愿没有参与行动。以返乡人口为主的小农户，在城市经历过较长时间的历练后，理念和能力得到提升，现代文化和乡村治理需求强烈，使乡村文化建设和治理机制亟待更新升级。乡村文化建设和治理机制的二元矛盾日渐显现。一方面，乡村传统伦理文化仍发挥重要作用，家长（家族）式民主仍有很大市场。另一方面，返乡人口亟待重新融入乡村社会，亟须多元化的现代文化网络，亟待成为乡村的共参共建共享者。这种矛盾突出表现为乡村社会传统与现代的相互渗透、封闭与开放的相互拉扯。此外，小农户家庭成员中的进城群体，长期在城市居住生活，对城市社会参与的意愿日益强烈，融入城市社会的愿望更加迫切，亟待建立适应其流动状态的社会参与机制，与转移农民市民化机制有效衔接。

二　带动小农户实现共同富裕的困难挑战

作为农民的主要群体和农业的主要主体，小农户一直是“三农”政策的聚焦点。特别是2004年开始中央一号文件连续聚焦“三农”以来，以促进农民增收为核心，推动小农户全面发展的政策框架已经形成，为小农户全面发展提供了强劲推力。一是明确提出促进小农户与现代农业发展有机衔接，相关政策集中在发展农业社会化服务和发挥新型经营主体示范带动作用两个方面。二是千方百计促进农民增收，相关政策集中在促进农村劳动力转移增加工资性收入、推进农村产业融合发展增加经营性收入、推进农村产权制度改革增加财产性收入、提高农业支持保护水平增加转移性收入四个方面。三是努力提升小农户全面小康生活质量，相关政策集中在推进农村人居环境整治、改善农村公共服务和基础设施、发展农村养老托幼文卫等服务、完善农村社会保障制度等方面。四是推进乡村治理体系和治理能力现代化。这些政策为小农户全面发展创造了良好的政策环境，推动了小农户家庭收入持续增长、生活质量明显改善。但对比富裕富足的收入水平、生活状态、能力素质，推动小农户全面发展还面临很多瓶颈短板，促进小农户综合素质全面提升的机制尚未形成。

（一）可持续增收机制亟待破题

持续稳定增长的家庭收入是小农户物质生活和精神生活的基

本支撑，是实现共同富裕的最主要标志。小农户趋向共同富裕最关键的是家庭收入可持续增长。在城乡两栖、工农兼业发展格局下，小农户收入增长动力趋弱、增收空间有限、增收矛盾凸显，可持续增收机制亟待创新。

一是农业对小农户增收贡献减弱。从事农业既是小农户的核心标志，也是小农户的兜底保障。小农户不管从事农业产业链的哪一环节，只要不扩大规模，收入始终有限。农业的劳动效率、比较效益低，农业只能作为小农户的收入来源之一，不能支撑小农户家庭收入持续增长。非农就业创业才是小农户的主要收入增长空间。受制于城乡流动和工农转换的各种成本，小农户为了保留农业，需要投入过量的劳动力从事农业。这使小农户家庭资源要素不能按照收入最大化进行配置，导致潜在的收入无法充分实现。

二是乡村非农产业发展受益范围有限。乡村非农产业发展主要由工商企业、新型农业经营主体和乡村小微主体推动。小农户生产资料少、能力素质弱的现实，使其获得的乡村非农发展机会较少，主要是一些家庭作坊，供应的产品局限在本村，难以进入区域市场。小农户家庭优质劳动力外出务工经商后，老弱劳动力参与乡村非农产业发展的机会只有务工，获得的工资性收入有限，且缺乏增长空间。农村产业融合发展，为小农户参与农业产业链第二、第三产业或者休闲旅游等非农产业提供了机会。但受限于产业融合发展空间不足、利益联结机制覆盖面窄等，小农户参与产业融合发展的比例低，获得的产业增值收益有限，更难以获得农业产业链第二、第三产业环节的参与机会和能力。

三是进城务工经商收入增长与能力提升不匹配。农民进城务工经商作为廉价劳动力和低端产业工人的定位短期内难以改变。随着城市产业结构升级，农民务工经商的空间逐步缩小，就业压力迅速增加。农民集中在劳动密集型的低端产业，虽然工资收入持续增长，但更重要的是医疗、养老等社会保障跟不上，知识学习、技能训练、素质培养等能力提升服务严重滞后。农民进城务工经商，只有工资收入，没有社会保障，也没有能力提升。这使他们被产业升级淘汰下来，或者到了一定年龄退出岗位后，不具备再就业再创业的能力，留城或返乡都面临生活压力。

（二）生活和公共服务短板亟待补齐

共同富裕的实质内容通过满足城乡居民物质生活和精神生活的服务来体现，主要包括生活服务和公共服务。目前，以城乡收入比反映的城乡收入差距已经处于缩小过程中，但城乡生活服务和公共服务方面的差距十分突出。以城市为中心的生活服务和公共服务发展导向，使乡村生活服务和公共服务严重滞后。生活服务和公共服务已经成为制约乡村全面发展的短板、城乡融合发展的瓶颈。即使小农户通过工农兼业实现了收入持续增长，乡村生活服务和公共服务也难以为小农户提供富裕富足的服务支撑。

一是乡村生活性服务业发展滞后。乡村生活性服务业包括商品零售、餐饮住宿、休闲娱乐、养老托幼、文体康养等，涉及农村居民衣食住行的方方面面，是农业农村现代化的战略性大产业。目前，乡村生活性服务业只是在城市周边、中心乡镇、乡村景区、乡村工业化基础好的地区有初步发展，大多数乡村地区尚没有形成产业规模，仅有小商店、小餐馆、小旅馆、农家乐等初级简单的生活服务业态。农村养老托幼等公益性生活服务供给机制尚在探索，文体活动等服务多流于形式，相关设施重建设、轻使用，闲置浪费严重，远不能满足农村居民需求。

二是乡村公共服务可获得性不足。乡村公共服务包括教育、医疗、卫生、公共交通等，是体现乡村宜居宜业的重要方面。小农户留守乡村的家庭成员活动范围较小，而公共服务体系在乡镇和村庄的延伸覆盖不足，服务内容流于形式、服务供给简单初级，远不能满足小农户需求。虽然，近年来中央重视推动城乡基本公共服务均等化，但各地建设乡村公共服务体系，基本上延续了以城市为中心、“城市靠政府、乡村靠市场”的做法，建设和更新了学校、卫生院（室）、便民服务中心等乡村公共服务供给设施和机构，服务职能和功能得到一定程度的提升，但服务内容、服务质量远达不到城市建设标准。城乡在公共服务方面的差距仍在持续扩大。不少小农户让子女放弃乡村免费义务教育机会而进县城花费高昂成本上学就是例证。

（三）乡村文化建设与小农户需求脱节

乡村文化建设是满足小农户精神文化生活需求，促进农村精神文明的主要路径。面向小农户是乡村文化发展的主要方向。长期以来，乡村文化建设突出强调保护和传承优秀传统文化、发展乡村文化产业，都不约而同地走向了为城市消费而建、为表演展示而建的道路，缺乏满足和提升小农户精神文化生活需要的文化产品和服务供给。特别是在城乡两栖状态下，小农户精神文化需求结构和方式都呈现二元分化的动态演变，使乡村文化建设“不接地气”，与小农户需求日益脱节。

一是需求内容与供给内容“脱节”。小农户城乡两栖的发展状态，让留守群体和返乡群体的精神文化需求明显分化。小农户的留守群体，在处于较为传统生活状态的同时，已经逐步接触现代文化，处于传统和现代相互融会的转型时期，既要维持传统文化习俗，又要享受现代文化生活。小农户的返乡群体，经过长时期的城市文化熏陶，已经过渡到以现代文化生活为主的状态，更期望维持以城市文化为主的现代文化生活。但乡村文化建设一直忽视从满足农民需求出发补充完善乡村文化产品和服务供给。多数地方还停留在送戏曲、送电影、送表演下乡阶段，乡村本土文化活动主要是传统习俗、文化项目对外展示，自发性的群众文化活动尚以简单的文体活动为主，缺乏引导农民培养积极向上生活态度、融入现代文化生活、扬弃传统文化习俗的文化活动。同时，现代文化产品和服务下乡渠道尚未打通、机制尚在探索，缺乏实质有效的现代文化产品和服务供给，导致小农户现代文化生活“贫瘠”。

二是需求方式与供给方式“脱节”。小农户精神文化需求方式的变化体现在两个方面，既有空间上乡村和城市的二元分布，也有渠道上留守和返乡群体的二元分化。城市公共文化服务体系尚未实现常住人口全覆盖，处于流动状态的小农户家庭成员尚无法享受到城市公共文化服务，同时乡村公共文化服务也无法覆盖这部分群体。随着智能手机迅速普及，新媒体迅速发展，拓展了小农户接触各类文化的渠道，有利于小农户丰富文化生活，为各地推进乡村文化建设提供了有效工具。一方面，留守群体中尚有大量的老年农民，不使用智能手机和互联网，仍需要传统的文化供给方式发挥作用；另一方面，数字文化产品和服务生产尚处于起步阶段，内容简单、层次较低，加之对乡村数字网络、数字内容引导监督滞后，基层政府及工作人员缺乏数字工具使用技能，使低俗文化产品和服务大肆流行，乡村留守儿童和老人受此影响较大。

（四）融入现代生活的社会支撑缺位

小农户与现代农业需要通过桥梁纽带实现衔接，融入现代生活同样需要桥梁纽带实现衔接。发达国家的成功经验表明，发展面向弱势群体和小微主体的社会组织，创新合作互助和组织推动结合形式，是实现弱势群体和小微主体参与公共事务、社会治理的有效做法。近年来，各地大力推动乡村治理体系和治理能力现代化，主要做法是健全完善村级组织治理机制，如推行“一肩挑”、规范议事程序、严格村务公开、完善村级组织设置、健全监督机制等。这些做法虽然显著提升了乡村治理效能，但由于缺乏满足小农户多样化、多层次治理需求的社会组织，并未根本改变小农户在乡村治理中被边缘化的局面。

一是外出群体无法参与乡村治理。外出务工的小农户家庭成员绝大多数都是农村的青壮年群体，本应是乡村建设的主力军、乡村治理的生力军。他们外出务工后，对村庄公共事务和社会治理的参与逐步减少直至完全不参与。他们关注乡村发展，具有参与村庄发展的意愿，但缺乏渠道和机制，造成乡村治理领域人力资本的浪费和流失。

二是留守群体无力参与乡村治理。不管城乡两栖的小农户在当地原本是强势还是弱势，在家庭主要劳动力外出务工经商后，他们与村集体的经济联系以及在村庄的影响力迅速弱化。这使他们对村庄事务的关心程度减弱，直至被边缘化。小农户家庭留守只有老弱妇孺成员时，参与村庄事务的意愿和能力都迅速弱化。

三是返乡群体难以参与乡村治理。小农户外出务工家庭成员返乡后，拥有较强的能力素质和参与意愿，是乡村人才振兴的重要源泉。但他们常年在外务工经商，一时难以融入已经固化的村庄治理格局，只有少数与村级组织具有亲缘或宗族关联的能够参与乡村治理。不少地方基层政府重视培养乡村治理的后备人才，返乡群体是重要培养对象，但不少村级组织却“备而不用”。

上述问题，都是小农户在乡村治理中被边缘化的具体表现，归根结底是因为缺乏联结小农户与乡村治理的桥梁纽带。缺失了小农户，乡村治理就是形式主义，乡村治理体系和治理能力现代化也就是空谈。

（五）小农户培育提升政策“脱靶”

虽然，各类利农惠农政策都把小农户作为支持对象，但由于没有形成专门或定向支持小农户的政策体系，导致原本应重点支持小农户的扶持政策却把小农户排斥在外。大部分利农惠农扶持政策为凸显市场机制作用，设置较高的申报门槛，采取竞争方式择优支持。有的利农惠农扶持政策，为凸显规范性、公平性，设置了烦琐的申报程序和严格的材料要求。小农户要申请获得这些政策扶持，需要与新型经营主体、工商企业竞争，往往因不具备竞争优势而得不到政策扶持。更多小农户则因为没有能力准备申报材料和应付烦琐程序、严格要求而放弃申请政策。不少地方政策为减轻政策执行成本、尽快形成政绩，往往倾向于支持新型经营主体和工商企业。很多利农惠农政策，尤其是农业产业政策和农民工扶持政策，往往忽视小农户本身的重要作用，让政策执行者和受益者反而认为带农助农帮农是履行社会责任，是为乡村做贡献。实际上，小农户在农业产业化经营中对工商企业的作用、在促进城乡繁荣发展中的作用，远大于工商企业带给小农户的利益。如果没有这个认识，将始终无法形成支持小农户发展的社会合力。正因为上述问题存在，小农户在城乡发展中持续被“甩出”的现象始终存在，包容小农户的城乡发展格局短期内仍难以形成。

三　带动小农户实现共同富裕的思路和建议

促进小农户同步迈入共同富裕，关键是循着小农户城乡两栖、工农兼业的动态演变趋势，促进小农户全面发展，创新小农户持续增收机制，营造小农户富裕富足生活环境，打通小农户向上流动通道。因此，带动小农户实现共同富裕的基本思路是，按照分阶段促进共同富裕的战略部署，以持续增收、公共服务和消费质量为重点领域，以多元化、专业化、社会化为主要路径，以政府全方位保障和市场灵活性补充为主要机制，全面提升小农户素质能力，激发小农户全面发展内生动力，推动小农户融入新型城乡工农关系，构建共享型乡村发展共同体、联结型城乡发展融合体，形成包容小农户的乡村全面振兴和城乡融合发展新格局。

（一）构建小农户持续增收机制

小农户持续增收的基本路径是工资性收入和经营性收入双轮驱动，转移性收入调剂补充，财产性收入保障兜底。大力发展城乡富民产业，为小农户创造更多就业增收和能力提升机会，推动小农户工资性收入稳定增长。在农民工集中的城市产业领域，实施农民工综合素质提升工程，推动农民工适应产业升级发展，不断提升农民工就业技能、拓展农民工就业空间，支持农民工在城市创业，享受平等创业待遇。完善农民工在城市就业的社会保障制度，消除现有社会保障制度对农民工的壁垒，努力实现农民工自由择业、体面生活。推动就业导向型产业向乡村有序转移，大力发展乡村优质高效特色产业，注重开发适合农村老人、妇女、残疾人等弱势群体就业岗位，千方百计扩大农村就业，为小农户留守群体创造充足的就业机会。健全完善土地流转、生产服务、金融保险、创业就业等农村要素市场及服务体系，通过全方位要素和服务支撑为小农户多元化成长创造条件，推动小农户发展为新型农业经营和服务主体、农村非农产业经营主体。注重发挥工商企业联农带农、新型经营和服务主体示范引领作用，把引领带动小农户作为相关扶持政策的前置性条件，强调利益联结机制和能力提升机制建设，使小农户成为乡村现代化经济体系的参与者和共享者。大力推广灵活高效的农业生产托管模式，促进小农户农业生产经营现代化，既实现小农户务农打工两不误，也保留小农户灵活参与务农的机会。注重引导和扶持乡村作坊升级发展，激发家庭经营潜力，提高乡村产业富民效益。稳定提升小农户的农业生产支持和社会保障支持水平，补齐就业、养老、医疗等社会保障短板，加快推进城乡社会保障均等化。按照“让农民在城乡间可进可退”的基本原则，推动新一轮农村集体产权制度、农村土地制度改革，为小农户在城乡工农间进退有据创造制度环境，确保“农民在城里没有彻底扎根之前，不要急着断了他们在农村的后路”。

（二）补齐小农户服务支撑短板

以城乡生活质量等值化、乡村生活内涵特色化为基本理念，推进城乡公共服务均等化，大力发展面向小农户的生活性服务业，全方位满足小农户富裕富足的生活需要。以县域为单元，加快推进城乡公共服务均等化，提高县城辐射带动乡村能力，促进县乡村功能衔接互补。推进县城市政管网、公共交通、移动通信、污水垃圾收集处理等基础设施有序向乡村延伸，按照乡村特点改造转化，实现互联互通、有效衔接，建立城乡统一的基础设施管护运行机制。加快县域公共服务一体化进程。围绕义务教育、医疗卫生、养老托幼等重点领域，通过提升乡村服务站点和设施，优化人才队伍素质，创新县域服务联合体建设机制，健全县乡村三级服务网络，推动县城公共服务向乡村覆盖。充分发挥村集体、合作社在公共服务承接、运营等方面的作用。完善农民工在就业地和居住地享受常住人口公共服务机制，加强农民工输入地面向农民工的生活服务保障。建设联结城乡的冷链物流、电商平台、市场网络等，推动优质生活消费品下乡。大力发展商品零售、休闲娱乐、体育文化、养老托幼等乡村生活性服务业。推动城市工商管理、市场监督、质量检测等向乡村延伸，加强乡村生活消费品质量监督，整合改造乡村小微主体、家庭作坊，有序纳入市场监督和质量监管体系，为小农户在乡村享受优质生活消费品提供制度保障。按照政府投入为主、市场投入为辅、村民广泛参与的思路，推动工商企业、村集体、合作社等联合合作，创新运营机制，发展乡村普惠型、互助型的养老托幼、文化体育、休闲娱乐等公益性服务，丰富服务内容、完善服务功能，推动小农户生活品质持续提升。

(三) 创新小农户文化建设路径

瞄准小农户精神文化需求，统筹城乡文化建设，创新文化建设路径，满足小农户多样化、多层次、多方面的精神文化需求。统筹城乡精神文明建设，组织开展灵活多样的面向农民工的精神文明建设活动，强化社会主义核心价值观引领，提高农民工精神文明水平。统筹城乡公共文化服务体系建设，加快推进城市公共文化服务体系向农民工全开放，加快补齐乡村公共文化服务体系短板，尽快实现县域公共文化服务体系城乡一体建设、一体运营、一体服务。统筹乡村外向型文化产业和内向型文化事业发展，开展灵活多样的乡村文化活动，推出喜闻乐见、深入人心的乡村文化产品和服务，丰富小农户业余生活。改变简单的送戏下乡、送电影下乡、送演出下乡做法，推动更多城市现代化文化产品和服务下乡，满足小农户现代文化需求。发挥村集体和公益组织作用，组织小农户开展多种多样的文体活动。做好老弱妇孺等重点群体知识普及、法律宣讲、文艺活动，增强科学生活、权益保护意识和能力，形成积极向上的生活氛围。合理引导智能手机、互联网、新媒体、新媒介在小农户中的应用，加强网络监管和违法行为打击力度，坚决抵制低俗内容传播，发挥数字化、信息化手段的正向作用。

(四) 探索小农户社会支持方式

把探索小农户共参共建机制列为乡村治理体系和治理能力现

代化的重要内容。结合数字乡村建设，推动乡村治理数字化、智能化，试点和推广数字治理、数字监督有效模式，为在外务工经商人员参与乡村发展提供便捷化渠道和机制。完善村“两委”机构设置，规范村务商议、公开和监督程序，增强村民小组组织村民参与乡村治理功能，创新网格式、积分制管理方式，发挥老年协会等互助组织作用，培育多元化、互助型的村民自治组织，确保村民广泛参与乡村治理。完善农村党员发展工作，加强乡镇政府在农村党员发展中的作用，通过组织开展丰富多彩的党建活动，创新数字党建形式，畅通小农户入党渠道。加大在小农户中选拔培养村级组织后备人才力度。既要动员公益组织、志愿力量下乡服务，也要培育乡村本土公益组织和志愿队伍，为小农户参与乡村治理、增强现代生活技能提供有效支撑。

（五）实施小农户专项扶持行动

借鉴美国、欧盟、日本等扶持小农户发展的有益经验，制订小农户专项扶持计划和行动方案，全方位提升小农户发展能力，激发小农户全面发展内生动力。开展小农户专项培训，培训内容重点包括现代农业经营和服务、实用技术、就业创业、法律知识等，提升小农户人力资本和专业技能。开展小农户提升工程，出台专门面向小农户的创业就业扶持政策，搭建乡村就业创业平台，优化城乡创业就业服务，推动小农户成长为新型经营和服务主体、非农产业经营主体，提高小农户技能素质和稳定就业能力。培育小农户发展组织，动员社会多元力量，以互助式、普惠型服务为切入点，协力推动小农户发展。整合分散在不同部门、不同领域和不同项目中的小农户扶持政策，增强不同政策的系统性、协同性，形成政策支持小农户的发展合力。

参考文献

1. 习近平:《扎实推动共同富裕》,《求是》2021 年第 20 期。
2. 芦千文、苑鹏:《农业农村现代化中的小农户发展动态与衔接机制研究》,《江淮论坛》2021 年第 4 期。
3. 苑鹏:《推动小农户与现代农业有机衔接》,《红旗文稿》2021 年第 2 期。

农村低收入群体的困难与支持政策

谭清香　檀学文　左　茜*

摘　要： 本报告将农村中等收入以下群体划分为中低收入群体和低收入群体，后者指到 2035 年仍无法达到中等收入下限的人群。根据收入预测，2020 年中国农村低收入群体规模为 2.33 亿—2.73 亿人，相当于农村常住人口的 45.78%—53.61%，其中按中方案估计的农村低收入群体规模为 2.53 亿人，相当于农村人口的 49.57%。报告分析了农村低收入群体的主要特征，以及资本资源短板、抚养压力大、农业效率低、就业质量不高、社会保障水平低等困难。针对低收入群体"提低"政策思路应是促进包容性增长和共享繁荣，报告对此提出了五方面的政策建议。

关键词： 低收入群体　共同富裕　共享繁荣　收入预测

* 谭清香，经济学硕士，中国社会科学院农村发展研究所助理研究员，主要研究方向为贫困、反贫困政策、小额信贷等；檀学文，经济学博士，中国社会科学院农村发展研究所研究员、贫困与福祉研究室主任，主要研究方向为贫困与福祉、城镇化与农民工问题、农业可持续发展等；左茜，中国社会科学院大学博士研究生。

The Rural Low-Income Groups: Difficulties and Policy Proposals

Tan Qingxiang   Tan Xuewen   Zuo Qian

Abstract: The population with income below the lower middle-income threshold is divided into two groups: the lower-middle-income groups and low-income groups. The latter refers to those who will not reach the lower middle-income threshold by 2035. According to income forecast, the size of rural low-income groups in China in 2020 is about 233 million to 273 million, equivalent to 45.78% to 53.61% of the rural permanent population, in which the estimated size and proportion are 253 million and 49.57% respectively by the intermediate scheme. The low-income groups share unfavorable, specific and hierrachical characteristics compared to others. But they are facing difficulties such as lack of human and material capital resources, high pressure of raising the dependents, low agricultural efficiency, low employment quality, and low level of social security. For low-income groups, policy policy proposals of promoting inclusive growth and shared prosperity are suggested under the framework of common prosperity.

Key Words: Low - Income Groups; Common Prosperity; Shared Prosperity; Income Forecast

谁是当前中国的低收入群体？这个问题现在已有众多回答，但是缺少定论，莫衷一是。2000 年，中国政府制定了一个低收入标准，比当时贫困标准高 38.4%，2008 年该标准转化为新的贫困标准。2011 年，该标准被比其高 80.5%的现行贫困标准所替代。可见，这个低收入标准只是一个短暂的阶段性贫困标准。2020 年中国消除绝对贫困后，官方采用了低收入概念，提出要建立农村低收入人口帮扶机制。民政部采纳特殊困难人群的界定方式，识别出 5000 多万至 6000 万农村低收入人口。[①] 在学术研究中，国内形成了大量关于低收入人口的研究成果，但界定方法和标准各不相同，测定的结果也差别很大。由于人群范围不同，其政策含义便无法统一。在促进农民农村共同富裕及到 2035 年全体人民共同富裕取得实质性进展的视角下，本报告将那些到 2035 年根据预测还无法达到中等收入群体下限收入水平的农村低收入人口界定为长期性低收入人口，即作为本报告研究对象的农村低收入群体。其意图是为了表明，低收入人群具有独特的人群特征，在 15 年内都无望达到中等收入群体下限水平，因此需要获得实质性的、必要的发展政策支持，以使其在共同富裕道路上不掉队。

① 民政部党组：《加快推进社会救助事业高质量发展》，《求是》2022 年第 8 期。

一　低收入群体的讨论与界定

（一）已有低收入群体界定的归纳与讨论

1. 已有低收入群体界定方式归纳

初步归纳，对低收入群体的界定方式可以分为四种。[①] 第一种方式是从绝对贫困或低保标准向外扩展而得到低收入标准。脱贫攻坚期乃至更早的一段时间里，浙江、江苏等省在扶贫中使用了比国家贫困标准更高的低收入标准，如江苏省使用6000元标准，浙江省采用上年度最低生活保障标准的1.5倍或上年度农民人均可支配收入的40%作为低收入标准。[②] 民政部2021年起将低保对象、特困人员、低保边缘人口、支出型困难家庭等特殊人群界定为低收入人口。当前地方民政部门多数是按照当地低保标准的1.5倍或2倍界定低收入人口。国外文献中，曾有将贫困标准的1.3倍或2倍界定为低收入人口（Alaimo et al.，2001）。有个别研究直接设定了固定值的低收入标准，如1万元或2万元，也可归入第一种方式。第二种方式是采纳相对贫困原理界定低收入标准，或者直接以相对贫困标准作为低收入标准。[③] 文献中可见的此类低收入标准有居民人均可支配收入中值的30%、40%、

① 除此之外，还有以收入绝对值作为低收入标准，或者以财产/财富划分方式来界定低收入，受篇幅限制本报告不一一涉及。

② 后者属于下面第二种界定方式。

③ 请注意，这里并不是指任何一个相对贫困标准，而是指文献中要么采用某个参考值的一定比例的方式界定低收入，要么提出将相对贫困标准视同为低收入标准。

50%、66%、67%或80%，以及人均可支配收入均值的33%或50%，几乎涵盖了相对贫困的所有比例（李培林、张翼，2008；池振合、杨宜勇，2013；高强、曾恒源，2021；黄征学等，2021；叶兴庆、殷浩栋，2022）。第三种方式是以中等收入群体下限标准作为低收入标准。中等收入下限标准很多，所以对应的低收入标准也很多。中等收入群体的界限又分为绝对值和相对值两种形式。绝对值形式的中等收入下限（低收入标准）主要有：8万元/年（3口之家，2010年不变价）、2.2万元/年、2美元/日、10美元/日、12美元/日等。相对值形式的中等收入下限则类似于相对贫困标准，包括人均可支配收入中值的50%、60%、67%、75%等（Pew Research Center，2015；Pressman，2015；李培林、张翼，2008；龙莹，2015；杨修娜等，2018；Sicular etc.，2022）。这种形式下，有时作为参照的中位数收入所属的人群并不是研究对象自身，而是其他收入更高的群体（李培林、张翼，2008；杨修娜等，2018）。第四种方式是选取按收入排序的一定比例底层人口作为低收入人口。这种方式主要是遵从了统计分类传统，具有使用统计数据的便利，此外联合国系统提倡的共享繁荣理念也在此得到了应用。在这种方式下，底层10%、20%和40%人口都曾被界定为低收入人口（高强、曾恒源，2021；郭玉辉，2021；杨立雄，2021；罗楚亮、梁晓慧，2022）。

2. 对已有低收入人群界定的评价

利用消费者价格指数和购买力平价指数，将文献中涉及的24种低收入标准以消费者物价指数和购买力评价指数标准化为以人民币现价计量的2020年人均月收入水平。各类低收入标准介于 332.77 元和 2845.54 元之间，其简单平均值为 989.40 元，除了少数几组得数相同外，形成了一个几乎连续的分布。相应地，这些低收入标准相当于当年城乡居民人均可支配收入中位数的比例介于 14.50%和 123.99%之间，其简单平均值为 43.11%。进一步分析，这些低收入标准具有如下特点：首先，低收入标准及其对应的人群规模涵盖的范围过宽，差异性极大，以致无法形成关于低收入群体的趋同性认识；其次，低收入群体的界定标准具有相当大的随意性，缺少像贫困、中等收入群体那样的核心内涵，从而在很大程度上沦为中等收入的“剩余部分”；再次，居于低收入标准“谱系”中段的大部分属于相对贫困形式，表明多数研究倾向于将低收入等同于相对贫困，使低收入概念显得“多余”；最后，现有的低收入标准对应的低收入人口规模差别如此之大，以致不可能具有相对一致的特征，也无法得出有效的政策含义。

（二）共同富裕视角下的低收入群体界定

一个合理的低收入标准及其所界定出的低收入群体应当具有特定的内涵，应当摆脱对相对贫困概念的依赖，应当具有相对于国家发展战略以及群体特征更加明确的政策含义。要想解决上述问题需要开展更多理论研究及实证分析，这并非本报告任务，我们拟另文分析。针对本报告的研究目的，我们采取瞄准中等收入群体下限的动态低收入群体界定方式。到 2035 年，全体人民共同富裕要取得实质性进展，要同步促进农民农村共同富裕。其中，农村低收入群体要实现什么样的收入增长才能体现这样的目标，是一个规范问题以及政治决断问题；至于他们能够实现什么样的收入增长，则是一个实证问题。中等收入以下人口在较多研究中被接受为最大口径的低收入人口。但是本报告并不这样界定，而是参考李培林、张翼（2008），将中等收入以下人口分为两类。一类是中低收入群体，2035 年之前有望跨过中等收入下限；另一类是低收入群体，直到 2035 年也无法达到中等收入下限标准。在经济学意义上，前者可称为潜在中等收入群体，后者可称为长期性或持久性低收入群体，即本报告的研究对象。他们既然在 15 年内都无法达到中等收入下限，那么有理由通过“提低”政策，更好地分享发展改革成果。

二　中国农村低收入群体规模和特征

本报告分别对 CHIP2018、CHFS2018、CFPS2018 三项最新可得的大样本住户调查数据进行了测算。结果显示，CHFS2018、CFPS2018 的样本分布偏向于低收入端，其人均收入中位数明显偏低，致使测算出的低收入人口比例明显偏高；与此相反，CHIP2018 样本分布与国家统计局住户调查数据一致。因此在下文分析中，我们将以对 CHIP2018 的计算结果作为主要的展示和分析对象。

（一）测算方法

为了获得低收入人口的规模，我们首先对居民收入增长进行预测。假定各样本人口的收入以 2018 年为基期，按照一定速度增长，得到他们在 2035 年时预测收入，如果该收入仍低于中等收入下限，则判定为低收入人口。本报告采用国家统计局中等收入群体划分标准，三口之家可支配收入10万—50万元（2018年不变价），折算到2020年价格为10.55万—52.73万元，人均35156—175782元。预测结果建立在对经济增长、居民收入增长、收入差距、城镇化速度等假定基础上。主要假定包括：①经济增长位于新常态区间，不考虑新冠肺炎疫情的短期冲击，但增速会缓慢下降，具体参考中国社会科学院经济研究所《中国经济报告（2020）》总报告组（2020）测算结果。②人口增长较快达到人口峰值随后缓慢下降，城镇化将保持一定速度，后期会缓慢减速，最终会达到一个较高的城镇化水平，具体参考张车伟和蔡翼飞（2022）的推算结果。③城乡居民收入增速与人均GDP增速挂钩。参照2013年以来的趋势，设定未来15年城镇居民收入增速平均比人均GDP增速慢0.7个百分点，但该差距从0.9逐步缩小到0.5。另外，农村居民收入增速继续高于城镇居民。对该收入增速差距设高、中、低方案，中方案为过去9年的平均增速1.6个百分点，高方案和低方案分别为2.1个和1.1个百分点。④农村居民户和城镇居民户收入各自按相同速度增长，不考虑各自内部收入增速差异。⑤农村居民户的不同收入阶层均匀地按照城镇化速度向城镇转移，但转移后其收入增速不变。⑥始终采用2018年不变价，既未考虑通货膨胀因素，也未考虑城乡收入购买力差别。[①]

（二）测算结果

关于中等收入以下人口规模，一个广为引用的结论是，2019

① 受篇幅限制，各估计参数未予列出。

年中国城乡低收入人口占全国人口的近65%，相当于9亿人。[①]这是依据国家统计局的中等收入标准而得出的，其对应的2019年月收入水平为2688元，框定了中国仍是一个低收入国家的事实，是所有相关研究的最佳参照系。这个结论毕竟是从样本数据推断得出的，参数、权重、程序的变化都会导致结果变化。例如，另一项基于相同数据、相同标准的估计表明，2018年低收入人口高达10.2亿人（刘世锦等，2021）。可见，采用多次估计的结果作为估计区间可能更为合适，例如近年我国中等收入以下人口为9亿—10亿人。

基于同样的样本，本报告估计的2018—2020年中国中等收入以下人口规模分别约为9.73亿人、9.38亿人和9.22亿人，其中农村人口分别约为5.02亿人、4.81亿人和4.63亿人，分别占当年农村常住人口的91%—93%（见表1）。由于农村居民收入水平是连续分布的，每年都有一定比例人口跨越中等收入下限，更低收入的农户收入水平也在提高。根据估计结果，到2035年，全国将有3.71亿—4.11亿人无法跨越中等收入的门槛收入水平。依据收入增速差距中方案，2020年低收入人口规模约为3.90亿人，相当于全国人口的27.75%。其中，农村低收入人口规模介于2.33亿—2.73亿人，相当于农村常住人口的45.78%—53.61%，按照中方案估计的农村低收入人口规模和比例分别约为2.53亿人和49.57%。从2021年到2035年，将有约1.5亿农村人口转移成为城镇人口，而在此期间全国人口总量预计仅有微小变化，因此将有相当数量的农村低收入人口成为城镇

---

① 李实等："中国低收入人口知多少?"，2020年7月21日，http://www.ciidbnu.org/news/202007/20200721202325706.html.

低收入人口。照此假定，2035 年低收入人口的农村和城镇分布分别约为 1.73 亿人和 2.17 亿人，农村低收入人口比例基本不变，但是城镇低收入人口比例提高到 20.41%。

表 1　　中方案低收入人口的估计结果　　单位：万人,%

年份	中等收入以下人口					低收入人口				
	全国		农村			全国		农村		
	比例	规模	全国比例	农村比例	规模	比例	规模	全国比例	农村比例	规模
2020	65.29	92202.03	32.76	90.72	46261.07	27.65	39041.17	17.90	49.57	25276.46
2025	51.73	73745.85	25.67	80.21	36602.75	27.38	39041.17	15.72	49.10	22406.36
2030	39.16	55816.62	18.37	65.92	26188.71	27.39	39041.17	13.69	49.11	19509.84
2035	27.65	39104.29	12.26	49.57	17340.75	27.60	39041.17	12.24	49.49	17312.76

资料来源：根据 CHIP2018 估算，下同。

按照中方案，中等收入群体规模将从 2020 年的约 4.82 亿人扩大到 2035 年的约 9.59 亿人，几乎增加 1 倍，符合中等收入群体倍增的基本设想和要求。[①] 这可以在一定程度上印证关于低收入人口规模估计结果的合理性。

2020 年农村人口低收入线的范围为年人均 1.37 万—1.58 万元，中方案为 1.47 万元。如果采取中方案结果，则 2020 年农村人口低收入线相当于全国居民收入中位数的 53.3%、农村居民收入中位数的 96.5%、城镇居民收入中位数的 36.3%。近似地看，该低收入线略高于 2020 年全国居民收入中位数的一半，接

① 2020 年 4.82 亿中等收入群体规模估计大于 4 亿人的估计，这可能有两方面原因：一是 2020 年与 2018 年相比已有一定比例的增长，二是根据样本估计的高收入群体规模明显偏低，因此估计出的中等收入群体应包含一部分高收入群体。

近农村居民收入中位数。

（三）主要特征

利用 CHIP2018 年农村样本数据对农村低收入群体特征进行分析。在低收入群体内部细分出两类人群进行对比，一类是按收入排序的底层 40%人口，另一类是按低保标准 1.5 倍估算的低保扩展人口，后者占农村人口约 22%。总的来看，农村低收入群体的特征可以区分为不利特征、独特性特征和分层特征三个方面。

1. 在地域分布、人力资本、务农就业等方面具有不利特征

低收入人口的地域分布更加集中地分布于相对不利地区，即更多地分布于西部地区、山区以及少数民族村。2018 年，低收入人口样本比例，东部地区相当于平均水平的 72.7%，西部地区比平均水平高 28.23%。相比之下，中低收入人口样本的分布在东部地区更多一些，西部地区更少一些。在地形分布方面，农村低收入人口更多地分布于山区而较少地分布于平原地区。此外，农村低收入人口分布更多地偏向于少数民族村，其样本比例比平均水平高 20.19%。

低收入人口的人力资本水平明显偏低。低收入人口中劳动力平均受教育年限为 7.72 年，比平均水平低 0.51 年。相比之下，中低收入人口和中等收入人口中劳动力平均受教育年限分别为 8.53 年和 9.23 年。低收入人口的健康状况也略逊于平均水平。

在农业经营方面，农村低收入户从事农业生产的劳动力比例较高，时间投入较多，老龄化从业特征更加明显。2018 年，农

村低收入户劳动力中有47.90%从事过家庭农业生产，其中全职务农占26.7%，分别比中等收入户高11.7个和10.2个百分点。在农忙季节，低收入户劳动力一般每人要劳动60天，每天平均9小时，而中低收入户和中等收入户分别为40天和8小时。低收入户农业从业人员中，60岁以上老年人比例达28%左右，约比中等收入户高10个百分点。

在就业方面，农村低收入人口总体呈现就业比例偏低、稳定性较差、传统行业从业居多等特征。2018年，农村低收入户劳动力务工就业比例为53%，比中低收入户和中等收入户分别低8.9个和6.1个百分点。农村低收入务工者当前工作持续时间相对较短。2018年，农村低收入务工者从事的最主要的工资性工作起始时间，在近2年内的比例为44.3%，在当年的比例为27.8%，分别比中等收入务工者高17.7个和13.3个百分点。当年在该份工作上的就业时间，不足半年的低收入务工者占比为23%，比中低收入务工者高8.1个百分点。低收入务工者未与雇主签订劳动合同的比例高达70%，远高于其他群体。

表2　低收入人口地域分布、人力资本、务农就业等部分特征

	低收入人口	底层40%人口	低保扩展人口	中低收入人口	中等收入人口	总样本
东部地区比例（%）	25.06	23.53	20.97	41.64	54.31	34.47
中部地区比例（%）	33.92	33.35	30.94	33.95	28.63	33.54
西部地区比例（%）	41.02	43.12	48.09	24.41	17.06	31.99
劳动力平均受教育年限（年）	7.72	7.66	7.57	8.53	9.23	8.23
健康状况不好或非常不好人口比例（%）	9.43	9.86	10.36	6.35	4.21	7.70

续表

	低收入人口	底层 40%人口	低保扩展人口	中低收入人口	中等收入人口	总样本
全职务农比例（%）	26.65	27.59	30.45	18.31	16.48	21.93
兼业务农比例（%）	21.24	20.8	19.72	22.46	19.67	21.66
农忙天数中位数（天）	60	60	60	40	40	50
农忙季节平均每天从事农业生产时间中位数（小时）	9	9	9	8	8	8
60 岁以上农业从业人员比例（%）	27.94	27.53	26.72	26.27	17.46	26.52
劳动力务工就业比例（%）	52.99	52.05	49.18	61.87	59.05	57.58
务工就业没有合同（包括临时工）比例（%）	69.95	70.31	70.07	61.84	49.12	64.06

2. 在家庭结构、收入结构、社会保障等方面具有独特性特征

农村低收入群体在家庭结构、收入结构以及社会保障方面具有一些独特性（见表 3）。家庭结构方面，低收入户户均人口数相对最高，抚养比更高，户主年龄也偏大。2018 年，农村低收入户户均人口 4.04 人，比农户样本平均多 0.25 人。其户均人口多出的部分主要是老人和儿童，这导致其抚养比达到 49.45%，比平均水平高 8.93 个百分点。低收入户未成年人比例接近 21%，比中低收入户和中等收入户分别高 5 个和 11.32 个百分点。低收入户平均有 0.81 个在校生，而农户平均为 0.66 个。这意味着低收入户既有更高的抚养压力，也是潜在的人力资源来源。

在收入结构方面，农村低收入人口工资性收入和转移性净收入比例较高，但是经营性净收入比例明显偏低。2018 年，低收入人口经营净收入比例约为 25%，明显偏低，这主要是他们第

二、第三产业经营性净收入比例极低所导致的。低收入人口较高的转移性净收入比例同时来自公共转移和私人转移，前者来自各项转移支付的累积，后者则主要来自家庭外出从业人员寄带回收入。与此同时，因低收入户社保缴费比例偏高，也对公共转移收入形成了明显的抵消效应。

社会保障方面，农村低收入人口享受较大覆盖面的基本社会保障，其覆盖度与其他群体的差距很小。其非在校成年人的养老保险参加比例仅比农村样本均值低 0.77 个百分点，其个人无医保比例仅为 1.2%，与其他群体几乎无区别。不过，农村低收入人口的医保类型近 95%均为居民医保，仅 4%左右为城镇职工医保。其他人群的城镇职工医保比例明显提高，也有一部分其他医保。

表 3　低收入人口家庭结构、收入结构、社会保障等部分特征

	低收入人口	底层 40%人口	低保扩展人口	中等偏下收入人口	中等收入人口	总样本
户均人口（人）	4.04	4.08	4.04	3.66	3.16	3.79
户均劳动力（人）	2.17	2.16	2.12	2.22	2.22	2.20
户主平均年龄（岁）	54.24	54.22	54.31	53.92	53.11	53.99
户主受教育年限（年）	6.74	6.68	6.61	7.54	8.29	7.24
抚养比（%）	49.45	51.11	53.61	35.19	23.05	40.52
人口中劳动力占比（%）	53.56	53.00	52.51	60.76	70.33	57.95
家庭人均可支配收入（元）	7204	6163	3989	19445	49055	15793
工资性收入（%）	40.46	40.37	44.92	45.53	32.23	40.85
经营净收入（%）	25.78	23.80	15.65	28.76	43.39	31.99
第一产业（%）	21.93	20.64	16.40	18.23	22.33	20.21

续表

	低收入人口	底层40%人口	低保扩展人口	中等偏下收入人口	中等收入人口	总样本
第二、第三产业（%）	3.85	3.16	-0.75	10.54	21.06	11.78
财产净收入（%）	2.26	2.42	2.65	2.57	3.67	2.85
转移净收入（%）	31.50	33.41	36.78	23.14	20.71	24.31
转移性收入（%）	38.18	41.28	51.18	26.34	23.23	28.10
转移性支出（%）	6.68	7.87	14.40	3.21	2.52	3.79
社会保障支出（%）	5.63	6.61	11.98	2.69	2.01	3.16
城镇职工医保（%）	3.81	3.65	3.96	8.03	16.12	6.56
居民医保（%）	94.5	94.65	94.24	89.7	80.6	91.38

3. 按收入水平具有分层特征

农村低收入户的家庭收入都处于非常低的水平。尽管如此，由于其规模占农村人口的几乎一半，是一个相当庞大的群体，所以内部也有较为明显的分层特征。首先是人均收入水平的差异。低收入户的家庭人均可支配收入平均值为7204元，相当于农村样本平均收入的45.62%。其中，底层40%人口和低保扩展人口的人均可支配收入分别只有6163元和3989元，而位于低收入人口与底层40%人口之间的10%人口的平均收入已达11541元。与内部收入差距对应的一些存在分层差距的指标包括抚养比、家庭人口中劳动力比例、劳动力平均受教育年限、家庭成员身体不健康比例、人均自有耕地面积、社会保障支出比例等。

三　农村低收入群体的困难与障碍

共同富裕要求在持续提高经济发展水平和居民收入和生活水平基础上缩小社会差距，就居民收入和生活水平来说主要是“提低”和“扩中”，分别针对本报告界定的低收入群体和中低收入群体。“提低”要求低收入群体实现至少与其他群体相同乃至更快一些的增收和社会保障改善速度。就此他们仍然面临不少的困难与障碍，本报告在第二部分的预测也只假定他们与农村其他群体具有相同的增收速度。

（一）全面的资本和资源短板

相对于其他人群，农村低收入群体在家庭资源和资产方面的短板是非常明显的，包括人力资本、物质资本、区位条件等各个方面。低收入户户主年龄偏高，受教育程度更低。低收入劳动年龄人口和劳动力的平均受教育年限分别为8.13年和7.72年，分别比农村中等收入人口低1.1年和1.5年。低收入户中缺劳动力比例比其他类户更高，平均达到24.36%。低收入人口的平均健康水平也要低于其他类户。低收入户人均农业经营性固定资产现价估值仅2000元左右，仅相当于中等偏下收入人口的60%以及中等收入人口的32%左右。其人均自营耕地面积以及人均自有耕地面积也都明显低于其他人群。在区位条件上，低收入人口更多地集中于西部地区、山区、少数民族村。

（二）更大的养老和抚幼双重压力

低收入户的户均劳动力数量与其他类型户基本持平，但是他们平均拥有更高的老年和未成年人数，上有老下有小的特征更加明显。这些家庭往往更多地处于家庭生命周期特定阶段，其家庭人口处于31—40岁的比例最高。在这个阶段，其上一代的老年人可能还没有分家，其下一代的子女正好处于都在上学的阶段，户均在校生数明显大于其他群体，所以家庭抚养压力格外大，也对劳动力就业造成影响。

（三）农业经营劳动力投入多但效率低下

低收入农户约五分之一的可支配收入来自农业经营净收入，而这项收入是通过较低的农业经营效率获得的，主要体现在以下一些方面：小农户比例更高，纯务农劳动力占比更高，人均农业经营性固定资产额更低，投入的农业劳动时间更多，老年家庭人口参与农业劳动比例更高等。农业劳动效率偏低在生产函数中体现为更多的劳动投入和更少的资本投入，但是从外部条件看与区位劣势、小农条件、劳动力素质偏低乃至因家庭结构导致家庭劳动力成员无法外出就业都不无关系。

（四）就业质量不高

低收入农户的工资性收入贡献已经达到较高水平，但是数据显示这个收入水平是在就业质量不高的情况下获得的。以下现象都是就业质量不高的表现：家庭劳动力就业比例偏低；就业稳定性差，包括单项工作就业时间短、合同签订率低、职工社保参加率低;传统行业居多,本地找不到合适的就业机会,人力资本越低越需要外出就业等。就业质量不高一方面受家庭结构和人力资本水平的影响,另一方面也是经济发展水平和质量不高、无法为低收入劳动力提供更好机会的体现,并非很容易就能得到解决。

(五)社会保障水平低且机制不合理

农村低收入人口对农村居民基本社会保障的很高的参加率不能遮掩保障水平,因为农村居民基本社会保障水平较大程度低于城镇居民基本社会保障水平,远远低于城镇职工社会保障水平。低收入人口即使从事非农就业,其职工社会保障程度也远低于其他群体。随着农村人口比例逐渐下降,农村居民与城镇居民的实际社会保障水平不断拉大。此外,农村低收入人口按人口缴纳合作医疗费和居民养老保险费,似乎合理又未必合理,因为收入越低的农户其缴费比例越高。低收入人口的社保缴费支出相当于其可支配收入的5.63%,对于低保扩展人口来说该比例达到12%,而中等收入人口该比例只有2%。

四 农村低收入群体共同富裕的支持政策

在逐步推进共同富裕格局中对低收入群体的基本政策要求是"提低",包括两个维度和两个层次。首先,"提低"维度包括收入和广义社会福利两个方面,既要促进居民收入增长,又要直接提高居民社会福利,通过公共福利的转移分配缩小长期性低收入人口的福祉差距。其次,"提低"程度的底线是实现与其他社会群体的同等增长速度，理想状况是实现更快的增长速度以缩小差距。根据低收入人口规模大、内部分层明显、增收困难、社会保障压力大等特征，单纯的再分配思路不足以解决他们的问题。总的“提低”政策思路应是促进包容性增长和共享繁荣，主要政策建议如下：

（一）制定有利于底层人口共同发展的共享繁荣发展战略

乡村振兴战略有利于缩小城乡差距，区域均衡发展战略有利于缩小地区差距，制定缩小人群差距的共享繁荣发展战略是必要和有价值的。该战略的出发点是底层人群应当有自己的发展权益、市场机遇、人力资本提升途径、针对性的社会保护体系以及促进就业创业的政策工具。共享繁荣发展战略要建立奖勤罚懒的正向激励机制，为西部农村地区低收入群体创造符合其人力资本特征的就业友好型产业和就业机会，为不同层次家庭提供相应的支持保护政策，提高社会救助制度识别和瞄准能力。

（二）实施低收入家庭赋能计划

针对低收入家庭资源和资产短板，建议实施家庭赋能计划，主要在于三个方面。一是促进人力资本提升计划。一方面持续加强对农村地区、偏远地区、困难家庭的儿童教育支持，尽可能缩小在校生教育差距，另一方面创新开展农村劳动力素质和技能培训，努力提高劳动力素质。二是家庭资产提升计划。支持农业基础设施和基本农田改造，深化实施“三变”改革，发展农村普惠金融市场。三是就业支持计划。发展基于社区的养老照料、生产托管等公共服务，解除家庭劳动力全日制就业的后顾之忧。

（三）促进小农户融入大市场

小农户从事低效率农业经营既是其收入低下的重要原因，其形成也具有复杂的历史和现实原因。解决小农户问题要秉持“历史的耐心”，同时在当下也要积极作为，稳妥地探索促进小农户融入大市场的有效途径。小农户融入大市场的要义是在统一大市场体系中以及强大市场力量作用下，确保小农户作为微观经营单元免于破产，并使其家庭的农业资源和劳动力生产效能得到最大发挥。生产托管、农技作业等生产性服务业可以解决缺劳力或劳动力需就业的小农户的需求，对于那些劳动力需要或愿意留在土地上的农户来说，农业合作、农业产业化经营、农技推广服务仍有推广应用价值。

（四）千方百计提高底层就业水平和质量

就业质量不高问题有时候有不同的考察角度，比如在经济成长阶段可视为通过灵活就业、非正规就业促进就业的象征。但是随着经济体系继续向前发展，尤其是进入高质量发展阶段，当底层人口面临进一步增加收入的现实需求时，千方百计提高他们的就业水平和质量就成为一种现实需要。这个问题应主要从供给侧来解决。一方面，全国各个层级的产业发展都应坚决贯彻供给侧结构性改革的思路理念，淘汰低效技术、落后产能和低端产品，在改善经济活动质量过程中提高就业质量。建筑业、生活服务业、零售业、低端制造业等传统劳动密集型行业中都可以见到这样的转型需求，产业政策应当对此产生推动作用。另一方面，劳动力市场政策应当对低收入、传统行业劳动力的更好就业发挥推动作用，例如提供灵活的就业培训和社会保险等，减轻企业和劳动力的负担。

（五）建立农村居民综合社会保障体系

现有的农村社会保障体系应当在基本保障广覆盖基础上进一步改革和发展。思路之一是结合居民基本社会保障和劳动力市场社会保障的双重职能，建立符合农村劳动力务农或灵活就业特点的综合社会保障体系。该综合体系可对现有农村居民基本社会保障做如下补充：为自营者和市场就业者开发和提供有补贴的意外伤害保险；推广普惠性居民补充医疗保险；允许在小微企业就业情况下，在居民基本养老保险和基本医疗保险基础上嫁接较低比例且有政府补贴的企业社会保险，以此提高农村居民的社会保障程度。

参考文献

1. 池振合、杨宜勇：《城镇低收入群体规模及其变动趋势研究——基于北京市城镇住户调查数据》，《人口与经济》2013 年第 2 期。
2. 高强、曾恒源：《中国农村低收入人口衡量标准、规模估算及思考建议》，《新疆师范大学学报》（哲学社会科学版）2021 年第 4 期。
3. 郭玉辉：《福建省农村低收入人口常态化分类帮扶机制探索》，《中共福建省委党校（福建行政学院）学报》2021 年第 4 期。
4. 黄征学等：《建立低收入群体长效增收机制的着力点、路径与建议》，《经济纵横》2021 年第 2 期。
5. 李培林：《扩大中等收入者比重的对策思路》，《中国人口科学》

2007 年第 5 期。

6. 李培林、张翼：《中国中产阶级的规模、认同和社会态度》，《社会》2008 年第 2 期。

7. 李实、岳希明、罗楚亮："中国低收入人口知多少?"，2020 年 7 月 21 日，http：//www. ciidbnu. org/news/202007/20200721202325706. html.

8. 刘世锦等：《新倍增战略》，中信出版集团 2021 年版。

9. 龙莹：《中等收入群体比重变动的因素分解——基于收入极化指数的经验证据》，《统计研究》2015 年第 2 期。

10. 罗楚亮、梁晓慧：《农村低收入群体的收入增长与共同富裕》，《金融经济学研究》2022 年第 1 期。

11. 檀学文、谭清香：《面向 2035 年的中国反贫困战略研究》，《农业经济问题》2021 年第 12 期。

12. 杨立雄：《低收入群体共同富裕问题研究》，《社会保障评论》2021 年第 4 期。

13. 杨修娜等：《我国中等收入群体比重及其特征》，《北京工商大学学报》（社会科学版）2018 年第 6 期。

14. 叶兴庆、殷浩栋：《促进农村低收入人口增收的政策取向》，《湖南农业大学学报》（社会科学版）2022 年第 1 期。

15. 张车伟、蔡翼飞：《中国迈向现代化的城镇化趋势分析与预测》，《人口与劳动绿皮书：中国人口与劳动问题报告 No. 22》，社会科学文献出版社 2022 年版。

16. 中国社会科学院经济研究所《中国经济报告（2020）》总报告组：《全球经济大变局、中国潜在增长率与后疫情时期高质量发展》，《经济研究》2020 年第 8 期。

17. 中共民政部党组：《加快推进社会救助事业高质量发展》，《求是》

2022 年第 8 期。

18. Alaimo K. , et al. , "Low Family Income and Food Insufficiency in Relation to Overweight in US Children: is There a Paradox?", *Arch Pediatr Adolesc Med*, 2001, 155 (10): 1161-1167.

19. Pew Research Center, *The American Middle Class Is Losing Ground: No longer the majority and Falling Behind Financially*, Washington, D. C. , December, 2015.

20. Pressman, Steven, "Defining and measuring the Middle Class", American Institute for Economic Research (AIER) Working Paper, No. 7, 2015.

21. Terry Sicular, et al. , "The Rise of China's Global Middle Class in an International Context", *China & World Economy*, No. 1, 2022.

促进农村老年人共同富裕的挑战、思路与应对

崔红志*

摘　要： 家庭养老保障功能弱化、农村社会保障制度不健全、农村社区保护功能削弱，是实现农村老年人共同富裕所面临的主要挑战。为了促进农村老年人共同富裕，应坚持公共政策向农村老年人倾斜的原则；建立老年人、家庭、集体、政府等多元主体协同推进农村老年人共同富裕的制度和政策体系；发育农村养老服务多元化供给主体，满足农村老年人多类型、多层次的服务需求。主要的对策建议包括：推动建立多元化的农村老年人生活保障方式、完善农村社会保障制度，建议以村级养老服务中心为基础的居家养老服务体系。

关键词： 农村老年人　共同富裕　挑战　思路应对

* 崔红志，管理学博士，中国社会科学院农村发展研究所研究员，主要研究方向为农村组织与制度、农村生活保障政策。

Challenges, Ideas and Countermeasures to Promote the Common Prosperity of the Rural Elderly

Cui Hongzhi

Abstract: the weakness of family support function, the imperfect rural social security system and the weakness of rural community protection function are the main challenges to realize the common prosperity of the rural elderly. In order to promote the common prosperity of the rural elderly, we should adhere to the principle that public policies should be inclined to the rural elderly; Establish a system and policy system for the rural elderly, families, collectives, governments and other multiple subjects to jointly promote the common prosperity of the rural elderly; Develop diversified providers of rural elderly care services to meet the multi type and multi-level service needs of the rural elderly. The main countermeasures and suggestions include: promoting the establishment of a diversified way of life security for the rural elderly, improving the rural social security system, and proposing a home-based elderly care service system based on village level elderly care service centers.

Key Words: Rural Elderly; Common Prosperity; Challenge; Approach; Countermeasures

共同富裕是中国特色社会主义的本质要求，是在我国全面消除现行标准下绝对贫困、基本建成小康社会之后，全体国民向富裕生活状态转型的过程和结果。农民农村共同富裕是指农民与城市人口共同富裕以及不同地区、不同年龄、不同职业农民共同富裕。作为农村脆弱群体的农村老年人口，理应与其他农民一样实现共同富裕。本报告在分析实现农村老年人口共同富裕面临的困难和挑战的基础上，提出促进农村老年人共同富裕的思路和对策建议。

一　实现农村老年人共同富裕面临的主要问题

我国农村老年人规模大、比例高。根据第七次全国人口普查的数据，2020 年，我国乡村 60 岁及以上老年人口规模为 1.21 亿人，占乡村总人口的比例为 23.81%；65 岁及以上乡村老年人口规模为 9035 万人，占乡村人口的比例为 17.72%。从目前我国的情况看，实现农村老年人的共同富裕面临着诸多挑战。

（一）家庭养老保障功能弱化

家庭养老是我国农村地区传统的养老模式，其建立在明确的代际契约之上并由社会道义及法律支撑。《中华人民共和国老年人权益保障法》规定，老年人养老主要靠家庭，家庭成员应当关心和照料老年人。家庭养老的内容既包括由子女向老年人口提供代际转移性的经济支持，也包括向老年人口提供生活照料和精神慰藉。目前，我国60岁以上的老年人，大都有多个子女，独生子女的数量较少。如果子女能较好地履行其赡养父母的义务，即使农村老年人口没有积蓄也没有充足的养老金，他们的养老的经济来源和生活照料也都不会成为问题。

但是，目前我国农村现实情况是，子女并没有很好地履行养老义务，家庭养老保障趋于弱化。其具体表现为，农村老年人只有在其劳动收入不足以维持生活、生活完全不能自理的情况下，才会转向完全依赖子女。那些低龄且身体状况较好的农村老年人通常单独生活，独立劳动，依靠劳动收入、积蓄以及城乡居民养老金等方面的收入维持生活。2012年，笔者曾对江苏省一个村庄老年人的生活状况进行了问卷调查，结果显示，老年人经济来源依靠个人劳动的约占53.9%，他们的劳动参与率达到了74.4%，平均劳动时间为141天，平均劳动收入为5119元。在有子女的受访老年人中，完全没有得到子女经济支持的占36.6%。而在老年人所获得的有限的子女转移性收入中，很大一部分是实物折价，并非真正的经济供养。而且，子女与老人之间并未形成稳定的、有约束力的赡养契约，子女对老人的经济上的补贴通常不固定，甚至只是逢年过节时才给予父母一点现金或礼品。在居住条件上，老年人口的房屋多为旧房。《中华人民共和国老年人权益保障法》指出，赡养人应当妥善安排老年人的住房，不得强迫老年人迁居条件低劣的房屋。但一些家庭困难的独居老人，其居住房屋甚至不能遮风避雨。照料支持是家庭养老的另一个重要方面，老年人随着年龄的增长，患病率不断增大，更多地需要家庭成员在日常护理和生活照料方面的支持，但48.7%的老年人在生病时依靠老伴照料，子女照料的比例仅占23.0%。在居住方式上，老年人口独居的比例随着年龄增大呈“U”形。在70岁以前，独居比例随着年龄的增大而减少；当老年人年龄超过70岁之后，独居的比例又呈上升趋势。这说明，农村养老遭遇道德危机，当老年人生活还能自理，还可以通过帮助子女照料孩子、做家务、种地等代际交换获得子女在生活上的照料。一旦老年人年老力衰，需要子女在身边赡养照料时，大多数子女并未尽到应尽义务。

家庭养老保障弱化与家庭保障能力不足有关，也与子女的赡养意愿低有关。调查发现，我国农村的很多家庭的养老能力不足，其共性原因，一是农民收入较低，开支大，特别是因为教育、医疗费用不断上涨，农民家庭在这些领域的开支和预期开支较多，这一方面影响了年轻人为将来所面对的养老问题进行储备，另一方面也导致家庭对老年人支持力度的减少。二是进城农民工的生活成本高，从而减弱了他们对农村老年人的经济支持力度。在家庭保障能力不足的同时，子女的赡养意愿也不足。“养儿防老”可以看作一种代际之间的交换关系，由于“养儿”在前，子女赡养在后，也就存在着子女不履行赡养义务的风险。随着传统社会向现代社会转型的深化，农村老年人所拥有的经济资源和社会资源对子女的作用越来越小，甚至微不足道，这会降低子女的赡养意愿、提升家庭养老的风险。从家庭养老的约束力看，传统社会中行之有效的宗族、社会规范等约束手段也逐渐趋于失灵。针对这种情况，尽管政府制定了诸多约束子女养老的法律、法规和政策，多数地方的村规民约也都包含了敬老爱老的内容，但约束力不足，对于不履行赡养义务的子女，缺少有效的解决办法。

（二）农村社会保障制度不健全

社会保障是政府和社会向个人、家庭提供的收入保障，以防人们因各种意外因素影响其最基本的生存和发展。社会保障的核心作用是保证社会公正，是实现不同地区、不同类型人群共同富裕的基础性制度安排。同时，社会保障也具有维护社会稳定以及促进经济发展等多种功能。社会保障主要由社会保险、社会救助等保障项目组成。

在最近 20 多年中，我国农村社会保障事业的改革和发展进展较快，初步建立了以最低生活保障制度为基础、五保供养制度、医疗救助制度等专项救助制度相配套、临时救济为补充的农村社会救助体系；建立了新型农村合作医疗制度，减轻农民患病的经济负担，缓解农民因病致贫、因病返贫问题；建立了新型农村社会养老保险制度，超过 60 岁的农村老年人可以享受养老金待遇。同时，我国坚持城乡统筹理念，整合农村居民与城镇居民两类制度。2014 年，我国新型农村社会养老保险和城镇居民社会养老保险两项制度合并实施，形成了统一的城乡居民基本养老保险制度。2016 年，我国新型农村合作医疗和城镇居民基本医疗保险进行了整合，形成了城乡居民基本医疗保险制度。

近年来，我国农村社会保障制度的覆盖面和保障程度逐渐提高，在缓解和解决农村老年贫困以及促进农村老年人共同富裕等方面发挥了积极作用。但从总体情况看，我国农村社会保障不仅保障水平低而且公平性不足，这在很大程度上导致其未能承担促进农民农村共同富裕的功能，也未能承担促进农村老年人共同富裕的功能。

基本养老金制度是一个普惠性、基础性、兜底性的制度安排，其基本功能是防止老年贫困。我国城乡居民养老保险已经具有普惠性和基础性特征，农民在达到领取年龄后，都可以领取到基础养老金待遇。但是，城乡居民养老金水平偏低，并不具有保障老年农民基本生活、防止老年贫困的兜底功能。而且，不同区域之间农民享受的养老金待遇水平相差悬殊，目前，上海、北京等发达地区的城乡居民基础养老金已经超过了 1000 元，但绝大多数地区的城乡居民基础养老金不足 200 元。这不符合社会养老保险的公平性原则，也不利于实现不同地域农村老年人口共同富裕。

城乡居民医疗保险通常是在县（市、区）域范围防范群体疾病风险、以收定支的制度，城乡居民的缴费总额与集体补助、政府补贴的规模，结合在一起形成医疗保险基金。县（市、区）级主管部门依据医疗保险基金的规模，结合往年的疾病发生率及医疗费用等因素，确定第二年的报销办法。2018 年，城乡居民实际住院费用中，由基金支付的比例为 56.1%，大大减轻了城乡居民住院治疗的经济负担，但同时应该看到，个人负担比例仍高达 43.9%。尤其应该注意的是，到了下半年特别是年末，很多地方城乡居民医疗保险基金处于紧张状态，于是定点医疗机构的住院部就尽量少收病人或不收病人，对于收治的病人，也尽量减少住院天数、减少住院花费。

我国多数地区的农村低保标准以县级行政区域为单位制定。受县级政府财政能力不足以及其他多种因素的影响，农村低保标准普遍较低。在脱贫攻坚时期，一些地方的农村低保标准低于国家扶贫标准。在一些贫困人口多的地区，低保人口的确定并不是依据家庭收入多少，而是依据当年的资金量和救助标准确定每个村能够享受低保待遇的人口数量。这就不可避免地导致一些收入水平低于低保线的家庭不能享受低保待遇。同时，由于低保资金少，很多地方低保家庭享受的低保金标准并非采取补差的办法，而是采用一个固定的数额。因为城乡居民的养老保险和医疗保险制度已经被整合为同样的制度，城乡居民可以享受同等水平的养老金和医疗待遇，这有助于实现城乡居民共同富裕，但城乡低保制度仍然是双轨制，农村低保标准低于城镇低保的标准。2010年，全国城市低保的平均标准为每人每月 251.2 元，全年为 3014.4 元，农村低保的平均标准为全年 1404 元，前者是后者的 2.14 倍。在最近的 10 多年中，由于农村低保标准的增速更快，二者之间的差距缩小了，但目前城市低保的平均标准大约是农村低保平均标准的 1.4 倍。

资金从哪里来是农村社会保障体系建设和运行的核心和关键问题。农村社会保障制度保障水平低和公平性不足的主要原因是尚未形成稳定、长效的资金来源保障机制。我国农村低保、五保等救助制度的资金主要由地方政府承担、中央财政仅对困难地区进行适当补贴。城乡居民医疗保险需要地方财政给予与中央财政对等数额的补贴。城乡居民基本养老保险的基础养老金之上的增加部分，由县级财政承担。从我国目前的财权和事权及中央财政转移支付的现状看，“以地方政府为主”的资金来源制度可能仍然不足以保障农村社会保障制度的有效运行。贫困人口众多的地方通常是经济不发达，地方财政赤字、集体经济薄弱的地方，制度的资金来源得不到保障。

(三) 集体经济增进农村老年人福祉的功能和作用存在困难

村集体作为农民的自治组织,应该向全体村民提供福利,向包括农村老年人在内的弱势群体和弱势个体提供帮助,从而在社区内部实现资源的再分配,促进集体内部不同家庭共同富裕。在改革开放前的农村集体化时期,政府基本上没有履行其本应在农村社会保障事业领域的责任,而是把这一责任转嫁给农村集体组织。与此相对应,农村集体内部分散生活风险的互济互助,可以在一定程度上照顾和保障社员及其家庭成员最基本的生活需要,特别是农村五保户以及人口多、劳动力少的社员家庭口粮的基本需要。改革开放后,集体经营、统一劳动、平均分配的农村生产、分配体制被废除了,这提高了农业生产效率、提升了农民通过直接生产获取生存保障的能力。但改革后农村社区在生产和分配中的公平机制不复存在;向农民提供的农村合作医疗、五保供养制度等社会保障项目以及向集体内部老年人倾斜的帮扶和服务也失去了经济依托。

在改革开放后的 40 多年中,党和政府一直重视发展农村集体经济,这不仅是因为集体经济是公有制经济在农村的直接体现,也是期望其能够支持带动低收入农户增收和推动养老、救助等公共服务事业的发展。在政策支持和扶持下,我国农村集体经济的发展速度加快,但总的来说,当前大多数地区的农村集体经济发展基础薄弱,农村集体经济更多地依赖政府奖补等财政支持和国家转移支付。尤其是,村集体经营收益在村域之间分布极不均衡，村集体经营收益超过 100 万元以上的村虽然只占汇总村数的 4%，但其经营收益却占全部汇总村集体经营收益总额的四成以上，村均超过 170 万元，约为汇总村平均经营收益规模的 10 倍。

与农村集体经济薄弱而缺乏向农民提供公共服务相比，集体经济发展起来之后，是否能够促进包括农村老年人在内的农民共同富裕？实地调研发现，一些村的集体经济的确产生了明显的共富效应。但也应该看到，发挥集体经济在促进农村老年人共同富裕方面存在着如下三个方面的挑战。

第一，与农村产权制度改革的要求不一致。2016 年，中共中央、国务院印发《关于稳步推进农村集体产权制度改革的意见》，2021 年年底，为期 5 年的农村产权制度改革已经基本完成。各地在清产核资和农村集体成员资格界定的基础上，普遍把集体经营性资产以股份或份额的形式量化到集体成员（或户），作为其参加集体收益分配的基本依据，这就会削弱集体提供社会公共服务以及向农村老年人等弱势和困难群体进行帮扶的能力。实地调研发现，一些地方在农村集体经营收益分配中，并没有按照集体成员（或户）所持有的股份或份额，进行分配，而是继续采用在股份合作制改革之前的分配办法，股份并未成为农民集体成员参与集体收益分配的基本依据，这背离了农村产权制度改革的初衷。如何处理好维护农村产权制度改革成果与以集体经济收益来提供公共服务之间的关系，是实现集体经济促进农村老年人共同富裕需要解决的重要问题。

第二，健全完善集体经济收益分配制度任重道远。农村集体经济和农民共同富裕之间并非线性对应关系，农村集体经济的发展和壮大并不必然导致农民农村共同富裕。实地调研显示，农村集体经济组织在处理收益分配事宜中既存在该分未分、分配不足的情况，也存在原本没有利润分配支撑，但出于平复群众情绪、保障社会稳定需要而进行过头分配、超额分配、借钱分配等现象。尤其是，较多的农村集体经济由村干部直接负责经营活动，管理不规范、经营不专业、盈余分配主要由村干部说了算，农民的利益得不到保障。有的农民反映，村集体经济成了“村书记经济”“村主任经济”，还不如没有集体经济。在农村“资源变资产、资金变股金、农民变股东”的三变改革中，农村集体经济组织以农村土地等资源型资产和政府财政补贴资金，入股龙头企业或农民专业合作社等新型农业经营主体，由于村干部控制、信息不对称、股权结构不均衡等原因，集体经济组织的收益得不到有效保障。

第三，集体向农村老年人提高社会保护的激励性不足。从中国转型时期村集体的行为特征看，即使农村社区集体仍然有相当可观的集体收入，但其向社区集体内部的农民提供福利，尤其是向农村弱势群体提供社区保障的激励性降低了，社区对弱势群体的保护机制就会趋于瓦解，在既定的资源约束下，村集体会优先考虑供水供电、农村公路道路等公共产品，缺乏把资金投向直接关系改善民生的领域的意愿，究其原因，一是乡村治理机制不完善，村集体向农民提供社会保护在很大程度上决定了村干部的行为，而村干部总是优先考虑上级政府或政府部门的指派性任务而不是提高社区公共服务和帮扶社区弱势群体。二是由于农民异质化、高流动性以及各个家庭所面对的风险类型、应对风险的手段和能力的差异，各个家庭之间不太可能形成协调一致的对于脆弱群体保护的偏好，而是相反，多数农民倾向于反对把有限的资金用于少数人的福利改善。

二 促进农村老年人共同富裕的思路

实现农村老年人共同富裕是一项任务艰巨的系统工程，应坚持公共政策向农村老年人倾斜的原则；建立老年人、家庭、集体、政府等多元主体协同推进农村老年人共同富裕的制度和政策体系；发育农村养老服务多元化供给主体，满足农村老年人多类型、多层次的服务需求。

（一）坚持公共政策向农村老年人倾斜

共同富裕是社会主义的本质要求，促进共同富裕，最艰巨、最繁重的任务在农村。农村老年人共同富裕是农民农村共同富裕的一个重要组成部分，其实现程度取决于农民农村共同富裕的实现程度。在尚未整体上实现农民农村共同富裕的情况下，很难有效推进农村老年人共同富裕。即使通过强有力的政府和社会力量的介入从而使农村老年人的生存质量显著提高，也难有可持续性。因此，应在乡村振兴中解决农民养老问题。可以预计，随着乡村振兴战略的有序推进，农村老年人的福祉水平和生活质量必然会相应地得到提升。

由于农村老年人的脆弱性强、生活质量差，应把农民养老问题放在优先的位置。目前，我国公共政策、公共项目、公共服务对农村老年人需求的匹配程度不足，向农村老年人的倾斜性不足。例如，农村老年人的健康状况差，大都患有慢性病，但城乡居民养老保险以“保大病”为主，门诊报销和慢性病报销仍存在着一些制约。又如，农村文化和基础设施建设对农村老年人需求的考虑性不足。再如，失能失智老年人对护理照料的需求强烈，但护理费用在医保中不能报销。为了促进农村老年人共同富裕，应坚持把公共政策、公共项目、公共服务向农村老年人倾斜的原则，建立和完善相应的政策体系和制度框架。

（二）建立多元主体协同推进农村老年人共同富裕的制度和政策体系

一般来说，老年人口获取收入的能力和生活照料能力会随着年龄增长而降低直至完全丧失。这就意味着，老年人不利的生存境地并不能依靠自身的努力而缓解，而是需要外部力量的积极干预。基于农村老年人需求的多样性和实现共同富裕的艰巨性，应建立老年人、家庭、集体、政府等多元主体协同推进农村老年人共同富裕的制度和政策体系。

农民没有退休的概念，只要身体条件允许，即使过了国家法定的退休年龄，也仍然会参加劳动，从而获得一些收入保障，这既可以减轻家庭和社会层面的压力，也可以在一定程度上应对家庭保障和社会保障不足乃至失灵的风险。应充分发挥农村老年人的个体能动性，在政策上鼓励、支持和促进农村老年人的社会参与，实现老有所为。

在促进农村老年人共同富裕中，政府的基本职能是保基本、兜底线。农村社会保障、农村养老服务设施等是公共物品，应主要由政府财政承担筹资责任。应继续完善财税体制，加大中央财政对中西部地区的转移支付力度，使不同地区的农村老年人能够享受大体相当水平的基本公共服务。

尽管传统的家庭养老功能持续弱化，但在相当长的时期内，家庭养老保障仍具有不可替代的地位。一方面，子女对老人精神慰藉具有不可替代性；另一方面，如果没有良好的家庭关系，即使社会保障水平提高了，农村老年人也未必能够享受到相应的好处。调查发现，城乡居民养老保险制度的实施以及保障水平的提高，并未使农民生活质量相应改善，其原因是养老金挤出了子女的经济支持，有的子女以父母有养老金为借口，推卸赡养义务。应针对性地制定政策，形成符合时代特点的新型家庭养老保障制度，促进农村老年人共同富裕。主要内容如下：一是强化仁孝道德风尚建设，提升农民敬老爱老的自觉性；二是加强农村治理体系和治理能力建设，从而充分发挥农村各类组织在改善农民家庭代际关系、约束子女败德行为中的作用；三是强化子女赡养的法定义务对子女行为的约束，对拒绝抚养或者虐待老人的部分人群给予惩戒。

农村集体经济是农村集体经济组织成员通过合作与联合等形式开展生产经营活动并共享经营收益的经济形态，是社会主义公有制经济在农村的重要体现。应加强乡村治理体系和治理能力现代化，健全完善农村集体经济收益分配制度，防止集体经济收益被内部少数人控制，真正发挥其在保护老年人等脆弱群体中的作用。

（三）着力满足农村老年人多类型、多层次的服务需求

贫困与富裕都是一种生活状态，前者是差的生存状态、后者

是好的生存状态。与贫困的多维性相似，富裕也是多维度的，除了收入水平这一基本的衡量指标外，富裕还应该通过个人的居住条件、教育就业、健康卫生、享受基本公共服务以及社会保护等方面的指标来衡量。如果农民的这些基本的生存和发展权利被剥夺，即使其拥有较高的收入，也不意味着其处于富裕的生活状态。

近年来，随着经济及农村社会保障事业的快速发展，农民养老的经济来源问题在一定程度上得到了缓解。但农村老年人在文化娱乐、生活照料、精神慰藉等方面的需求得不到满足。例如，在一些地方的调查发现，农村老年人精神文化生活较为匮乏，“聊天”“散步”“看电视”是他们日常娱乐的三大主题，“晴天站村头、雨天坐炕头、没事嚼舌头”是不少老人精神生活的写照。

近 10 多年来，党和政府对如何满足农村老年人服务需求这一问题越来越重视，鼓励和支持建立与农民居家养老相适应的养老服务体系。但受多种因素的制约，大多数农村社区的居家养老服务仍是空白。一些地方的行政村依靠集体收入和政府补贴，在村里建养老服务中心（站），给村里的老年人提供一些娱乐、护理的上门服务，或者用餐服务，以及其他生活服务、康养服务等，在一定程度上满足了农民的养老服务需求。但这些实践探索仍局限于少部分村庄，而且在服务内容、运行机制和可持续性等方面也都存在一些问题。就服务内容来说，主要的问题如下：一是服务内容大都局限于家政服务、陪同看病等老年农民最迫切的项目，较少涉及文化娱乐、精神慰藉、心理咨询、司法服务等老年农民同样有较强需求的服务项目；二是一些地方把养老服务对象限定为无子女、无收入来源、无自理能力的“三无”老人、独居及空巢老年人，其中尤以“三无”老人为主，一般老年农民不能享有基本服务；三是服务人员多数是兼职，他们的业务技能大多仅仅局限在生产料理和家政服务，难以应对不同层次、不同特点老人的多样需求。

2021 年 11 月中共中央、国务院《关于加强新时代老龄工作的意见》指出，要“丰富老有所乐的精神文化生活，完善老年精神关怀服务体系”，建立“以居家养老为基础、社区照料服务为依托、机构养老服务为支撑的具有中国特色的为老服务体系”。基于中央的要求和农村老年人对养老服务的迫切需求，在今后一段时期，党和政府在保障农村老年人权益、促进农村老年人共同富裕的工作重点，应从解决农村老年人的经济保障转向提供老年服务，发展多种类型、多种形式与农村老年人需求相匹配的农村养老服务二者并重，着力满足农村老年人多类型、多层次的服务需求。从方向上看，应通过政府市场协同发力，着力发育农村养老服务多元化供给主体，使政府、市场、社会通过相互合作、竞争及制衡，弥补单方面供给的不足，助力形成以家庭养老为基础、社区养老为辅助、农村幸福院和乡镇敬老院为依托的养老服务供给新格局。

三　促进农村老年人共同富裕的政策建议

促进农村老年人共同富裕是一项长期任务。立足于解决影响农村老年人共同富裕所面对的挑战和实现农村老年人共同富裕的思路，本部分提出如下三个方面的对策建议。

（一）推动建立多元化的老年农民生活保障方式

农民的福利和保障形式通常是混合的而不是单一的，社会养老保险与土地保障、家庭保障、商业保险等保障形式之间不是非此即彼的对立关系。从工业化国家的实践看，养老金只是老年农民生活来源的一部分，土地收益、个人储蓄性的商业保险等共同组成了老年保障的多个支柱。

我国在解决老年农民生活保障的政策取向上，应在稳定家庭保障、建立健全社会保障的基础上，鼓励养老保障方式的多元化。一是稳定和完善农村土地制度，农村老年人可以通过农业劳动而获取收入保障，在丧失劳动能力后可以通过流转土地而获取租金收入。二是鼓励农民在进入老龄之前为未来的老年生活进行适当的储蓄，以及参加商业性质的养老保险和医疗保险。三是深化农村产权制度改革，完善农村集体经济收益分配制度，使农村老年人能够获取可预期的、稳定的福利和分红收入。

（二）完善农村社会保障制度

一是以确保养老金制度在促进实现共同富裕的普惠性、基础性和兜底性功能为原则，提升城乡居民养老金待遇水平和公平性。应大幅度提高城乡居民基础养老金的标准。由中央确定的全国基础养老金标准和地方增加的标准二者相加，应能够保障农村老年人的基本生活。落实和完善基础养老金正常调整机制。建议以城镇职工基础养老金调整幅度为参照，同比例或更高比例地调整城乡居民的基础养老金水平；在中央调整基础养老金增长幅度的同时，地方政府也应同比例或更高比例地增加其承担的基础养老金水平。

二是继续完善城乡居民医疗保险制度。提高政府补贴水平，稳定农民个人筹资水平，可以探索设立不同档次的筹资水平及相应的报销政策，由农民根据其经济状况和需求选择缴费档。在继续坚持城乡居民医疗保险基金主要用于大病（住院）补偿的同时，加大对农村慢性病治疗的补偿规模。探索把老年护理费用等开支纳入报销范围。

三是完善农村低保制度的措施。扩大农村低保制度的覆盖范围，把符合条件的农村人口都纳入进去，实现应保尽保；提高农村低保标准，可以把以县级行政区为单位制定低保标准的做法，改为以省级行政区为单位制定低保标准。对于财政能力弱的县（市、区），在评估、核定其所需资金以及供给能力的基础上，由上级财政弥补供需之间的缺口。鼓励各地探索把城乡两种低保制度进行统一的制度，城乡居民享受同等最低生活保障待遇。在最低生活保障制度的基础上，建立健全低保与单项救助、分类救助相结合、覆盖农民主要生存风险的救助保障体系。

（三）建立以村级养老服务中心为基础的居家养老服务体系

2021 年中央一号文件明确提出，要加强农村老年人健康服务、关爱服务，健全县乡村衔接的三级养老服务网络，推动村级幸福院、日间照料中心等养老服务设施建设，发展农村普惠型养老服务和互助性养老。2022 年中央一号文件指出，应提升县级敬老院失能照护能力和乡镇敬老院集中供养水平，鼓励在有条件的村庄开展日间照料、老年食堂等服务。基于大多数农村老年人口居家养老的现实情况，建议以行政村为单位，建立养老服务中心（站）。

由村委会或村集体经济组织承担建立村级养老服务站的兜底责任，县、乡政府提供一定的补贴。同时，党和政府历来提倡各种类型的社会力量兴办农村养老机构，应重点支持农民专业合作社、慈善组织、村卫生室等已有的村级社会经济组织举办村级养老服务中心（站），以便实现资源共享、互利共赢。

村级养老服务中心（站）应以老年农民的需求为导向，提供生活照料、餐饮服务、心理咨询、心理健康、医疗保健、文化娱乐、代订代购、网络购物等各种类型的服务项目。

农村有大量闲散劳动力，可以从中吸引一些责任心强的人作为村级养老服务中心（站）的专职或兼职服务人员。为了促进资金的使用效率并促进服务质量提升，村级养老服务中心（站）应主要实行有偿服务，向服务使用者收费。无偿服务的对象应主要锁定在经济困难的孤寡、失能、高龄等特殊群体。

按照行政村的人口规模、老年人口规模以及人口居住集中程度等因素，由县级行政单位设定居家养老服务设施的标准。之后，按照先建后补的方式，给予其一定比例的补贴。根据村级养老服务站提供服务的数量及服务质量，由县乡政府向居家养老服务站购买服务。基于县乡财政能力低的现实，中央和省级财政可以设置建立村级养老服务中心（站）的专项转移支付。

参考文献

1. 崔红志：《完善覆盖农村人口的社会保障体系：现状、问题与对策建议》，《新疆师范大学学报》（哲学社会科学版）2020年第5期。

2. 陆雷、崔红志：《“十四五”时期深化农村改革的重点任务》，《学习与探索》2020年第11期。

3. 张晓山等：《中印农村社会保护比较》，社会科学文献出版社2011年版。

促进粮食主产区农民增收体制机制与政策完善的探讨

李国祥*

摘　要：粮食主产区不仅发挥保障国家粮食安全的重要作用，而且乡村人口数量多，分布于全国13个省份。实现粮食主产区农民共同富裕的目标任务十分艰巨。尽管粮食主产区省份农民人均可支配收入略高于全国平均水平，但近年来多数主产区省份农民人均可支配收入低于全国平均水平，且多年增速低于全国平均增速。促进粮食主产区农民收入实现较快增长，要顺应城镇化以及农村社会分工和农民分化趋势，完善城乡融合发展机制，加快建设农业劳动力转移稳定市民化制度和新型粮食生产经营体系，探索农户土地等权益市场化退出新途径、新办法，促进用于粮食生产的流转土地合理价格运行，减少非农化人口对粮食生产剩余的分配机会，给粮食生产经营者更大增收空间。提高粮食支持政策精准性，更好地发挥惠农政策对粮食生产经营者增收的转移性效应。

* 李国祥，农学博士，中国社会科学院农村发展研究所研究员，主要研究方向为食物经济等。

关键词： 粮食主产区　农民收入　农业生产经营体系　支持政策

Discussion on Improving System Mechanism and Policy of Increasing Farmers' Income in Major Grain-producing Areas

Li Guoxiang

Abstract: Major grain-producing areas not only play an important role in ensuring national food security, but also have a large rural population distributed in 13 provinces. Realizing the goal of common prosperity of farmers in major grain-producing areas is very arduous. Although the per capita disposable income of farmers in major grain-producing provinces is slightly higher than the national average, the per capita disposable income of farmers in most major grain-producing provinces has been lower than the national average in recent years, and its growth rate has been lower than the national average for many years. To keep rapid increasing farmers' income in major grain-producing areas, the urbanization and rural social division of labor and farmers differentiation trend should be complied with, the mechanism of the urban and rural integration development should be improved, and the construction of stable agricultural labor force transfer system and new food production system should be sped up. The new ways and methods for market-based withdrawal of farmers' rights and interests such as land should be explored to promote the operation of land transfer for grain production at reasonable prices. The surplus distribution of grain production by non-farmers should be reduced and the grain operators may have more chances to increase their incomes. The improvement of the precision of farm support policies is urgent to make better use of the shifting effect of policies benefiting farmers on increasing the incomes of grain producers and operators.

Key Words: Major Grain-producing Areas; Farmers' Income; Agricultural Operation System; Farm Support

一 主产区农民收入总体状况

按照每个省份粮食生产在国家中的地位，全国划分为13个粮食主产区省份、7个粮食主销区省份和11个粮食平衡区省份。按照中国行政设置，省份既可能是省，也可能是直辖市，还可能是自治区。粮食主产区13个省份包括：河北、内蒙古、辽宁、吉林、黑龙江、江苏、安徽、江西、山东、河南、湖北、湖南和四川。13个主产区省份粮食生产资源要素及作物种植在全国占据重要位置，对国家粮食安全具有决定性影响。根据国家统计局数据，2019 年年底，粮食主产区省份耕地总面积 13.1 亿亩，占全国 68.3%；粮食主产省份乡村人口 3.0 亿人，占全国 59.3%；粮食主产区省份乡村就业人员 1.7 亿人，其中第一产业就业人员 1.1 亿人，占全国比重分别为 59.8% 和 60.5%。2021 年，主产区省份粮食播种面积 13.3 亿亩，占全国 75.3%；粮食总产量 5.4 亿吨，占全国 78.5%。主产区乡村人口多，分布广，粮食生产地位特殊。本报告重点对粮食主产区农民增收涉及的相关体制机制和政策措施等开展探讨。

把粮食主产区农民增收作为一个学术性问题进行探讨，首要需要对“农民”进行必要的界定。当今中国，把农民界定清楚并非易事。随着非农化发展和相关体制变化，农民的界定存在较大的差异。有的将农民界定为户籍在乡村的人，也有的将农民界定为从事农业或者第一产业的人或者农牧业的人，还有将农民界定为乡村居住的人，等等。

本报告提及的农民，是指农村居民，即每年在乡村居住 6 个月以上的人。之所以选择这一界定，主要是报告分析时使用了国家统计局相关指标和数据，以求与国家统计局相关指标的口径一致。在国家统计农村居民收入时，将农民界定为每年在乡村居住 6 个月以上的人。考虑到报告研究使用国家统计局数据，研究确定的农民对象主要是粮食生产经营者以及他们常住在乡村的家庭人口。也就是说，即使在农村享有土地承包权益，如果将承包地转出并居住在城镇超过 6 个月的“农民”（有的称为身份农民），不是本报告需要研究的对象。

进一步地，主产区农民主要分化有：拥有耕地承包权家庭的农民、土地规模经营主体和专业化服务主体的自然人、其他农民（本地农民工、城镇退休到农村居住的农民，等等）。本报告重点研究拥有耕地承包权且在乡村常住的农民以及土地规模经营主体和专业化服务主体的自然人。根据实际调研的观察，乡村越来越多的土地规模经营主体和专业化服务主体的自然人可能并不常住乡村。出于研究目的考虑，仍然将没有常住乡村的土地规模经营主体和专业化服务主体的自然人，作为研究对象。

实现粮食主产区农民持续较快增收，事关国家粮食安全和农民共同富裕。经营净收入是粮食主产区农民收入的重要来源。只有保障种粮合理收益，让粮食生产经营者普遍地可以获得均衡的机会收益，才能保护调动农民种粮积极性。过度压低种粮收益，必然挫伤农民种粮积极性，这是改革前中国农业发展长期停滞和粮食短缺无法解决的重要经验教训。种粮有合理收益，国家粮食安全才能切实得到保障。更何况粮食主产区常住几亿乡村人口？探讨主产区农民增收体制机制和政策对促进粮食主产区农民共同富裕意义重大。

总体上说，粮食主产省份农民人均可支配收入水平基本上代表着全国农民人均可支配收入水平，但是在全国粮食总产量中占有极其重要地位的黑龙江、河南等省份农民人均支配收入明显低于全国平均水平。

近年来，粮食主产省份农民人均可支配收入略高于全国平均水平。反映粮食主产区农民人均可支配收入，方法是以国家统计局公布的各省份乡村人口为权数和相应省份农民人均可支配收入进行加权计算（下文计算主产区农民人均收入的方法与此类似）。结果显示，2020 年 13 个粮食主产省份农民人均可支配收入17270.8元（见表1），比全国高出0.8%。但是，2013—2020年，粮食主产省份农民人均可支配收入增长呈现出相对较缓态势。2020年与2013年相比，主产区农民人均可支配收入增长78.8%，比全国平均低2.9个百分点。

表1　2020年粮食主产区农民人均可支配收入及其工资性收入情况

	人均收入（元）		工资性收入占可支配收入比重（%）	相当于全国平均百分比		2020年比2013年增长（%）	
	可支配	工资性		可支配	工资性	可支配	工资性
全国平均	17131.5	6973.9	40.7	100.0	100.0	81.7	90.9
13个主产省份	17270.8	6637.8	38.4	100.8	95.2	78.8	96.6
河北	16467.0	8598.4	52.2	96.1	123.3	79.2	93.1
内蒙古	16566.9	3352.9	20.2	96.7	48.1	84.4	81.2
辽宁	17450.3	6511.3	37.3	101.9	93.4	71.7	74.6
吉林	16067.0	4018.8	25.0	93.8	57.6	64.3	202.8
黑龙江	16168.4	3152.2	19.5	94.4	45.2	72.6	76.0
江苏	24198.5	11789.0	48.7	141.3	169.0	79.0	85.4
安徽	16620.2	5838.6	35.1	97.0	83.7	87.8	80.2
江西	16980.8	7301.2	43.0	99.1	104.7	86.8	114.8
山东	18753.2	7590.9	40.5	109.5	108.8	75.5	81.2
河南	16107.9	6153.4	38.2	94.0	88.2	79.6	115.4
湖北	16305.9	5271.6	32.3	95.2	75.6	68.2	80.5
湖南	16584.6	6569.6	39.6	96.8	94.2	83.7	78.9
四川	15929.1	4977.8	31.2	93.0	71.4	90.1	78.8

资料来源：2015年《中国住户调查年鉴》和2021年《中国统计年鉴》。

近年来，多数粮食主产区省份的农民人均可支配收入低于全国水平。多年低于全国农民人均可支配收入平均水平的省份有10个，分别是河北、内蒙古、吉林、黑龙江、安徽、江西、河南、湖北、湖南和四川。2020年，这10个省份农民人均可支配收入16342.7元，比全国平均水平低4.6个百分点；多年高于全国农民人均可支配收入水平的省份有3个，分别是辽宁、江苏和山东。2020年，这3个省份农民人均可支配收入20243.0元，比全国平均水平高出18.2%。

粮食主产省份间农民人均可支配收入差距十分明显。2020年，低于全国农民人均可支配收入的10个主产省份农民人均可支配收入16342.7元，而高于全国农民人均可支配收入的3个主产省份农民人均可支配收入20243.0元，后者高出前者23.9%。具体到粮食主产区的13个省份，2020年，四川省农民人均可支配收入15929.1元，为最低省份；江苏省农民人均可支配收入24198.5元，江苏高出四川51.9%。

为了促进农民增收，国家明确要多措并举拓展农民增收渠道。增加主产区农民收入，应着力增加与粮食生产经营直接相关者的收入，特别是增加粮食自营者收入、以流转土地为主的粮食规模经营者收入和为粮食生产经营提供劳动力与作业服务的农民收入。

二　主产区农民工资性收入与转移农业劳动力稳定市民化体制机制

从农民收入四大来源看，粮食主产区各省份农民人均可支配收入之间差异主要来源于人均工资性收入差异。2020 年，低于全国农民人均可支配收入的 10 个主产省份农民人均工资性收入 5985.4 元，而高于全国农民人均可支配收入的 3 个主产省份农民人均工资性收入 8727.0 元，后者与前者之差为 2741.7 元，两组农民人均工资性收入之差占农民人均可支配收入之差的 70.3%。其中，江苏农民人均工资性收入 11789.0 元，而四川农民人均工资性收入 4977.8 元，江苏与四川农民人均工资性收入差 6811.2 元，占两省农民人均可支配收入之差的 82.4%。可见，与全国农民增收可持续性一样，粮食主产区农民增收的主要驱动力也是工资性收入增长。

对于多数粮食主产省份来说，农民工资性收入在可支配收入中所占比重偏低。2020 年，13 个粮食主产省份农民人均工资性收入为 6637.8 元，比全国平均水平低 4.8%；其在农民人均可支配收入中所占比重为 38.4%，比全国平均水平低 2.3 个百分点。其中，在全国粮食生产占有重要地位的黑龙江、内蒙古和吉林农民工资性收入在可支配收入中比重都没有超过 25.0%。2020 年，黑龙江、内蒙古和吉林三省份农民人均工资性收入分别为 3152.2 元、3352.9 元和 4018.8 元，分别为全国农民工资性收入平均水平的 45.2%、48.1%和 57.6%，三省份农民工资性收入在可支配收入中所占比重分别为 19.5%、20.2%和 25.0%。

关于工资性收入在主产区农民增收中应该发挥怎样的作用？这是一个值得探讨的话题。主产区农民增收最主要的途径，是依靠粮食生产经营及其直接相关的收入，还是依靠乡村人口非农化和劳动力获取工资性收入？

主张主产区农民可持续较快增收的主要途径在于种粮合理收

益保障和配套的支持政策，主要强调的是粮食主产区农民增收的特殊性。关于种粮合理收益保障和配套的支持政策，后文再进一步探讨。

主张主产区农民可持续增收的主要途径在于非农化，主要依据是粮食生产经营提供的收入空间有限，无法保障主产区仍然大约 3 亿乡村人口的可持续增收。只有进一步通过农业劳动力转移，发挥工资性收入在主产区农民增收中的重要作用，才能持续不断较大幅度地减少主产区农民对粮食生产经营获得收入的依赖，才能从根本上给予粮食生产经营直接相关的乡村人口“腾出”更大增收空间，才能不断地拓展主产区农民增收空间。

我们不能否认粮食主产区农民增收的关键在于围绕粮食生产经营来挖掘潜力和探索路径，但绝不能否认工资性收入对粮食主产区农民增收的重要作用。对于主产区多数农民来说，优化配置家庭劳动力资源，增加工资性收入是可行且可避免风险的现实较理想选择。

从整体上看，如果无法为粮食主产省份更多劳动力提供就业机会并帮助其提高劳动生产率，实现粮食主产区农民收入持续较快增长并促进粮食主产省份农民共同富裕，是相当困难的。从主产区农民收入增长速度来看，农民人均工资性收入以更快速度增长不断呈现。2020 年与 2013 年相比，13 个粮食主产省份农民人均工资性收入增长 96.6%，其增速高出全国平均水平 5.7 个百分点。特别地，吉林农民人均工资性收入增长了 202.8%。进入新时代，实践证明工资性收入在主产区农民增收中发挥相对重要的作用。

与促进主产区农民工资性收入可持续较快增长直接相关的一个重要体制机制，重点在于是主产区农业劳动力转移的市民化还是就近就业？总体上说，中国农业劳动力转移以外出务工为主。根据国家统计局监测，2021 年，全国外出农民工超过 1.7 亿人，本地农民工 1.2 亿人，外出农民工超过本地农民工 5000 多万人。按照现有相关制度规定，外出农民工享有农村土地承包权等权益，而统计上则将外出农民工的工资性收入从农民收入中剥离。据此从统计数据上可以认为，外出农民工的工资性收入与主产区农民工资性收入可能在很大程度上是相互独立的。

要探索乡村人口转移新机制，减少非农化人口参与主产区粮食生产参与剩余价值分配的机会。长期以来，中国乡村劳动力转移的主要途径是成为农民工。2021 年，乡村人口不足 5 亿人，而农民工规模近 3 亿人。随着国家不断推进农民工市民化，越来越多的农民工不仅离开原来常住的乡村，而且还和全家一起生活在工作的城镇，其中一些农民工长期与粮食生产经营没有直接关系，但一直享受着转出承包地的租金及其分红。

多年来，为了吸引农民工融合城镇生活和保障“暂时”离开农村的农民工作为原集体成员的权益，中国实行农民工迁移与享受原集体成员权益脱钩的政策，即农民工无论离开农村原住地多久和户口是否迁移等，仍然保留享有在原居住地承包地等权益。这一政策，在特定时期积极意义较大。但是，这一政策是否应作为永久性政策不变，是值得推敲和探讨的。

比较而言，农民工的收入水平明显地高于粮食生产经营者的收入。虽然农民工持续增收面临较大的不确定性，但是粮食生产经营者增收难度更大。从长远来看，减少非农化农民工对粮食生产经营剩余的分配，不但有助于让粮食生产经营的直接当事人有更大的增收空间，更有助于保护和调动农民种粮积极性，具有更大的合理性，缓解主产区农民收入与非农化人口收入扩大的矛盾。

当然，作为一项长远的体制机制，必须充分考虑到中国粮食安全、主产区农民增收和城镇化等多重目标，不能强制已经享有农村集体土地权益的农民工放弃正在享有的权益，否则可能对粮食安全和城镇化等造成损害。为了与现有农村承包地权益有偿自愿放弃相衔接，建议鼓励有条件的地方开展试点，以新型高标准的农民工养老保障“转换”长期离开乡村的农民工享有的承包地权益。

按照本报告的界定，探讨粮食主产区农民增收，外出农民工可以不作为重点来讨论。要持续增加粮食主产区农民工资性收入，必须为本地农民提供充分的就业机会。要拓展农业的多功能，通过规划和财政投入等把与粮食生产经营高度互补的产业布局在粮食主产区县城和重要乡镇，让粮食主产区除了发展土地密集型产业外，还可以通过劳动密集型产业开拓为主产区农民带来更多就近就业机会。

为了不断地增加主产区农民工资性收入，必须构建粮食主产区第一、第二、第三产业融合发展新机制。中国正在以县城为主推进产业园、产业强镇、产业集群和农村第一、第二、第三产业融合发展以及现代农业示范区等建设，财政投入力度大。根据财政部《关于2021年中央和地方预算执行情况与2022年中央和地方预算草案的报告——2022年3月5日在第十三届全国人民代表大会第五次会议上》，2021年国家财政支持新建50个国家现代农业产业园、50个优势特色产业集群和298个农业产业强镇。为了更好地发挥规划引领和财政投入的积极性作用，除了继续采取竞争性选择现代农业产业园外，未来还可以考虑把所有重要的粮食主产区都规划相应可发挥优势的融合产业项目，并有计划地分批有序推进建设，最终实现所有重要粮食主产区全覆盖，彻底改变财政支持农村“三产”融合项目总是局限于少数县城的做法。推动所有粮食主产区都配套发展高度融合的第一、第二、第三产业，为主产区劳动力充分利用和持续增加工资性收入创造条件。同时，要完善利益联结机制，在现代乡村富民产业发展中让农民更多分享产业增值收益。要完善农民工就业支持政策，提升农民工职业技能，让工资性收入为农民增收作出更大贡献。

三　主产区农民经营净收入与粮食生产经营体系

家庭经营在粮食主产区农民收入来源中占有重要地位。2020年，按乡村人口加权平均的 13 个主产省份农民家庭人均经营净收入 6518. 1 元（见表 2），高出全国平均水平 7. 3%；其经营净收入在农民可支配收入中所占比重为 37. 7%，比全国平均高出 2. 2 个百分点。这一格局已经持续多年，反映粮食主产区家庭经营净收入，特别是农业净收入对农民增收影响相对较大。

表 2　　2020 年粮食主产区农民人均经营净收入情况

	经营净收入（元/人）	相当于全国平均的百分比	在可支配收入中比重（%）	2020 年比 2013 年增长（%）
全国平均	6077. 4	100. 0	35. 5	54. 4
13 个主产省份	6518. 1	107. 3	37. 7	53. 8
河北	5517. 2	90. 8	33. 5	74. 3

续表

	经营净收入（元/人）	相当于全国平均的百分比	在可支配收入中比重（%）	2020 年比 2013 年增长（%）
内蒙古	8827. 7	145. 3	53. 3	63. 4
辽宁	7874. 7	129. 6	45. 1	39. 9
吉林	9141. 1	150. 4	56. 9	28. 9
黑龙江	8452. 5	139. 1	52. 3	40. 4
江苏	6444. 5	106. 0	26. 6	42. 0
安徽	6222. 6	102. 4	37. 4	73. 4
江西	5866. 0	96. 5	34. 5	56. 0
山东	8094. 8	133. 2	43. 2	62. 2
河南	5174. 9	85. 1	32. 1	31. 8
湖北	6745. 4	111. 0	41. 4	44. 5
湖南	5804. 0	95. 5	35. 0	78. 3
四川	6152. 0	101. 2	38. 6	70. 1

资料来源：2015 年《中国住户调查年鉴》和 2021 年《中国统计年鉴》。

不同省份的农民人均经营净收入差异较大。比较而言，东北三省和内蒙古农民人均经营净收入相对较高。其中，2020 年吉林农民人均经营净收入 9141. 1 元，比全国平均高出 50. 4%，是 13 个粮食主产省份最高的。河南农民人均经营净收入 5174. 9 元，比全国平均低了 14. 9%，是 13 个粮食主产省份最低的。

不同省份的农民人均经营净收入在人均可支配收入中比重差异悬殊。2020 年，农民家庭经营净收入占可支配收入比重超过 50%的有吉林、内蒙古和黑龙江，分别为 56. 9%、53. 3%和 52. 3%。受工资性收入水平最高影响，2020 年江苏农民人均经营净收入 6444. 5 元，高出全国平均 6. 0%，但其在农民人均可支配收入中比重仅为 26. 6%。比较而言，经济不发达的典型粮食主产区农民增收关键在于家庭经营净收入。

不同省份的农民人均经营净收入增长速度差异也较大。2020年与2013年相比，受基期水平较低等因素影响，湖南和河北农民人均经营净收入分别增长78.3%和74.3%，为同期13个粮食主产省份农民人均经营净收入增长速度最高的；受基期水平较高等因素影响，吉林农民人均经营净收入仅增长28.9%，为同期13个粮食主产省份农民人均经营净收入增长速度最低的。

总体上说，中国粮食生产经营的组织形式普遍是农户。农民家庭经营粮食，进一步分为以经营承包地为主的自营形式和以流转土地为主的规模经营形式。影响农民人均经营净收入的主要因素有：不同粮食品种的比较效益差异、各地的资源禀赋条件差异、粮食经营规模差异以及土地流转发生率等。

主产区农民持续性增收，主要依赖多元化途径，还是专业化途径？有观点认为，主产区农民持续性增收，关键在于不断拓展农民增收渠道，具体实现形式是不断增加农民兼业化收入。之所以主张增加农民兼业化收入才能实现主产区农民可持续增收，这与中国的农情有关。中国乡村人口人均耕地较少，粮食生产的比较效益偏低，且农业机械化程度越来越高，农户从事粮食生产经营，家庭劳动力不可能得到充分利用，这些条件决定了农民很难获得社会均衡收入。特别地，东北地区农民种粮一年一季，农忙时家庭劳动力不足，而其他时间家庭劳动力往往没有农活可做。曾经有东北农民说，一个家庭种粮，没有剩余劳动力，只有剩余时间。

如果从整个主产区乡村来看，农民收入来源多元化态势十分明显，特别是小农户从事粮食生产经营为主要形式的时代。但是，如果从主产区个体农民家庭来看，收入来源单一化的趋势则不断显现。外出打工的农民，即使在农忙季节，未必回到乡村，而是将农活委托农机作业服务队，全程托管或者菜单式托管。即使在农村提供社会化服务的作业人员，也呈现出专业化趋势。小麦机收从南到北，机械专用化和机手专业化程度很高。

从理论上说，社会分工和专业化的效率会高于兼业化，成本和代价也较低。外出打工的农民，农忙时回到乡村，路费和路途所花时间的机会成本可能高于种粮利润，经济上不合理。家庭种粮，户户购置农机，过度闲置不可避免，即使享受农机购置补贴，往往也得不偿失。当然，主产区未来单个农民家庭的收入是趋于多元化，还是集中化，需要时间检验。从经济性来判断，家庭收入来源集中化至少是主产区农民可持续增收的趋势之一。

如果不能否认主产区农民增收集中化趋势，那么在构建主产区农民增收机制时就需要充分考虑农民社会化分工和专业化，实施新型农民培训时要更加注重农民专业技能的强化。如果按照全能型农民进行培养培训，结果未必能够帮助主产区农民增收。如果看不到主产区农民增收集中化趋势，按照单个农民家庭可享受几乎所有政策性转移收入来设计，可能会导致粮食支持政策和惠农政策过度的外溢效应，让真正种粮的农民反而得到的政策性转移收入较少。无论是补贴，还是价格支持政策，转出土地的承包权拥有者，都事先通过直接索取或者通过提高土地租金，将政策性转移收入占为己有。真正种粮的农民不仅无法获得政策性转移收入，而且还可能在流转土地中增加交易费用。

对于一般小农户从事粮食生产经营时，收入来源多样化是持续增收的必然选择。对于新型农业经营主体，特别是流转土地的粮食规模经营户和专业化作业人员，土地经营规模和社会化服务的业务量显得十分重要。从逻辑上说，粮食规模经营户应主要靠经营净收入获得社会的均衡收入，而作业人员应主要靠工资性收入获得社会均衡收入。

要促进主产区农民进行合理的社会化分工。顺应粮食主产区规模经营发展大势，强化农民专业培训，让一些年轻劳动力掌握现代粮食生产经营装备的一技之长，在农忙季节可以跨区作业，政府可以购买生产性服务，一方面解决粮食生产经营的劳动力缺乏难题，增加主产区部分年轻农民工资性收入，另一方面避免加重粮食生产经营的成本负担。从长远来看，应更加注重农民专业技能的提升，促进农民社会化分工和专业化。

四　农民财产性收入与退出农户土地承包权机制

与全国农民收入来源大致一样，主产区省份农民财产性收入流量小、比重低。2020 年，13 个粮食主产省份农民人均财产净收入 404.7 元，比全国平均低 3.4%；13 个粮食主产省份农民人均财产净收入在可支配收入中所占比重为 2.3%，比全国平均低 0.1 个百分点。

主产区乡村人均耕地多，近年来耕地流转价格较高，但主产区省份农民人均财产净收入水平较低，这可能会引起争议。为什么主产区省份农民人均财产净收入反而相对较低？这是否合理？未来中国粮食生产经营体系构建时是以高价格流转土地为主导，还是以低价格流转土地为主导？

现实中，土地流转价格通常呈现为租金，有时也呈现为保低

(实际上就是租金)加分红(实际上是多次分配)。土地流转价格无论是单纯的租金形式，还是保底加分红的价格形式，都应该加上本应由生产者却最终由拥有土地承包权资格者获得的补贴。

土地流转价格与主产区农民收入关系密切，对主产区农民增收效应较复杂。从单个农民家庭来源看，租金等土地流转收入无疑是一项财产性收入来源。按照 2013 年国家统计局口径及其相关界定，转让承包土地经营权租金净收入是财产净收入的构成之一。根据 2021 年《中国统计年鉴》和《全国农产品成本收益资料汇编》相关数据及计算结果显示，土地流转发生率及其规模和租金等流转价格对农民增收效应非常有限。2020 年，粮食主产区一些省份的乡村人均耕地面积较大，但各省份之间的人均财产净收入与其人均耕地面积的差距非常不对称。2020 年，黑龙江乡村人均耕地 23.6 亩，为全国人均耕地占有最多的省份，为全国平均水平的 5 倍多。种植粳稻每亩土地成本 520.6 元，其流转地租金占土地成本的 43.6%；种植玉米每亩土地成本 355.7 元，其流转地租金占土地成本的 29.1%。黑龙江土地流转租金水平和流转土地所占比重在全国也属于较高的省份。与人均耕地面积和土地流转收入不对称的是，2020 年农民人均财产净收入 847.7 元，仅比全国平均水平高出 1 倍多。可见，人均占有耕地多少及其流转情况等虽然对农民人均财产净收入可能存在影响，但由于耕地流转租金等的效应主要体现在农民间分配上，甚至转移到拥有承包经营权的城镇居民家庭，因而对农民整体增收效应非常有限。

依靠提高土地流转价格较难实现农民持续增收，土地流转发生率及其规模和租金等流转价格对农民增收效应非常有限。除此之外，提高粮食等国际竞争力，除科技创新提高效率外，还需要给粮食规模经营者提供平等竞争的土地成本等环境。粮食价格对土地成本的滞后效应明显，但滞后期存在较大的不确定性，偏高的流转土地价格，对粮食生产经营者的损害较大。提高土地报偿率与提高劳动力工资率相比，提高农民工报偿率的积极意义更大。与其提高租金水平，不如增加工资收入贡献。提高土地报偿率，带来的往往是分配效应。流转土地主体，若多数是农民，提高土地报偿率仅仅是将经营主体的收入转移到土地承包资格者，未必带来农民增收空间多大程度的拓展。

粮食主产区，靠提高耕地流转价格水平实现农民可持续增收，总体行不通。各地可结合实际，探索新时代的农户土地等权益退出新办法，建设稳定和可持续的农业劳动力转移市民化新机制。在依法保障进城落户农民农村土地承包权、宅基地使用权、集体收益分配权的同时，各地可探索建立农村产权流转市场体系，健全农户“三权”市场化退出机制和配套政策。

健全农户“三权”市场化退出机制，主要运作主体是集体成员（农民），政府提供服务，但需要法律保障。总体上说，市场化退出机制的风险较少，回旋余地较大，但进展可能较缓慢。也可以由当地政府和集体组织探索农户“三权”自愿有偿退出机制，通过职工养老保险或者补偿方式等置换转移人口放弃农户“三权”，其费用要由政府承担，法律保障方面没有障碍，并采取建设用地指标和上级财政共同负担等措施调动地方积极性。

促进粮食生产经营流转土地价格合理运行，还可考虑建立农村退休制度。可借鉴中国台湾地区老农津贴制度，向符合条件的老龄农民发放较高的生活补贴，以置换老龄农民的土地承包资格权，切实降低粮食生产经营的土地成本。有偿退出的承包土地归农村集体，再流转发包价格接受各地政府公布的参考价格指导或者约束。各地公布的土地流转参考价格充分考虑粮食等主要出口国家土地租金水平、粮食价格水平和流转土地供求关系等多种因素决定。

60 岁以上老人放弃承包权，可获得新型养老金或者老农津贴。新型农民养老金或者老农津贴水平，应明显高于现行农民养老金水平，可基本保障农民衣食住行和基本医疗的经济支出。养老金置换承包权，在没有成为正式法律之前，应充分尊重农民意愿。考虑到与现行相关法律的相容性，可将探索的养老金置换承包权做法称为农民自愿有偿退出承包权的实践。

五　主产区农民转移性收入与粮食支持政策

转移净收入是粮食主产区省份农民收入的重要来源之一。2020 年，13 个粮食主产省份农民人均转移净收入 3710.3 元，高出全国平均水平的 1.3%；13 个粮食主产省份农民人均转移净收入在可支配收入中所占比重为 21.5%，比全国平均高 0.1 个百分点。与粮食主产区转移净收入直接相关的一个重要来源是粮食支持政策。比较而言，粮食支持政策对主产区农民增收贡献较大。长远来看，为了保障国家粮食安全和消费者利益，市场价格体系中会促进粮价稳定运行，需要粮食支持政策对主产区农民增收持续发挥效应。

随着农民非农化和农民间分化的不断演进，关于粮食支持政策措施对农民增收的效应，实际上存在着很多似是而非的见解。最明显的一个例子是，中国将粮食直补、良种补贴和农业生产资料综合补贴合并后统一实施耕地地力保护补贴，其最终受益者是农民，似乎是理所当然的。实际上，现有粮食支持政策的最终受益者是否包括了大量的非农村居民，这是值得考证的。

中国越来越多拥有承包地的“农民”不仅与种粮没有关系，而且基本不在乡村生活，现有国家统计口径上也不将在乡村生活不到6个的居民归为农民，他们不仅可以获得转出承包地的租金等收入，而且可以获得耕地地力保护补贴。对于这种身份农民，获得的种粮补贴金额不仅不能在农民（农村居民）可支配收入（转移性收入）的数据上反映，而且成为减少种地农民收入的一种“杠杆”。

当国家为了调动种粮农民积极性而给予各类支持政策时，最终受益者通常可能是土地承包者，而非种粮农民。耕地总量不足，转入土地的需求往往大于转出土地的供给。特别地，国家鼓励规模化现代农业发展，以及粮食市场价格预期上涨时，转入土地的需求一般较强劲。正因如此，转出土地的承包者对土地流转条件拥有话语权。非农化农民在流转土地时就会明确国家给予的补贴都归土地承包者。这样，在农民不断分化情况下，极有可能带来城镇居民参与粮食生产经营增益分配。我们不能否认给予已经离开农业和农村的居民各类权益保障，包括承包地权益，具有重要积极意义，但是必须注意到现有很多主产区粮食支持政策设计目标和实施结果的高度不一致。

具体到不同的粮食支持政策措施，对农民增收的影响机制及其实际效果存在较大差别。根据2022年3月5日农业农村部和财政部发布的《2022 年粮食生产重点工作及一揽子支持政策》，包括主产区在内的措施主要有补贴、补助、奖励、保险和价格支持等。从机制上看，直接补贴政策对农民增收效应具有普惠性，补助和奖励政策可能只对特定农民增收产生效应，政策性保险在减少种粮损失等方面效应明显，而价格支持政策往往对实际售粮农民增收发挥作用。

长期以来，中国稳定实施耕地地力保护补贴。根据财政部调研小组的《2021 年中国财政政策执行情况报告》，2021 年全国安排 1204. 85 亿元实施耕地地力保护补贴政策。实际调研中了解到，耕地地力保护补贴的受益者普遍是土地承包者。如果土地承包者转移到城镇并在城镇常住，则耕地地力保护补贴就失去了对农民增收的效应。现行的农业补贴制度改革，中国放弃了多年向农民发放农业生产资料综合补贴的制度，以适应 WTO 农业规则的需要。近年来，为了缓解化肥等农业生产资料价格上涨对粮食生产的不利影响，2021 年和 2022 年向实际种粮农民发放一次性补贴，总额达 200 亿元。实施农业生产资料一次性补贴，可能会发生降低种粮成本上升效应，促进种粮农民增收。

近年来，中国粮食政策性保险越来越普及。根据财政部《关于 2021 年中央和地方预算执行情况与 2022 年中央和地方预算草案的报告——2022 年 3 月 5 日在第十三届全国人民代表大会第五次会议上》，2021 年，在 13 个粮食主产省份 60%的产粮大县开展稻谷、小麦和玉米三大粮食作物完全成本保险和种植收入保险，政策性农业保险为 1. 88 亿户次农户提供风险保障。2022 年，三大粮食作物完全成本保险和种植收入保险主产省产粮大县全覆盖，农业保险保费补贴安排 416. 4 亿元，比 2021 年增长 30.8%。农业保险政策措施对农民增收的转移效率，需要实践积累才能科学回答。

我国不同品种和不同地区粮食的种植，其土地流转发生率和托管等社会化服务存在明显差异。国家实施的粮食支持政策措施对农民增收的效应各不相同。土地流转发生率较低，且托管等社会化较少情形下，没有发生土地承包者、经营者和作业者之间的分离，任何一项具有增收效应的粮食支持政策措施都会带来农民增收。当土地流转发生率较高，托管等社会化服务较普遍的情况下，不同粮食支持政策措施对农民增收效应存在着较大差异。

近年来，粮食价格对农民增收的效应呈现出弱化的趋势。2021 年，三等小麦最低收购价为每 50 公斤 113 元，比上年提高 0.9%；三等早籼稻、中晚籼稻和粳稻最低收购价格每 50 公斤分别为 122 元、128 元和 130 元，三等早籼稻和中晚籼稻比上年都提高了 0.8%，而粳稻最低收购价格水平连续第四年保持不变。无论是小麦，还是稻谷，国家公布的最低收购价格水平及其变动幅度普遍地低于市场价格水平及其波动幅度。

从长远来看，粮食价格等支持政策，要充分考虑国际价格变动及其对国内的影响，注重平衡国内粮食生产者与消费者利益，重视发挥最低收购价政策的影响力，促进粮食差异化发展以提高国际价格竞争力，稳定农民种粮收益预期。

脱贫地区共同富裕路径探析

白　描*

摘　要： 我国实现共同富裕所面临的短板主要在农村，尤其是农村脱贫地区。目前，脱贫地区实现共同富裕面临诸多挑战，包括经济基础薄弱，产业发展前景受困；新冠肺炎疫情冲击就业，地区经济续航力减弱；社会文明发展难题繁多，人力资本提升缓慢；弱势群体依靠兜底脱贫，共同富裕出路未知；从脱贫攻坚到共同富裕，基层工作思路转换不顺等。从而，推进我国脱贫地区实现共同富裕应以筑牢返贫防火墙作为第一步，在此基础上牢牢把握住激发内生动力和提升人力资本两个关键点，并注意利用好脱贫攻坚阶段所打下的组织管理基础。

关键词： 脱贫地区　共同富裕　内生动力　低收入群体

---

* 白描，管理学博士，中国社会科学院农村发展研究所副研究员，主要研究方向为农民福祉、贫困。

Analysis on the Path of Shared Prosperity in Poverty-stricken Areas

Bai Miao

Abstract: The shortcoming faced by China in realizing shared prosperity is mainly in rural areas, especially in the poverty relief areas. At present, poverty relief areas are facing multiple challenges to achieve shared prosperity. The economic foundation and industrial development prospects are weak; The COVID-19 has impacted employment and weakened the endurance of the regional economy; The vulnerable groups get rid of poverty through the bottom-up policies, those way of shared prosperity is unknown; There are many problems in the development of social civilization, and the promotion of human capital is slow; From poverty alleviation to shared prosperity, the transformation of grass-roots work ideas is not smooth, etc. Therefore, in order to promote shared prosperity in China's poverty relief areas, we should build a firewall to stop returning to poverty as the first step. On this basis, we should firmly grasp the two key points of stimulating endogenous power and improving human capital, and make good use of the organization and management foundation formed in the crucial stage of poverty alleviation.

Key Words: Poverty Relief Areas; Shared Prosperity; Endogenous Power; Low-income Groups

如果将共同富裕与贫困看作两条线，那么相较于其他地区，脱贫地区正好处在距离贫困最近同时距离共同富裕目标最远的位置上。虽然打赢脱贫攻坚战后这些地区已摆脱绝对贫困，但经济社会发展水平仍然偏低，而且属于低收入群体分布较多的地方，如果没有过渡期政策扶持，返贫风险依然很高，可谓我国迈向共同富裕道路上难啃的一块“硬骨头”。经济发展不仅应关注过程中的机会平等，也应注重结果公平，如果发展没有惠及底层收入群体，则终将陷入不可持续的困境。由此，我们将目光聚焦于脱贫地区，分析这些地区现有发展条件，明确摆脱绝对贫困后脱贫地区实现共同富裕所面临的挑战，并在此基础上探讨如何构建脱贫地区共同富裕的路径，就显得尤为必要且重要。

一 脱贫地区实现共同富裕的基础

探讨脱贫地区实现共同富裕的路径首先要摸清这些地区现有的发展条件（包括经济条件、基础设施条件、公共服务条件以及政策条件等）。即唯有知底数，方能择准路径。

（一）经济条件

党的十八大以来，我国贫困地区农村居民人均可支配收入年平均增长 11.6%，高于全国农村居民可支配收入年均增长率 2.3 个百分点[①]。2020 年是我国打赢脱贫攻坚战的重要时间节点，当年贫困地区农村居民人均可支配收入为 12588 元，比上年增长了 8.8%，扣除价格因素后，实际增长 5.6%。虽然现阶段脱贫地区经济发展水平依然偏低，但已全部实现了两不愁三保障。在饮食方面，脱贫地区的农民不仅不愁吃，而且能适当吃得好。据统计，在原国家贫困县和原非国家贫困县，分别有 98.94%和 99.03%的建档立卡户（现已脱贫，下同）能随时吃到肉蛋奶或豆制品，从而摄取身体所需的蛋白质。在穿衣方面，建档立卡户常年都有应季换洗衣物，亦不缺少御寒被褥。

（二）基础设施条件

目前，脱贫地区在义务教育、基本医疗、住房安全、饮水安全等方面基本上有保障，但相关设施基础普遍较为薄弱。

1. 教育条件

在原国家贫困县中，46.2%的行政村有幼儿园。义务教育方面，有小学的乡镇和行政村分别占 98.5%和 47.7%；所有贫困县均设有初中，其中有初中的乡镇占比达 70.3%。非义务教育方面，有中等职业教育学校和技工院校（包括技工学校、高级技工学校、技师学院等）的县分别占 82.4%和 18.7%，有职业技能培训机构的县占比为 84.5%。

① 《国家脱贫攻坚普查公报》，下同。

2. 医疗条件

目前，原国家贫困县都有健全的三级医疗卫生服务体系，普遍实现了县域内建档立卡户住院先诊疗后付费、县域内“一站式”结算。其中，至少有一所县级公立医院（含中医院）和至少有一所二级及以上医院的县所占比重分别为99.8%和98.0%，剩余其他县则皆符合基本医疗有保障标准。县级医院中，至少一所县级医院每个专业科室都有执业医师的县约占99.8%。在乡村级层面，所在乡镇有卫生院的行政村占比为99.8%，其余0.2%的行政村符合基本医疗有保障标准，因此可不设置卫生院。有卫生室或联合设置卫生室的行政村占比为96.3%，其中服务能力达标的比例约为95.3%。

3. 住房条件

现阶段，脱贫地区已全面实现住房安全有保障。在原国家贫困县中，现有住房鉴（评）定安全或有其他安全住房的建档立卡户占比为43.74%，42.25%的建档立卡户在危房改造政策帮扶下实现了住房安全，还有14.01%的建档立卡户通过易地扶贫搬迁的方式达到住房安全条件。在原非国家贫困县中，现有住房鉴（评）定安全或有其他安全住房的建档立卡户占比为58.26%，通过危房改造政策和易地扶贫搬迁政策实现住房安全的建档立卡户分别占34.70%和7.04%。

4. 其他设施条件

打赢脱贫攻坚战后，脱贫地区建档立卡户全面实现了饮水安全有保障，不仅能及时、方便地获取生活饮用水，而且水质符合安全标准。供水方面，65.5%的行政村实现了集中供水，31.9%的行政村部分实现了集中供水。在原国家贫困县中，用水方便程度明显改善，供水入户、未供水入户但取水方便的建档立卡户分别占93.67%和6.33%；同时，生活饮用水量有保障，99.86%的建档立卡户实现了不缺水，0.14%的建档立卡户虽有少量天数缺水但供水基本上有保障。在原非国家贫困县中，供水入户和未供水入户但取水方便的建档立卡户分别占84.25%和15.75%；在供水量方面，99.95%的建档立卡户不缺水，0.05%的建档立卡户虽有少量天数缺水但供水基本上有保障。

道路方面，原国家贫困县中99.6%的行政村修通了硬化路；电力方面，中大电网覆盖范围内的行政村全部接通了动力电，通动力电的行政村占比达到99.3%；通信信号和互联网方面，实现通信信号全覆盖和接通宽带互联网的行政村分别占99.9%和99.6%；广播电视信号方面，覆盖的行政村约占99.9%；物流方面，有电子商务配送站点的行政村占比为62.7%；垃圾处理方面，全部和部分实现垃圾集中处理或清运的行政村占比分别为89.9%和9.0%；此外，有村级综合服务设施的行政村占比约为99.0%。

（三）基本公共服务条件

目前，脱贫地区全面实现了义务教育有保障。其中，原国家贫困县建档立卡户中，98.83%的学龄少年儿童在校接受教育，0.26%属于送教上门，0.91%的学龄少年儿童因健康原因不在校。在原非国家贫困县，建档立卡户中在校就学、送教上门以及因健康原因不在校的学龄少年儿童分别占 99. 06%、0. 57%和 0. 37%。

医疗保障方面，建档立卡户全面实现了基本医疗有保障。其中，原国家贫困县中，参加城乡居民基本医疗保险和职工基本医疗保险的建档立卡户分别占 99. 85%和 0. 14%。在原非国家贫困县中，99. 74%的建档立卡户参加了城乡居民基本医疗保险，0. 24%的建档立卡户参加了职工基本医疗保险。

公共文化服务方面，在原国家贫困县中，98. 1%的县设有公共图书馆，99. 4%的乡镇设有综合文化站；在村级层面，98. 9%的行政村建有图书室或文化站。

（四）政策条件

现阶段，我国实行的是脱贫不脱政策，由此脱贫攻坚框架下的产业帮扶政策、就业帮扶政策、健康帮扶政策、教育帮扶政策、危房改造政策、易地扶贫搬迁政策以及社会保障政策等依然是脱贫地区当前所面临的现实政策环境，也是推进共同富裕初始阶段可以大加利用的抓手。

产业帮扶方面，享受过产业帮扶政策的建档立卡户达 1465. 8 万户，[①] 约占全部建档立卡户的 98. 9%。其中，独立发展起产业的建档立卡户有 1146. 4 万户；获得信贷资金扶持与技术指导（或培训）的建档立卡户分别达 548. 6 万户和 1064. 8 万户；经农民合作社或龙头企业等新型经营主体带动的建档立卡户有 1076. 5 万户。易地扶贫搬迁方面，共有 207. 7 万户建档立卡户享受了该项政策。就业帮扶方面，93. 8%的建档立卡户有家庭成

① 本节所有数据皆为建档立卡以来的数据。

员享受过该项政策。其中，参加职业技能培训、享受过创业扶持、就读技工学校以及参加过就业服务（如招聘会或得到过政策咨询、职业指导、岗位信息推荐等）的建档立卡户分别达到929.5万户、212.5万户、47.6万户和1199.9万户，在公益岗位、扶贫车间工作过的建档立卡户分别有409.8万户和80.5万户，还有330.9万户建档立卡户享受过外出务工交通补贴。教育帮扶方面，有家庭成员享受过学生资助政策的建档立卡户约为807.1万户，其中享受雨露计划、学前教育幼儿资助、普通高中免学杂费、中等职业学校免学费、国家助学金、国家助学贷款的建档立卡户分别达160.7万户、273.6万户、191.1万户、103.9万户、275.0万户和85.8万户，还有621.2万户建档立卡户享受了义务教育阶段家庭经济困难学生生活补助和营养膳食补助。危房改造方面，享受过该项政策的建档立卡户有626.2万户，其中享受过危房改造维修加固、危房改造拆除重建以及其他危房改造政策的建档立卡户分别达186.6万户、360.9万户和78.7万户。社会保障方面，截至2020年9月底，纳入最低生活保障范围和农村特困人员救助供养范围的建档立卡人口分别为1109.0万人和73.9万人，3844.7万建档立卡人口参加了城乡居民基本养老保险，还有1017.0万建档立卡人口领取了基本养老金。

可以看出，脱贫攻坚各项政策对脱贫地区贫困户扶持力度很大，而且帮扶是全方位的。正因为有了这些政策，脱贫地区才能如期打赢脱贫攻坚战，才能在此基础上继续迈向共同富裕之旅。

二　脱贫地区推进共同富裕的挑战

脱贫地区迈向共同富裕的经济社会基础普遍较为薄弱，再加上国内外不确定性因素影响，从而面临诸多现实的挑战。

(一) 经济基础薄弱，产业发展前景受困

如何推动脱贫地区经济持续增长以紧跟国民经济发展节奏，是实现共同富裕的首要任务。我国脱贫攻坚与共同富裕起承转合，二者目标方针、政策措施虽不同，但从根本上讲，无论是摆脱贫困还是实现共同富裕，出路皆在于激发内生动力。在脱贫攻坚阶段，为解决区域性整体贫困，我国安排了一系列政策措施因地制宜挖掘经济增长点，扶持适合当地条件的特色种养业、手工业、乡村旅游业等产业发展，以求最大限度地激发内生动力。然而，目前脱贫地区攻坚阶段扶持起来的各项产业普遍面临先天基础弱且后天起步晚的困境，在激烈的市场竞争环境下，它们如何存续并保持发展势头是个难题。第一，有的脱贫地区在扶持产业时欠缺长远考虑，没有思考后续发展问题，导致想进一步升级产业或进行产业融合时却处处受限。第二，有的脱贫地区为追求短期增长，盲目跟风，什么产业挣钱就选什么产业，根本不考虑自身条件与竞争过剩等问题。第三，有的脱贫地区不考虑多样性，扶持产业形式过于单一，一旦该类产业市场出现波动，整个地区的产业将面临风险。上述这些问题无疑增加了这些地区产业发展的不确定性，一旦遭遇市场冲击，很有可能出现发展停滞甚至无

法持续的现象，从而增加返贫风险，难以实现共同富裕。更重要的是，一些脱贫地区根本没有或者不愿正视这种危机，一味“躺平”吃政策红利，不思发展，懒作为，从而错过了做强、做大当地产业的最佳时机。一旦政策红利减弱或消失，这些地区的产业势必受到影响，失去经济发展内生动力的同时还将波及当地就业与收入，产生一连串的涟漪效应。到那时，莫说实现共同富裕，甚至很可能出现大规模返贫。

（二）新冠肺炎疫情冲击就业，地区经济续航力减弱

一场突如其来的新冠肺炎疫情让原本就面临经济下行压力的世界经济雪上加霜。因为脱贫地区原本贫困的诱因各不相同，所以我国在脱贫攻坚阶段因地制宜采取了教育扶贫、易地扶贫搬迁、产业扶贫、健康扶贫、生态扶贫、就业扶贫以及保障兜底等措施。从各项扶贫政策的发力点来看，脱贫地区的产业扶贫与就业扶贫政策效果受新冠肺炎疫情影响最大。

首先，新冠肺炎疫情使国内外经济环境日益严峻，各行各业均受到不同程度影响，资本市场收紧，商品市场成本与风险双增，脱贫地区才刚扶持起来的各项产业在这场暴风骤雨中自然难以幸免。在疫情严重时，农村土特产销售、餐饮服务等项目几乎停摆，由此带来的收入骤减与失业增加助长了返贫风险，不利于推动共同富裕。

其次，一些脱贫地区原本巧妙利用自身地理、环境、人文、历史等资源特色发展乡村旅游业与休闲农业，不仅带动了地区经济增长和收入增加，而且为贫困人口创造了大量就业岗位。然

而，新冠肺炎疫情的发生给这些产业带来了巨大冲击。据文化与旅游部统计，受新冠肺炎疫情影响，2020 年我国旅游人数比上年同期减少约 30.2 亿人次，下降 52.1%；旅游收入同比减少 3.5 万亿元，下降 61.1%；其中，疫情严重的一季度国内旅游人数同比下降了 83.4%。有研究表明，疫情使乡村旅游业与休闲农业遭受重创，部分乡村旅游项目因此破产。目前，新冠肺炎疫情前景并不明朗，从而给那些原本依靠乡村旅游业与休闲农业脱贫的地区带来了巨大的返贫风险，严重阻碍了共同富裕的推进。

最后，由于新冠肺炎疫情，一方面脱贫地区已扶持起来的产业受到不同程度的冲击，因这些产业项目而获得工作机会的原本贫困的那些人很可能由于减产、停产或破产而失业。另一方面，原本通过扶贫车间等方式积极参与扶贫的那些企业很可能因为疫情下自身也面临压力而不得不减少或取消为弱势群体提供的工作岗位。此外，原本通过就业转移而摆脱贫困的那部分群体也有可能因为企业要过紧日子而被裁退，收入再次失去保障。上述三个方面带来的失业风险增加不仅不利于脱贫地区刚刚起步的经济，也使地区内大规模返贫风险激增，从而无益于推进共同富裕。

（三）弱势群体依靠兜底脱贫，共同富裕出路未知

共同富裕与贫困并非完全割裂，只有在摆脱贫困的基础上才有可能谈共同富裕。而贫困无疑是一件雪上加霜的事，越是老、弱、病、残等弱势群体，越易陷入贫困陷阱。我国在脱贫攻坚阶段着重强调根据贫困地区和贫困人口的具体情况分类施策精准帮扶，在发展生产、易地搬迁、生态补偿以及发展教育脱贫的基础上，最后通过社会保障再兜底一批，从而实现全面脱贫。相较于

其他四类帮扶措施，社会保障兜底脱贫针对的是贫困人口中完全或部分丧失劳动能力的这部分群体，通过制订农村低保标准动态调整方案，将符合低保条件的贫困家庭全部纳入农村低保范围，同时借助特困人员救助供养制度、临时救助等制度，帮助这些弱势群体实现两不愁三保障。然而，在世界范围内广泛实施的社会保障措施，宗旨便是保障特定群体的基本生活水平，这与达到共同富裕标准尚有不小距离。符合低保、社会救助标准的这类群体原本就已失去或部分失去劳动能力，教育、产业和就业等具有“造血”功能的帮扶措施面对这些弱势群体无从发力，想要通过培育能力自主发展以实现共同富裕的路子在这类群体身上并不适用。如何让这些依靠社会保障摆脱贫困的弱势群体不被经济飞速发展的时代所抛弃，便成为迈向共同富裕道路上一道难解的必答题。

（四）社会文明发展难题繁多，人力资本提升缓慢

脱贫地区迈向共同富裕的一道关键阻碍就在于这些地区聚集了许多低收入群体，他们在脱贫攻坚各项政策的紧密帮扶下摆脱了贫困，个人能力虽有所提升，但在激烈的市场竞争中并不具备优势，甚至有一部分人是在政府的拉动下脱了贫，自主发展意识尚未培养起来。其实，低收入群体之所以无法充分参与经济社会发展以实现向上流动，除了外部制度引发的机会不均等外，主要受制于自身能力的不足。无论是脱贫攻坚还是共同富裕，归根结底政策都只能产生“推”或“拉”的外部效应，而改善低收入人口的经济条件使其迈入中等收入群体的根本出路则在于提升他们的人力资本与自主发展意识。

然而，目前脱贫地区各项社会文明事业推进难点较多，进一

步提升人力资本与自主发展意识的条件并不充分。首先，脱贫地区普遍教学条件仍比较差，硬件设施供给不足，加上缺少完善的保障机制与有效的激励机制，吸引不来人才也留不住人才，师资力量薄弱直接影响了教育质量。其次，脱贫地区社会事业推进缓慢，导致落后的发展观念依然存在。一些家庭认为浪费时间读书不如尽早出去赚钱，从而出现了适龄学童主动辍学外出打工的现象。在一些边远脱贫地区，性别平等意识与观念尚未普及，加上制度不完善，导致一些农村女性根本无法享有公平的受教育机会。最后，很多脱贫地区公共文化培育机制缺失，表现为机构设置严重不足、人员配备参差不齐、服务能力明显不足、资金来源渠道单一、权责不明一摊乱账。原本农村公共文化培育机制应成为教育机制以外农村人力资本培育的重镇，但目前这类机构为农民提供培训与服务经常形式大于内容，既不注重与农民的生产需求对接，又因考核机制缺位而忽视培训成效，不利于共同富裕的推进。

（五）从脱贫攻坚到共同富裕，基层工作思路转换不顺

共同富裕与脱贫攻坚属于两项不同的任务，二者的目标定位不同。共同富裕关注的是经济发展的结果公平，通过提高低收入群体的收入促使其向上流动，以实现一国所有公民对经济发展成果的平等分配权和公平享有权。而脱贫攻坚瞄准的则是处于现行贫困标准以下的这类群体，其一切措施归根结底是要让贫困人口摆脱绝对贫困，实现两不愁三保障。由此，从脱贫攻坚到共同富裕，无论是目标方针还是施策要点，无论是工作思路还是工作方

式，都应该做出适时转换与调整。然而从实际调研情况来看，基层对于这两项工作任务的转换并不顺畅，尤其在工作思路上，很多基层干部并未意识到在迈向共同富裕的道路上，聚焦点应该放在整个区域的统筹布局与可持续发展上，而不再仅仅局限于脱贫户。此外，共同富裕对基层而言是一件新事物，既无前例可参考，也无成熟路径可依照，所以很多刚从脱贫攻坚中走出来的基层干部或多或少有些迷茫，工作路径、方式转换过程中遇到的问题比较多。

三　构建脱贫地区共同富裕的路径

脱贫地区的特殊之处在于一方面这些地区近几年才摆脱绝对贫困，迈向共同富裕的经济社会基础尚且薄弱；另一方面这些地区聚集了很多低收入群体，返贫风险较高，相应地实现共同富裕的难度比较大。由此，构建脱贫地区共同富裕的路径需明确一个前提和两个关键点，把握好一个根本与一把利器，同时应注意处理好各项细节问题。

（一）筑牢返贫防火墙，迈好共同富裕第一步

目前，脱贫地区整体经济发展水平不高，返贫风险较大，因此对这些地区而言，迈向共同富裕的第一步即是要坚决筑牢大规模返贫的防火墙。

首先，防止返贫的根本在于立竿见影破除返贫风险，这便需要建立在完全信息基础上。因此，要不断完善防止返贫的动态监

测机制，确保对脱贫地区内易返贫人口实施全面、精准监测，在根据监测信息做出合理分类的基础上，针对不同返贫风险提供有针对性的帮扶措施。

其次，返贫监测体系应追加对长时间或频繁进入监测体系的风险人员进行统计的功能，深入分析这种返贫风险到底是主观原因还是客观原因引起的，在此基础上尽快完善或调整帮扶对策，不让返贫监测成为重复的无用功。

再次，加快构建评价指标，将帮扶结果纳入返贫动态监测体系，一方面可据此做出严格的考核评估，将防止返贫落在实处；另一方面可据此对监测对象做进一步深入分析，以完善下一阶段的帮扶思路。

最后，从破解机制阻碍入手，鼓励各脱贫地区因地制宜探索灵活的响应机制，并将其纳入考核评估范围内。同时，加快构建并完善权责分明的扶贫项目资金管理与监督机制，鼓励有条件的脱贫地区积极探索拓展扶贫资金渠道的方式。

（二）提升内生动力与人力资本，把握共同富裕关键

共同富裕本质在于所有公民是否拥有对经济发展成果的平等分配权和公平享有权。从地区角度看，制约一国共同富裕的短板主要是欠发达地区；从人的角度看，制约共同富裕的短板则在于低收入群体。脱贫地区既属于欠发达地区，又往往是低收入群体扎堆的地方，因此这些地区要实现共同富裕难度更大。换言之，我们需要认识到脱贫地区实现共同富裕的重中之重即在于同时聚焦区域经济持续发展与低收入群体增收，前者意味着要把“蛋

糕”做大，后者则意味着需要更公平地去分配“蛋糕”。实践证明，脱贫地区要实现经济可持续发展，根本出路在于因地制宜挖掘本地区经济增长点，大力发展产业，从而最大限度地激发内生动力。而促使低收入群体增收的关键则在于千方百计提升这些群体的人力资本，增强他们的自主发展意识。因此，激发内生动力与提升人力资本便成为当前我国脱贫地区迈向共同富裕的两个关键点。事实上，在脱贫地区迈向共同富裕的道路上，推动区域经济持续发展与促进低收入群体增收互为补益，缺一不可，也即脱贫地区共同富裕的两个关键点实则在逻辑上是有一致性的。对于改善低收入群体的人力资本，整体思路还是应该在提升整个脱贫地区人力资本的框架下进行。具体则应从以下两方面着手：

第一，要提升脱贫地区的教育水平，保障入学率、提高教育质量和增强教育资源的可获得性，重点保障低收入群体公平接受教育的机会。针对脱贫地区普遍硬件设施供给不足、教学条件差的情况，应加大财政对这些地区教育的投入力度，并尽快建立、健全地方教育资金整合与管理机制。针对脱贫地区师资力量薄弱的问题，应尽快完善基层执教人员的保障与激励机制，同时扩大定向培养与定点帮扶，利用政策引导人才源源不断地流向这些地区，稳步提高当地的教育质量。

第二，要尽快推进脱贫地区各项社会文明事业，并注意相关政策适度向低收入群体倾斜。首先，要尽快完善脱贫地区公共文化培育机制，从而辅助教育机制全方位提升这些地区的人力资本。具体措施包括：一是尽快厘清农村公共文化服务的主体，明晰权责，进一步落实目标责任制；二是从机构布局、人员设置和服务能力等角度全面提升基层公共文化服务水平；三是尽快构建脱贫地区公共文化服务考核机制，重点评估相关机构提供的培训与服务是否与农民需求对接且是否有成效，坚决避免形式主义；四是建立、健全农村公共文化服务资金管理机制，加强资金考核，同时千方百计拓展资金来源，重视引入社会资本共同参与乡村公共文化服务。其次，要加快推进脱贫地区其他社会文明事业，增强脱贫地区居民（尤其是低收入群体）的自主发展意识；探索产教融合、校企合作等模式，大力拓展职业教育培训、成人教育以及再培训项目，以提升技能和广泛参与现代经济发展为目的，加强人力资本的后天再造。

（三）破解产业发展困局，明确共同富裕根本

激发内生动力是脱贫地区实现共同富裕的内在要求，而大力发展产业则是激发内生动力的根本途径。现阶段，我国脱贫地区继续发展的经济、社会、环境基础都比较薄弱，缺乏对资本、人才、技术等要素的吸引力，从而各项产业发展多囿于困局。针对当前脱贫地区产业发展中所存在的问题，以下两个方面是应对重点。

一方面，要尽快组织摸清脱贫地区各扶贫产业的实际情况，重点评估其后续发展对当前扶持政策的依赖程度，实行清单制，明晰哪些产业完全或主要依靠政策红利而为继，哪些产业受当前疫情冲击比较大，将这些产业作为返贫风险防范的重点，尽早做好应对方案。同时，尽快厘清产业发展停滞的原因，对因为懒政而导致的一味“躺平”吃政策红利的现象要明晰责任，果断做出处理；对那些由于客观原因而迟迟未能摆脱政策依赖的产业，要群策群力为其寻找解决之道，并参考脱贫攻坚的有效做法，引

入社会力量并辅以政策优惠，共同助力脱贫地区产业持续发展。

另一方面，坚持走可持续的产业发展之路，这一点既应体现在产业发展前期，也应体现在产业发展过程中。首先，脱贫地区在构建产业体系时，应注意以下两个重点：一是要有全局观，综合考虑当地的资源禀赋和发展条件，从产业类型到产业模式再到产业规模，所有选择都要统筹布局，合理规划，既要想到眼前，也要虑及以后，尤其要注意避免区域内产业同质与单一的问题，探索灵活多样的产业模式。二是现代产业要想在竞争中存活，必须注重增加产品附加值，同时加快第一、第二、第三产业融合发展，形成攥紧拳头集中发力的态势。其次，在产业运行过程中，一是需要统观全局，抓准机遇适时延伸产业链，提升产品附加值以增强市场竞争力。二是要加快建立、健全市场风险抵御机制，广泛开展农产品产销对接活动，尤其针对目前新冠肺炎疫情对乡村旅游业与休闲农业的冲击，农业农村部应加紧与文旅部等相关部门合作，尽快出台应对之策，避免让这些产业承受灭顶之灾，引致大规模返贫风险。三是要加大脱贫地区仓储保鲜、冷链物流等基础设施的建设，提高农业生产性服务水平，改善基本公共服务质量，从而为区域内产业发展提供有利环境，引导资源陆续流向脱贫地区。

（四）重视攻坚打下的基础，善用组织管理利器

任何经济社会发展目标与结果之间都需要政策来作为媒介，而政策的实施过程则离不开组织与管理，有效的组织管理机制能将政策效果发挥得淋漓尽致，从而使经济社会运行结果最终达成预期目标。我国脱贫攻坚阶段在精准选配第一书记和精准选派驻

村工作队的基础上，层层落实目标责任制，辅以严格的管理与考核机制，从而实现了政策上传下达的高效运行。这是我国制度优势的体现，也是如期打赢脱贫攻坚战的重要保障。可以说，脱贫攻坚的成就不仅在于短时间内完成了迄今为止世界上最大规模的减贫任务，更在于形成了一套职责明晰、运行高效的组织管理机制，而这也成为我国实现共同富裕这一战略目标最重要也是最可靠的利器。当务之急，我国除了要从方针原则、战略目标、政策措施等方面逐步完善共同富裕的顶层设计，更应借鉴脱贫攻坚组织管理方面的经验，在已有基层组织基础上尽快构建并完善共同富裕的管理机制。

首先，制定共同富裕政策目标，然后逐层分解落实，尽快明晰权责。由于脱贫攻坚阶段面对的对象是贫困村与贫困户，因此可以将工作责任落实到村与户。而共同富裕针对的是所有居民，因此适宜的做法是将政策目标详尽拆解，从而将责任逐项落实到具体实施部门与责任人身上。

其次，共同富裕与脱贫攻坚虽有重叠，但毕竟分属于两项不同的工作任务，因此对基层队伍的工作要求亦有所不同。目前，很多曾经的扶贫工作队成员已无缝衔接承担起了乡村振兴和共同富裕的重任，但在工作思路与工作方式转换上却遇到阻碍，归根结底是对共同富裕的内涵要义与工作重点了解不到位。要进一步加强对基层干部的工作指导与业务培训，通过学习与总结、观摩与交流，迅速建设一支强有力、高素质的基层队伍，带领脱贫地区的居民奔向共同富裕。

再次，参考脱贫攻坚的重要经验，尽快出台并完善相关考核与监督机制，加强作风建设，坚决杜绝形式主义、官僚主义以及腐败，充分保持基层党组织在共同富裕战斗中的堡垒作用。

最后，应该鼓励基层不拘一格勇于探索，放宽眼界，大胆尝试。对于积极的探索，应当持包容态度，允许基层干部试错。

除以上四个方面外，构建脱贫地区共同富裕的路径还应注意一些关键问题。如脱贫地区依靠兜底政策才脱贫的弱势群体返贫风险本来就高，因此在共同富裕框架下，应将他们作为重点关注对象。针对这类部分或完全丧失劳动能力的群体，产业、教育和就业等帮扶措施无从发力，只能进一步扩大社会保障力度，通过继续健全基本生活救助制度、专项救助制度、临时救助制度、养老保险制度以及失业和工伤保险制度，从而织密保障网，形成综合救助格局，并不断完善救助标准，为其在共同富裕的道路上再一次兜底。

参考文献

1. 魏后凯:《从全面小康迈向共同富裕的战略选择》,《经济社会体制比较》2020 年第 6 期。
2. 郝文强等:《抱团发展:共同富裕视阈下农村集体经济的模式创新——来自浙北桐乡市的经验》,《农业经济问题》2022 年第 4 期。
3. 李海舰、杜爽:《共同富裕问题:政策、实践、难题、对策》,《经济与管理》2022 年第 4 期。
4. 廖祖君等:《新冠肺炎疫情对休闲农业和乡村旅游的影响研究——以成都市为例》,《中国西部》2021 年第 2 期。

关键举措与推进路径

构建共富型的现代乡村产业体系

张瑞娟*

摘　要：共同富裕的关键在于推动乡村产业振兴，构建共富型的现代乡村产业体系是实现乡村振兴的有效途径。现阶段我国乡村产业的农业基础保障功能得到充分发挥，农产品加工业迅速发展，农业产业集群初具规模，乡村产业形态多样化持续推进。在共富型现代乡村产业体系构建中也出现了乡村产业联合体型、多业态联结型、单一产品复合型、生态科技赋能型等共富型产业发展模式，其利益联结与分配机制多样化、共富型特点明显。针对共富型乡村产业体系中存在的体系建设不完善、产业发展质量效益不高、农业生产要素活力不强、农民主体地位不突出、利益联结与分配机制不合理等问题，本报告提出了构建我国共富型现代乡村产业体系的政策建议，包括要因地制宜分区域发展乡村产业，促进乡村产业有效融合，深化农村要素市场改革，发展壮大集体经济，构建差异化的利益联结机制和合理的收入分配机制。

关键词：共富型　乡村产业　利益联结　利益分配

---

* 张瑞娟，管理学博士，中国社会科学院农村发展研究所副研究员，主要研究方向为农业经济理论与政策。

Building a Modern Rural Industrial System for Inclusive Affluence

Zhang Ruijuan

Abstract: The key to inclusive affluence lies in promoting the revitalization of rural industries and building a modern rural industrial system. At this stage, the agricultural basic guarantee function of China's rural industry has been fully developed, the agricultural product processing industry has developed rapidly, the agricultural industry cluster has begun to take shape, and the diversification of rural industrial forms has continued to advance. In the construction of the modern rural industrial system, there are also industrial development models such as rural industrial consortium, multi-format linkage, single product composite, and ecological science and technology empowerment, and their interest linkage and distribution mechanisms are diversified and the characteristics of inclusive affluence are obvious. In view of the imperfect system construction, the low quality and efficiency of industrial development, the low vitality of factors of production, the status of farmers as the main body not prominent, and the interest linkage and distribution mechanism unreasonable, the policy suggestions for building a modern rural industrial system of inclusive affluence in China are put forward, including the development of rural industries in accordance with local conditions , the promotion of effective integration of rural industries, the deepening of the reform of rural factor markets, the development and expansion of the collective economy, and the construction of a differentiated interest connection mechanism and a reasonable income distribution mechanism.

Key Words: Inclusive Affluence; Rural Industry; Interest Linkage; Interest Distribution

实现全体农民与全国人民一道共同富裕是实现共同富裕的前提和基础，这一方面依赖于城镇化、工业化纵深推进形成对农村劳动力的持续吸纳和对农村发展的强大支撑，另一方面更依赖于在农村内部创造农村经济的新增长极，其关键就在于推动乡村产业的振兴，构建共富型的现代乡村产业体系。在共同富裕目标下，谋划乡村产业振兴的重点和难点在于既要顺应乡村产业的转变趋势，依照市场规律推动其发展，又要确保农民可以从产业发展中获得更多红利，实现收入的跨越式增长。

一　共富型现代乡村产业体系的界定及产业基础

党的十九大报告提出实施乡村振兴战略，乡村振兴的最终目的是实现共同富裕，实现这一目的的前提是产业兴旺，形成完善和发达的现代乡村产业体系。近年来，国家先后出台了一系列支持乡村产业发展的政策，有力地促进了我国乡村产业体系的建设，为共富型现代乡村产业体系构建奠定了产业基础。

（一）共富型现代乡村产业体系的界定

2019年6月，国务院印发的《关于促进乡村产业振兴的指导意见》指出，乡村产业虽然以农村产业为基础，却具有更为丰富的内涵，是根植于县域，以农业农村资源为依托，以农民为主体，以农村第一、第二、第三产业融合发展为路径，地域特色鲜明、创新创业活跃、业态类型丰富、利益联结紧密，提升农业、繁荣农村、富裕农民的产业。这一表述恰好体现了我国共富型现代乡村产业体系建设的路径和目标。

农业作为乡村的基础产业，高效的农业生产会带来农民农业收入的提高；此外，农村非农产业对农民的增收也至关重要。近年来迅速发展的乡村信息产业、乡村旅游业、乡村服务业得到了广泛探讨，如农村电商能够显著增加农民的农产品销售收入（曾亿武等，2018）和非农就业收入（张海霞，2020），也可以通过促进农村家庭创业增加农民收入（邱子迅、周亚虹，2021）；乡村旅游业发展促进农民增收的效果十分明显且具有良好的持续性（Zorzoliu and Iatagan，2009；姚海琴等，2016），农民可以从中获得更多的非农收入（杨启智、向银，2012；Hwang and Lee，2015）；农业生产性服务业对农民家庭收入的促进作用十分显著（邱海兰、唐超，2019；唐林等，2021）。

中华人民共和国成立以来，我国在发展乡村产业方面经历了不同的探索阶段（郭芸芸等，2019），乡村产业内部的利益关系从流通领域转入生产领域，利益联结方式呈现出从“流通性利益联结”到“生产性利益联结”再到“分配性利益联结”的演变轨迹（肖婧文、冯梦黎，2020）。对于不同的利益联结方式，订单合同、专业合作等传统模式仍占主导地位，股份合作、农业产业化联合体等新型模式逐渐兴起，同时也出现了多种联结方式并存的混合模式（王乐君等，2019；钟真等，2021），且利益联结机制日趋紧密（肖卫东、杜志雄，2019），紧密的利益联结机制能有效地保障农民在乡村产业发展中的利益。

总的来说，共富型现代乡村产业体系就是要围绕乡村振兴战略的根本要求，立足于我国基本国情农情，充分发挥各地农业农村发展的比较优势，以促进产业兴旺、保障农产品供给、提高农民收入水平为根本目标，以现代农业产业体系、生产体系、经营体系为基础支撑，通过农村改革和创业创新，以及农村第一、第二、第三产业融合发展，促进农村新产业、新业态发展，形成分工明确、紧密衔接、运行高效的多元化产业形态和多功能产业体系，通过农企契约、利益分红、股份合作等利益联结的多元模式，形成具有中国特色的现代乡村产业体系，最终实现农民的共同富裕。

（二）构建共富型现代乡村产业体系的产业基础

当前我国现代农业产业基础扎实，具备了构建共富型现代乡村产业体系的产业基础与产业优势，主要从以下几个方面体现：

1. 农业的基础保障性功能得到充分发挥

我国粮食安全得到有效保障，2021 年全国粮食播种面积

117632千公顷，全国谷物产量63276万吨，粮食作物单产每公顷达到5805千克，粮食自给能力不断增强；2021年生猪出栏量67128万头，比上年增长27.4%，生猪供应日益稳定；人民的“菜篮子”“果盘子”日渐丰富，各类农产品生产稳定、供给充足。同时，农业的生态功能也得到了充分的发挥，保育自然生态、调节微气候，改善人民生存环境，对我国建设生态文明发挥了重要作用。

2. 农产品加工业迅速发展

党的十八大以来，我国农产品加工业发展迅速，初加工在其设施增加的同时加工能力也得以不断提升，目前已分别新增初加工设施1.4万座，年初加工能力700万吨，2020年规模以上农产品加工业实现营业收入144600.6亿元；农产品加工企业效益持续改善，2020年规模以上农产品加工业实现利润总额10378.4亿元，同比增长6.9%；农产品加工业附加值不断提高；结构布局趋于合理，加工能力重点在主产品、优势区聚集；创新能力不断提高，技术研发中心、技术集成基地等不断建立，促进了农产品精深加工研发体系逐步完善，高科技在农产品加工业中的应用及转化不断推进。

3. 农业产业集群初具规模

截至2021年，中央财政共投资344亿元，支持建设100个优势特色产业集群、188个国家现代农业产业园、1109个农业产业强镇，从省、县、镇不同层面，围绕优势特色主导产业建设农业产业集群，集群效应不断凸显、地区农业竞争力日渐完善。

2020 年，我国在乡和返乡创业创新人员分别增至 3150 万人、1010 万人；创业领域不断拓宽，由种养业到农产品加工业，再到农村服务业，体现出了创业层次的逐步提升。

4. 乡村产业形态多元化发展持续推进

以农产品供应为基础的“农业+”业态发展带来乡村产业融合程度不断深化，生态、文化、教育、旅游、康养、信息等多元融合业态竞相呈现，现代农业产业园，农业科技园，第一、第二、第三产业融合发展示范园等融合载体为多重产业发展搭建了高水平的平台。基于乡村特色资源的农业多功能性价值被逐步发掘，引导产生了“生态+”“科技+”“互联网+”“文化+”等多种乡村产业发展业态，使乡村各行业均得到蓬勃发展。各产业发展主体间的利益联结模式不断丰富，机制逐步构建，通过农企契约、利益分红、股份合作等联结模式促进农民增收的形式更加多元化。

二　共富型现代乡村产业体系的发展模式及典型案例

在乡村振兴的背景下，各地结合自身优势，依托产业链、价值链、创新链、科技链、集群链等，基于利益联结与分配机制角度，衍生出共富型现代乡村产业联合体模式、多业态齐发展紧密联结型模式、单一产品复合多元化发展模式、生态科技赋能型模式等多元化模式，与农民或村集体联合起来构建了共富型的利益联结机制，以此来保证农民在链条中可以享受到更多的利益分配，多渠道、多途径增加其收入，促进共富型现代乡村产业体系的发展。

（一）共富型现代乡村产业联合体模式

共富型现代乡村产业联合体是指乡村产业中农户、村集体、农场、合作社、龙头企业等农业市场主体在乡村产业中的各环节承担不同的角色，发挥不同的作用，但在产业发展、市场地位、经济活动目标上是高度统一的利益联结组合。

1. 共富型现代乡村产业体系的宁波案例①

宁波构建的共富型现代乡村产业体系最突出的特点是产业联合体，即农民、村集体、农场、合作社、龙头企业的大联合，在产品生产、加工、流通等产业链的不同阶段开展联合，提高农业附加值、增加农民收入、实现共同富裕。以海通集团尤为典型，海通集团作为国内农产品加工的龙头企业，通过在宁波打造包括标准化种植、精深加工、科技创新、产品营销的农产品全产业链，促进了“高精尖”蔬菜产业的发展，带动农民共同富裕。该企业年带动农户 10 万余户，产值 16.7 亿元，产业核心竞争力不断增强。2021 年 11 月，宁波推出 24 个农业产业化共富联合体，涉及余姚榨菜、象山柑橘、奉化竹笋、慈城年糕等，加速打造高质高效产业，实现全环节提升、全链条增值、全产业融合。

① 厉晓杭等:《共生共赢，做强乡村共富产业联合体》,《宁波日报》2021 年 11 月 29 日。

2. 宁波案例的利益联结模式与分配机制

农民、甬丰蔬菜种植场、海通集团分别作为农业生产者、合作社、龙头企业，在宁波的农业产业中利益联结机制主要是商品契约和劳动契约。农户与龙头企业之间，或者通过合作社与龙头企业之间的商品契约主要为蔬菜，因此农户通过将高质量的蔬菜销售获得较好的收益。合作社作为农民合作组织既是农民生产的组织者，也从某种程度上代表着农民的利益，能在商品契约谈判中发挥积极的作用，从而有利于农户和合作社在整个产业链中的利益分配。劳动契约有助于农民通过劳动生产要素获得额外的收益，在已经存在蔬菜商品契约的情况下能更充分调动其劳动积极性，实现农户和龙头企业的双赢。其利益联结机制和利益分配机制见图 1。

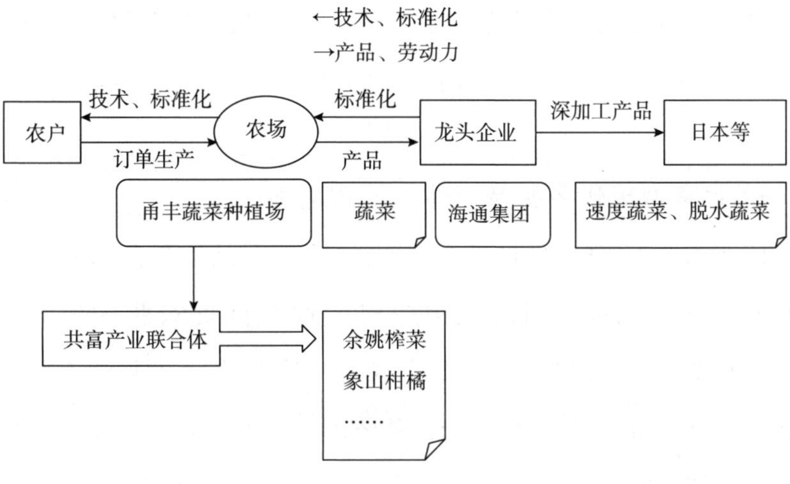

图 1　宁波案例的利益联结和分配机制

3. 模式特点

这类模式在商品契约和劳动契约的一端是农民提供商品和劳动，另一端是高科技或者市场竞争力较强的企业，海通集团在产品研发领域有着持续的投入和较高的产出，同时也肩负着带动农民共同富裕的社会责任，因此以产品为中心的各类主体成为产业联合体，农民的中心地位在这类产业模式中得到充分重视，其共富型特征明显。

（二）多业态齐发展紧密联结型模式

多业态齐发展紧密联结型模式是指乡村产业在发展过程中，产业不同主体的利益联结机制是复合型的，也就是农户与企业的利益关联产生于农产品、劳动创造、土地、农旅文旅等不同的产品和服务中，其利益联结与分配机制存在多重方式。这类乡村产业发展模式一般存在于多业态的乡村产业中，农民在不同的乡村产业业态中承担不同的角色，其利益联结多样、分配方式丰富。

1. 共富型现代乡村产业体系的青岛案例[①]

位于青岛西海岸新区西部的藏马镇，因其地理位置具有发展旅游业的先天优势，因此该镇乡村产业在传统农业种植的基础上，乡村旅游、主题乐园、健康医养、影视文化等新业态得到了发展，农旅文旅深度融合。在藏马镇建设的影视外景地总投资18亿元，发展了影视产业，因电影拍摄导致群演需求增加，带

① 兰美娜、肖相波：《青岛藏马镇：农旅文旅深度融合 解锁共富“密码”》，《中国旅游报》2022年2月22日。

动了当地就业。阿朵花屿作为旅游研学基地在 2021 年国庆亮相以来受到游客的欢迎，通过组织各种旅游研学活动，使游客感受中国传统文化。马家疃村引进投资单位，将村里 30 多处长期闲置的房屋打造成了集旅游度假、耕读文化体验等为一体的“乡村会客厅”，着力打造旧时光氛围，吸引游客休闲娱乐。藏马山滑雪场逐步打造成了青岛滑雪行业的领先者。此外，藏马镇还打造了大学生创客空间、河西屯大学生文创村、产业集聚区大学生创新创业基地等创业平台。

2. 藏马镇乡村产业的利益联结与分配机制

藏马镇的非农乡村产业的发展带动了当地经济、增加了村民收入，带动了农民走向共富。从图 2 中可以看到，村民在不同的乡村产业中充分调动了不同的生产要素，与乡村产业中相关方产生利益联结，参与利益分配。在影视文化产业中主要通过劳动创收；在健康医养产业中作为土地承包权人和劳动的提供者相应地得到了土地租赁费用和劳动所得；在乡村旅游产业中村民更处于中心地位，是工作人员、管理者，甚至是小规模旅游服务提供实体的所有人，提供企业服务、参与企业管理、进行企业行为决策、参与多样的利益分配。多样化的利益联结与多种形式的利益分配有效地保证了村民在整个乡村产业发展中有较高的参与度，其经济利益得到充分保障。

3. 模式特点

藏马镇的乡村产业模式呈现多业态齐发展的特点，因此乡村中的各种生产要素土地、劳动力、闲置住房和管理才能等都得到

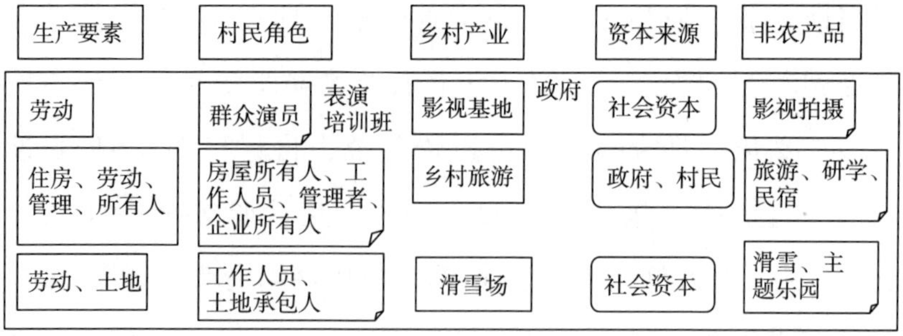

图 2　藏马镇非农乡村产业利益联结与分配

较为充分的利用，有助于实现生产要素的利益最大化，农民在利益联结和分配机制中承担了不同的角色，生产要素土地的权益所有人、劳动力创收者、闲置住房出租的受益人、应得报酬的企业管理者，甚至企业所有者，体现出了村民在利益联结和分配中的中心地位，是共富型乡村产业发展的理想模式。

镇政府和村集体在其中承担了更多的组织者角色，作为村民利益的代表者，镇政府和村集体在引入社会资本过程中也是基于乡村产业发展和村民增收作为出发点，体现出了共富型乡村产业发展的特点，也实实在在拓宽了村民的收入渠道，增加了村民的收入，实现了乡村产业下的村民共富。

（三）单一产品复合多元化发展模式

农村的特色农产品由于其在产品质量、品牌化和市场化、种植文化等方面独具一格，通过延长农产品的纵向产业链，发掘种植文化，促进产业融合等方式，单一农产品也可以形成大产业，提高农民收益，增强乡村经济发展的可持续性。近年来，浦江县通过供给侧结构性改革，不断加大农业政策、资金、技术、市场培育等方面的扶持力度，推动葡萄产业从单一的种植向文化、旅游等多方面、多元化发展，使“小葡萄”成为全县点绿成金、农民致富增收的“大产业”。

1. 共富型现代乡村产业体系的浦江案例[①]

葡萄种植产业是浦江县的农业支柱产业。浦江着力构建葡萄大产业，支持葡萄种植企业通过数字赋能打造农业发展示范样板。作为浦江首个“超级农场”试点企业，十里阳光农业发展有限公司利用大数据、区块链、人工智能等先进技术，打造了一个 360 度全流程数字化管理基地。浦江县政府为了做大做强葡萄产业，建立覆盖县、乡、生产主体的农产品质量安全追溯系统；成功打造“葡萄一件事”数字化管理服务平台，推进生产和销售服务、品牌保护、惠农政策等葡萄产业公共服务“一件事”集成改革；成功上马葡萄专业物流中心项目，打造全程冷链、点对点配送等核心服务。通过持续的大产业打造，目前浦江葡萄不但畅销全国，还远销新加坡、韩国、马来西亚、迪拜、中国香港等国家和地区。2020 年，全县葡萄产业产值超 11.4 亿元。

2. 浦江葡萄产业发展的利益联结与分配机制

浦江葡萄产业立足于葡萄生产，以农户种植和企业种植同时推进。农户种植可以获得农业生产收益。十里阳光企业与农户开展土地租赁、产品与技术的交易等，农户可以获得土地租金和销

① 案例资料来源：王锦、郑雅瑞：《从“甜蜜事业”到“共富产业”——解开葡萄振兴乡村的密码》，2021 年 8 月 6 日，https://view.inews.qq.com/a/20210806A0DFKF00?startextras=0_0334271085d6a&from=ampzkqw.

售产品收益。政府为整个葡萄产业的发展进行宏观规划和产业打造，开展可追溯系统建设和专业物流中心建设，技术推广、惠农政策和产销对接工作。在大产业基础上，农户开展生态旅游服务，获得所有者权益、作为管理者得到利润，或者参与到企业的生态旅游服务中，获得房屋租金及劳动报酬。

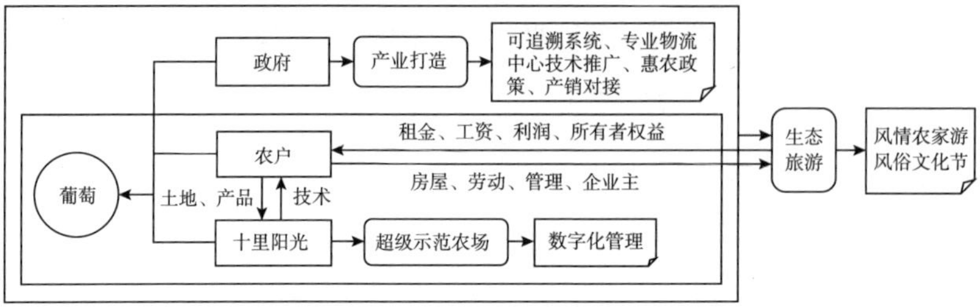

图3　浦江葡萄产业利益联结与分配机制

3. 模式特点

该模式的突出特点是单一产品专业化程度高，品牌效应好，市场竞争力强。浦江在葡萄产业基础上不断提高产业竞争力，以质量为中心，积极拥抱科技，形成了产品质量和市场效应相互促进的良性循环。在产品产业做足做好的基础上，围绕葡萄产业开发生态旅游产品顺理成章，效果也很显著，在葡萄产业的基础上推进产业融合，形成葡萄大产业。在这一模式中，政府在产业品牌打造、配套设施建设、产品质量把控中发挥重要作用，通过对产业发展进行宏观把控，提供产业发展所需公共产品，既保证了产业发展的正确方向，也有利于促进产业更长远和可持续发展。

（四）生态科技赋能型模式

生态科技赋能乡村产业有利于优化乡村产业结构、延伸产业链条、拓展产业形态、深化产业融合，是推动农村地区经济发展、提高乡村产业竞争力的重要抓手。密云区在稳定提升农业综合生产能力的基础上，秉承生态赋能、三产融合、品牌打造、科技引领“四大理念”，着力打造特色蜂业、水库渔业、环湖杂粮、山区果业、平原蔬菜五大主导产业集群，推动全区农旅文旅深度融合发展，带动农村集体经济发展壮大，全面提高农民收入，促进农民共同富裕。

1. 共富型现代乡村产业体系的密云案例①

以密云水库渔业为例，密云区深化“渔业净水，净水渔业”理念，积极打造“密云水库鱼”品牌，以“生态+”“科技+”赋能水库鱼，提升水库鱼市场影响力与品牌价值，目前已完成13.9万亩密云水库鱼有机认证。开展密云水库鱼类净水系统研究并科学制定增殖放流与捕捞管理制度，加强密云水库水产养殖监管；组建区级渔业产销联社和溪翁庄镇、太师屯镇、不老屯镇、石城镇、穆家峪镇5个镇级合作社，渔民加入镇级渔业产销合作社，按照合作社的统一捕捞时限、船网规格等要求开展捕捞作业，5家镇级产销合作社与企业、电商等签订合作协议，将渔民捕获的鱼统一管理、统一分级、分类定价销售，平均销售价格较往年提高了20%—30%；举办“农民丰收节”“鱼王文化节”等特色农旅大型活动，提高水库鱼生态价值与品牌影响力。通过

① 笔者根据调查资料整理。

生态科技赋能五大产业，分级分类定价，2021 年村集体经济收入和农民收入较往年大幅提升。

2. 密云区的乡村产业利益联结与分配机制

密云区乡村产业发展的突出特点是生态和科技赋能。政府在“密云农业”“密云水库鱼”“蜂盛蜜匀”等品牌打造、基础设施配套、“1230 数字体系建设”、顺向推动与逆向监管等方面进行了宏观把控和政策支持，为农业产业发展指明了方向，提供了保障。

基于生态和科技赋能，高品质的农产品直接带来了高价格，各市场主体产生了高于一般农产品 20%—30%的经济利益，更提高了其生产高质量、高附加值农产品的积极性。企业是科技、资金、技术等要素的提供者，也是既得利益者；农户和合作社是生态和科技的直接经济受益者，同时其农业生产实践也有力地促进了科技的应用、推广和示范。

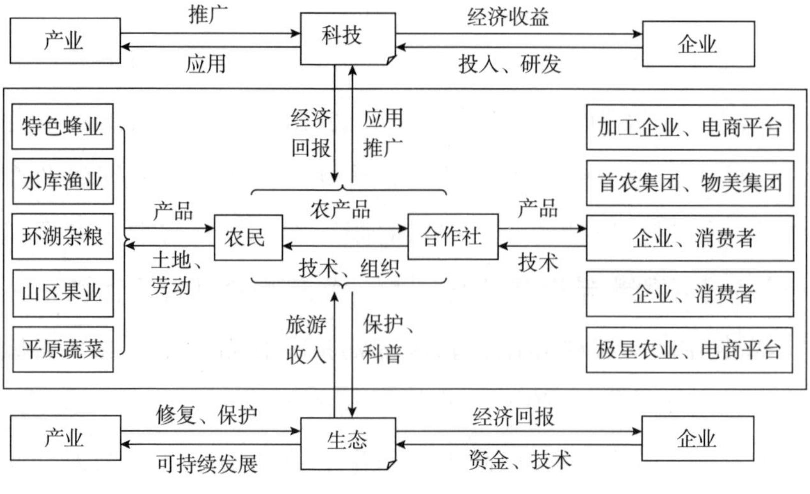

图 4　密云区共富型产业体系的利益分配与联结机制

3. 模式特点

密云区立足生态涵养区和北京最重要的地表饮用水源地的功能定位，深入践行“绿水青山就是金山银山”理念，统筹生态保护和产业富民，把生态优势转化为经济优势，激发产业内生动力。产业发展充分借力生态优势和科技创新，为乡村产业体系建设提供无限可能，全面发挥首都农业区的示范引领作用。同时，基于优势推动产业融合发展，推动全区农旅文旅深度融合，通过分级分类、统一定价、统一销售发展农村集体经济，带动农民共同富裕。

三　当前我国构建共富型现代乡村产业体系存在的主要问题

当前，我国共富型产业体系建设具有了一定产业基础，同时全国各地也陆续涌现出了一些共富型乡村产业建设的典型案例，但是共富型产业体系也存在一定的问题和不足，需要有针对性地解决进而推进共富型产业体系构建。

（一）共富型的现代乡村产业体系建设不完善

改革开放以来，我国乡村产业取得了长足发展，成为推动中国农业农村现代化的重要基础。但是，当前我国乡村产业体系建设仍不完善，距离实现农业农村现代化和农民共同富裕仍有一定的距离。具体来说，实现农业高质量可持续发展、保障粮食安全、增加农民收入等乡村产业体系发展的基本目标任务依然艰巨，与农民共富的产业多元化、多模式发展仍有较大进步空间，多主体间的产业链、价值链、创新链等利益联结仍不完善，现代农业科技和物质装备与现代经营管理仍不匹配，较高水平的乡村产业发展新格局仍没有形成等。

（二）产业发展质量效益不高

当前乡村产业发展质量效益不高，市场竞争力不强。主要体现在：第一，农业产业链条较短。农产品大多作为原料供应，从生产到消费的链条不健全，农产品精深加工水平较低；农村服务业发育仍然不足，产业融合层次低，乡村价值功能开发不充分。第二，农业企业等经营主体发展能力不足，主要表现在经营主体的创新能力、加工工艺等方面；休闲旅游存在同质化现象，缺乏精准化、差异化、有特色的产品和服务，品牌溢价较低。

（三）农业产业要素活力不强

乡村产业稳定的资金投入机制尚未建立，过分依赖商业资本，金融产品供给和需求不能有效对接。土地出让金用于农业农村发展的比例偏低，农村资源变资产的渠道不畅，农村土地闲置、低效、粗放利用和新产业新业态发展用地供给不足现象并存。劳动力数量和质量限制了乡村共富产业的发展，乡村劳动密集型产业缺乏青壮年劳动力，第三产业缺乏高质量的人才；农村对大学生的吸引内生动力不强，科技、经营等各类人才服务乡村产业的激励保障机制尚缺乏；先进技术要素向乡村扩散的渗透力弱。

（四）农民的主体性地位在乡村产业中不突出

农民是乡村振兴和产业共富的直接利益关系人，实现这一目的就要体现农民的主体性地位，以其切身实践参与到产业发展中来。但目前一些乡村产业发展中农民的主体性地位不强，农民很难参与到乡村产业政策制定和实施的各个环节，比如通过龙头企业、农民专业合作社来带动小农户，小农户的主体性地位无法得到保障，在合同签订和产品交易过程中处于弱势地位，甚至形成了大公司侵占小农户利益的局面，农民的利益被夺取后，乡村产业必然难以真正地实现振兴，更何谈实现共同富裕的目标。

（五）产业发展的利益联结和分配机制不合理

当前乡村产业发展中，各方的利益连接缺乏多样性，农民在已有的连接机制中也大多处于相对弱势的地位，难以体现在乡村产业振兴中的主体性地位。比如在农业生产中采用较多的“公司+农户”模式，农民是农业生产的积极参与者，也与带来管理和资金的社会工商企业产生了利益联结，小农户在与企业商议和制定产业经营合同过程中，缺乏法律等知识，权利义务不太均衡，容易损害农户权益。在利益分配方面，由于农产品的流通环节组织化程度更高，因此农户通过销售农产品获得的利益占比较小，利益分配明显较少。乡村产业的第二、第三产业附加值更高，但也存在类似不利于农民的利益分配格局，这些利益大部分流向了工商资本和乡村精英。

四　我国构建共富型现代乡村产业体系的政策建议

针对以上共富型产业体系建设中存在的问题，本部分有针对性地提出了构建共富型现代乡村产业体系的政策建议，同时也是更高水平共富型乡村产业体系建设的有效路径。

（一）因地制宜构建适合不同区域的共富型乡村产业体系

我国地域辽阔，农业地理位置、生态环境、自然资源、产业基础等区域差异明显，因此建设共富型乡村产业体系，认清区位优势十分重要，要建立适合不同区域的共富型乡村产业体系。习近平总书记强调："实施乡村振兴战略是一篇大文章，要统筹谋划，科学推进。"因此要科学把握差异性，注重地域特色，规划先行，精准施策。尊重乡村产业发展规律与客观现实，依托当地农业、资源和文化等禀赋，发展优势明显、地方特色鲜明的乡村产业，彰显地域特色、承载和传播乡村价值、体现乡土气息。

（二）促进农村共富型乡村产业体系的有效融合

农村产业融合通过重组农业内部原有产业、创新农业产业链以及应用现代农业技术和服务，与第二、第三产业相融合，进而形成具有一定特色的农业生产、流通、乡村旅游等新业态、新模式。乡村产业体系有效融合的过程也是农业价值链提升的过程，是发掘食品保障、生态涵养、休闲体验、文化传承等功能的过程，也是实现生态+、科技+、休闲+、文化+等多元价值的过程。乡村产业融合为农户带来从社会、经济及生态上的多重效益，创新出不同的利益联结机制，使农户可以享受到“三生（生产、生活、生态）融合”所产生的附加值。

（三）深化农村土地、劳动力等要素市场改革

进一步深化农村土地、劳动力等要素市场化改革，致力于破除影响和限制共富型产业发展的制度樊篱，在合理范围内充分发挥农村土地在共富型乡村产业发展中的首要生产要素作用；促进农村土地多种形式流转和社会化服务，积极培育新型的农业经营主体和服务主体，推动农业多元适度规模经营，促进现代农业发展；持续深化农村集体产权制度改革，推动农村地区资源变资产，激活闲置宅基地和闲置农房等闲置资产的增收潜能。加强政府培训和吸引人才回流，不断提升农村人力资本水平，在保障劳动要素数量的前提下通过劳动力质量要效益、促发展；培育高素质农民，持续推动技术和制度创新，提升农业的全要素生产率。

（四）发展壮大农村集体经济

发展壮大农村集体经济要让农民成为农村集体经济发展的积极参与者和真正受益者。首先，构建新型农村集体经济发展新机制，积极探索新型集体经济有效实现形式。通过开放共享、产业融合、模式再造等，积极探索集体经济的多种实现形式；其次，充分发挥集体经济组织在特色农业品牌建设、拓展农民就业增收渠道等方面的重要支撑作用。鼓励村党支部、村集体领办或参股

农民合作社，进一步规范收益分配；鼓励村集体组建服务型经济实体，以统一管理、有偿服务等形式，提供技术、信息、物资、流通等服务，承接农村公益事业、平原造林养护、乡村公路养（管）护、道路河道保洁等服务事项，对外提供劳动中介和输出等有偿服务；加强培养农村集体经济组织“领头雁”，为新型农村集体经济发展注入新鲜血液；探索集体经济发展新路径，大力发展融合经济，积极发展绿色经济，立足实际发展生态农业、生态旅游、生态工业等项目。

（五）构建乡村产业差异化利益联结机制和合理的收入分配机制

现代乡村产业建设过程中各主体存在的多种利益联结方式，在不同的连接机制中存在差异性。各类型市场主体与农民所具备的资源要素和发展特征不同，寻求的利益方式也有差异。如市场主体以逐利为主要目的，在与农民利益联结过程中，会以最大化自我利益为出发点，这势必会侵占一部分农民利益；而农村集体经济组织或农民专业合作社作为小农户的主要联结主体，会以双方利益共赢为出发点。因此，不同利益群体应设置不同的利益连接方式和约束方式，以保证农民最大化的利益实现。乡村第二、第三产业中的工商业资本与乡村的利益联结机制上要强化农民组织，同时减少政府对利益分配的直接干预，强化利益保障机制，差异化的利益联结机制的构建在保障农民利益、有效扩宽农户增收空间的同时，也自然保障了各方利益，共同维护产业发展，实现产业共富。利益分配方面，乡村产业链深化过程中的各环节应保障农民参与权利和利益分配权利，使农民享受到租金及分红等财产性收入，乡村产业所获得的政府支持中保障其可以获取财政补贴等性质的转移性收入，乡村产业发展的新业态也要致力于提高农民的经营性收入，保障其工资性收入。

参考文献

1. Hwang J. H. , Lee S. W. , "The Effect of the Rural Tourism Policy on Non-farm Income in South Korea", *Tourism Management*, 2015, 46 (2) .
2. Zorzoliu R. , Iatagan M. , "Rural Tourism As an Important Source of Income for Some Rural Place", *Revista De Turism Studii Si Cercetari in Turism*, 2009, 7 (7) .
3. 曾亿武等:《电子商务有益于农民增收吗? ——来自江苏沭阳的证据》,《中国农村经济》2018 年第 2 期。
4. 程莉:《中国农村产业融合发展研究新进展:一个文献综述》,《农业经济与管理》2019 年第 2 期。
5. 程名望等:《人力资本积累与农户收入增长》,《经济研究》2016 年第 1 期。
6. 郭芸芸等:《新中国成立以来我国乡村产业结构演进历程、特点、问题与对策》,《农业经济问题》2019 年第 10 期。
7. 贺雪峰:《关于实施乡村振兴战略的几个问题》,《南京农业大学学报》(社会科学版) 2018 年第 3 期。
8. 胡高强、孙菲:《新时代乡村产业富民的理论内涵、现实困境及应对路径》,《山东社会科学》2021 年第 9 期。
9. 李娜:《壮大集体经济，促进共同富裕》,《青岛日报》2021 年 9 月 25 日。
10. 厉晓杭等:《共生共赢，做强乡村共富产业联合体》,《宁波日报》

2021年11月29日。

11. 刘合光等：《乡村产业转型升级路径研究》，《农村工作通讯》2022年第6期。

12. 农业部课题组：《中国特色乡村产业发展的重点任务及实现路径》，《求索》2017年第12期。

13. 皮剑龙：《提高农民组织化程度，助力实现乡村振兴》，《新京报》2022年3月8日。

14. 邱海兰、唐超：《农业生产性服务能否促进农民收入增长》，《广东财经大学学报》2019年第5期。

15. 邱子迅、周亚虹：《电子商务对农村家庭增收作用的机制分析——基于需求与供给有效对接的微观检验》，《中国农村经济》2021年第4期。

16. 唐林等：《购买农业机械服务增加了农户收入吗——基于老龄化视角的检验》，《农业技术经济》2021年第1期。

17. 汪恭礼：《乡村振兴战略视角下的农村三次产业融合发展探析》，《河北大学学报》（哲学社会科学版）2018年第6期。

18. 王乐君等：《构建新型农业经营主体与小农户利益联结机制》，《中国农业大学学报》（社会科学版）2019年第2期。

19. 肖婧文、冯梦黎：《农村产业融合嬗变：利益联结与生产要素的互动和共演》，《财经科学》2020年第9期。

20. 肖卫东、杜志雄：《农村一二三产业融合：内涵要解、发展现状与未来思路》，《西北农林科技大学学报》（社会科学版）2019年第6期。

21. 杨启智、向银：《乡村旅游对农民收入的贡献研究——基于成都市的实证分析》，《经济问题》2012年第9期。

22. 姚海琴、朋文欢、黄祖辉：《家庭型乡村旅游发展对农户收入的影响机制及效果——以浙江、四川和湖南三省为例》，《经济地理》2016 年第 111 期。

23. 张海霞：《电子商务发展、非农就业转移与农民收入增长》，《贵州社会科学》2020 年第 10 期。

24. 张晓山：《推动乡村产业振兴的供给侧结构性改革研究》，《财经问题研究》2019 年第 1 期。

25. 钟真等：《紧密型农业产业化利益联结机制的构建》，《改革》2021 年第 4 期。

共同富裕目标下农村居住条件和人居环境改善对策

于法稳　胡晓燕*

摘　要： 农村居住条件与人居环境是共同富裕的内在要求，也是实现共同富裕的重要内容。农村居住条件不仅包括住房宽敞、安全情况，还包括供水、供气、通网络、交通便利等居住保障条件。农村人居环境整治以农村生活污水、生活垃圾、厕所为主要整治对象。我国农村居住条件自党的十八大以来得到一定改善，农村人居环境自2018年整治三年行动实施以来也取得了阶段性成效，但两者目前仍存在诸多不足。按照各表征指标的年均增速，结合规划及政策要求适当调整，得到共同富裕目标下2035年的预测值。由预测结果可知，表征农村居住条件的指标中，2035年我国村庄燃气普及率预计达到90%，村庄内硬化道路面积占比预计达到98%，村庄住宅混合结构以上建筑面积比例、供水普及率及通互联网的行政村比例预计达到100%；表征

---

* 于法稳，管理学博士，中国社会科学院农村发展研究所研究员，研究方向为生态经济理论与方法、生态治理、农业可持续发展；胡晓燕，经济学博士，中国社会科学院农村发展研究所博士后，研究方向为生态与环境经济学、农村环境。

农村人居环境的指标中，乡污水处理率预计达到65%，乡生活垃圾无害化处理率预计高达100%，农村卫生厕所普及率预计达到98%。为了克服农村居住条件与人居环境中的短板，实现共同富裕目标下2035年的目标，本报告提出通过科学调整村庄规划、深化危房普查并改造、改善居住保障条件、渐进式推进城镇化来改善农村居住条件，通过完善重点内容、加大资金投入、提升技术规范、健全长效机制来改善农村人居环境。

关键词： 共同富裕　农村居住条件　农村人居环境

Countermeasures for Improving Rural Living Conditions and Living Environment under the Goal of Common Prosperity

Yu Fawen　Hu Xiaoyan

Abstract: Rural living conditions and rural living environment are the internal requirements of common prosperity, and also the important content of achieving common prosperity. Rural living conditions include not only spacious and safe housing, but also water supply, gas supply, internet access, and convenient transportation. The improvement of rural living environment are mainly targeted at rural wastewater, domestic garbage and toilets. To some extent, the rural living conditions have been improved since the 18th National Congress of the Communist Party of China, and the rural living environment have achieved some stage results since the Tree-Year Campaign, but both of them still have some deficiencies. According to the average annual growth rate of each indicator and the requirements of relevant policy, the forecast results of 2035 under the goal of common prosperity are obtained. According to the forecast results, by 2035, among the indicators of rural living conditions, the rate of gas coverage in villages is expected to reach 90%, the proportion of hardened-road area in villages is expected to reach 98%, and the proportion of building area above mixed structure in villages, water supply in villages and internet access in administrative villages are expected to reach 100%. Among the indicators of rural living environment, the wastewater treatment rate is expected to reach 65%, the harmless treatment rate of domestic garbage is expected to reach 100%, and the proportion of sanitary toilets is expected to reach 98%by 2035. In order to overcome the shortcomings in rural living conditions and rural living environment and achieve the target of 2035 under the goal of common prosperity, this report proposes to improve rural living conditions by scientifically adjusting village planning, deepening census and renovating of dilapidated houses, improving living security conditions, and gradually promoting urbanization. In order to improve the rural living environment, we should improve key contents, increase financial input, improve technical standards and the long-term mechanisms.

Key Words: Common Prosperity; Rural Living Conditions; Rural Living Environment

共同富裕是社会主义的本质要求，是中国式现代化的重要特征。共同富裕是全体人民共同富裕，是人民群众物质生活和精神生活都富裕，不是少数人的富裕，也不是整齐划一的平均主义（习近平，2021）。实现共同富裕是一个渐进的过程，到 2035 年，全体人民共同富裕取得更为明显的实质性进展，基本公共服务实现均等化。到 2050 年，全体人民共同富裕基本实现，居民收入和实际消费水平差距缩小到合理区间。

促进共同富裕，最艰巨、最繁重的任务仍然在农村。一方面要解决巩固拓展脱贫攻坚成果与乡村振兴的有效衔接，全面推进乡村振兴；另一方面要加强农村基础设施和公共服务体系建设，改善农村人居环境。居住是人们最基本的需求，住房问题是重要的民生问题和发展问题，关乎千家万户的切身利益，关系人民群众的安居乐业。改善农村居住条件与人居环境，是实现共同富裕的应有之义、内在要求。本报告基于共同富裕目标下农村居住条件与人居环境现状的分析，甄别依然存在的短板，测算共同富裕目标下 2035 年农村居住条件与人居环境应实现的目标，并提出实现上述目标的路径及对策。

一　共同富裕目标下的农村居住条件与人居环境状况分析

改革开放以来，尽管中国农业发展取得了举世瞩目的成就，但相对于工业经济而言，农业经济发展依然落后，农民依靠农业实现致富的目标困难重重，也难以改善农村居住条件；加上城乡二元经济结构之下，公共资源配置中难以将城乡放在平等框架内统筹考虑，导致农村人居环境问题无法实现突破性改善（于法稳，2021）。当前，实现乡村振兴还存在农村民生保障方面的短板，在农村居住条件与人居环境还难以满足人民日益增长的美好生活需要的同时，农村居住条件的配套水平还不高、保障能力不足，由此直接对农村能不能留得住人产生重要影响，成为实现城乡居民共同富裕路上的难题（李实，2021）。由此表明，农村居住条件与人居环境是共同富裕的应有之义，也是实现共同富裕的重要内容。

（一）农村居住条件现状分析

住房问题既是发展问题更是民生问题，关系人民群众安居乐业。农村居住条件不仅包括住房安全保障，还包括供水、供气、通互联网等居住保障条件。改革开放以来，尤其是党的十八大以来，我国农村居住条件得到一定改善，居住安全性整体提高，居住保障条件也有较大幅度的提升；但仍存在一些不足，主要包括房屋分散且质量不高、以燃气普及率为主的居住保障条件有待进一步提高等。

1. 农村居住条件得到一定改善

改革开放以来，随着农村居民生活水平的逐步提高，农村居住条件得到有效改善。特别是党的十八大以来，城乡住房保障力度不断加大，累计建设各类保障性住房和棚改安置房8000多万套，帮助2亿多困难群众改善住房条件（中华人民共和国国务院新闻办公室，2021）。由历年《中国城乡建设统计年鉴》可知，2012年，我国村庄住宅混合结构以上建筑面积占比为64.0%，到2020年增加到76.9%，农村住宅的安全性得到提高。农村居住保障条件方面也均有较大幅度的提高。2012年我国村庄供水普及率为57.8%，2020年增加到83.4%；村庄燃气普及率由19.4%增加到35.1%；“十三五”时期末，全国行政村通光纤和通4G比例均超过98%，农村地区互联网普及率达55.9%，城乡互联网普及率差距较2015年末缩小逾10个百分点。[①] 村庄内硬化道路面积占比自2013年的30.8%，增加到2020年的43.1%，农民出行及运输的便利性得到改善。但基层调研发现，在很多村庄仍然存在房屋分散且质量不高、居住条件的保障程度不高等问题。

2. 房屋分散且质量不高

我国农村还存在不少房屋分散、住房质量存在问题的情况，也有住房短缺和住房拥挤的情况。居住分散造成一定程度的隔

① 农业农村部：《“十四五”全国农业农村信息化发展规划》，2022年3月9日，http://www.moa.gov.cn/govpublic/SCYJJXXS/202203/t20220309_6391175.htm.

离，邻里间互帮互助互动受到阻碍，公共配套设施难以建立，且对土地资源也是一种浪费。另外，住房短缺和住房拥挤可能导致健康状况差、预期寿命降低等问题（李礼、陈思月，2018）。有关统计资料表明，从住宅建筑结构来看，2020 年村庄住宅混合结构以上建筑面积所占比例为 76.86%，高于乡的 70.94%，但低于建制镇的 80.79%（见表 1）。有些地区仍然存在很久前建的土坯和砖木结构的住房，存在很大的安全隐患。除此，2020 年我国村庄人均住宅建筑面积为 34.31 平方米，有 17 个省区农村人均住宅建筑面积低于全国平均水平，其中东北三省农村人均住宅建筑面积都不足 24.00 平方米。

表 1　　2020 年城市、建制镇、乡与村庄居住及保障条件

区域	人均住宅建筑面积（平方米）	混合结构以上建筑面积比例（%）	供水普及率（%）	燃气普及率（%）	集中供热面积占住宅实有建筑面积比例（%）
城市	—	—	98.99	97.87	—
建制镇	37.02	80.79	89.10	56.90	7.22
乡	35.38	70.94	83.90	30.90	3.62
村庄	34.31	76.86	83.37	35.08	1.21

资料来源：《中国城乡建设统计年鉴（2020）》。

3. 居住保障条件有待提高

从居住保障条件来看，2020 年村庄燃气普及率仅为 35.08%，建制镇为 56.90%，远低于城市的 97.87%（见表 1）。燃气普及率低，不仅意味着农村居民生活用燃料的不便，也意味着不利于环境保护和绿色发展目标的实现。2020 年村庄供水普及率为 83.37%，与城市还有一定差距。据 2019 年农业农村部固定观察点的统计结果知，全国农村卫生饮水占比①在不同的地区间存在显著差异，卫生饮水占比最小的是湖南省，仅为67.03%；江西省倒数第2位，为73.98%；北京、上海、江苏、西藏和新疆五个省（市、区）的农村全部实现了卫生饮水（见图1）。

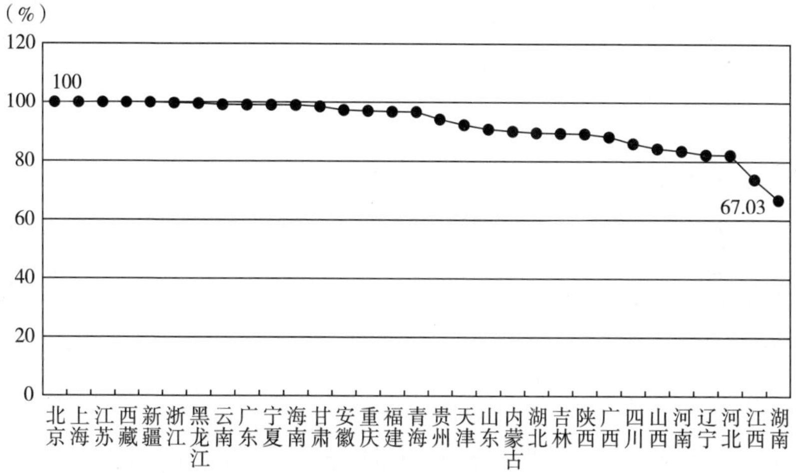

图1　2019年不同地区的农村卫生饮水占比

资料来源：2019年农业农村部固定观察点的数据。

在住宅取暖方面，采用集中供热面积占住宅实有建筑面积的比例来表征，该比例在建制镇、乡及村庄之间的差异性比较大，村庄仅有1.21%（见表1）。与此同时，由于传统生活习惯以及对取暖成本的考虑，农村取暖依然是宜居乡村建设中的弱项。除此，2020年村庄内硬化道路面积占比仅为43.10%，② 还有超过一半的道路是土路，需要尽快分梯次改造，以大大改善农民出行及运输的便利性。

① 卫生饮用水的类型包括经过净化、受保护的、桶装水三类，非卫生饮用水的类型包括不受保护、江河湖泊、塘水、收集雨水、其他五类。

② 资料来源：《中国城乡建设统计年鉴（2020）》。

（二）农村人居环境现状分析

自 2018 年实施《农村人居环境整治三年行动方案》以来，我国农村人居环境得到一定程度的改善，农村“脏乱差”问题得到较好解决。但仍存在污水处理率低、生活垃圾无害化处理率及卫生厕所普及率需稳步提升等问题。

1. 人居环境整治取得阶段性成效

由于中国城乡二元经济结构下形成的“重城镇、轻农村”的思维定式，农村基础设施特别是生态环境保护基础设施的建设不被重视（于法稳，2021）。农村环境保护基础设施建设投资长期不足，加上农村居民环保意识淡薄，导致农村人居环境“脏乱差”现象普遍存在。自 2018 年实施《农村人居环境整治三年行动方案》以来，农村人居环境得到一定程度的改善，农村“脏乱差”问题得到较好解决。2018 年以来，累计改造农村厕所 4000 多万户，截至 2020 年年底，我国农村卫生厕所普及率达到 68%以上；[①] 2020 年乡生活垃圾无害化处理率为 48.46%，较 2018 年提高了 16.28 个百分点。同时，95%以上的村庄开展了清洁行动，农村从普遍“脏乱差”转变为基本干净整洁有序。但总体来看，我国农村人居环境质量仍然处于较低水平，难以满足人民群众日益增长的美好生活需要，距共同富裕目标依然存在较大差距。

---

① 中央人民政府：《全国农村卫生厕所普及率超 68%》，2021 年 4 月 8 日，http：//www.gov.cn/xinwen/2021-04/08/content_ 5598294.htm.

2. 污水处理率仍然很低

我国农村污水处理率总体处于低水平状态，是农村人居环境整治主要对象中的短板。有关统计资料表明，2020 年我国城市污水处理率为 97.53%，县城污水处理率为 95.05%，但乡污水处理率仅为 21.67%。[①] 农村生活污水处理难度大，污水处理不仅对技术要求高，而且一次性投入和维护运营成本都较高。目前，村庄的公共污水设施不完善，2019 年仅有 26%的村庄设施比较完备；2019 年实施污水排放收费的村庄不足 10%（李冬青等，2021）。除此，较多厕所污水未纳入生活污水处理的统筹规划，造成厕所污水污染。一些地方在选择农村生活污水处理模式时，未充分考虑村庄地理位置分布、常住人口、生活污水排放特点以及农村集体经济状况等因素，只是简单地将城镇污水管网模式照搬到农村，而运营管护组织、人员、资金、机制缺失，导致设施无法运营或者运营效果不佳。

3. 生活垃圾无害化处理与卫生厕所需稳步推进

农村生活垃圾处理存在明显不足，一是生活垃圾分类严重滞后。上海市、北京市、浙江省等地已出台垃圾分类具体措施并推行，而在广大农村地区普遍缺乏分类意识（王宾、于法稳，2021）。二是农村生活垃圾无害化处理率较低，2020 年乡生活垃圾无害化处理率仅为 48.46%。[②] 尽管村庄都会有习惯上的垃圾集中点，但少有专人负责处理和转运垃圾。三是有些地区的垃圾

① 资料来源：《中国城乡建设统计年鉴（2020）》。

② 资料来源：《中国城乡建设统计年鉴（2020）》。

处理方案并不合理。采用的“户分类、村收集、镇转运、县处理”垃圾处理模式存在明显的弊端，主要包含不适合运输距离远的山区或丘陵地带、运转过程中可能造成二次污染、对城镇垃圾填埋场造成巨大压力三个方面。除此，农村建筑垃圾缺乏必要的管理，处理方式落后、资源化利用率低。

2020 年农村卫生厕所普及率为 68%,[①] 距离共同富裕目标还有一定差距，并且农村厕所革命中存在着明显的适宜性差的问题。对一些高寒地区、民族地区而言，缺乏适应区域气候特点、民族民俗特点的厕所整治技术，盲目将经济发达地区实践效果较好的技术引进来，导致严重的“水土不服”，造成资金的巨大浪费。

二　共同富裕目标下 2035 年农村居住条件与人居环境目标测算

在共同富裕目标下，农村居住条件与人居环境应实现较大幅度的改善，需要注意的是，其改善要分阶段推进，到“十四五”时期末迈出坚实步伐，到 2035 年取得更为明显的实质性进展，最终实现区域之间、城乡之间的高质量均等化。

（一）核心指标选取

在“十四五”时期规划目标和共同富裕目标下，农村居住

① 中央人民政府：《全国农村卫生厕所普及率超 68%》，2021 年 4 月 8 日，http://www.gov.cn/xinwen/2021-04/08/content_5598294.htm.

条件与人居环境核心指标的选取主要依据两者的内涵、相关政策规划中包含的主要内容、年鉴及其他官方平台中数据的可得性。

1. 农村居住条件核心指标选取

2018年中共中央、国务院印发了《乡村振兴战略规划（2018—2022）》，明确指出到2035年，乡村振兴要取得决定性进展，农业农村现代化要基本实现；到2050年，乡村要全面振兴，农业强、农村美、农民富全面实现。在全面推进乡村振兴进程中，特别是在美丽宜居乡村建设中，农村居民对居住条件的要求更高了，不仅需要房屋结构更加坚固，而且需要供水、供燃气、通互联网等居住保障条件更好。因此，结合统计年鉴和官方平台的数据可得性，本报告选择村庄人均住宅建筑面积、村庄住宅混合结构以上建筑面积比例作为体现农村居住面积要求和房屋安全要求的核心指标，选择村庄供水普及率（李礼、陈思月，2018）、村庄燃气普及率、通互联网的行政村比例、村庄内硬化道路面积占比等指标表征农村居住条件中的居住保障条件（见表2）。

表2　2035年农村居住条件和人居环境评价指标体系及计算方式

一级指标	二级指标	计算方式或含义
农村居住条件	村庄人均住宅建筑面积（平方米）	村庄内住宅建筑面积的人均值
	村庄住宅混合结构以上建筑面积比例（%）	村庄住宅混合结构以上面积占住宅建筑总面积之比
	村庄供水普及率（%）	村庄供水普及人口数目占村庄总人口之比
	村庄燃气普及率（%）	村庄燃气普及人口数目占村庄总人口之比

续表

一级指标	二级指标	计算方式或含义
农村居住条件	通互联网的行政村比例（%）	通光纤和通 4G 的行政村数量占所有行政村之比
	村庄内硬化道路面积占比（%）	村庄内硬化道路面积/村庄内道路面积
农村人居环境	乡污水处理率（%）	乡污水处理量占乡污水总量之比
	乡生活垃圾无害化处理率（%）	乡生活垃圾无害化量占乡生活垃圾总量之比
	农村卫生厕所普及率（%）	农村卫生厕所量占农村厕所总量之比
	人均公园绿地面积（平方米）	以乡级数据表示，指公共绿地的人均占有面积

2. 农村人居环境核心指标选取

2018 年年初，国务院办公厅印发《农村人居环境整治三年行动方案》，方案指出以农村生活垃圾治理、厕所粪污治理、生活污水治理、提升村容村貌等为主要方向，改善农村人居环境，建设美丽宜居乡村。2021 年 12 月，中共中央办公厅、国务院办公厅又接续印发了《农村人居环境整治提升五年行动方案（2021—2025 年）》，在总结 2018 年农村人居环境整治三年行动实施以来取得的阶段性成效之上，对农村厕所革命、生活污水治理、生活垃圾治理和村容村貌提升提出了更高、更细的要求。因此，结合统计年鉴和官方平台的数据可得性，本报告选择乡污水处理率、乡生活垃圾无害化处理率、农村卫生厕所普及率和乡人均公园绿地面积等指标来表征农村人居环境（见表 2）。

（二）2035 年农村居住条件与人居环境目标测算

由历年《中国城乡建设统计年鉴》中的数据得到表征农村

居住条件和人居环境指标的近 5 年和近 10 年的年均增速，进而计算各指标 2021—2035 年的可能值，再结合相关规划及政策的要求适当调整，得到共同富裕目标下 2035 年农村居住条件和农村人居环境的目标测算值。

1. 农村居住条件目标测算

对比表征农村居住条件核算指标的年均增速发现，村庄住宅混合结构以上建筑面积比例、供水普及率、燃气普及率、硬化道路面积占比这 4 个指标近 5 年的年均增速均快于近 10 年的增速（见表 3）。

表 3　　2010—2020 年各指标数据及年均增速

年份	村庄住宅混合结构以上建筑面积比例（%）	村庄供水普及率（%）	村庄燃气普及率（%）	村庄内硬化道路面积占比（%）	乡污水处理率（%）	乡生活垃圾无害化处理率（%）	卫生厕所普及率（%）	乡人均公园绿地面积（平方米）
2010	62. 04	54. 1	19. 00					0. 88
2011	63. 10	56. 15	19. 10					0. 90
2012	64. 00	57. 77	19. 40					0. 95
2013	64. 36	59. 57	19. 76	30. 79				1. 08
2014	64. 98	69. 26	20. 32	29. 92				1. 07
2015	65. 65	63. 42	21. 35	31. 62	11. 46	15. 82		1. 10
2016	66. 30	65. 23	22. 52	31. 71	11. 38	17. 03		1. 11
2017	69. 67	75. 51	27. 00	41. 43	17. 19	23. 62		1. 65
2018	70. 49	77. 69	28. 59	44. 99	18. 75	32. 18		1. 50
2019	74. 78	80. 98	31. 36	38. 70	18. 21	38. 27		1. 59

续表

年份	村庄住宅混合结构以上建筑面积比例（%）	村庄供水普及率（%）	村庄燃气普及率（%）	村庄内硬化道路面积占比（%）	乡污水处理率（%）	乡生活垃圾无害化处理率（%）	卫生厕所普及率（%）	乡人均公园绿地面积（平方米）
2020	76.86	83.37	35.08	43.10	21.67	48.46	68.00	1.76
近5年年均增速	3.22	5.74	10.56	7.38	15.11	25.63		11.43
近10年年均增速	2.18	4.63	6.47	5.68	15.11	25.63		8.05

资料来源：笔者根据历年《中国城乡建设统计年鉴》的数据整理和计算得到。

分别按照表征农村居住条件4项指标的近5年年均增速和近10年年均增速依次计算各指标2021—2035年的可能数值并作图（见图2、图3）。

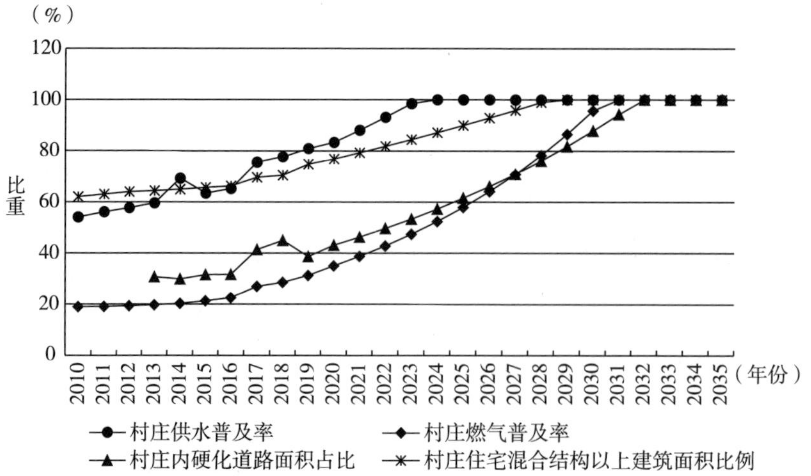

图2　按近5年年均增长率预测农村居住条件变化

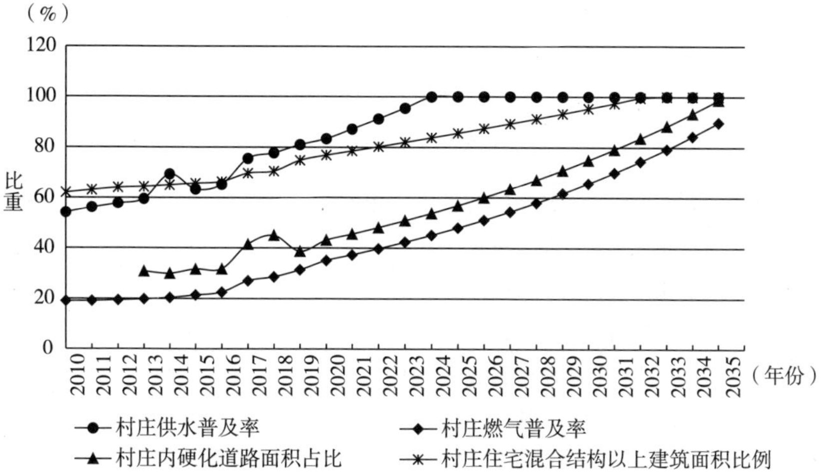

图3 按近10年年均增长率预测农村居住条件变化

按照指标的年均增速预测，村庄住宅混合结构以上建筑面积比例按照近5年年均增长率可预计到2029年将达到100%，按照近10年年均增长率可预计到2033年将达到100%。

我国村庄供水普及率按照近5年和近10年年均增长率可计算到2024年、2025年即可达到全覆盖。同时，2022年2月，国务院印发的《“十四五”推进农业农村现代化规划》（以下简称《规划》）指出，农村自来水普及率“十四五”时期预期增长5%，预计到2025年可达到88%。由《规划》中的年均增速（累计）可预计到2035年农村自来水普及率达98%，与按指标年均增速计算的结果相近（见表4）。

村庄燃气普及率按照近5年年均增长率可预计到2031年达到全覆盖，按照近10年年均增长率可预计到2035年达到近90%。因此，本报告预测2035年村庄燃气普及率将达90%以上。中共中央办公厅、国务院办公厅印发的《数字乡村发展战略纲要》

表 4　　2035 年农村居住条件和人居环境指标的目标值

一级指标	二级指标	2020 年基期值	2035 年目标值
农村居住条件	村庄人均住宅建筑面积（平方米）	34.31	—
	村庄住宅混合结构以上建筑面积比例（%）	76.86	100
	村庄供水普及率（%）	83.37	100
	村庄燃气普及率（%）	35.08	≥90
	通互联网的行政村比例（%）	98.00	100
	村庄内硬化道路面积占比（%）	43.10	≥98
农村人居环境	乡污水处理率（%）	21.67	≥65
	乡生活垃圾无害化处理率（%）	48.46	100
	农村卫生厕所普及率（%）	68.00	≥98
	乡人均公园绿地面积（平方米）	1.76	—

注：部分指标缺少形势判断的依据，故不进行 2035 年目标值预测。

要求，到 2035 年数字乡村建设取得长足进展。2020 年年底全国行政村通光纤和通 4G 比例均已超过 98%，可预计到 2035 年将达到全覆盖。村庄内硬化道路面积占比按照近 5 年年均增长率可预计到 2032 年达到 100%，按照近 10 年均增长率可预计到 2035 年达到 98%以上。同时，《“十四五”推进农业农村现代化规划》中预期 2025 年较大人口规模自然村通硬化路比例将达 85%以上，由此预计 2035 年的比例与按年均增速计算结果相近（见表 4）。

此外，《中国农村扶贫开发纲要（2011—2020 年）》（以下简称《纲要》）提出“到 2020 年，稳定实现扶贫对象不愁吃、不愁穿，保障其义务教育、基本医疗和住房”，即首次提出“两不愁三保障”的内容。关于住房，《纲要》指出“做好村庄规划，扩大农村危房改造试点，帮助贫困户解决基本住房安全问题”，即主要要求保障住房安全，并没有对人均住房面积的要求。《中华人民共和国土地管理法实施条例》（2021 年第三次修订）中也没有对农村人均住房面积的要求。2016 年 9 月，国家发改委发布出台《全国“十三五”易地扶贫搬迁规划》，要求建档立卡搬迁户住房建设面积严格执行不超过人均 25 平方米的标准。而 2020 年，村庄人均住宅建筑面积已达到 34.31 平方米，水平已不低。鉴于人均住宅面积没有形势判断的依据，因此对该指标不做预测。

2. 农村人居环境目标测算

对比表征农村人居环境核算指标的年均增速发现，我国乡污水处理率、乡生活垃圾无害化处理率的增长率自 2015 年起有统计数据（见表 3）。分别按照表征农村人居环境指标的年均增速计算各指标 2021—2035 年的可能数值并作图（见图 4）。

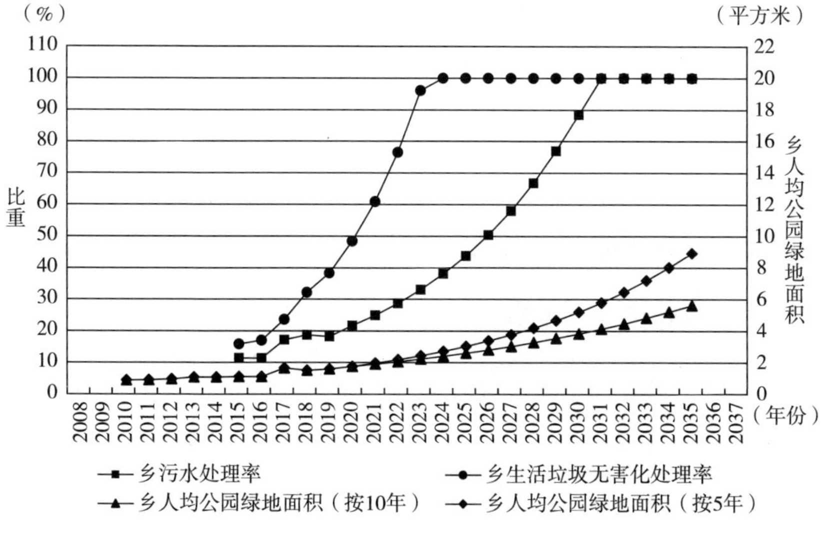

图 4　按近 5 年和近 10 年年均增长率预测农村人居环境变化

由统计年鉴可知，2020 年我国乡污水处理率仅为 21.67%，与我国城市及发达国家的污水处理率还存在明显差距。按照乡污水处理率的年均增长率，预测到 2031 年乡污水处理率达到 100%，但需要结合实际难度和相关规划调整。2022 年 1 月发布的《农业农村污染治理攻坚战行动方案（2021—2025 年）》提出，到 2025 年，全国农村生活污水治理率目标达到 40%。而截至 2021 年，农村污水处理率仅为 28%左右，[①] 距离“十四五”计划目标相差 12%。按照此年均增速（累计）预计 2035 年农村污水处理率不低于 65%（见表 4）。

2015 年乡生活垃圾无害化处理率为 15.82%，按照年增长速度可预计到 2035 年乡生活垃圾处理率达到 100%。2018 年《农村人居环境整治三年行动方案》实施以来，农村卫生厕所普及率每年约提高 5 个百分点，2020 年已达到 68%以上，并估计 2021 年超过 70%。[②] 按照这个 2%的年增长率预计到 2035 年农村卫生厕所普及率达 98%。除此，虽然乡人均公园绿地面积依据年均增速预计到 2035 年为 5 平方米，但没有形势判断的依据，故不做 2035 年目标值预测。

三　实现农村居住条件与人居环境目标的路径及对策

基于上述共同富裕目标下农村居住条件与人居环境现状分

① 生态环境部：《2025 年全国农村生活污水治理率将达 40%》，2022 年 4 月 23 日，https://www.mee.gov.cn/ywdt/spxw/202204/t20220425_975880.shtml.

② 中央人民政府：《截至去年底全国农村卫生厕所普及率近七成——全面提升农村人居环境质量》，2021 年 12 月 7 日，http://www.gov.cn/xinwen/2021-12/07/content_5658025.htm.

析、2035年农村居住条件与人居环境目标的测算，本部分提出实现农村居住条件与人居环境目标的路径及对策。

（一）实现农村居住条件目标的路径及对策

要实现共同富裕对农村居住条件改善目标的要求，就要从科学调整村庄规划、深化危房普查并改造、改善居住保障条件和渐进式推进城镇化四个方面推进。

1. 科学调整村庄规划

在尽可能保持村庄原本的自然风貌、加强历史名村的保护之上，根据不同地区的经济发展水平、生活生产需要，科学调整村庄规划，解决房屋分散问题，便于加强邻里间的沟通与互助、公共设施的建设与维护。同时村庄规划应与产业规划相结合、同步推进，助力农村第一、第二、第三产业融合发展，促进乡村产业振兴。在村庄规划中，要维护农民切身利益、尊重农民自身意愿，激发农民的自主性与积极性，进而提高村民的主人翁意识和爱护、监督意识。除此，注重创新，可通过购买、置换和长期租赁闲置安全房，盘活农村闲置农房和住宅，有效避免重复建设造成资金、人力浪费等问题。稳慎推进农村宅基地改革，充分利用土地资源，优化农村土地资源配置，提高农民的经济收入。

2. 深化危房普查并改造

全面启动农村住房普查和危房认定鉴定工作，精准落实改造计划的责任和对象。结合地方经济水平、危房等级、农民改造意愿，提供加固维修、拆除重建和建设保障住房等多种改造方式，并对特困人口住房实行兜底保障，让更多的困难家庭拥有安全的自住房，增强其安全感和幸福感。其中，政府应以农民的切身利益为出发点和落脚点，构建多元化的住房保障体系，可参照城镇的廉租房、公租房、保障房等方式，切实改善生活困难的农户对“安居”的基础需求。

因地制宜地制定危房改造补助标准，稳步提高农村住宅混合结构以上建筑面积比例。鼓励地方政府根据人口数量、危房等级等因素设定分级、分类补助标准，打捆使用各级补助资金，统筹规划并修缮、重建等，降低总体成本。通过签订质保协议、施工保修协议等方式，压实各方主体的质量安全责任；并总结农村危房改造技术经验，供其他地区借鉴。除此，开展地方技术指导。组织技术服务小组深入一线，针对自建房施工流程、质量把控等重要环节定期开展工匠培训。

3. 改善居住保障条件

强化我国农村居民的居住保障条件是提高农民生活质量、改善居住体验的重要基础。在有效开发利用太阳能、沼气等清洁能源外，推进燃气基础设施建设，大力加强农村燃气管网的建设与维护，并做好入户的“最后一公里”连接，提高燃气供给率，让农户做饭、取暖更安全、便捷。加大资金投入，加强农村自来水管网的建设和维护，同时进一步提高城市管网的配水能力、扩大供水区域，通过科学规划尽快实现城市自来水管道对周边农村区域的覆盖或与农村管道的连接，切实提高自来水的入户供给率，保障广大农村居民的饮水安全和用水卫生，减少疾病的发生。加强农村互联网基站等的维护与升级，推进5G加速向农村地区覆盖，提高农村居民生活和生产中对互联网的应用。除此，可结合《农村人居环境整治提升五年行动方案（2021—2025年）》等相关政策，整合资金、人力等资源，优先补短板，逐步全面改善农村居民的居住保障条件，提高农民生活质量。

4. 渐进式推进城镇化

加强农村基础设施建设，渐进式推进城镇化，让社会发展成果更公平地惠及广大人民。逐步提升村庄内硬化道路面积占比，让农村道路质量升级并打通与县域道路间的连接通道，建立以县域为载体的全域覆盖的交通网络；有条件的地区可优先实施巷道和入户道路硬化改造提升工程，再逐步推进至其他地区。进一步提高建制村的通客车率，提高每日班次。同时，完善周边诊所、学校、集市、绿地等公共配套设施，推进城乡融合发展，逐步打造可与城市“看齐”的硬件条件，完善农村居住条件，促进城乡间的人员、资金、资源的流动，为推进共同富裕奠定基础。除此，相关部门要发挥好宣传、引导作用，加大住房卫生和安全宣传力度，普及生活卫生和用火用电安全防范知识，提升居民健康生活及安全居住的意识。

（二）实现农村人居环境目标的路径及对策

2021年12月，中共中央办公厅、国务院办公厅印发的《农村人居环境整治提升五年行动方案（2021—2025年）》强调，改善农村人居环境是从战略和全局高度做出的重大决策部署，事关广大农民根本福祉，事关农民群众健康，事关美丽中国建设。要实现共同富裕对农村人居环境改善目标的要求，必须把农村人居环境整治提升放在更加突出的位置，全面提高农村人居环境质量和水平。

1. 完善农村人居环境整治提升的重点内容

根据农村人居环境整治提升的现实需求，结合不同区域的自然状况、社会经济及乡村特点，从国家层面对农村人居环境整治提升进行区域布局，可划分出优先提升区、重点提升区、持续推进区等类型，并依据不同类型的特点，因地制宜地确定重点内容及优先序。在依据重点内容和优先序推进厕所革命、生活污水治理、生活垃圾治理和村容村貌提升时，不仅要做好设施规划及建设，还需提出与此相适应的机制、制度等内容，以保障硬件设施能够发挥预期效果。

2. 加大农村人居环境整治提升的资金投入

根据农村人居环境整治提升的需要，国家层面、省级层面进一步加大财政资金的投入力度，切实做到公共财政更大力度向农村倾斜，并逐步建立公共财政投入的稳定增长机制，为农村人居环境整治提升持续提供资金保障。同时，切实将提高资金利用效率作为高质量推动农村人居环境整治提升行动的重点，确保资金发挥应有的作用。此外，可利用财政资金引导和激励多元主体参与到农村人居环境整治中，包括利用财政资金引导和激励社会资本、金融资本、村集体投入和农民投资投劳（崔红志、张明明，2022）。

3. 提升农村人居环境整治提升的技术规范

提升农村人居环境整治提升的技术规范，依据不同区域农村人居环境的实际情况，因地制宜地选择设施、模式，确保这些设施能正常投入使用且可持续使用。一是生活垃圾处理不能盲目推崇“户分类、村收集、镇转运、县处理”模式，要充分考虑“农村生活垃圾进城”可能导致的负面影响，并建立完善的应急预案；在不便于集中收集处置农村生活垃圾的地区，要因地制宜采用小型化、分散化的无害化处理方式，降低设施建设和运行的成本①。二是在适宜区域推广生活污水与厕所革命一体化处理模式，保障生活污水的有效处理。切不可盲目地将城镇生活污水处理的管网模式照搬到广大农村地区。三是各地区要科学对待浙江“千村示范、万村整治”等经验，学习其先进的理念、系统完善的管理制度，再结合实际情况确定适宜的模式。另外，要有序推进村庄治理，继续实施乡村清洁工程、增加绿地面积，开展创建“绿色家园”行动。

4. 健全农村人居环境整治提升的长效机制

推动农村人居环境整治及提升，推动美丽宜居乡村的建设，需要建立健全农村人居环境整治提升的长效机制。一是建立健全干部监督考核机制。“十四五”时期应尽快将农村人居环境整治的成效纳入干部的考核范畴，建立干部评估与监督机制并不断完善。二是建立农村人居环境整治提升行动的农民参与机制。应发挥村规民约、民族风俗等非正式制度的作用，并与村集体经济发展、星级家庭评比等有机衔接起来，调动农民的主动性、积极性，让农民真正参与到农村人居环境整治提升行动的全过程。三

① 生态环境部：《农业农村污染治理攻坚战行动方案（2021—2025 年）》，2022 年 1 月 19 日，https：//www. mee. gov. cn/xxgk2018/xxgk/xxgk03/202201/t20220129_ 968575. html.

是保障政策的连续性。“十四五”时期末是农村人居环境整治提升五年行动方案的收官之年，但以农村污水治理为主的人居环境仍需要继续提升，后续仍需要相关接续政策的支撑，才能实现共同富裕目标下的人居环境目标。

参考文献

1. 崔红志、张鸣鸣：《农村人居环境整治的多元主体投入机制研究——以河南省为例》，《农村经济》2022 年第 3 期。
2. 李礼、陈思月：《居住条件对健康的影响研究——基于 CFPS2016 年数据的实证分析》，《经济问题》2018 年第 9 期。
3. 李冬青等：《农村人居环境整治效果评估——基于全国 7 省农户面板数据的实证研究》，《管理世界》2021 年第 10 期。
4. 李实：《共同富裕路上的乡村振兴的问题、挑战与建议》，《兰州大学学报》(社会科学版) 2021 年第 3 期。
5. 王宾、于法稳：《“十四五”时期推进农村人居环境整治提升的战略任务》，《改革》2021 年第 3 期。
6. 习近平：《扎实推进共同富裕》，《求是》2021 年第 20 期。
7. 于法稳：《“十四五”时期农村生态环境治理：形势、困境及对策》，《中国特色社会主义研究》2021 年第 1 期。
8. 中华人民共和国国务院新闻办公室：《中国的全面小康》，人民出版社 2021 年版。

农民就业创业致富的实现路径

李 昊 年 猛*

摘 要： 在新发展阶段，农民更加充分、更高质量地就业、积极地创业，事关农民增收致富，也是缩小城乡居民收入差距和实现共同富裕目标的关键。近年来，我国农民越发倾向于就近就地就业，从事的行业也趋于多元化，农民工月均收入稳定增长。与此同时，返乡创业人数在持续增加，催生了农村的新产业、新业态，带动农民增收致富的效果显著。但是受到新冠肺炎疫情、经济下行压力等多重因素叠加影响，农民就业创业面临一些困境，包括宏观经济形势带来的总体就业压力、农村就业创业环境相对较差、农民工依然面临就业歧视的困扰、农民自身人力资本水平偏低等，都在一定程度上制约了农民通过就业创业实现共同富裕。为应对困境，本报告提出可以按照“挖掘农村内部就业空间、改善农村就业创业环境、拓宽外出就业渠道和激发农民就业

* 李昊，经济学博士，中国社会科学院农村发展研究所助理研究员，主要研究方向为城乡劳动力流动、人口老龄化和农村人力资本积累；年猛，经济学博士，中国社会科学院农村发展研究所副研究员，主要研究方向为区域经济学。

致富内生动力”作为总体思路，推进农民实现高质量的就业创业新局面，促进农民增收致富。此外，本报告认为应将加快高质量农业发展、打造富农产业、增强农村创业环境吸引力、提升公共就业服务水平、开展精准技能培训等作为政策着力点，保障农民更充分和更有质量地就业创业，进而实现共同富裕的目标。

关键词： 农民就业　农民创业　农民致富　共同富裕

The Path for Farmers to Achieve Prosperity through Employment and Entrepreneurship

Li Hao　Nian Meng

Abstract: Higher quality employment and more active entrepreneurship of farmers could promote farmers to increase their income and become rich, which is the basis for narrowing the income gap between urban and rural residents and realizing the goal of common prosperity. On the one hand, the total number of migrant workers continues to increase, and their average monthly income is growing steadily. At the same time, farmers are more and more inclined to find employment nearby and locally, and the industries engaged by farmers tend to be diversified. On the other hand, the number of people returning home to start businesses continues to increase, giving birth to new industries and new formats in rural areas, which has a significant effect on increasing farmers' income. However, affected by multiple factors such as the COVID-19 and the downward pressure on the economy, farmers face some difficulties in getting rich through employment and entrepreneurship, including the overall employment and entrepreneurship pressure brought about by the macroeconomic situation, the poor employment and entrepreneurship environment in rural areas, the discrimination against migrant workers in the labor market, and the low level of farmers' own human capital. To some extent, it is difficult to farmers to achieve common prosperity through employment and entrepreneurship. In order to deal with the dilemma, we suggest that the general idea is to "tap the employment space in rural areas, improve the employment and entrepreneurship environment in rural areas, broaden the channels of going out for employment and stimulate the endogenous driving force of farmers'employment and prosperity". Then we could promote farmers to achieve a new situation of high-quality employment and entrepreneurship. In addition, this paper puts forward the policy focus, including accelerating the development of high-quality agriculture, developing the rich peasant industry, enhancing the attractiveness of rural entrepreneurship environment, improving the level of public employment services, and carrying out accurate training. These policies can ensure the better quality of farmers' employment and entrepreneurship, and finally achieve the goal of common prosperity.

Key Words: Farmers' Employment; Farmers' Entrepreneurship; Farmers' Income Growth; Common Prosperity

就业是民生之本，创业是就业之源。在新发展阶段，促进农民更加充分和更有质量地就业，鼓励农民积极创业，事关农民增收致富，也是缩小城乡居民收入差距和实现共同富裕目标的基础。近年来，受新冠肺炎疫情、经济下行压力等多重因素叠加影响，部分农民的就业创业面临一些困难，进而影响其增收致富。为应对困境，可以将挖掘农村内部就业空间、改善农村就业创业环境、拓宽外出就业渠道和激发农民就业致富内生动力作为总体思路，持续推动农民实现更加充分、更高质量就业创业的新局面。此外，加快高质量农业发展、打造富农产业、增强农村创业环境吸引力、提升公共就业服务水平和开展精准技能培训等是保障农民就业创业致富的政策着力点。

一　迈向共同富裕背景下农民就业创业的现状分析

随着中国城镇化进程的不断推进，农村内部就业人员总量不断减少，农业就业人口及其占比继续下降，新产业、新业态发展吸纳更多农民就业；农民工越发倾向于就近就地就业，从事行业也趋于多元化，月均收入稳定增长；返乡创业人数持续增加，促进农村第一、第二、第三产业融合发展，带动农民增收致富的效果显著。总体而言，在迈向共同富裕的背景下，现阶段农民就业创业呈良好发展的局面。

（一）农村内部农业就业人口及其占比继续下降，新业态发展吸纳更多农民就业

预计到2025年，中国城镇化率将达到65.5%，保守估计新增农村转移人口在8000万人以上（魏后凯等，2020），因此农村内部就业人员总量还将不断减少。此外，从农村内部人员就业结构来看，尽管第一产业仍是农村吸纳劳动力的第一大产业，但从趋势来看，农村人员就业趋于多元化，农业就业人员所占比重自改革开放以来就呈不断下降的趋势。

1. 农业就业人员数量及其占比呈持续下降趋势

我国农村就业人员中，从事第一产业，即农业就业人员数量及其占比也呈现出波动式下降趋势。首先，根据农村内部就业人员的从业结构来看（见图1），从1980年开始从事第一产业人员的总数及其所占比重呈波动式下降的趋势。2020年我国农村就业人员从事第一产业人数及其比重为17715万人和61.5%，与2010年相比，分别减少了10216万人和近6个百分点。此外，根据魏后凯等（2020）的预测，到2025年全国农业就业人员占全部就业人员的比重将下降到20%左右，农业就业人口会继续减少。

2. 农村新业态发展潜力大，带来更多就业和创业机会，成为农民增收致富的“新引擎”

休闲农业与乡村旅游、农村电商快速发展，农产品加工业保

持稳中增效，成为农村经济发展的新动力。根据农业农村部的数据显示，2020 年我国休闲农业、农林牧渔业及辅助性活动、农村电商等营业收入超 3 万亿元，预计到 2025 年乡村休闲旅游年接待游客将达 40 亿人次。[①] 农村电商发展空间巨大、休闲农业和乡村旅游需求空间大、特色农产品加工业发展前景广阔，未来将成为吸纳农民就业的重要力量。

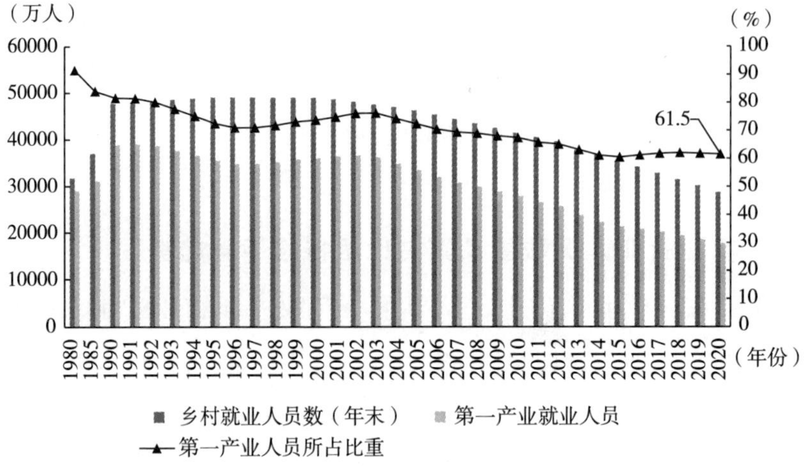

图 1　1980—2020 年中国农村就业基本构成

资料来源：2021 年《中国农村统计年鉴》。

（二）农民工就近就地就业比重逐渐提高，月均收入稳定增长

由于新冠肺炎疫情的发生对外出务工的影响较大，2020 年

① 具体参见农业农村部网站，http：//www.xccys.moa.gov.cn/gzdt/202111/t20211118_6382484.htm.

全国农民工[①]总量为28560万人，比上年减少517万人，下降1.8%，但根据2021年农民工监测调查报告的数据，我国农民工总量有所回升，至2021年年底达到29251万人。农民工就地就近就业的比重逐渐提高，本地农民工[②]增速高于外出农民工。[③]在2021年，第三产业就业的农民工比重有所下降，但第三产业依然超越第二产业成为吸纳农民工就业的主要产业。此外，近年来农民工月均收入保持稳定增长。

1. 农民工越来越趋向于就近就地就业

这两年，农民工的就业形势出现了一些新的特点，农民工跨省就业的比重在下降，农民工返乡的情况比较普遍。本地农民工占全部农民工比重自2011年以来一直呈增加态势，占比由37.2%增加至2021年的41.3%，而同期外出农民工占全部农民工比重则由62.8%下降至58.7%；尽管外出农民工依然占据半壁江山，但从外出农民工内部流向来看，省内流动外出农民工占全部外出农民工比重自2011年占据一半以来，一直呈增加趋势，2021年已经达到58.5%，省内流动已经成为外出农民工主要流向。2021年省内外出农民工和本地农民工占全部农民工比重已经达到75.6%，表明农民工越来越趋向于就近就地就业。

① 按照国家统计局的定义，农民工是指户籍仍在农村，在本地从事非农产业或外出从业6个月及以上的劳动者。

② 按照国家统计局的定义，本地农民工是指在户籍所在乡镇地域以内从业的农民工。

③ 按照国家统计局的定义，外出农民工是指在户籍所在乡镇地域外从业的农民工。

表 1　　农民工从事行业分布情况（2017—2021 年）　　单位:%

行业类型 \ 年份		2017	2018	2019	2020	2021
第一产业		0.5	0.4	0.4	0.4	0.5
第二产业		51.5	49.1	48.6	48.1	48.6
其中	制造业	29.9	27.9	27.4	27.3	27.1
	建筑业	18.9	18.6	18.7	18.3	19.0
第三产业		48.0	50.5	51.0	51.5	50.9
其中	批发和零售业	12.3	12.1	12.0	12.2	12.1
	交通运输、仓储和邮政业	6.6	6.6	6.9	6.9	6.9
	住宿和餐饮业	6.2	6.7	6.9	6.5	6.4
	居民服务、修理和其他服务业	11.3	12.2	12.3	12.4	11.8
	公共管理、社会保障和社会组织	2.7	3.5	—	—	—
	其他	8.9	9.4	12.9	13.5	13.7

注：“—”表示未统计。

2. 第三产业成为吸纳农民工就业的主要产业

蓬勃发展的新产业、新业态正在不断拓宽农民工的就业空间，尤其是数字经济、平台经济、共享经济等新兴领域和养老托幼、家政服务、物流快递、农村电商等新兴产业用工需求快速增长，成为吸纳农民工就业的重要领域。从 2018 年开始，第三产业超越第二产业成为吸纳农民工就业的主要产业。虽然在 2021 年，第三产业就业的农民工比重有所下降，但第三产业依然吸纳了 50.9%的就业农民工，成为吸纳农民工就业的主要产业（见表 1）。其中，从事居民服务、修理和其他服务业的农民工比重为 11.8%，比上年下降 0.6 个百分点；从事批发和零售业的农民工比重为 12.1%，比上年下降 0.1 个百分点；从事住宿和餐饮业的农民工比重为 6.4%，比上年下降 0.1 个百分点。

3. 农民工月均收入稳定增长

农民工月均收入稳定增长，2021 年农民工月均收入为 4432 元，比 2020 年增加 360 元，增长率为 8.8%。其中，外出农民工月均收入增速快于本地农民工，外出农民工月均收入 5013 元，比上年增加 464 元，增长 10.2%；本地农民工月均收入 3878 元，比上年增加 272 元，增长 7.5%。

（三）农民工返乡创业整体概况

近年来，国家不断支持农民工、大中专毕业生、退役军人、科技人员和工商业主等返乡入乡创业。我国返乡创业人数在持续增加，农村创业主体主要以返乡农民工为主，农民通过创业激活了农村资源要素，带动增收致富的效果显著。

1. 返乡创业人数持续增加

返乡下乡创业人数持续增加，根据农业农村部公布的数据显示：随着乡村振兴战略的大力推进和农村创新创业政策的不断完善，农村地区对创业人员的吸引力不断增强，至 2020 年，全国各类返乡入乡创业创新人员达到 1010 万人。[①] 根据农业农村部的预测，到 2025 年我国返乡入乡创业人员将超 1500 万人，农村创业带头人达到 100 万人。

① 具体参见中国政府网站：http://www.gov.cn/xinwen/2021-10/19/content_5643590.htm.

2. 农村创业的主体主要是返乡农民工群体

当前农村创业的主体集中于返乡农民工群体，他们通过在外务工，形成了创业资金、技术、信息、人力资本等方面的优势，与家乡自然地理、创业政策等优势资源整合，带动了当地经济社会发展。根据农业农村部发布相关报告显示：截至2022年3月底，全国返乡入乡创业人数累计达到1120多万，其中70%是返乡创业的农民工，占据绝对主体地位。[①]

3. 农民创业带动增收致富的效果显著

农业农村部发布的数据显示，农村“双创”人员绝大多数创办的都是农村产业融合类项目，其中80%以上是乡村第一、第二、第三产业融合项目，广泛涵盖特色种植养殖业、农产品加工业、休闲农业和乡村旅游、信息服务等农村第一、第二、第三产业，并呈现交叉融合、竞相迸发的态势。有利于激活农村资源要素，促进乡村振兴，带动农民增收致富。此外，农民工返乡创办的企业大多属于劳动密集型，用工量大、门槛低，吸纳了大批农民就业，成为以工促农、以城带乡的有效载体。经过测算，一个返乡创业项目，平均可吸纳当地6—7个农民稳定就业，带动当地17个农民灵活就业，[②] 带动农户就业增收效果显著，为农民增收致富开拓了新渠道。

---

① 具体参见农业农村部网站：http：//www. moa. gov. cn/xw/shipin/xwzx/202204/t20220427_6397912. htm.

② 具体参见农业农村部网站：http：//www. moa. gov. cn/ztzl/ymksn/spbd/xwlb/202112/t20211231_ 6386081. htm.

二　现阶段农民就业创业致富面临的主要困境

近年来，受新冠肺炎疫情、经济下行压力等多重因素叠加影响，农民就业创业致富面临一些困境，包括宏观经济形势复杂严峻带来的总体就业创业压力、农村就业创业环境较差、劳动力市场上对农民工的歧视现象依然存在、农民自身人力资本水平偏低等问题，在一定程度上制约了农民通过就业创业实现共同富裕。

（一）宏观经济形势复杂严峻，农民就业增收面临压力

当前中国宏观经济面临中美贸易摩擦升级隐忧、新冠肺炎疫情对国内和全球经济冲击以及国内经济结构调整步入“新常态”等挑战。农民的非农就业机会减少，农民增收的难度日益加大。

一方面，近年来农民增收主要源于工资性收入，但随着中国已经步入经济新常态，宏观经济增速放缓以及机器人等资本替代将减少对农民工的需求（魏后凯，2016），农民工资性收入的增长趋势将很有可能面临反转。与此同时，由于疫情导致交通、销售等途径不畅，在田蔬菜、瓜果，在圈畜禽，在塘水产品等农产品不能及时采收和销售，农民家庭经营性收入也难以实现大幅增长。由此可见，在现阶段宏观经济形势下，农民收入增速连续多年高于城市居民的态势将面临诸多挑战，农民就业增收空间可能受到进一步压缩。

另一方面，由于受新冠肺炎疫情的影响，农民外出就业压力

增加，部分农民失去原有就业岗位，导致部分农民外出务工的工资性收入减少。农民工的显性失业率虽然并不高，但是可能存在大量的农民工隐性失业现象。尽管各地方政府都进行了一系列的政策扶持，要求企业尽快“复工复产”和尽量地减少裁员，以确保农民工就业和收入稳定。可是在疫情反复发生的情形下，整体消费萎靡，企业订单减少，部分企业复工后也未能达到稳产达产，企业生存困难增加。不少企业实行弹性就业、轮岗调薪、轮岗轮休、缩短工时等方式来应对疫情冲击。因此，相当一部分的农民工就业和收入变得十分不稳定，或只能领取基本工资，处于隐性失业或者半失业的状态。

（二）农村地区就业创业环境存在较大短板，制约了农民就业创业致富

随着我国城镇化的快速推进，农村劳动力、资金等生产要素资源不断流入城市和工业部门，造成农村地区人口结构不合理、“空心村”大量增加以及农民居住环境差等问题，形成“农村病”（魏后凯，2016），进一步导致了农村生产要素短缺，农村地区长期可持续发展的内生动力不足，制约了农民就业创业致富。

一是农村长期发展动力不足，无法提供更多就业岗位和增收潜力。一方面，农村大量青壮年劳动力外出务工，衍生出农村劳动力老龄化、“空心化”等各类社会问题，导致了农村生产要素短缺。另一方面，农村第一、第二、第三产业融合层次低，产业链条短、融合层次浅的问题依然突出，乡村产业附加价值低，无法为农民提供更多就业岗位和增收潜力。农村地区经济增长的内

生动力不足，不利于农村地区长期可持续发展，制约农民增收致富。

二是农村的创新创业环境存在短板，制约了农民创业积极性和创业成功率。根据张海鹏等（2019）研究，当前农民工返乡以就业为主，创业人员仅占返乡农民工总数的 23.57%。这可能是由于农村创新创业的环境较差，与城市相比农村地区的基础设施建设落后、金融市场欠发达、缺乏高层次的创业人才，这些因素都在一定程度上阻碍了农民创业的积极性和创业的成功率，进而制约农民通过创业带动当地就业以及通过创业致富。

（三）劳动力市场上，农民工依然面临就业不平等和工资差距的困境

进入 21 世纪以来，随着中国政府不断推进户籍制度改革，农民工在劳动力市场上的地位开始逐渐改善（张海鹏，2019），劳动力市场上对农民工的工资和就业门槛歧视有所降低（孙婧芳，2017），城乡劳动力市场一体化程度也显著提高（都阳，2016），但总体来看劳动力市场上的农民工歧视依然存在。

首先，农民工工资收入显著低于城镇就业人员，并且两者之间的差距还在扩大。农民工与城镇就业人员收入在 2018—2020 年呈扩大趋势（见表 2）：总体来看，2018—2020 年，农民工月收入由 3721 元增加至 4072 元，而同期的城镇就业人员月工资由 6868 元增加至 8115 元，城镇就业人员平均月工资与农民工月收入之比由 1.85 增加至 1.99。这表明，劳动力市场上农民工收入不仅显著低于城镇就业人员平均收入，并且两者之间的差距呈扩大趋势。

表2　　农民工与城镇就业人员收入比较（2018—2020年）

行业	农民工（元/月）			城镇就业人员（元/月）			城镇/农民工		
	2018年	2019年	2020年	2018年	2019年	2020年	2018年	2019年	2020年
合计	3721	3962	4072	6868	7542	8115	1.85	1.90	1.99
制造业	3732	3958	4096	6007	6512	6899	1.61	1.65	1.68
建筑业	4209	4567	4699	5042	5465	5832	1.20	1.20	1.24
交通运输、仓储和邮政业	4345	4667	4814	7376	8088	8387	1.70	1.73	1.74
批发和零售业	3263	3472	3532	6713	7420	8043	2.06	2.14	2.28
住宿和餐饮业	3148	3289	3358	4022	4196	4069	1.28	1.28	1.21
居民服务、修理和其他服务业	3202	3337	3387	4612	5019	5060	1.44	1.50	1.49

资料来源：笔者根据国家统计局相关数据整理计算得到。

其次，农民工面临工资歧视问题，同业不同酬现象普遍。从农民工主要从业的六大行业所获得的收入与同行业的城镇就业人员工资比较来看（见表2）：所有行业农民工所获得的月收入都显著低于同行业的城镇就业人员获得的月工资，并且从时间趋势来看，各行业两者的差距都呈扩大趋势；其中批发和零售业差距最大，2020年城镇就业人员是农民工的2.28倍，住宿和餐饮业差距最小，2020年城镇就业人员是农民工群体的1.21倍。

最后，侵犯农民工权益的现象依然存在。与城镇职工相比，农民工在劳动力市场上的权益更容易受到侵犯（王健俊，2018），例如拖欠工资、参加社会保障水平低、工作时间长等现象普遍。依然有部分用工单位为追求更多利润，故意不与农民工签订劳动合同，从而导致农民工的权益得不到基本保障。农民工群体的权益保障还需要进一步提升。

（四）农民自身人力资本投资不足，就业创业致富能力不强

目前农村家庭的人力资本存量仍然不高，平均受教育水平偏低，人力资本投资不足，这也导致农村劳动力总体就业岗位层次低、稳定性不强、待遇不高。

一是农民整体受教育水平不高，导致其就业创业不充分、层次不高，收入水平受限。根据《中国乡村振兴综合调查研究报告（2021）》的数据，农村家庭的人力资本存量整体偏低，其中农村劳动年龄人口（15—64 岁）的受教育水平多集中在初中程度；15 岁及以上人口文盲率比全国平均水平高出 2 个百分点；18—22 岁高龄教育适龄人口的高等教育毛入学率要低于全国平均水平 9 个百分点。相当数量的农民工所掌握的专业知识技能与现阶段我国产业结构转型升级所需的知识技能不匹配，导致农民就业创业不充分、层次不高的问题出现，就业质量不高制约农民增收致富。

二是农民职业技能培训的针对性、有效性不强，难以激活农民就业创业致富潜力。目前大部分农民缺乏创业经验，创业能力有待提高。特别是返乡创业农民工文化程度普遍不高，虽可能在城市中从事过与创业项目有关的相关工作，但缺乏现代管理经验，也没有接受过系统的创业培训。而我国创业教育优质师资匮乏，教师的知识层次、理论水平参差不齐，且教学的实效性不

强，无法和快速发展的创业教育需求相匹配。职业技能培训的针对性、有效性不强，导致难以激活农民就业创业增收致富的潜力。

三　推进农民就业创业致富的路径选择

面对当前复杂多变的内外部环境以及不断增加的经济下行压力，在新发展阶段，促进农民从充分就业向高质量就业发展，鼓励农民积极创业，事关农民增收致富，是缩小城乡居民收入差距和实现共同富裕目标的基础，也是高质量发展的必然要求。可以按照“挖掘农村内部就业空间、改善农村就业创业环境、拓宽外出就业渠道和激发农民就业致富内生动力”作为总体思路，全面推进农民实现高质量的就业创业新局面，促进农民持续增收，推动共同富裕。

（一）挖掘农村内部就业空间，释放增收潜力

受新冠肺炎疫情影响，城镇就业压力明显加大，城镇失业率增加将不可避免地对农业转移就业产生不利的影响。通过扩展农业农村内部就业空间可以缓解就业压力，稳定全国就业水平，也会释放更多增收潜能。一是通过第一产业健康发展来稳定就业，促进农民收入提高。通过提高农业生产率、重视粮食生产和保持农业政策稳定来保障第一产业的健康发展，扩大第一产业中的“容人之量”，促进农民收入的提高。二是推进农村第一、第二、第三产业融合发展，打造富农产业，发动农民增收致富的“新

引擎”。当前我国农村第一、第二、第三产业融合发展的水平不高，传统农村产业以种植业为主，农产品加工仅仅停留在初级产品阶段，深加工能力不足，农业产业、加工业和服务业等产业是相互脱节的状态，导致现阶段我国农村第一、第二、第三产业融合的规模较小，融合的形式也相对单一。因此，可以依托当地特色产业，加快推动农村第一、第二、第三产业加快融合发展，打造乡村富民产业，努力让更多的就业机会留在农村、更多的第二、第三产业增值收益留给农民，推动共同富裕。

（二）优化农村创业环境，吸引人才和资本入乡创业带动农民增收

与城市相比，农村金融市场不发达、缺乏高层次创业人才、农民土地等生产物资融资难、基础设施不完善、政策存在诸多不合理等都在一定程度上制约了返乡下乡创业人员的积极性和创业成功率。补齐“短板”，优化和完善农村就业创业环境是吸引人才和资本到乡村创业的先决条件。为进一步提高农村创新创业环境，吸引优秀创业人才、资本下乡和外出农民工返乡创业，提高创业投资的成功率，应重点根据创业者在创业期间重点依赖的金融市场、人才市场、基础设施等方面加强建设，并出台相应的税收减免、信贷定向、贷款利率优惠、无抵押贷款等优惠举措，全面提升农村创新创业吸引力，为社会资本投入农业农村创造良好的基础条件，从而创造更多的就业岗位，带动农民增收致富。

（三）拓宽外出就业渠道，确保农民工资性收入稳定增长

工资性收入是农民收入的主要来源，农民的工资性收入中相

当一部分是农民离开农村到城里务工的收入。农民增收越来越依赖工资性收入，根据国家统计局数据，农民在2021年人均工资性收入为7958元，比上年增加984元，对农民人均可支配收入增量的贡献率为54.7%。但是，城镇就业压力加大、新冠肺炎疫情反复发生，城镇失业率较高，直接冲击外出农民工群体的就业前景。由于这部分农民工群体能否实现就业务工直接关系着农村家庭收入的提高以及脱贫保障，事关全局，应尽可能拓宽外出就业的渠道，首先，稳定现有就业岗位，落实好国家对相关企业减税降费等支持政策，同时在困难时期加大对企业招工的补贴力度，最大限度稳定农民工就业岗位。其次，创造更多就业机会，支持多渠道灵活就业，鼓励引导工商资本创造灵活就业岗位、发展共享用工，规范发展新就业形态，培育发展家政服务、物流配送、养老托育等生活性服务业，为农村劳动力提供更多就业岗位。最后，加强农民工基本权益的保障，要进一步消除对农民进城务工的歧视性规定和体制性障碍，营造有利的政策和制度环境，保障农民工基本权益，畅通农民外出务工和经商的渠道，稳住农民工资性收入增长势头。

（四）增加人力资本投资，激活农民就业创业致富的内生动力

促进农民就业创业致富，根本在于激发农民内生动力，提升农民人力资本存量，增强其更高质量就业创业的能力。一是转变就业观念，提升农民自我发展意识与能力。传统农民只求温饱或不求上进的小农观念以及消极被动的参与态度依然存在，具体表现为农民主动就业、自主创业方面表现的积极性不高，主动了解

就业和创业信息、参加招聘会、学习职业技能的意识不强，进而导致农民就业创业的内生动力不足。应加大就业创业信息宣传力度，深入宣传就业创业各项优惠政策，引导农民树立自我改变和创新发展的意识，鼓励其改变传统的生产生活方式。同时，通过宣传教育来实现农民思想观念的转变、综合素养的提升以及自我发展意识，增强农村劳动力“走出去”就业的意愿，提高其就业增收的信心。二是增强技能培训的针对性和实效性，激活农民高质量就业创业致富潜能。虽然政府高度重视农民的技能培训工作，但从现实情况来看，出现培训岗位和企业用工需求脱节的情况。因此，应打造针对不同就业需求的多层次、多类型专业人才培养体系，提高农民技能培训的针对性和实效性，开展多层次和多形式的培训，培训内容也要及时适应产业结构转型对高技能劳动力需求的变化。通过提高技能培训的精准度，帮助其改善生存境遇、激活职业潜能、赋予个人可行能力，提升自身人力资本水平，进而增强新生代农民工融入城市的“软技能”，从根本上促进农民从充分就业向高质量就业发展，提高其致富能力。

四　支撑农民实现就业创业致富的政策建议

为支撑农民实现就业创业致富，应将加快高质量农业发展、打造富农产业、增强农村创业环境吸引力、提升公共就业服务水平、开展精准技能培训等作为政策着力点，加快推动农民实现高质量就业创业新局面，促进农民增收致富，实现共同富裕的目标。

（一）加快高质量农业发展，激发农业就业增收潜能

通过提高农业质量、效益和竞争力，强化农业就业收入对农民增收的贡献力度。第一，提高土地资源的配置效率，推进农业适度规模经营，从而提高农业劳动生产率，提高农民收入水平。第二，在坚守粮食安全的底线基础上，重点推进以玉米为重点的种植业结构调整、以生猪和草食畜牧业为重点的畜牧业结构调整、以保护资源和减量增收为重点的渔业结构调整等。第三，加强农业基础设施的建设，改善农业生产条件，提升农业机械化水平，扩大农业保险的补贴范围和保障水平，最大限度地降低农业经营风险。第四，通过降低生产成本“地板”和农产品价格“天花板”，扩展农业经营的收益空间，提高农业经营收入。

（二）打造富农产业，以产业融合发展带动农民就地就近就业增收

产业发展是农村地区实现就业稳定的基本保障，积极发展富农产业，带动农民就地就近就业，全面提升农民收入水平。第一，巩固拓展特色产业，加快产业转型升级。围绕各地优势乡村振兴特色产业，出台推进城乡融合发展促进产业振兴支持政策，从加强产业链建设、优化供应链管理、提高农业品质等方面，提高产业化、品牌化、标准化等水平，支持高标准农田、绿色食品原料标准化生产基地建设。第二，发展多种类型的农村产业融合方式，促进农业与休闲、旅游、康养、生态、文化、养老等产业深度融合，丰富乡村产业的类型，建立一批带动农民增收致富能

力强的特色产业。第三，加快培育一批家庭农场、农业企业、农民合作社、专业大户等新型农业经营主体，以新型经营主体为龙头带动农村经济多元化发展，推动新产业、新业态聚焦，同时进一步扩大新型职业农民就业规模。第四，完善农村产业融合发展的服务体系，打造农产品销售公共服务平台，建立现代化农产品冷链仓储物流体系，加强涉农资金统筹整合，吸纳更多社会资本投向农村产业融合发展。

（三）增强农村创业环境吸引力，助力农民就业增收致富

农村地区对农民的创业扶持力度不足，创业环境缺乏吸引力在一定程度上制约了农民创业致富潜力的释放。加大对农民创业的政策支持，优化农村创业环境可以在一定程度上吸引更多的人才和资本入乡创业，带动农民就业致富。第一，加大对创业的政策支持力度。加大返乡农民工创业小额担保贷款扶持力度，提高贷款额度，扩大贴息范围。降低农村创业者小额无息贷款门槛，并将政策适用群体由农民工扩展到所有农村创业者群体。对在农村地区开办农产品加工、农业科技服务、农村电商等吸纳就业多、带动农户增收强的中小微企业，在其初创期实行税收优惠或减免政策。对农民工等人员返乡首次成功创业并正常经营半年以上的创业主体，按规定给予一次性创业补贴。第二，搭建农民创业资源共享平台。加快推进农民工创业园、创业孵化基地、众创空间等就业创业平台建设，完善创业平台服务功能和扶持政策。还可以通过引入专业化创业服务机构对创业共享平台进行运营，进一步提升创业服务水平。第三，优化农村创业环境。其一，加

强农村交通、电信等现代基础设施建设，实现城乡硬件设施均等化。其二，大力发展城乡物流建设和衔接，显著降低农村商品物流成本，全面对接城镇市场。其三，加强农村信贷、保险等金融市场建设，降低农村创业者资金借贷成本和创业风险。

（四）提升公共就业服务水平，确保农民外出就业持续增收

促进农民就业创业致富的重中之重，就是把富余劳动力输送出去，以确保农民工资性收入水平的持续增加。一是加强城乡一体化公共就业服务，完善就业信息平台，促进农民工稳岗就业。积极建立农民工信息平台，全面建立农村劳动力资源供给信息库和重点帮扶对象档案，及时把握农民工就业情况。与此同时，积极建立用工信息发布平台，通过地方政府需主动对接用工单位，组织引导农民外出务工，开展线上线下专场招聘会、“互联网+就业平台”、网上招聘 App 等多种渠道集中发布就业方面的信息，引导务工人员有序安排务工行程。二是对已经转移到非农就业领域的农民，应重点关注农业转移人口的市民化问题。完善农民工工资增长的保障机制，提高农民工在子女教育、医疗、住房等公共服务领域的各项社会福利水平，同时加强合同保障来确保农民工家庭在就业地能享受到均等化的市民待遇。

（五）开展精准技能培训，提高农民高质量就业创业能力促进增收

农民就业创业能力弱，不适应产业结构变化下新的就业创业需求是当前面临的普遍矛盾，大部分农民不具备高质量就业创业

所需的人力资本水平，开展精准技能培训，提高农民高质量就业创业的能力十分必要。一是在培训内容上，以乡村振兴专业为抓手，围绕当地产业发展和市场需求，因地制宜培养实用型技能人才，着力培养种植型、养殖型、加工型、营销型等乡村振兴实用型人才。突出问题导向，设置培训课程，将理论教学与情景模拟教学相结合，按照理论结合实操的标准合理设置相关课程。对有创业想法的农民，重点培养其创业机会识别能力、风险抵御能力和经营能力。二是在培训方式上，采取集中培训和专业培训相结合的方式。引导农业企业建设实训基地，打造高技能人才培训基地、乡村人才孵化基地。根据就业需求实际情况，以“理论+实操”相结合的方式对参训人员分批分期进行培训，培训考核通过后颁发合格证书。同时通过组织经贸、商业、金融等方面的专家和创业成功的典型对农民创业过程中遇到的难题提供实际指导。

参考文献

1. 都阳：《论劳动力市场改革的两个目标》，《中共中央党校（国家行政学院）学报》2016 年第 5 期。
2. 孙婧芳：《城市劳动力市场中户籍歧视的变化：农民工的就业与工资》，《经济研究》2017 年第 8 期。
3. 魏后凯：《新常态下中国城乡一体化格局及推进战略》，《中国农村经济》2016 年第 1 期。
4. 魏后凯等：《“十四五”时期中国农村发展的总体思路与主要措施》，载魏后凯等主编《中国农村发展报告（2020）——聚集“十四五”时期中国的农村发展》，中国社会科学出版社 2020 年版。

5. 魏后凯等：《“十四五”时期中国城镇化战略与政策》，《中共中央党校（国家行政学院）学报》2020 年第 4 期。

6. 王健俊：《劳动权益保障对农民工主观政治态度的影响》，《中国经济问题》2018 年第 5 期。

7. 张海鹏：《中国城乡关系演变 70 年：从分割到融合》，《中国农村经济》2019 年第 3 期。

8. 张海鹏等：《返乡农民工创业现状、问题与政策思考》，载魏后凯等主编《中国农村发展报告（2019）——聚焦农业农村优先发展》，中国社会科学出版社 2019 年版。

农村集体经济收益分配与村民共享

赵 黎 陆 雷*

摘 要： 实现农村集体经济“维护集体成员权益、实现共同富裕”的宗旨，是社会主义公有制的应有之义。本报告聚焦于农村集体经济收益分配的现状与问题，探讨农村集体经济收益分配制度改革如何促进农民农村实现共同富裕这一时代性主题。随着农村集体产权制度改革任务如期完成，农村集体资产规模、收入与支出都持续增加，农村集体经营收益和可分配收益也显著增加。然而，农村集体经营收益并不构成农村集体经济组织主要收益来源，且在村域之间分布极不均衡。受到经营项目的制约，农村集体经济“统”的部分创收增长空间有限。村民共享以村级公益设施与公共服务供给为主，村民分红获益不高。针对农村集体收益分配能力不足、治理结构不完善、分配实践不普及、分配原则不明确等问题，建议在未来立法中明示农村集体经济组织

* 赵黎，社会科学博士，中国社会科学院农村发展研究所副研究员，主要研究方向为农村组织与制度；陆雷，管理学博士，中国社会科学院农村发展研究所副研究员，主要研究方向为农村组织与制度。

宗旨和性质在市场经济条件下的实现方式，以村民共享为目标，以扩大农村集体产权结构开放性为核心，分地区、分时段完善农村集体经济组织的治理机制和分配机制，推进农村集体经济组织的现代化转型。

关键词： 集体经济　村民共享　收益分配

Income Distribution of Rural Collective Economy and Villagers' Shared Development Bonus

Zhao Li　Lu Lei

Abstract: Realizing the purpose of "safeguarding the rights and interests of collective members and realizing common prosperity" of rural collective economy is the due meaning of socialist public ownership. This report focuses on the current situation of rural collective economic organizations and explores the possibilities to improve collective income distribution system in rural areas. Currently, the scales of village collectives' assets, income and expenditure have continued to increase, and their operating income and distributable income have also increased significantly. However, the income from business operation does not constitute the main source of village collectives' income, and its distribution is extremely uneven among villages. Villagers have enjoyed bonus from the development of rural collective economy mainly in the form of village collectives' provision of public welfare facilities and public services. Villagers' dividend benefits are limited. In view of the insufficient ability of village collectives' income distribution, yet-to-be improved governance structure, limited distribution practices and unclear distribution principles, there is a need to improve rural collective economic organizations' distribution mechanism and governance structure through a planned and steady process of organizational restructuring. By clarifying organizational nature and expanding the openness of rural collective property rights structure, villagers can possibly enjoy more development bonus from the modernization and transformation of rural collective economic organizations.

Key Words: Rural Collective Economy; Villagers' Shared Development Bonus; Income Distribution

农村改革以来，随着市场经济体制的不断完善以及国家治理体系与城乡关系的变化，农村集体经济发展的体制机制与政策体系几经变革，形成了复杂多样的集体经济发展模式。党的十八大以来，在脱贫攻坚和乡村振兴战略等国家政策的激励下，农村集体经济的发展具备了新的制度环境、资源条件和发展空间。发展壮大集体经济被认为是促进农民农村共同富裕的重要途径。农村集体经济仍然把成员的共同福祉放在首位，其宗旨依然是“维护集体成员权益、实现共同富裕”。[①] 于是，探索更有利于实现共同富裕的农村集体经济收益分配机制，成为中国特色社会主义制度建设的重要内容。既能发展生产，又能在此基础上保证财富的共享，才是社会主义公有制的应有之义。但经验数据表明，农村集体经济越发达，该集体内部成员之间收入分配的差距就越大。因此，如何在发展农村集体经济的同时，充分发挥其在促进农民农村共同富裕中的作用，切实保护农民集体资产股份收益分配权，是一个重要的现实问题。

本报告聚焦于农村集体经济收益分配的现状与问题，探讨农村集体经济收益分配制度改革如何促进农民农村实现共同富裕这一时代性主题。笔者认为，应以尊重历史、面向未来的态度，审慎对待农村集体经济发展壮大与收益分配问题。一方面，应立足于新的发展阶段，尽快明确农村集体经济组织的宗旨和性质在市场经济条件下的实现方式。另一方面，应以村民共享为目标，以扩大农村集体产权结构开放性为核心，分地区、分时段完善农村集体经济组织的治理机制和分配机制，推进农村集体经济组织的现代化转型。

一　农村集体经济收益分配的现状

从农村集体经济的历史沿革看，因循“三级所有，队为基

① 参见农业农村部关于印发《农村集体经济组织示范章程（试行）》的通知（农政改发〔2020〕5号）。

础”的组织架构，生产队是基本核算单位，土地集体所有权通常在村民小组一级。但是经过多年演变，特别是在1998年修订的《中华人民共和国村民委员会组织法》施行之后，全国统一在生产大队一级建立村民委员会，行政村、村民委员会成为集体土地的发包者与实际行使土地集体所有权的主体。2016年，在全国58.52万个行政村中，以村委会代行集体经济组织职能的村有34.76万个，占比达59.4%。[①] 中共中央、国务院发布《关于稳步推进农村集体产权制度改革的意见》（以下简称《意见》）以来，全国各地稳步推进农村集体产权制度改革试点工作。农村集体产权制度改革使村级基层组织架构发生了变化。统计数据显示，2016—2020年，全国以村为单位完成产权制度改革的村从6.7万个增加到53.1万个，占全国总村数的比例从11.4%提高到94.9%，村民委员会代行土地集体所有权的情况大大减少。[②] 同期，以组为单位完成产权制度改革的村民小组从6.0万个增加到44.7万个，占全国村民小组数的比例从1.2%仅提高到9.8%。因此，本报告从近年来农村集体经济发展现状出发，将讨论重点聚焦于行政村一级的农村集体经济的发展情况与收益分配问题。

---

① 农业农村部农村合作经济指导司、农业农村部政策与改革司：《中国农村经营管理统计年报（2016年）》，中国农业出版社2017年版。

② 虽然统计数据表明，2020年，以村委会代行集体经济组织职能的村占比降为5.1%，但是按照统计口径，只要有相应的集体经济组织名称，就纳入统计范围。此外，实地调研显示，在全国大部分地区，村集体经济组织负责人往往与村党支部、村民委员会成员交叉任职。因此，笔者认为，5.1%的数据难以表征村民委员会代行土地集体所有权的情况。

(一) 集体产权制度改革如期完成，同期集体资产规模也大幅增加

按照《意见》提出的目标，2021 年是农村集体产权制度改革的收官之年。实践表明，当前，全国农村集体产权制度改革任务已如期完成。以推进农村集体经营性资产产权制度改革为重点，全国各地因地制宜，积极开展清产核资、明确资产权属、折股量化等工作。在摸清农村经营性资产、非经营性资产和资源性资产底数的基础上，大多数地区将经营性资产折股量化。集体产权制度改革与各级财政和社会对农村地区脱贫攻坚工作的巨大投入一道，形成了规模庞大的集体资产。截至 2020 年年底，全国共清查核实乡、村、组三级集体资产（不包括土地等资源性资产）7.7 万亿元。分地区看，东、中、西部地区资产总额分别为 5.0 万亿元、1.4 万亿元、1.3 万亿元，占资产总额比例分别为 65%、18%、17%。[①] 集体资产负债总额 3.1 万亿元，净资产达到 4.6 万亿元，比 2019 年增加 1.3 万亿元；其中经营性资产 3.5 万亿元，比 2019 年增加 2 万亿元，占资产总额的比重从 2019 年的 28.7%提高到 2020 年的 45.5%。2020 年，村集体经济组织用于直接经营、预期可产生收益的经营性固定资产（包括房屋、建筑物、机器设备、工具器具及农业基础设施等在内）达到 7385 亿元，比上年增长了 51.4%。

2020 年，村级集体资产总额 5.98 万亿元，占乡、村、组三级集体资产总额的 77.6%，村均资产 1068.8 万元。分地区看，

① 农业农村部政策与改革司：《中国农村政策与改革统计年报（2020 年）》，中国农业出版社 2021 年版。下文若无特别说明，各年数据均出自相应年份的统计年报。

东、中、西部地区村级集体资产总额分别为 3. 90 万亿元、1. 24 万亿元、8402. 8 亿元，村均分别为 1667. 4 万元、696. 3 万元、569. 8 万元。统计数据显示，集体资产在村与村之间分布十分不均衡，有超过 70%的资产集中在 26%的村。此外，在改革过程中，各地积极探索农村集体经济组织成员身份确认的具体程序、标准和管理办法，着力推进经营性资产确权到户，赋予农民对集体资产股份权能。截至 2020 年年底，全国已确认农村集体经济组织成员 8. 79 亿人，其中，村级集体经济组织共确认成员 8. 03 亿人。

（二）村集体收入持续增长，村集体支出保持同步增长

通过改革，各地夯实了农村集体经济组织发展基础，农村集体经济形成了持续稳定的发展态势。从村集体收入情况看，2016—2020 年，全国村集体经济组织总收入从 4256. 8 亿元增加到 6320. 2 亿元，增长 48. 5%，年均增长 10. 39%；其中，经营收入与财政补助收入是两类最主要的收入来源，2020 年分别占总收入的 30. 6%和 27. 4%，同比分别增长 36. 6%和 76. 1%。值得指出的是，农村集体经济“统”的部分的收入占比正逐步下降，从 2016 年的 33. 3%下降到 2020 年的 30. 6%。这说明，一方面，各级政府对村集体的资金扶持与投入水平增长较快，国家对集体的转移支付力度越来越大。另一方面，受到经营范围的制约，村集体经营主要依托传统的土地资源，绝大多数村农村集体经济“统”的部分的创收增长空间有限。此外，统计数据表明，发包及上交收入基本保持稳定，2020 年达 945. 5 亿元，占总收入的

15.0%；同时，投资收益增速较快，四年来几乎翻了一番，但由于起点低，2020 年也仅为 258.0 亿元，占比 4.1%（见表 1）。

表 1　村集体经济组织收支情况统计（2016—2020 年）

指标名称	2016 年		2020 年		2016—2020 年变化	
	数量（万元）	占比（%）	数量（万元）	占比（%）	增长（%）	年均增长（%）
（一）总收入	42568132.5	100	63202281.5	100	48.47	10.39
（1）经营收入	14170122.6	33.3	19358256.3	30.6	36.61	8.11
（2）发包及上交收入	7530366.2	17.7	9454788.4	15.0	25.56	5.85
（3）投资收益	1320068.7	3.1	2580074.6	4.1	95.45	18.24
（4）补助收入	9830735.3	23.1	17313441.9	27.4	76.12	15.20
（5）其他收入	9716839.7	22.8	14495720.3	22.9	49.18	10.52
（二）总支出	27989036.4	100	41824236.0	100	49.43	10.56
（1）经营支出	7959493.3	28.4	8197808.0	19.6	2.99	0.74
（2）管理费用	8731568.3	31.2	13786169.2	33.0	57.89	12.10
（3）其他支出	11297974.8	40.4	19840258.8	47.4	75.61	15.12
（三）本年收益	14579096.1	—	21378045.5	—	46.63	10.00
（四）经营收益	6329495.9	—	9409142.1	—	48.66	10.42

注：根据统计口径，经营收益指村集体经济组织经营收入、发包及上交收入及投资收益之和，减去经营支出和管理费用后的差额。其计算方法为：经营收入+发包及上交收入+投资收益-经营支出-管理费用=集体经营收益。

从村集体支出情况看，2016—2020 年，全国村集体经济组织总支出从约 2798.9 亿元增加到约 4182.4 亿元，增长 49.43%，年均增长 10.56%；其中，管理费用和其他支出①分别从约 873.2 亿元和约 1129.8 亿元增加到约 1378.6 亿元和约 1984.0 亿元，

① 根据统计口径，其他支出是指村集体经济组织与经营管理活动无直接关系的各项支出。

年均增长分别达到 12.1%和 15.1%，2020 年分别占到总支出的 33.0%和 47.4%；经营支出的绝对量四年来变化不大，在总支出中的占比从 28.4%下降到 19.6%（见表 1）。农村集体经济组织非经营支出占比过大的“老大难”问题更加突出。

“空壳村”[①] 数量持续减少，村域之间经营收益不均衡。2016—2020 年，农村集体经济组织本年收益和经营收益均显著增加。村集体本年收益从约 1457.9 亿元增加到约 2137.8 亿元，村均集体本年收益从 26.1 万元增加到 39.6 万元。同期，村集体经营收益总额从约 632.9 亿元增加到约 940.9 亿元，村均集体经营收益从 11.3 万元增加到 17.4 万元。“空壳村”的数量从 2016 年的 41.8 万个减少到 2020 年的 24.6 万个，占总村数的比例从 74.9%下降到 45.6%；其中，当年无任何经营收益村的数量从 28.7 万个减少到 12.1 万个，减少了 57.8%，占比从 51.5%下降到 22.5%，降幅更为显著。

当前，村集体经营收益并不构成村集体经济组织的主要收益来源。2020 年，村集体经营收益只占本年收益的 44.0%，占当年可分配收益的 26.9%。此外，村集体经营收益在村域之间呈现出极度不均衡的分布状态。根据笔者初步测算，村集体经营收益超过 100 万元以上的村虽然只占汇总村数的 4%，但其经营收益却占全部汇总村集体经营收益总额的四成以上，村均超过 170 万元，约为汇总村平均经营收益规模的 10 倍。村与村之间的差距十分突出。

① 根据统计口径，“空壳村”是指村集体没有经营收益或经营收益在 5 万元以下的村。

(三) 村民共享以村级公益设施与公共服务供给为主，村民分红获益有限

随着农村集体经济收入水平持续上升，村级公益设施与公共服务投入也不断增加。2016—2020 年，村集体经济本年收益与上年结转加总的本年可分配收益从 1930.6 亿元增加到 3493.8 亿元，增幅 81.0%；村均从 34.6 万元增加到 64.7 万元，增长 87.0%。其中，村集体共提取公积金、公益金从 447.3 亿元增加到 787.5 亿元（农民人均 91 元），增长 76.1%。而同期，村集体经济组织向其成员分配收益从 567.6 亿元提高到 772.3 亿元，只增长了 36.1%；计提的福利费从 293.6 亿元增加到 377.1 亿元，增长 28.4%。从支出用途看，集体提留用于扩大再生产支出从 144.9 亿元提高到 241.8 亿元，增幅 66.9%；用于村级公益性基础设施建设支出基本稳定，分别为 249.7 亿元和 247.8 亿元（政府相应奖补为 964.9 亿元和 696.2 亿元）；用于公共服务的支出从 147.3 亿元增加到 255.8 亿元，增长 73.7%。

由此可见，一方面，集体经济组织对农村居民收入增长的贡献十分有限。另一方面，农村集体经济收益对村级基础设施建设、公共服务及其他各项社会事业发展的投入巨大，近年来的增幅也十分明显，为村民带来了大量公益性的福利。这一部分分配在规模上与村民分红所得总量差别不大，但由于较后者分布更为均匀，有更强的普惠性，是村民共享集体经济成果的主要体现。

此外，在脱贫攻坚期间，一些地区通过将村集体收益的一部分用于贫困户分红或者聘请公益性岗位，让有劳动能力的贫困户通过劳动获得报酬，作为其他分配或者提取福利费以保障优抚、

五保户、困难户等部分定向村民的生活福利。这也是农民享有农村集体经济发展红利的重要方面。

二　农村集体经济收益分配的问题

在农村集体产权制度改革阶段性试点任务基本完成的背景下，虽然全国农村集体经济整体发展水平得到迅速提升，但收益分配方面存在一些突出的问题，主要表现在集体经济组织责权利不清导致分配能力不足，治理机制不完善导致分配难以持续稳定，收益分配实践不普及导致农民获得感不高，以及收益分配原则不明确导致村民利益缺乏有效保障。

（一）集体经济责权利不清晰，限制了村集体收益分配的能力

农村改革以来，农业经营方式发生了深刻变化，乡镇级的公社解体，村级集体经济组织的体制名分得到保留。以自治原则组建的村民委员会成为维护农村稳定的基层组织，并在多数地区代行村集体经济组织的职能，“合二为一”的现象十分普遍。家庭联产承包责任制的施行，农村集体经济组织生产的职能大幅弱化，在一些地方甚至消失，但村级组织之前承担的社会、政治等职能不仅没有减少，反而不断增加，内容、领域不断拓展。统计数据显示，当前农村集体经济组织非经营性支出占比很高，且逐年递增，2020 年在总支出中的占比已经超过八成（见表 1）。

农村村级组织实际承担着发展社区生产、生活，提供民生福

祉、公共服务、维护农村社会稳定等多项职能，而农村集体经济组织的收入是此类各项支出的重要经济来源。一部分村庄虽然有一定的集体经济收入，但由于需要支付包括刚性的村干部报酬（村均 8.5 万元）、报刊费等管理费用，以及维持村委会运行等与经营管理活动无直接关系的各项费用，导致其在统计上的经营收益少于 5 万元，成为“空壳村”，甚至是“零元村”。更有一些没有集体经营收入的村，需要依靠各级财政全额补助负担村庄运转费用，才能勉强维持。

由于公共财政对农村公共设施、公共服务和社会保障的投入难以达到全面覆盖，即便是在集体经济收益较多的少数强村，大量支出必须首先用于刚性的福利费，继而投向公益性基础设施建设和公共服务，再去除一定量的集体扩大再生产的支出之后，可用于村民分配的部分变得很少，这种普遍现象严重限制了村集体对其成员进行收益分配的能力。

（二）集体经济组织治理结构不完善，难以保证农民对集体资产股份收益分配权能的实现

随着农村集体产权制度改革不断深化，农村集体经营性资产股份合作制改革全面铺开。在组建产改后的农村集体经济组织过程中，多数地区，在学习借鉴现代企业的法人治理结构的基础上，设置成立了成员大会或成员代表大会、理事会、监事会的所谓“三会”架构；少数试点地区更是通过推动实现政经分离、聘用职业经理人等方式，力图完善农村集体经济组织的治理结构（中国社会科学院农村发展研究所课题组，2021）。但从实际情况看，改制后的农村集体经济的管理和运行方式并未发生实质性

的变化。

一方面，在村民委员会长久以来代行集体经济组织权能的情况下，集体经济组织的经营管理和组织、人事权往往由村里“一把手”行使，特别是在“三职一肩挑”的地区。“三职一肩挑”可以加强党对农村工作全面领导，减少工作掣肘，提高效率，但无法从根本上保证集体经济组织经营、管理、决策的合理性与有效性。在一些地区，由于村委会管理体系和行政考核方面的原因，由村委会主任担任理事长的地方也存在倾向于考虑政绩需求而以村委会名义提出建议，有时甚至越过集体经济组织理事会实施项目决策的情况，这既会造成村委会和集体经济组织之间因生产经营决策产生矛盾，也影响了集体经济组织执行决策能力，打击了专职经管干部参与经营的积极性。

另一方面，由于集体成员股权不能自由流转，市场价值低，且收益分配绝对数和相对量都较低，成员甚至成员代表的治理参与意愿不高。由于多数成员村民持“搭便车”的心态，缺乏对集体经济组织各项经营决策及时、有效的事前协商，事中监督和事后问责。又由于单个集体经济体量较小，引入专业市场人才在实操中不经济，有职业经理人加入农村集体经济组织管理团队的个案少之又少。虽然很多集体经济组织在形式上应用了现代企业制度的结构和程序，但在实际运作中往往又回到传统“干部经济”的窠臼。村干部在集体资产经营和处置上权力大、随意性强的现象十分普遍。利用权力“寻租”、腐败等个案时有发生，屡禁不止。可以说，各地农民反映较多的农村集体经营收益权属不清，分配不透明、不稳定，以及缺乏保障机制等分配问题的根源，都在于集体经济组织治理结构尚不完善这一问题。

(三) 集体经济收益分配实践不普及，难以给予农民更多获得感

2020 年，相对同期农村居民人均可支配收入的 17131 元，农村集体经济组织人均分红只有 91 元，占农民收入的比例不到 1%。考虑到实施分红的村集体占比低于总数的 20%，且分红的大头流向了不足 1%的集体经济强村的现实，当前农村集体经济组织分配对绝大多数农民的收入增长贡献能力十分有限。

在一些地区（特别是部分城中村、城郊村和经济较发达村），虽然村集体经济的经营性资产总额十分可观，收入达到了几十万元甚至上百万元，但在扣除经营成本、管理费用、提取公积金公益金后，很多村人均分红十分有限。一些地区规定，村集体可分配收益不足 10 万元，或户均可分配收益不足 200 元，或人均可分配收益不足 50 元的，可以不向成员进行收益分配，主要用于集体公共积累和发展集体经济。然而，一些地区在分配制度中规定公积金、公益金、福利费提取的比例过高，[①] 没有很好地统筹兼顾集体资产收益分配与公共积累的关系（中国社会科学院农村发展研究所课题组，2021）。最能反映农村集体产权制度改革成效的集体收入分红，在提高农民满意度、认可度、信任度方面不仅未发挥应有作用，甚至造成了一些负面影响。

① 例如，一些村庄规定“公积金提取 30%，公益金和福利费提取 30%”或“公积金、公益金的提取比例分别为当年可分配收益的 60%、10%”。

（四）集体经济收益分配原则不明确，难以保障不同群体村民财产权益

在推进城乡一体化进程中，随着经济社会的快速发展，城乡之间、地区之间人口流动日益频繁，社区边界日渐模糊，市场的脱嵌力量强烈地重塑着农村集体经济组织。集体经济组织成员与村庄的村民身份不再具有天然的同一性。特别在一些经济发达地区，随着人口净流入的增加，村庄村民的数量大幅超过集体经济组织成员数量，甚至数倍于后者。随着农村集体产权制度改革不断深化，农村土地、劳动力、资本等要素市场化配置范围不断拓展，越来越多的农村集体土地的次级权属在市场上流转、交易，不可避免地进一步造成农村集体产权、股权及集体成员身份的复杂化以及农村社区居民构成的多样化。在此背景下，传统集体经济的共享和救济原则与现代集体强调按要素分配的市场原则的张力导致的矛盾日渐凸显。农村集体产权制度改革方案提出推行集体成员按股分配方式，以量化到集体成员的集体经营性资产股份或份额作为其参加集体收益分配的基本依据。然而，在很多地区，集体经济组织成员拥有的股权比例并未成为其参与集体资产收益分配的基本依据。大量已经完成清产核资和农村集体经济组织成员资格界定的村集体，在实施收益分配中，并没有落实产权改革按股分红的原则，而是继续采用在产改之前的福利分配办法，或两者混用。

此外，在新时期，各级财政补助资金通过国家扶贫、乡村振兴等项目投入，形成了大量农村集体资产。政府的目的在于改善农村社区居住环境，增强落后农区的发展潜力，是普惠性的、面

向社区全体居民的。但由于资产的所有权属落在农村集体经济组织名下，不同地区普遍存在收益分配向原集体成员倾斜，甚至完全将新居民排除在外的现象（陆雷、赵黎，2021）。在一些地区，集体经济组织封闭性的政策取向，使大量在村庄社区工作和生活的居民不能取得集体经济组织成员的资格，无法享有集体经济收益分配权。个别地区甚至出现村民难以便捷、平等地享有（政府提供，村集体实施的）基本公共服务和社区服务的问题。集体经济组织成员（社员）和辖区内居民（村民）之间在分配上的差异化趋势日渐明显。

具有不同利益诉求、权利主张和价值观念的外来迁入居民与世代聚居的本村居民和村级组织之间形成的利益冲突，不利于村庄的社会团结，也对集体经济收益分配的合理性提出了质疑。在农村集体经济组织具有社区性和社会性、历史性和现代性等双重属性的当下，如何通过完善集体经济组织收益分配原则，发挥更广大村民的主体性和积极性，发展经济，实现共同富裕，是一个现实性问题。

三　完善农村集体经济收益分配的建议

面对农村集体经济组织发展情况的复杂性以及产权制度改革后农村集体经济中出现的利益分化和阶层分化，应以尊重历史、面向未来的态度，审慎对待农村集体经济发展壮大与收益分配问题。在新时期，应以村民共享为目标，以扩大农村集体产权结构开放性为核心，分地区、分时段完善农村集体经济组织的治理机制和分配机制，推进农村集体经济组织的现代化转型。

（一）尽快明确农村集体经济组织的宗旨和性质在市场经济条件下的实现方式

具有历史复杂性和地域唯一性等特征的农村集体经济组织是一个非常特别的存在。根据 2016 年的《意见》，农村集体经济组织是“特殊的经济组织”。2021 年 1 月 1 日起施行的《中华人民共和国民法典》将农村集体经济组织归为特别法人类别，表明农村集体经济组织并未取得一般的营利法人地位。2022 年 3 月 1 日起施行的《中华人民共和国市场主体登记管理条例》并未将农村集体经济组织作为与公司、非公司企业法人、农民专业合作社等市场主体相等同的组织，也就并未对其登记管理行为做出规定。当前，农村集体经济组织大多根据《意见》，在县级农业农村部门进行登记。由于农业农村部门登记赋码与国家企业信息信用公示系统尚未对接，集体经济组织在工商注册、银行开户、申领税务发票等方面受限，这为其开展经营活动带来不便。

村集体经济组织是传统的综合性组织在现代的延续，还要适应市场经济条件发展成真正的经济主体？两者存在一定的冲突。前者有利于当前社会稳定，后者有利于经济发展、农民富裕。政策取向应减少在两者之间的摇摆局面，“既要也要”的选择可能导致改革迟滞，非长远之计。随着生产力的提高和时代的变迁，面对集体经济现代性与历史延续性之间的冲突，笔者建议充分考虑现实条件的变化，在未来立法中明示农村集体经济组织宗旨和性质在市场经济条件下的实现方式。切实推进农村集体经济组织立法工作，是一项现实而又迫切的工作。

(二) 进一步完善集体经济组织的治理机制

组织治理的核心是成员股东事前对集体重大事项决策的参与、事中对决策过程的监督和对经营结果的审查与问责。从治理角度讲,“干部经济”的组织治理模式只能作为一种权宜之计。从当前农村集体经济组织发展规模的现实出发,现代企业治理模式还很难成为一种具有经济效益的决策方式。在大量成员外出、无法民主参与日常管理的农村地区,“干部经济”可能是一种过渡期的理性选择。在这种情况下,一方面,应不断强调选任职业操守强、受群众信任的人才进入集体经济的管理机构,并通过上级政府的监管和问责,尽量避免上一轮“干部经济”把控下集体经济发展的弊病(在集体经济发展好的地方,集体经济组织倾向于转向家族企业,或在集体经济发展不尽如人意的地方,产生大量债务问题,从而增加政府和农民的负担)。

另一方面,应发挥农民成员股东的主观能动性,完善参与集体经济组织治理的体制机制,加强对集体经济组织经营管理的监督。这种监督不是国家通过法律或行政手段进行直接干预或规范管理,而是利用各种社会资源和科技手段,强调集体经济组织经营管理和决策的透明性,使监督制度化、程序化。例如,对经营决策执行和经营结果的公示、对存在的问题和潜在风险向村民股东告知等举措,既能消除集体经济组织与成员之间可能产生的误解,又能达到集思广益发展集体经济的效果。

当未来时机成熟后,通过构建明晰的新型农村集体经济的产权基础,拓展各类要素的流通性空间,完成农村集体经济组织的现代化转型,适用现代企业制度进行对集体经济的管理,将会对农村集体经济收益分配与村民共享提供更坚实的保障。

（三）进一步健全集体经济组织收益分配制度

生产资料公有制并不必然导致集体成员的共同富裕。有必要通过探索合理、有效、可行的新型集体经济组织治理机制和分配机制，既能保证集体经济健康发展，实现“富裕”，又能保证一次分配的合理性，实现“共同”。当前举措包括：

一是贯彻“把选择权交给农民”“让农民成为改革的参与者和受益者”的改革理念，在保证信息公开的前提下，在集体经济组织收益分配对象与办法的问题上，遵从村民意愿，达成内部一致。发扬“干部经济”好的面向，抑制可能出现的道德风险，防止内部少数人控制和外部资本侵占。其中，关键在于将收益分配原则公开化、透明化，使分配有凭有据，减少实践中的随意性。对于特别情况特殊处理，应做到事前告知、事后报备，与集体成员充分沟通，达成合意。

二是落实分配原则的制度化、规范化建设，减少分配的随意性，满足各类村民的合理诉求。村庄确实存在需按产改之前的福利原则分配的款项，可在“提取福利费”项目下先于成员分红列支，并对非成员村民的利益给予适当的考量。而集体经济向成员的分配则应充分体现按股分红的原则，以体现产改的成果及其严肃性。

三是积极利用数字化技术，提高集体资产管理的透明度，建立激发农民群众参与集体资产管理的激励机制，保障农民群众对集体经济组织收益分配的知情权、参与权、表达权和监督权。为落实集体资产收益权，可考虑设置最低分红比例，让分红发挥

“宣传费”的作用，以此增强农民群众的获得感，调动他们参与改革、关注改革的主动性和积极性。

四是在有条件的地区，依托其资源禀赋、区位优势发展新型集体经济，面向社会，面向市场。在大多数缺少资源禀赋、以农耕为主的地区，推动联村发展、资源流动重组，鼓励一定区域范围内的多个集体经济组织成立农村集体经济组织联合体，形成更大规模的社区集体经济，使建立现代企业制度的可能变得更为现实。

（四）实质性推动集体产权结构走向开放

研究表明，全国农村经济发展水平相对较高的地区，都是在市场化改革进程中走在前列的地区。少数强村贡献了全国村集体经营收益的很大比例，他们在发展壮大的过程中，大多是通过兴办或合办各类市场主体，多措并举发展农村新产业、新业态。他们的成功说明了参与市场竞争才是发展壮大农村集体经济的改革方向。市场化程度较高的地区，收入差距相对较小，收入分配也相对更为公平。从长时段的视角看，农村集体经济应顺应社会经济的历史变迁，适应现代的开放环境，以扩大农村集体产权结构的开放性为前提（叶兴庆，2019），构建以具有现代契约性、可流动和可交易的股权为本位的、可以完全参与市场竞争和开展经营活动的新型农村集体经济组织，真正实现农村集体经济的现代化（陆雷、赵黎，2021）。

参考文献

1. 陆雷、赵黎：《从特殊到一般：中国农村集体经济现代化的省思与前瞻》，《中国农村经济》2021 年第 12 期。

2. 叶兴庆：《扩大农村集体产权结构开放性必须迈过三道坎》，《中国农村观察》2019 年第 3 期。

3. 中国社会科学院农村发展研究所课题组：《全国农村集体产权制度改革试点成效评价综合分析报告》，2021 年 12 月。

促进农民农村共同富裕的财金政策

鲍曙光　冯兴元*

摘　要： 促进农民农村共同富裕的关键是增加农民收入和推进基本公共服务均等化。与此对应，财政金融政策的主要着力点就是这两方面。其中，推进基本公共服务均等化要从资金保障、事权和支出责任、资金绩效三个方面来推进；增加农民收入要从拓展农民增收空间（流量方面）、促进农民财产形成与财富积累（存量方面）两个方面来推进。因此，本报告从拓展农民增收空间、促进农民财产形成和财富积累、推进基本公共服务均等化三个层面梳理了促进农民农村共同富裕的财政金融政策现状，分析了财政金融政策面临的挑战，并提出了改进思路和建议。

关键词： 财政金融政策　农民农村共同富裕　农民收入　基本公共服务均等化

---

* 鲍曙光，经济学博士，中国社会科学院农村发展研究所助理研究员，主要研究方向为农村财政、财政投融资；冯兴元，经济学博士，中国社会科学院农村发展研究所研究员，主要研究方向为农村金融理论与政策。

Fiscal and Financial Policies to Promote the Common Prosperity of Farmers and Rural Areas

Bao Shuguang　Feng Xingyuan

Abstract: The key to promoting the common prosperity of farmers and rural areas is to increase farmers' income and promote the equalization of basic public services. Correspondingly, these two aspects are the main focus of fiscal and financial policies. Among them, promoting the equalization of basic public services should be promoted from three aspects: financial guarantee, administrative power and expenditure responsibility, and financial performance; Increasing farmers' income should be promoted from two aspects: expanding farmers' income space (flow) and promoting farmers' property formation and wealth accumulation (stock). Therefore, this paper sorts out the fiscal and financial policy to promote the common prosperity of farmers and rural areas from three aspects: expanding the space for increasing farmers' income, promoting the formation of farmers' property and wealth, and promoting the equalization of basic public services, analyzes the challenges faced by fiscal and financial policy, and puts forward fiscal and financial policy ideas and policy suggestions to promote the common prosperity of farmers and rural areas.

Key Words: Fiscal and Financial Policies; Common Prosperity of Farmers and Rural Areas; Farmers' Income; Equalization of Basic Public Services

财政金融政策在促进农民农村共同富裕中发挥不可替代的重要作用。本报告从拓展农民增收空间、促进农民财产形成和财富积累、推进基本公共服务均等化三个层面梳理了促进农民农村共同富裕的财政金融政策现状，分析了财政金融政策面临的挑战，提出了改进思路和建议。

一 促进农民农村共同富裕的财政金融政策现状

国家把提高农民收入、促进农民农村共同富裕摆在突出位置，迄今已经出台了一系列促进农民农村共同富裕的财政金融政策。

（一）拓展农民增收空间的财政金融政策

1. 农村创业创新财政金融支持政策

随着中央“双创”政策（促进大众创业、万众创新政策）的推行，越来越多的农民工、高等院校毕业生、科技人员等返乡下乡参加创业创新。国家发布了《国务院办公厅关于支持返乡下乡人员创业创新促进农村一二三产业融合发展的意见》等一系列政策文件，强化金融服务和财政支持力度。在金融方面，国家采取财政贴息、融资担保等措施，推进农村土地承包经营权、农民住房财产权抵押贷款试点以及包括农业设施、农机具在内的动产和不动产抵押贷款业务；鼓励金融机构开发适合创业创新需要的信贷产品和服务模式，加强对纳入信用评价体系返乡下乡人员的金融服务。在财政方面，政府将符合条件的返乡下乡人员创业创新项目纳入强农惠农富农政策范围；采取以奖代补、政府购买服务等方式支持就业创业；实施返乡下乡人员税收减免和普遍性降费政策，在研发费用加计扣除、小型微利企业所得税等方面给予政策优惠。

2. 农村产业融合财政金融支持政策

2018 年以来，《农业农村部关于实施农村第一、第二、第三产业融合发展推进行动的通知》等一系列政策文件，推动了农村第一、第二、第三产业的融合。各地也纷纷出台促进农村第一、第二、第三产业融合发展的实施意见，从财政金融等方面强化支持力度。相关的财政支持政策包括：一是加大政府财政资金投入，强化农业农村基础设施建设。继续加强农村土地整治和农田水利设施建设，实施农村饮用水安全巩固提升工程、新一轮农村电网改造升级工程、农村道路畅通工程等，促进城乡基础设施建设互联互通、共建共享。二是实施税费优惠政策，落实小微企业税收扶持政策及农产品初加工所得税优惠政策。三是创新政府涉农资金使用和管理方式，激励引导金融社会资本投向农村产业融合领域。

在金融方面，创新农村金融服务。优化县域金融机构网点布局，增强金融机构金融服务能力。鼓励农业企业在主板、中小板、创业板以及境外资本市场公开发行上市和融资。继续推进农村承包土地经营权和农民住房财产权抵押贷款试点，发展林权、农业厂房、渔船抵押和生产订单、农业保单质押等业务，推进农业融资租赁服务。推行“政银保”等融资模式，发展农业保险，完善政策性融资担保体系。推进供销合作社、农民合作社开展信用合作试点，稳妥开展农民合作社内部资金互助试点。

3. 普惠性农业补贴政策

“十三五”以来，国家逐步推进农业补贴制度改革，建立普惠性农民补贴长效机制，完善重要农产品生产者补贴制度，健全新型农业支持保护政策体系。实行“三补合一”改革，将种粮直补、农资综合补贴、良种补贴合并为农业支持保护补贴。完善与市场经济相适应的农产品价格形成机制，推进完善目标价格补贴试点，完善稻谷、小麦最低收购价政策，出台生产者补贴政策。强化对农业保险的补贴力度，2021 年，农业保险保费补贴安排 416. 39 亿元、增长 30. 8%，在 13 个粮食主产省份 60%的产粮大县开展三大粮食作物完全成本保险和种植收入保险，政策性农业保险为 1. 88 亿户次农户提供风险保障。经过多年探索与实践，我国初步形成了包含直接补贴、价格支持、一般性服务支持的农业补贴政策体系，农业补贴的力度不断加大，农业补贴体系不断完善。

（二）促进农民财产形成和财富积累的财政金融政策

1. 支持盘活闲置宅基地等农村产权制度改革的财政金融政策

2019 年，《农业农村部关于积极稳妥开展农村闲置宅基地和闲置住宅盘活利用工作的通知》强调，要创新盘活利用机制，强化政策扶持，推进农村闲置宅基地和闲置住宅盘活利用工作。在财政方面，统筹安排相关涉农资金，加强资金整合，通过奖励、补助等形式支持农村闲置宅基地和闲置住宅盘活利用。鼓励将退出闲置宅基地整治后形成的建设用地指标用于城乡建设用地增减挂钩，支持有条件的地区发行闲置宅基地和闲置住宅盘活利用相关专项债券。在金融方面，推动金融信贷产品和服务创新。鼓励金融机构开展农村闲置宅基地和闲置住宅盘活利用金融产品和服务创新，逐步探索赋予农民住房财产权（含宅基地使用权）抵押融资功能，对盘活利用经营主体从事农业生产及与农业生产直接相关的产业融合项目提供信贷担保。

2. 促进农民财富管理的财政金融政策

财富管理政策包含金融知识普及和金融素养提升、金融产品和业务创新两类。中国人民银行等一直重视推进农村金融教育，提升农村居民金融素养。一是统筹开展集中性金融知识普及活动，从 2013 年起，每年 9 月，中国人民银行都会开展“金融知识普及月”活动，组建农村金融知识宣传队伍，形成“金融知识进农村”“金融夜校”等系列品牌活动。二是启动农村金融教育示范基地建设。2020 年，中国人民银行印发《关于开展金融教育示范基地建设试点工作的指导意见》，针对农民、贫困群体开展形式多样的金融知识普及教育活动，提高农民在金融服务方面的获得感。

农村居民以储蓄存款作为主要的理财方式。随着农民金融素养水平提升及互联网技术的普及，越来越多农民也开始了解到证券、股票等理财方式，债券、股票、基金成为重要理财工具。但总体来看，我国农村地区的金融机构以及互联网金融理财产品普遍存在“重城轻农”的思想，适合农村居民的理财产品数量微乎其微，政府在这方面还没有相应的财政支持政策。此外，低收入者也有理财需求，但缺乏相应的金融产品设计和财政支持。

（三）推进城乡基本公共服务均等化的财政金融支持政策

2014 年以来，政府逐步推进城乡公共服务资源均等化，先后统一城乡基本养老保险和基本医疗保险制度，适当提高城乡居民基础养老金最低标准和最低生活保障水平。2021 年，政府将城乡居民基本医疗保险人均财政补助标准提高 30 元，达到每人每年 610 元。同时，政府逐步强化对低收入人口动态监测及常态化救助帮扶机制建设，截至 2021 年 6 月底，农村低保对象达 3538 万人，全国农村低保标准达到 6150 元/人·年，较上年同期增长 8.4%。在这个过程中，政府不断提升财政保障能力，加大基本公共服务财政投入力度，健全基层财力保障机制，确保基本公共服务项目及标准落实到位。

二　促进农民农村共同富裕的财政金融政策面临的挑战

实现共同富裕的短板在农民农村。当前财政金融政策有效促进了农民农村发展，但相对于农民农村共同富裕的要求仍存在显著不足，面临较多挑战。

（一）拓展农民增收空间财政金融政策面临的挑战

1. 财政资金整合有待进一步完善，扶持政策缺乏合力

一是财政资金整合有待进一步完善。资金整合触及部门利益，增加了资金整合难度，个别职能部门积极性不高，单纯依靠财政部门难以有效推动各类资金形成合力。部分地区任务清单中约束性任务占比较高，导致地方资金整合空间较小，权限不足。部分县级政府资金统筹使用能力和主体责任有待加强。涉农整合资金面临预算绩效管理、上级职能部门业务检查和审计部门项目资金审计制度未同步改革的困境，缺乏足够的配套政策支持。二是就业创业扶持政策缺乏合力。就业创业支持政策分散在人社、工信、财政、农业、扶贫等多个部门，各部门政策程序和标准存在差异，导致政策难以形成合力，缺乏通盘考虑。很多扶持政策支持期限过短，难以起到真正稳定支持的作用。

2. 财政支持存在“缺位”

从支持对象看，如耕地地力补贴、农业保险保费补贴等政策

多以农户为对象设计并实施，对新型农业经营主体的支持力度不足，不利于推进农业生产经营的规模化和专业化。从支持环节看，财政更多地从生产层面支持农业农村发展，相对忽视仓储和物流、信息等服务环节，财政对品牌建设、消费引导和公共服务平台建设的支持力度不足。从支持领域看，农村公共服务供给存在很多短板。以农村职业教育及培训为例，农村职业教育及培训财政投入规模较小，农村职业教育经费缺乏、办学条件薄弱、教学力量不高、师资力量较为薄弱。农村职业教育及培训与乡村产业发展、就业创业需求未能有效对接，无法满足农民专业技能提升、乡村产业持续转型升级需要。

3. 财政市场化支出方式有待进一步探索

虽然各级政府不断探索形成专项债、产业基金、PPP 等模式，但是财政支农支出主要以无偿支出为主，撬动金融社会资本支持农业农村发展的作用还相对有限。从资金规模看，财政支农市场化支出资金规模仍然较小，难以充分调动金融社会资本的积极性。比如风险补偿基金是分担农业生产经营风险、带动金融社会资本投向农业农村领域的重要措施，但部分地区缺乏足够财力建立风险补偿基金，基金规模较小难以有效分散金融社会资本面临的风险。乡村振兴专项债、产业基金、PPP 等财政支农投入模式创新尚处于探索和逐步推广的初期阶段，整体资金规模较小，所起到的作用有待进一步加强。

4. 金融发展创新滞后于农民农村共同富裕发展需求

农村金融缺位，缺少立足农村和县域、特色鲜明的中小金融机构，服务“三农”的基金、信托、证券、抵押担保、资产管理方面的金融机构较少。在信贷结构方面，农业农村金融产品和服务供给存在结构性不足，大型涉农企业和贫困农户信贷供给相对充足，而新型农业经营主体、县域中小企业及创业群体的信贷供给不足，真正契合不同农业产业、农业新型经营主体、创业农民工特点的创新性金融产品和服务不足。在金融服务方面，农村金融产品和服务创新能力不足，以信贷、结算等基础服务为主，金融产品同质化现象显著，其他金融服务不足甚至缺乏，信贷周期错配问题突出。

5. 财政金融支持缺乏良好的生态制度环境

农业农村普遍存在投资规模大、生产周期长、产业链条较短、附加值不高和质量效益不高、投资回报低、有效抵押担保不足、市场风险大等难题，导致涉农金融机构信贷投放面临不良贷款率较高、资金成本上升等经营难题，产业吸附承载金融资源的能力较弱。农村资产抵押质押物范围仍然不够丰富，改革实践中面临难以处置和变现等诸多难题。金融机构介入较为谨慎，“贷款难”和“贷款贵”的矛盾仍然长期存在。同时，完整有效的涉农风险分担和补偿机制还不健全，尚未建立起长效、完善的金融支持农业农村的可持续发展机制。

（二）促进农民财产形成和财富积累的财政金融政策面临的挑战

1. 农民财富管理服务相对滞后

金融理财产品“重城轻农”，农村市场理财产品种类较少，金融服务产品单一，适合农村居民的银行理财产品稀缺，理财服务支持不完善，不能满足部分农村居民日益增长的投资理财需求，制约了农民财产性收入的增加。农村地区的金融素养教育体系缺位，农民投资理财观念欠缺，投资理财意识和能力不足，金融素养欠缺，缺乏对财富管理的认识。同时，股票、证券、基金、国债等的金融服务网络营业网点较少，金融服务农民财富管理的能力还较弱。

2. 农村产权改革形成资产缺乏相对应的变现渠道

虽然国家不断推进农村产权制度改革，但农村产权改革形成资产的权证化不足，缺乏相对应的变现渠道。农民财产性收入主要集中在农村集体建设用地和土地承包经营权征用和流转收益上，房屋和宅基地、农村公共设施等大量的农村产权闲置。农村各类资产流转和交易面临法律及政策上的刚性约束，“变现”困难，市场经济价值难以体现，增加财产性收入的渠道仍然单一。农村产权抵押物的价值评估难，抵押物的价值难以被市场所认可，农村房屋和宅基地使用权难以变卖处置，导致金融机构参与积极性不高。

（三）推动城乡基本公共服务均等化的财政金融政策面临的挑战

1. 农村公共服务体系事权和支出责任划分有待优化

基本养老保险、基本医疗等事权和支出责任法律规范不健全，主要以部门规范性文件作为划分依据，权威性和稳定性不高，行政化特征显著。如基本养老保险事权和支出责任划分散布于《中华人民共和国社会保险法》以及《国务院关于建立统一的城乡居民基本养老保险制度的意见》等几十部部门规章之中，制度体系冗杂，规定重叠交叉甚至冲突的现象时有发生。

各级政府事权和支出责任划分仍有待进一步明晰。基本养老保险、最低生活保障事权和支出责任划分模糊，纵向上事权多由各级政府共享，中央及省级承担事权过少，导致城乡居民养老保险、城乡居民基本医疗保险统筹层次过低，待遇地区城乡差距显著。区县级政府承担过多筹资责任，面临较大财政支出压力，导致农村基本养老金及最低生活保障水平过低。横向上，城乡居民养老保险与城镇职工基本养老保险在财政支持、待遇给付水平等方面存在较大差异，有违公平性。

2. 农村基本公共服务支出标准较低，缺乏可持续多渠道筹资机制

一是农村基本公共服务支出标准较低，缺乏科学的调整机制。无论是城乡居民基本养老保险基础养老金，还是最低生活保障标准，都显著低于农村居民人均收入水平，难以满足农村居民基本生活开支，“保基本”的功能尚未实现。农村不同公共服务之间缺乏有效衔接，城乡居民基本养老保险基础养老金不高，显著低于农村最低生活保障水平。同时，财政补贴缺乏科学的标准确定和调整的办法，不利于参保者形成稳定的待遇增长预期。

二是基本公共服务资金管理运营不力，存在贬值风险。城乡居民养老保险基金等的投资渠道较为单一，主要以国债、银行存款等为主，难以有效应对农村居民收入增长和通货膨胀，面临较大的保值增值的压力。

三是财政补贴政策缺乏参保缴费激励机制。以基本养老保险为例,《国务院关于建立统一的城乡居民基本养老保险制度的意见》提出,强化长缴多得、多缴多得等制度的激励机制。但现有养老保险财政补贴政策激励力度不够,部分省份缴费补贴档次设置不足,梯度不够,多缴多补差异化不够明显,不利于激励居民选择较高档次缴费。

3. 基本公共服务资金绩效评价体系有待进一步完善

公共服务绩效评价处于“碎片化”状态。指标设置上,各类公共服务绩效评价指标体系更多地突出了行业或领域特色,缺少共性指标框架。指标设置重公共服务标准达标,轻投入产出和成本收益评价。绩效评价结果主要是评分或者评级,缺乏对其背后深层次原因的分析,资金绩效评价结果难以有效指导未来政策改进或管理改善。

三 促进农民农村共同富裕的财政金融政策建议

财政金融促进农民农村共同富裕,要关注农民收入和基本公共服务两个方面,加大投入力度,优化投入结构和政策体系,提高资金使用效率。

(一)政策思路

促进农民农村共同富裕的关键是增加农民收入和推进基本公共服务均等化。与此对应,财政金融政策的主要着力点就是这两方面。其中，推进基本公共服务均等化要从资金保障、事权和支出责任、资金绩效三个方面来推进；增加农民收入要从拓展农民增收空间（流量）、促进农民财产形成与财富积累（存量）两个层次来推进。

具体来说，促进农民农村共同富裕的财政金融政策包含三条路径：一是促进农民增收的路径，即“挣钱”“生钱”与“发钱”路径。第一，“挣钱”路径：财政金融支持农村产业融合和就业创业，拓展增收空间，提高经营性收入和工资性收入。第二，“生钱”路径：财政金融支持农民利用其财产和资产获得收入，拓展资产利用空间，提高财产性收入；第三，“发钱”路径：一是增加来自政府、社会和个人的转移性收入，兜底农民收入。二是促进农民的财产形成和财富积累：支持农民危房和老旧住房的更新改造，支持推出适合农民的理财产品和财富管理，支持农民财产的权证化和利用。三是推进城乡基本公共服务均等化，增强农民农村增收内生动力。

（二）促进农民农村共同富裕的财政金融政策改革建议

1. 进一步完善农村基本公共服务体系，改革涉农资金管理体制

（1）完善农村基本公共服务事权和支出责任划分。适当加强中央及省级政府在养老保险、教育等方面的事权和支出责任，特别是要强化其筹资责任，减轻区县财政负担。逐步推进城乡居民基本养老保险的省级和全国统筹，提高基本养老保险覆盖面，缩小城乡居民基本养老保险待遇与城镇职工基本养老保险待遇、

城乡最低生活保障水平的差距。可在考虑物价及不同地区收入水平基础上，自下而上逐步统一各地区基本养老金等公共服务待遇。逐步推进政府职责法定化，强化公共服务立法，明确各级政府、各职能部门职责。

（2）建立完善公共服务多元可持续的筹资机制。首先，要强化养老保险基金等投资运营管理。在逐步实现省级统筹基础上，拓展城乡居民养老保险基金投资运营渠道，可以考虑由省政府委托全国社会保障基金理事会、商业保险机构等代理机构托管全省城乡居民养老保险基金，推进商业化运作。其次，要扩展农村居民养老保险基金筹资范围，探索划拨一定比例的土地出让金净收益、一定比例的国有资本股权收益补充农村居民养老保险基金。最后，完善财政补贴参保激励机制，调动参保者缴费积极性。改城居保定额补贴方式为比例补贴，建立累进性的政府财政缴费补贴机制，实现“多缴多补”“多缴多得”。同时，探索建立递进式的养老金增发制度，根据缴费年限区间增加基础养老金水平，适度拉开不同阶段养老金待遇水平，鼓励“长缴多得”。

（3）完善政府公共服务绩效管理体系。建立兼顾投入与产出、主观与客观、效率与公平的共性监测评估指标体系，从基本公共服务差异、投入标准实现、服务标准实现，投入产出比、满意度等方面设置指标。同时，逐步完善分行业、分领域的公共服务标准、成本定额标准、支出标准和绩效考核标准体系。将绩效评价结果与转移支付资金分配、预算安排挂钩，将公共服务纳入政府绩效考核、领导干部考核范畴。完善第三方评估体系，培育第三方评估机构。

（4）深化涉农资金整合，改革完善涉农资金管理体制机制。

一是在总结行业间涉农资金预算执行环节统筹整合经验基础上，推进行业间资金在预算编制环节的源头整合，进一步明确行业部门职责。二是同步推进涉农资金管理制度改革，建立与资金统筹整合相匹配的资金管理办法及绩效评价模式。推动支农项目信息公开，强化社会监督。三是进一步下放项目审批相关权限，赋权县级政府，强化县级政府统筹使用涉农资金的主体责任。

2. 完善财政支持政策，创新财政投入方式

（1）逐步提高城乡居民基本养老保险金及农村最低生活保障水平。考虑在职人员工资增长、城乡居民人均可支配收入、物价水平等，适度提高基础养老金和农村最低生活保障标准，发挥“保基本”的功能。考虑上述因素变化，明确待遇调整时机、频率和幅度，设立基础养老金定期调整机制，推动居民自发形成筹资水平预期，调动其参保的积极性。加强基础养老金和农村最低生活保障标准之间、不同地区养老金和低保水平之间和城乡养老金和低保水平之间三个层面的衔接，推进城乡、地区和群体间的基本公共服务制度并轨。

（2）推进农村职业教育发展，强化农村人力资本投资。提高涉农职业教育支出，合理确定普通教育和职业教育投入比例，新增教育经费要向职业教育倾斜。统筹地方教育附加费、一般公共预算教育支出等资金使用，提高资金使用绩效。综合运用金融、税收优惠、财政补贴等政策，鼓励社会资本举办或参与职业教育，推动农村职业教育多元化投资。明确政府、行业、企业、学校在产教融合中的责任义务，强化农村职业学校与农业企业、行业中介组织等的合作，推进农业职业经理人培训。

（3）调整财政支出结构。基于政府市场关系及农村发展战略，调整优化财政支农支出结构。财政支农重点要向农业基础设施、农业科技、农业保险、农业担保领域倾斜。要围绕产业链布局农业基础设施，进一步加强冷链运输和储藏配送等农产品流通基础设施、农产品检验检测设备及实验室等建设，有效解决农业产业发展的痛点和瓶颈，打通产前产中产后消费链条。强化对农业保险的财政投入，扩大农业保险补贴范围，推动信贷与期货、担保等金融工具的联动。适度强化对商业保险以及农业保险咨询中介机构的支持力度。落实农业保险大灾风险准备金制度，对应对大灾害导致的农业保险公司的超额理赔部分进行兜底。

（4）构建财政、基金、银行、保险、担保协同支持农业农村的可持续发展机制。整合现有资金，强化对信贷担保和风险补偿专项基金的支持，完善融资增信机制。推动信贷担保和风险补偿基金的市场化、商业化运作，设立或委托专业机构运营管理，并建立严格的基金监督管理机制。完善农业信贷融资担保体系担保费用补助和业务奖励政策，培育和引导商业性担保和再担保机构发展。在信息披露、交易服务体系等方面完善乡村振兴债券相关政策，扩大政府债券用于农业农村规模，逐步提高专项债券用于农业农村比重，结合绿色金融、碳中和与碳达峰等创新乡村振兴新券种。推动专项债与 PPP、非金融企业债务融资工具等的融合。探索通过股权转让、资产证券化等方式完善 PPP 项目投资退出渠道。吸引金融社会资本参与，设立并市场化运作乡村振兴产业引导基金。通过 PPP、资产证券化、政府购买服务、“专项债+PPP”等方式，盘活农业农村存量资产，强化存量资产运营管理。

3. 大力推进数字金融和普惠金融发展，创新金融服务

考虑贷款期限、贷款金额、还款方式等方面，鼓励金融机构开发与农业生产经营周期和农业农村基础设施建设匹配，适用于新型农业经营主体、农村小微企业等的信贷产品和服务。优化金融机构渠道布局，统筹实体和数字两种方式下沉服务，增强农村综合金融服务站、金融服务普惠支行和网点的综合服务能力。充分运用大数据、区块链、人工智能等金融科技手段，推动市县政府整合农村政务民生数据、建设开放共享的农户和新型农业经营主体信用信息数据库，打造农业大数据平台，积极推动构建良好的农业农村社会信用环境。拓宽农村资产抵质押物范围，开展农机具和大棚设施、活体畜禽、养殖设施等抵质押贷款，积极推广农村承包土地的经营权、集体经营性建设用地使用权等抵质押贷款业务，探索发展农业融资租赁业务。加大农村中长期贷款投放力度，逐步消除信贷期限错配。推进政策性农业保险“扩面、增品、提标”，不断提高风险保障水平和保险服务质量。对于政策性保险品种，要应保尽保，满足申请者—需求者的保险服务需求。

4. 推进与农村产权制度改革相匹配的金融市场建设，强化农民财富管理服务

第一，加强农村产权交易平台建设，培育农村产权交易市场体系，推进与农村产权制度改革相匹配的金融市场建设，顺利实现农村资产“变现”。在推进各种农村产权权证化和资产化基础上，推行线上交易平台的标准化，把交易资产从主要是农村集体产权扩大到所有农村产权。充分发挥行业协会、中介组织等多元主体作用，积极完善线上线下配套服务，进一步完善农业农村动产评估、抵押登记和流转机制，完善相关的担保、保险、租赁、保理、信息化服务、财务管理咨询等相关服务体系。搭建农村产权抵押融资平台，引导金融机构为新型农业经营主体发放产权融资抵押贷款。

第二，强化农民财富管理服务，提升农民金融素养。首先，加大对农民理财意识的培养，提升农民金融素养。积极开展投资观念、理财知识、风险教育等多种形式的金融教育培训，提升农民金融知识水平和风险认知能力，增强农民投资理财能力。其次，鼓励和积极引导金融机构开发适合农民的财富管理产品。可以考虑将为农村居民提供财富管理和理财产品服务纳入对农村金融机构的考核范围，引导农村金融机构建立相应的财富管理业务组织架构，引导其为农民（尤其是针对低收入农户）提供理财产品和财富管理服务。

5. 推进公益金融发展，构建财政金融支持农村公益慈善事业发展长效机制

在财政方面，要规范税前扣除程序，制定并完善农村公益组织税收减免政策，完善直接捐赠的税收优惠政策，简化税收减免程序。对公益慈善组织的相关购买、销售、资产处置行为给予税收优惠。要尽快制定出台遗产，研究制定与遗产捐赠相关的税收优惠政策，鼓励更多人参与公益性捐赠。加大政府向慈善组织购买公共服务的力度，赋能农村公益慈善组织。

在金融方面，大力发展公益金融，探索创新农村公益创投、公益信托、小额信贷、社会效益债券、社会价值投资等公益金融产品，推动以基金会等社会组织为主体的公益金融活动，强化财政对公益金融的支持。引导鼓励慈善组织委托专业金融机构进行资产投资和管理，实现慈善资产的保值增值，鼓励金融机构探索符合慈善资金投资规律和特征的产品和服务。

参考文献

1. 鲍曙光等:《“十四五”时期农业农村现代化投融资形势与财金协同机制建设》,《学术界》2021 年第 5 期。
2. 董翀:《产业兴旺：乡村振兴的核心动力》,《华南师范大学学报》（社会科学版）2021 年第 5 期。
3. 冯兴元等:《社会资本参与乡村振兴和农业农村现代化——基于扩展的威廉姆森经济治理分析框架》,《财经问题研究》2022 年第 1 期。
4. 田东琰:《金融支持慈善作为分配调节手段》,《中国金融》2021 年第 23 期。

国内外实践与经验

促进农民农村共同富裕的浙江实践

李　功*

摘　要： 促进农民农村共同富裕是实现共同富裕目标要求的坚实基础。系统总结先发地区促进农民农村共同富裕的实践经验，有利于发挥先行先试、示范引领作用。近年来，浙江高度重视县镇经济发展，建立起先富带后富的长效机制，并不断深化农村体制机制改革，通过促进农业多元化、综合化、融合化发展，深入推进农业农村数字化赋能，持续推进城乡公共服务普惠共享，实现了农民增收成效显著，城乡收入差距持续缩小，区域收入差距不断缩小，在促进农民农村共同富裕的道路上，走在全国前列。未来浙江全面实现农民农村共同富裕，应坚持以保障粮食和重要农产品安全为底线，加快补齐低收入农户群体增收短板，促进城乡高质量均衡发展。

关键词： 农民农村共同富裕　实践经验　浙江

* 李功，理学博士，中国社会科学院农村发展研究所助理研究员，主要研究方向为城镇化研究。

Promoting Common Prosperity of Farmers in Rural Areas: A Case of Zhejiang Province

Li Le

Abstract: Promoting common prosperity of farmers in rural areas is the essential foundation for achieving common prosperity around the country. This paper gives a systemic review to the practices of China's leading economically developed regions in promoting common prosperity of farmers in rural areas, which are expected to play a pioneering and demonstration role. In recent years, Zhejiang has attached great importance to the development of county and township-level economy, and established a long-term mechanism of encouraging those who become prosperous first to help those who lag behind. Besides, it continues deepening the reform of rural system and mechanism, promoting diversified, comprehensive and integrated development of agriculture, and empowering the development of agriculture and rural areas with digitalization, while constantly promoting inclusive sharing of urban-rural public services. Thanks to those measures, the province has significantly increased the incomes of farmers and constantly narrowed the income gap between urban and rural areas and between different regions. Zhejiang is leading the country in promoting common prosperity of farmers in rural areas. In the future, Zhejiang will achieve common prosperity of farmers in its rural areas. With safeguarding grain supply and maintaining the security of key agricultural products as the bottom line, it will take faster steps to mend up weakness in increasing the earnings of low-income farmers and advance high-quality, coordinated development of both urban and rural areas.

Key Words: Common Prosperity of Farmers in Rural Areas; Pragmatic Experiences; Zhejiang Province

2021 年 6 月 10 日，《中共中央国务院关于支持浙江高质量发展建设共同富裕示范区的意见》正式公布。浙江总体富裕程度高、城乡发展差距小、改革创新意识强，具备进行共同富裕示范区建设的基础和优势。近年来，浙江积极推进乡村振兴战略，助力农民增收，促进城乡均衡发展，取得了显著成效，为实现农民农村共同富裕打下良好基础。系统总结浙江促进农民农村共同富裕的实践，具有一定的现实意义和参考价值，为贯彻新发展理念，促进农民农村共同富裕提供可复制、可推广的经验，发挥先行先试、示范引领作用。本报告在分析浙江推进农民农村共同富裕取得成就的基础上，系统总结了促进农民农村共同富裕的主要做法和实践经验，针对目前存在的主要问题，提出了未来浙江加快实现农民农村共同富裕的对策建议。

一 浙江促进农民农村共同富裕的初步成效

促进农民农村共同富裕是实现共同富裕目标要求的坚实基础。近年来，浙江多措并举，聚焦提高农民收入水平，缩小城乡收入差距，缩小区域间收入差距，取得显著成就，在促进农民农村共同富裕中，走在全国的前列。

（一）农民增收成效显著

改革开放以来，浙江农村居民人均可支配收入由 1978 年的 165 元增至 2021 年的 35247 元。2021 年浙江农村居民人均可支配收入与 2020 年的 31930 元相比，增长 3317 元，增幅达 10.4%。浙江所辖的 11 个地级市农村居民人均可支配收入均高于全国 18931 元的平均水平（见表 1）。其中，有超过七成的地级市农村居民人均可支配收入高于全省平均水平。农村居民人均可支配收入位列前三的地市分别是嘉兴、宁波和舟山市，收入最高的嘉兴与最低的丽水两市差距为 17212 元。浙江农民收入与全国其他大多数地区有所不同，农民可支配收入结构中的工资性收入占比较高，而其他地区大多数是家庭经营收入高于工资性收入或者两者持平，而这也正是浙江农民人均可支配收入连续多年保持全国省区第一的原因。浙江民营经济发达，给农民带来了大量就业机会，许多农民就地就近进入企业务工能获得更多的收益。同时，浙江城镇经济实力较强，农村地区的第二、第三产业也较为发达，农村居民可获得更多就业机会。此外，近年来浙江以农村集体经济改革为突破性抓手，推动农民有效增收。截至 2021 年年底，浙江有 98.9%的行政村已达到总收入 20 万元且经营性收入 10 万元以上，全省村级集体经济总收入 707 亿元，较 2020 年提升近 7 个百分点①，进一步激发了农民经营性和财产性收入增长活力。

表 1　2021 年浙江全省及各地市城乡居民人均可支配收入及增长率

单位：元;%

地区	全体居民		城镇居民		农村居民	
	人均可支配收入	增长率（较 2020 年）	人均可支配收入	增长率（较 2020 年）	人均可支配收入	增长率（较 2020 年）
浙江省	57541	9.8	68487	9.2	35247	10.4
杭州市	67709	9.4	74700	8.8	42692	10.3
宁波市	65436	9.1	73869	8.6	42946	9.7
绍兴市	62509	10.4	73101	9.6	42636	10.2
舟山市	60848	9.0	69103	8.5	42945	9.8
嘉兴市	60048	9.8	69839	8.9	43598	9.5
温州市	59588	10.3	69678	9.8	35844	10.5
湖州市	57498	11.0	67983	10.1	41303	10.9
金华市	55880	10.5	67374	9.5	33709	11.0
台州市	55499	9.6	68053	8.7	35419	10.0
衢州市	42658	12.5	54577	10.7	29266	11.3
丽水市	42042	11.4	53259	9.7	26386	11.6

资料来源：《浙江统计年鉴（2021）》。

（二）城乡收入差距持续缩小

从城乡收入差距来看，浙江城乡居民收入比 2013—2021 年

① 《从“三个快于”看浙江农民增收》，《浙江日报》2022 年 2 月 22 日。

连续9年呈缩小态势，2021年全省城乡居民收入比降至1.94，比2020年缩小0.02，远低于全国2.50的平均水平。与长三角其他省（直辖市）相比，浙江城乡收入差距最小，其中江苏、上海和安徽城乡居民比分别为2.16、2.14和2.34。此外，浙江城乡居民收入比也低于山东、福建、广东等沿海省份。从浙江的11个地级市城乡收入差距水平来看（见表2），2000—2020年各地市城乡居民收入比总体呈下降趋势，其中，宁波、温州、嘉兴、湖州、衢州和丽水市城乡居民收入比逐年下降，而杭州、绍兴、金华、舟山和台州市则呈现先升后降的趋势。多数地市城乡居民收入比低于全省平均水平，2020年仅有丽水和金华2市城乡居民收入比高于全省平均水平，分别为2.05和2.03，其余9市均低于或与全省平均水平持平，其中嘉兴城乡居民收入差距最小。2004年，习近平同志调研嘉兴时指出，“嘉兴完全有条件成为全省乃至全国统筹城乡发展的典范”。2020年嘉兴城乡居民收入比达到1.61，居全国地级及以上城市第8位，达到发达国家水平。城乡居民恩格尔系数为28.3%，达到联合国富足标准。总体来看，近些年浙江坚持统筹推进城乡空间布局、基础设施、产业发展、劳动就业、社会发展、生态保护一体化，缩小城乡差距取得实质性成效。

表2　2000—2020年浙江全省及各地市城乡居民人均可支配收入比

排名	地区	2000年	2005年	2010年	2015年	2020年
1	嘉兴市	2.10	2.02	1.91	1.70	1.61
2	舟山市	2.10	2.16	1.84	1.73	1.63
3	湖州市	2.14	2.11	1.94	1.73	1.66
4	绍兴市	1.98	2.27	2.21	1.82	1.72

续表

排名	地区	2000 年	2005 年	2010 年	2015 年	2020 年
5	宁波市	2. 26	2. 23	2. 10	1. 81	1. 74
6	杭州市	2. 15	2. 17	2. 21	1. 88	1. 77
7	衢州市	2. 90	2. 68	2. 64	1. 97	1. 88
8	台州市	2. 15	2. 60	2. 41	2. 04	1. 94
9	温州市	3. 05	2. 89	2. 39	2. 07	1. 96
10	金华市	2. 66	2. 79	2. 45	2. 13	2. 03
11	丽水市	3. 57	3. 60	3. 23	2. 19	2. 05
—	浙江省	2. 18	2. 45	2. 42	2. 07	1. 96
—	全国	2. 79	3. 22	3. 23	2. 73	2. 56

注：2013 年及以前农村居民为人均纯收入，城镇居民以及 2013 年以后农村居民为人均可支配收入。

资料来源：《浙江统计年鉴》《中国统计年鉴》。

（三）区域收入差距不断缩小

从区域发展战略来看，浙江从 2002 年开始实施“山海协作工程”，旨在通过沿海发达地区和经济发达县（市、区）带动浙西南山区和舟山海岛为主的欠发达地区发展。山区 26 县主要分布在衢州、金华、台州、丽水和温州市，国土面积约为浙江全省的 45%，常住人口占比约为 24%，长期以来经济社会发展水平落后于浙江省平均水平，是推动均衡发展、实现农民农村共同富裕的重点。浙江以“先富带后富”为思路，全面打造新型帮共体，组建了 26 个帮扶团组结对山区 26 县。截至 2020 年，浙江西南山区市县通过山海协作累计获得援助资金近百亿元，乡村振兴示范点实现了 26 县全覆盖，30 个“消薄飞地”建设带动

2500多个集体经济薄弱村“消薄”。[①] 2021年浙江山区26县农村居民人均可支配收入达到27619元，高于全国平均水平，比上年增长11.1%，增速高于全省约0.7个百分点。[②] 总体来看，浙江不同区域农民收入水平差距不断缩小，为实现全省农民农村共同富裕奠定了良好基础。

二 促进农民农村共同富裕的实践举措

浙江作为国家乡村振兴先行示范的代表，重视激发内生动力，重视包容共享发展，重视建立长效机制，有效拓宽农民增收渠道，提高农民生活质量，促进农民农村共同富裕。

(一) 促进农业多元化、综合化、融合化发展

浙江将农村产业融合发展作为推进农业供给侧结构性改革的重要抓手，通过农村产业融合示范园创建、建设农业全产业链、发展乡村新产业、新业态等，构建了农业现代化产业体系，培育了农村发展新动能，拓宽了农民增收渠道。一是注重走园区化道路。浙江大力推进农村产业融合发展示范园建设，通过产业链、价值链和利益链的联结，把农村第一、第二、第三产业紧密融合在一起，形成风险共担、利益共享的利益共同体，促进农业产业链延伸、农业功能拓展、农业价值提升。截至2020年，浙江已创建15个国家级、34个省级农村产业融合发展示范园，通过示

① 参见中共浙江省委党校编著《共同富裕看浙江》，浙江人民出版社2021年版。

② 资料来源：国家统计局浙江调查总队。

范园创建，有 3 万多家农户以土地、林权等入股合作社或龙头企业经营项目。[①] 农村产业融合发展示范园把建立利农惠农机制作为重点，普遍建立起“保底收益+按股分红”、二次分红、土地流转优先返聘、订单农业等利益联结方式，促进农民增收。二是促进乡村新产业、新业态发展。自 2003 年推动实施“千村示范、万村整治”工程以来，浙江绝大部分行政村都已建设成为宜居宜业的美丽乡村。在此基础上，浙江注重生态价值转换，主动适应消费结构升级，通过产业链延展、新技术应用、跨界融合等多种手段，培育生态康养、乡村体验、互联网农业、共享农房等一系列产业融合新业态，助推“美丽乡村”向“美丽经济”转型发展。2020 年，浙江乡村旅游共接待游客 3.7 亿人次，实现旅游经营总收入 431.3 亿元，农家乐经营户达到 2 万余户，[②] 农民创业增收渠道不断拓展，因地制宜地践行了“绿水青山就是金山银山”理念，实现了美丽乡村建设内在动力的持续化。

（二）深入推进农业农村数字化赋能

《全国县域数字农业农村发展水平评价报告（2020）》显示，浙江数字农业农村发展总体水平为 68.8%，居全国首位。浙江作为全国农业农村数字化改革的先行者，通过建设数字乡村试点，谋划开发“浙江乡村大脑”，培育壮大乡村数字经济，谋划出“未来乡村”的美好图景，推动农民农村实现共同富裕。一是建设数字乡村试点。浙江把数字乡村建设作为推进乡村振兴

---

① 《浙江省推进农村产业融合发展示范园创建经验总结》，中华人民共和国国家发展和改革委员会网站，2021 年 11 月 24 日，https://www.ndrc.gov.cn/fggz/fgzy/xmtjd/202111/t20211124_1305039_ext.html.

② 《浙江交出乡村振兴战略规划“期中答卷”》，《浙江日报》2021 年 12 月 31 日。

的重要载体和抓手，先后创建了德清、平湖、慈溪、临安4个国家数字乡村试点县，32个省级数字乡村试点县，推动了乡村数字化和产业数字化。二是创新建设“浙江乡村大脑”。浙江先后统一构建起整合农业资源、技术装备、人才信息、产业产品、市场营销、农村信用等多类信息的“三农”数据仓、“三农”全域地理信息地图数据库、多领域“三农”数字化应用，以及数字化综合政务服务平台等，综合集成“浙江乡村大脑”。三是培育壮大乡村“数字经济”。《中国淘宝村研究报告（2021）》显示，截至2021年，浙江共有淘宝村2023个，居全国首位，较2020年增加约20%，有近300个淘宝村交易规模已超过1亿元。浙江通过电子商务促进乡村产业兴旺，支持创业、带动就业，已成为助推乡村振兴的新业态。此外，浙江还启动了数字农业工厂建设，通过对种养基地进行数字化改造，打造了一批数字农场、数字牧场、数字渔场。

（三）持续推进城乡公共服务普惠共享

缩小城乡基本公共服务差距，推动城乡公共服务普惠均衡，是改善农村居民生活品质的重大举措，也是扎实推动农民农村共同富裕的题中之意。浙江坚持统筹城乡双轮驱动，先后通过一系列改革措施和制度安排，构建起多层次、城乡均衡和制度可持续的城乡基本公共服务体系。一是以教育共同体建设推进城乡教育资源均等化。浙江通过推进集团化办学和城乡学校共同体建设，探索出“名校+老校”“名校+弱校”“名校+新校”等模式，以城带乡、以强带弱，实现区域教育资源配置和教育质量的均等化。截至2020年，浙江已实现所有县（市、区）参与结对帮扶和乡村小规模学校受援结对全覆盖，有效促进生源、师资、教育资源的均衡分布，形成城乡教育资源共享格局。二是建立城乡统一的医疗保障体系。2003 年嘉兴在全国率先实现了新型农村合作医疗与城镇居民医疗保险制度的并轨运行，2007 年建立起覆盖全民、城乡统一的城乡居民合作医疗保险制度，2019 年建成了涵盖职工医保、城乡居民医保、生育保险、大病保险、医疗救助、基金监管等内容的综合性医保制度。三是建立了领先的城乡居民保障体系。2007 年嘉兴在全国率先推出了城乡居民社会养老保险制度，实现城镇职工基本养老保险与农村社会养老保险相结合，并使各类社会养老保险对象之外的城乡居民都能享受养老保险，达到城乡社会保障制度无缝隙、全覆盖。四是不断加强城乡基本公共服务标准化、制度化建设。海盐县作为首批全国农村公共服务典型案例，制定发布了《海盐县基本公共服务清单》，涵盖了公共教育、就业创业、社会保险、医疗卫生、社会服务、住房保障、文化体育、残疾人服务 8 个方面共 117 个服务项目，以及每个项目的具体服务对象、服务指导标准等内容，成为全国首份县域基本公共服务清单。[①] 五是以数字化驱动城乡公共服务智能化。浙江通过聚焦托育养老、教育文体、医疗卫生、劳动就业、社会保障等领域，以数字化驱动公共服务智能化，让城乡居民共享改革发展的成果。

（四）大力推进县镇经济发展

县镇是城乡经济社会结合最紧密的空间载体。人多地少是我

---

① 《浙江海盐：以基本公共服务均等化推进城乡一体化发展》，中华人民共和国农业农村部网站，2020 年 3 月 16 日，http://www.shsys.moa.gov.cn/ncggfw/202003/t20200313_6338930.htm.

国的基本国情，农民很难完全依靠土地经营富裕起来，能够实行规模经营的，也只是极少数农民。绝大多数农民要实现富裕，必须兼业，即务农的同时就地就近从事第二、第三产业。小城镇是“乡之首，城之尾”，大力发展县镇经济可以有效形成“以城带乡、以工促农”的城乡融合发展格局。浙江始终高度重视县镇经济发展，有效带动农民农村实现共同富裕。一是实施行政体制管理改革。20 世纪 80 年代以来，浙江创造性贯彻落实中央改革创新的决策部署，实施了行政“市直管县”和财政“省直管县”相结合的行政管理体制，实施 4 次“强县扩权”和 1 次“扩权强县”改革，持续推动权力下放，为县域经济和块状经济发展奠定了制度基础。2007 年，浙江启动实施“强镇扩权”改革，从财政规费征收、土地资源管理、社会治理、金融支持以及户籍改革等 10 个方面赋予 141 个中心镇县级政府经济管理权限，推动省域、市域、县域、镇域政府职能结构转型，为镇域经济发展扩权赋能（刘道学等，2022）。二是积极培育以农业为基础的县镇现代特色优势产业集群。浙江重视搭建城乡产业协同发展平台，实现县—镇—村各级产业园、农业经济开发区全覆盖联动发展。嘉兴 2017 年首创农业经济开发区模式，以科技农业、设施农业、数字农业等高端农业发展为契机，组织村集体参与农业经济开发区平台建设和产业发展，以产业带动村庄，项目带动资产，通过三次产业融合推动农业现代化发展。

（五）注重建立“先富带后富”的长效机制

浙江通过建立“先富带后富”的激励帮扶机制和制度设计，不断加强对农村、相对欠发达地区的带动。一是建立新型帮共体机制。2002 年浙江明确将“山海协作工程”与“百乡扶贫攻坚计划”相衔接，之后相继实施了“山海协作工程百村经济发展促进计划”“深化百村结对计划”等。先富地区为后富地区援建了众多村集体经济增收的产业项目、改善农村生活生产条件的基础设施项目等，帮助开展第一、第二、第三产业融合的规划建设、人才培训、宣传推介，以及引导企业到浙西南山区发展生态循环农业、特色农产品生产加工基地等。2021 年浙江提出以县域为单位全面建立新型帮共体，全省 50 个经济强县结对帮扶山区 26 县，政府促成企业对村庄的帮扶，以解决山区村庄区位受限、资源匮乏、集体经济组织原始资本积累不足等问题。二是创新“飞地抱团”跨地区资源与成果共享长效机制。嘉兴、丽水等地区创新“飞地抱团”模式，通过县域统筹、跨镇经营、多村联合等建设工业园区、经济开发区，促进城乡产业资源共享。“飞地抱团”即将建设用地指标等稀缺资源从低效利用的农村集中配置到条件相对优越的“飞地”，优化国土空间和功能布局，促进乡村振兴、共享发展。在要素利用上，促进全域推进，即将全县集体经济作为一个整体，积极推进“腾退转型、盘活存量”，促进全域优化布局、全域整合资源、全域整体受益。在发展支持上，实现精准帮扶、长效“造血”，即通过推进“飞地”抱团发展，让薄弱村能够筹集资金参与并持续获益。在成果共享上，实现抱团取暖、共同富裕，即对薄弱村来讲，“飞地”抱团发展实现了“本地低效造血”向“异地高效造血”转变（姚杰、杭超，2020）。截至 2020 年年底，嘉兴累计建成“飞地抱团”项目 110 个，涉及 1342 村次，其中薄弱村 552 村次，实现集体经济股份分红村 151 个，分红额 1.1 亿元。

(六)不断深化农村体制机制改革

农村体制机制改革是增强农村发展内生动力、释放农业农村发展新动能的重要动力。近年来，浙江不断深化农村体制机制改革，确保农村改革各项措施落地见效，保障了农民的基本权益，助力乡村要素的市场化以及农民财产权利实现。一是深化农村集体产权制度改革。浙江以“三权分置”为抓手，全面推进农村土地承包经营权确权、农村宅基地使用权确权颁证，大力推进农村集体资产的股份量化，完善村股份经济合作社运行机制。同时，建立农村产权交易体系，健全相关交易制度和细则，有效地促进了各类农村产权有序流转和优化配置。二是构建了“三位一体”农民合作经济组织体系。统筹推进供销合作社改革、农业生产经营体制和农村金融体制改革，构建起了生产、供销、信用“三位一体”农民合作经济组织体系及有效运转的体制机制（顾益康、张永梅，2022）。三是深化农村金融体制创新。通过鼓励各类金融机构拓展“三农”业务，创新金融产品，并充分利用互联网技术，持续提升农村普惠金融发展水平，助推新业态发展壮大。四是推进户籍制度改革。建立了城乡统一的户口登记制度，充分保障进城落户农民的土地承包经营权、宅基地使用权和集体收益分配权，并保障农业转移人口享有与城镇居民同等的教育、医疗、卫生等公共服务。

三　全面实现农民农村共同富裕的重点难点问题

浙江在促进农民农村共同富裕进程中，已取得显著成绩。围绕“全面实现农民农村共同富裕”这一目标，粮食安全风险、低收入农民群体增收、城乡发展不平衡等，是未来浙江需要面对和解决的重点难点问题。

（一）粮食安全问题依然严峻

浙江一直以来是全国粮食的主销区，具有经济大省、产量小省的特征。习近平同志在浙江工作期间，就强调要高度重视粮食生产和供给，确保粮食安全。1996—2006 年，浙江推进农业农村经济结构战略性调整，粮食作物播种面积急剧下降；2007—2015 年，粮食作物播种面积和产量的下降速度有所减缓，但仍然呈降低趋势；2016 年以来，浙江严格保护耕地，推进粮食生产功能区和高标准农田建设，持续培育新品种，粮食安全保障能力不断增强，粮食作物播种面积稳中有增。但浙江人多地少、土地资源稀缺，人均粮食产量不高，自给率始终较低。1996 年，浙江人均粮食产量约为 352.2 公斤，接近全国平均水平的 85%，2020 年降至 93.8 公斤，约为全国平均水平的 20%。耕地是粮食生产最重要的资源基础，其数量和质量上的变化必将影响粮食生产，进而影响到粮食有效供给及粮食安全水平。浙江“七山两水一分田”的地形特征直接决定了浙江耕地资源总体规模有限，且质量水平偏低，后备耕地资源不足。浙江全省耕地面积不足 200 万公顷，人均耕地占有量不足 0.034 公顷，远低于全国平均水平（厉宝仙、刘晓霞，2021）。根据第三次全国国土调查数据，浙江部分地区耕地非农、非粮化情况严重，全省 54.05 万公顷粮食生产功能区中，存在“非粮化”面积 7.50 万公顷，[①] 耕地“非粮化”整治迫在眉睫。

（二）低收入农户群体仍是短板

低收入农户是农村的低收入群体，是实现农业农村共同富裕需要重点关注的对象。截至 2020 年 7 月，浙江全省建档立卡低收入农户为 52 万户 80.5 万人，年家庭人均收入 8000 元以下农户为 2014 户 3615 人。[②] 首先，浙江低收入农户主要依靠农业增收，农产品需求增长相对缓慢，农业劳动生产率提高较慢，叠加自然灾害、新冠肺炎疫情等不可抗力的冲击，农产品价格不断波动，使低收入农户经常面临增产不增收的情况。其次，浙江低收入农户主要集中在交通不便、耕地缺乏的山区 26 县，与沿海地区相比，开放程度和信息化水平普遍较低，与外界联系不紧密，农村第二、第三产业不发达，难以实现区域内外资源的有效开发、配置和利用。最后，低收入农户群体中幼、老、弱、病、残比例较高，受教育程度普遍较低，在发展具有一定技术要求的种养业、农产品加工业、休闲旅游业等产业上存在较大障碍，也成为影响低收入农户增收的重要因素之一（史清华，2022）。2021 年，浙江低收入农户人均可支配收入为 16491 元，比上年增长 14.8%，[③] 虽然增速较快，但收入水平仍然不足同年全省农村居民人均可支配收入的一半，差距较为显著。此外，相关数据表明

---

① 《分类施策妥善处置耕地“非粮化”问题》，中华人民共和国农业农村部网站，2021 年 12 月 23 日，http://www.zcggs.moa.gov.cn/zcygggw/202112/t20211223_6385381.htm.

② 《浙江省低收入农户高水平全面小康攻坚成效明显》，中华人民共和国农业农村部网站，2020 年 7 月 15 日，http://www.moa.gov.cn/xw/qg/202007/t20200715_6348679.htm.

③ 《浙江城乡居民收入差距再缩小》，《农民日报》2022 年 1 月 29 日。

2020年上半年，浙江低收入农户人均转移净收入同比增长超过30%，占人均可支配收入的50%以上，[①] 成为推动低收入农户增收的主要原因。帮扶低收入农户群体，增强低收入农户群体增收内生动力，是浙江促进农业农村共同富裕需要补齐和强化的短板。

（三）城乡融合发展质量有待提升

当前，我国最大的不平衡是城乡关系的不平衡，最大的不充分是乡村发展的不充分。城乡融合发展既是推动农民农村共同富裕的路径，也是实现全体人民共同富裕的标志。浙江城乡融合发展水平已经走在全国前列，但在促进城乡高质量均衡发展的过程中仍然面临一些亟须突破的障碍。一是城乡资源要素统筹利用水平有待提升。随着户籍制度和公共服务均等化的推进，人口乡城迁移基本接近自由。人口乡城迁移导致土地资源表现出显著的城乡错配，即城市建设用地紧缺的同时，农村土地利用效率较低（苏红键，2021）。当前，浙江部分存在农村集体建设用地违规开发或低效开发问题，呈现出“一边楼宇经济，一边瓦片经济”的状态。二是城乡产业融合发展水平有待继续提升。城乡产业融合发展的短板主要在农村产业现代化水平不高，表现在农产品质量安全问题突出、农产品精深加工不足、农业科技支撑能力相对不足等。三是城乡基本公共服务品质有待提高。浙江覆盖城乡的基本公共服务体系已经初步建立，主要服务项目的覆盖率、重要服务资源的人均拥有量等指标持续提高，但随着社会主要矛盾的变化，群众对基本公共服务的需求内涵和品质层次发生了质的改

① 《不落一户、不落一人浙江低收入农户如何持续增收》，央广网，2020年8月17日。

变，基本公共服务已经从原来的“均等化”转向“个性化”，从“有没有”转向“优不优”。此外，浙江城乡基本公共服务标准体系尚未全面建立和实施，城乡基本公共服务的供给质量仍然存在一定差距。

四　加快实现农民农村共同富裕的对策建议

为应对上述问题，浙江应始终以保障粮食和重要农产品安全为底线，多维度促进低收入农户群体持续稳定增收，构建城乡高水平均衡发展新格局，加快实现农民农村共同富裕。

（一）坚持以保障粮食和重要农产品安全为底线

稳产保供是农业发展的基本功能，特别是在当前外部风险挑战和不确定性因素明显增多、国内自然风险和生物风险加大背景下，保障粮食和重要农产品供给安全显得尤为重要。一是坚决守住耕地资源红线。面对粮食供需缺口仍然不断扩大，耕地资源十分紧缺的现实，浙江在建立现代乡村产业体系的过程中，应严格禁止“飞地抱团”机制实施过程中各类产业园区建设对耕地资源的占用。全面构建省、市、县、乡、村五级“田长制”，强化耕地用途管制制度、耕地占补平衡制度、耕地进出平衡制度、耕地目标责任考核制度等一系列刚性约束制度管地。二是分类开展“非粮化”整治，确保基本农田粮用。对粮食生产功能区目标作物面积、粮食产量等情况进行全程跟踪、动态管理。对在永久基本农田上挖塘养鱼等破坏耕作层的生产经营行为坚决清退；对不破坏耕作层的“非粮化”行为，通过市场手段引导其逐步退出；对签订了合法土地流转合同的规模经营主体，如其生产经营行为不属于立即清退范围，到合同期满进行处置。三是构建具有竞争力的现代粮食产业链。充分利用粮食产业基金、金融资本，整合省内外优质粮农产业资源，做强产储加运贸粮食产业链条，力争在更高层次上保障粮食安全。

（二）补齐低收入农户群体增收短板

聚焦低收入农户群体，探索制定分类改善和精准帮扶的增收激励政策。一是针对有劳动能力的农村低收入群体，强化开发式帮促，多途径促进低收入农户就业，提高自我发展能力。实施产业带动行动，把产业帮扶作为增强低收入农户“造血”能力的重要方法和精准帮扶的核心动力。加强义务教育保障和就业技能培训，设置公益性岗位，激发低收入农户内生动能。二是针对劳动增收能力较弱的农村低收入群体，强化“帮扶+保障”，探索建立低收入农户个人发展账户，逐步改善生活。组织引导各类专业合作社、家庭农场、农业经营大户进行“帮、带、扶”，促进低收入农户通过力所能及的劳动实现增产增收。鼓励农业经营主体或企业参与帮扶基地建设、帮扶车间开发等。三是针对丧失劳动能力的农村低收入群体，强化兜底保障，提高生活幸福感。健全低收入农户基本养老保险和基本医疗保险制度，完善低保标准动态调整机制，加大救济扶持力度，提高转移性收入。四是建立低收入农户贫困预警机制。通过建立低收入农户基础数据库，构建数字化贫困监测平台，完善低收入农户巡查监测制度，实施动态管理。

(三) 促进城乡高水平均衡发展

坚持新型城镇化与农业农村现代化建设双轮驱动，以共同富裕为导向，通过构建城乡融合发展体制机制，统筹城乡就业、收入分配、基本公共服务等发展，实现城乡高水平均衡发展。一是全面畅通城乡要素循环体系。完善城乡资本、人才、土地、信息双向循环流动的政策体系。鼓励农村集体经济组织及其成员盘活农村闲置宅基地和闲置农房，探索完善宅基地分配、流转、抵押、退出、使用、收益、审批、监管等制度体系。推进农村集体经营性建设用地入市，建立健全集体经营性建设用地入市增值收益分配机制，全面建立城乡统一的建设用地市场。二是推进城乡基本公共服务标准统一和制度并轨，重点加大对相对落后乡村的公共服务建设和转移投入，形成普惠、公平和高效覆盖的城乡基本公共服务体系。三是优化调整城乡空间布局。在城镇化推进过程中，注重乡村人口迁移变化趋势进行分析研判，合理确定乡村人口进城、入镇、留村的比例和分布特点，为乡村基础设施和基本公共服务要素优化配置提供依据。对人口集聚型、人口稳定型和人口收缩型村庄，实行分区分类的差异化政策。

参考文献

1. 顾益康、张永梅:《破解农民共同富裕之难的创新路径研究——以浙江省为例》,《湖州师范学院学报》2022 年第 1 期。

2. 厉宝仙、刘晓霞:《浙江省粮食生产演化趋势、存在问题及对策建议》,《浙江农业科学》2021 年第 2 期。

3. 刘道学等:《共同富裕的“浙江模式”:历史演进及其新时代特

征》，《浙江工业大学学报》（社会科学版）2022 年第 3 期。

4. 史清华等：《共同富裕：浙江农家的努力与行动——来自浙江观察点的报告》，《农业经济问题》2022 年第 3 期。

5. 苏红键：《构建新型工农城乡关系的基础与方略》，《中国特色社会主义研究》2021 年第 2 期。

6. 姚杰、杭超：《“飞地抱团”：强村富民新通道——浙江嘉善县创新模式助推村集体经济发展》，《农村工作通讯》2020 年第 20 期。

缩小城乡差距的国际经验、教训与借鉴

胡凌啸*

摘　要： 缩小城乡差距是我国实现共同富裕必须要战胜的困难挑战。从世界范围看，城乡差距演变具有一定规律，多表现为在工业化初期有所扩大，而后随着城市化进程放缓和政府治理能力增强不断缩小。经济发展是缩小城乡差距的前提基础，同时政策干预对缩小城乡差距不可或缺。高收入国家实现城乡均衡发展的过程中，主要采取了四个方面的政策措施，包括城镇化和人口迁移政策、农业支持保护政策、农村经济发展政策和农村公共服务保障政策。后发国家想从中借鉴，需更关注政策措施背后蕴藏着的深刻逻辑，一是政策选择需因地制宜且因时而变，二是不同政策之间的协调配合至关重要，三是政府的治理能力是政策效果的根本保障。我国缩小城乡差距面临国内外双重压力，鉴于国际经验和教训，要以统一城乡要素市场作为基本着力点，以补齐农业农村短板为导向重点施策，同时通过提高治理能力保障政策高

* 胡凌啸，管理学博士，中国社会科学院农村发展研究所助理研究员，主要研究方向为农村改革和城乡发展。

效执行。

关键词： 城乡差距　城乡关系　国际经验　政策借鉴

International Experience and Implications of Narrowing the Gap between Urban and Rural Areas

Hu Lingxiao

Abstract: Narrowing the gap between urban and rural areas is a difficult challenge that China must overcome to achieve common prosperity. From the perspective of the world, the evolution of the urban-rural gap has a certain rule, which is mostly manifested as the expansion in the early stage of industrialization, and then slow down with the urbanization process and the enhancement of government governance capacity. Economic development is the prerequisite to narrow the gap between urban and rural areas while policy intervention is indispensable. In the process of achieving balanced development between urban and rural areas, high-income countries have mainly adopted policies and measures from four aspects, including urbanization and population migration policies, agricultural support and protection policies, rural economic development policies and rural public service guarantee policies. Latecomer countries should pay more attention to the profound logic behind policy measures if they want to learn from them. First, policy choices need to adapt to local conditions and change with time; second, coordination between different policies is crucial; third, government's governance capacity is the fundamental guarantee for policy effects. China is facing both domestic and international pressure to narrow the gap between urban and rural areas. In view of international experience and lessons, it is necessary to focus on unifying the urban and rural factor markets, make key policies guided by shoring up agricultural and rural areas, and ensure the efficient implementation of policies by improving governance capacity.

Key Words: Rural - Urban Gap; Rural - Urban Relationship; International Experience; Policy Implications

共同富裕是全体人民的富裕。从城乡维度思考，共同富裕意味着城乡居民收入均衡化、基本公共服务均等化和生活质量等值化（魏后凯，2021）。这个意义上讲，加快形成工农互促、城乡互补、协调发展、共同繁荣的新型工农城乡关系，实现城乡融合发展是共同富裕的应有之义。然而，城乡长期发展不平衡导致的城乡差距问题已成为我国实现共同富裕道路上的巨大阻碍。这种差距突出表现在两个方面，一是城乡居民收入差距明显。2020年我国城乡居民收入比是2. 56：1，和改革开放之初持平，而按收入五等份分组的城乡低收入分组家庭人均收入比 3.33：1，低收入群体家庭人均收入之间的城乡差距更大。二是城乡居民享受的公共服务表现为城优乡差和城多乡缺（李实、杨一心，2022）。2020 年全国城镇职工基本养老保险年人均基金支出是城乡居民基本养老保险年人均基金支出的 19 倍，城镇地区已基本建立起覆盖职工的工伤保险和生育保险制度，但农村地区居民还难以享有职业伤害保障和生育津贴等项目，近年来引发全社会关注的农村厕所问题更是以点带面地反映了城乡居民生活质量的差距。更为严峻的是，当前公共投资的城市偏向并没有扭转，城市人均市政公用设施建设投入是村庄的 12 倍以上（年猛，2020），缩小城乡差距面临更大挑战。共同富裕是在动态中向前发展的过程，把城乡差距缩小到合理区间也要逐步推进。从全球看，高收入国家基本实现了城乡均衡发展，而不少中低收入国家面临着比我国更大的城乡发展鸿沟，这些国家在城乡发展方面既有经验也有教训，可以为我国提供有益借鉴。

一　经济发展、政策干预与城乡差距演变

在发展的早期阶段，经济增长往往会表现出空间不平衡。这种空间不平衡既体现在国与国之间，也体现在国家内部。在国家内部，由于结构转型的性质，领先地区和落后地区之间的不平衡往往与城乡差距相对应。尽管不同国家及国际组织对城市和乡村概念的认知存在差异并且在不断更新（Cattaneo et al.，2021），但从广义看，高收入国家内部的城乡差距演变具有一定规律。多

表现为经济在发展初期迅速向城镇集中，城乡在生产力、工资和福利等方面的差距不断扩大，但随着城市化进程的放缓和政府治理能力的增强，城乡差距开始缩小，并最终走向趋同（World Bank，2009）。

（一）经济发展是缩小城乡差距的前提基础

《2009年世界发展报告》指出，只有在达到相对较高的发展门槛时一个国家内部的城乡生活水平才会趋同（World Bank，2009）。城乡差距问题是在经济发展中产生的，也要在经济的进一步发展中解决。对于当今的高收入国家，在19世纪和20世纪早期也面临着很大的城乡收入差距。如19世纪瑞典和芬兰城市地区成年男性的人均财富分别比农村地区高出200%和150%；英国的城市工资比农村工资高出70%以上；城乡工资差距在澳大利亚、丹麦、法国、日本、美国也都超过50%（World Bank，2009）。但在20世纪中后期，这些国家陆续通过完成工业化实现了城乡均衡，为“在发展中消除城乡差距”提供了证据。以日本为例，20世纪60年代日本农村居民家庭人均收入大约是城镇居民的70%，随着工业化、城市化进程中的公共投资增加，建筑业、运输业和公共服务业等行业在全国范围内普遍发展，农民获得了大量非农就业机会，同时伴随道路交通网的建设和家用汽车、摩托车的普及，农民选择非农就业的地理半径得以扩大，到20世纪80年代初农村居民收入中有80%以上来自农外收入，家庭人均收入水平甚至比城镇居民高出16%（速水佑次郎、神门善久，2003）。

（二）政策干预对缩小城乡差距不可或缺

在发展中消除城乡差距是一个漫长的过程，政府的政策干预可以缩短这个过程的周期（张红宇，2004）。尤其对于发展中国家而言，科学恰当的政策干预不可或缺。作为后发经济体，大多数发展中国家为了加快国民经济发展，缩小与先发国家的差距，普遍采取了工业优先的发展战略，对农业农村进行更为严格的控制（李明等，2014），城乡差距也因此被人为拉大。如果没有针对性的政策干预，很难完全依靠经济发展本身来扭转城乡失衡的不利局面。发展中国家面临的共同挑战是，如何以富有效率的发展方式向更加城市化的经济过渡，同时以富有公平导向的政策干预平抑城乡差距。从先发国家的经验看，往往都是在工业化的中期采取工业反哺农业的政策，并根据本国实际不断对政策进行阶段性调整（马晓河，2005）。总的来看可以从两个维度来认识相关政策，一种政策并不直接以缩小城乡差距为目标，而是为了更好地促进经济发展，但最终也发挥了提高农民收入、改善农民生活的作用；另一种政策则直指城乡差距，聚焦农村发展，有的甚至上升为国家的农村发展战略，如韩国的“新村运动”、德国的“村庄更新计划”、法国的“乡村整治计划”。先发国家提供了一些可借鉴的正面素材，而拉美、非洲一些国家的发展也提供了教训，政策干预失当或者缺乏有效干预都可能会加剧城乡差距。

二　缩小城乡差距的主要政策措施

缩小城乡差距是一项系统工程，涉及经济发展过程中的众多方面，依靠单一政策不可能实现全面的城乡均衡发展。从高收入国家的经历看，可以从四个方面概括主要政策措施：一是城镇化和人口迁移政策，二是农业支持保护政策，三是农村经济发展政策，四是农村公共服务保障政策。

（一）城镇化和人口迁移政策

城镇化水平高是绝大多数高收入国家的共同特征，这些国家对城镇化的总体布局以及由此选择的城镇化模式和政策反映了各国塑造国内城乡关系的基本逻辑，应该作为考察各国缩小城乡差距、促进城乡均衡发展的首要切入点。其中，人口迁移政策值得重点关注。

一是不同类型的城镇化模式及相关政策。高收入国家基于本国实际采取了不同趋向的城镇化模式。比如美国实施的是以小城镇建设为主的城镇化模式，依托城市延展与农村城镇化，大量小城镇围绕中心城市错落布局，有效衔接了大中城市与农村之间的空白地带，形成相互独立又功能互补的城镇体系（范昊、景普秋，2018）。城镇化过程中，美国将高速公路从城市之间逐渐扩散到城镇与乡村之间，达到交通网的全覆盖，也将完善的基础设施和公共服务覆盖到了乡村地区（方向明、覃诚，2021）。德国采取的是均衡发展的城镇化模式，其主要特征是“去中心化”和城乡无差异发展，在德国工业高度发展的时期，经济社会发展的一项重要原则是促进人口流动的分散化，避免城市人口、资源和公共服务向中心城市过度集中，德国从立法、规划、资源分配、职业教育和治理机制等不同层面采取措施振兴中小城镇，积极推进城乡无差异化发展（石忆邵，2015），这也使德国成为主要工业化大国中唯一没有特大城市的国家（周弘等，2021）。除此之外，日韩采取了集聚型的城镇化模式，拉美地区则出现了过度城镇化，不同的城镇化模式也决定了缩小城乡差距的重点难点和政策选择。

二是人口迁移政策。人口迁移下的城乡互动使城乡发展始终处于动态变化中，同时人口迁移引发的城乡人口结构变化也是影响城乡关系的核心变量，因此人口迁移政策对于缩小城乡差距至关重要。韩国实现城乡居民收入的相对均衡，很大程度上与恰当的人口迁移政策保障了大量乡村人口向城市顺利转移有关。一方面，韩国并没有采取行政措施限制或禁止农村人口向城市迁移，因此韩国以城市为依托的工业化政策吸引了大规模的农村人口涌入城市（陈颐，2001）；另一方面，韩国农村人口向城市转移呈现出“离土又离乡”的举家迁移特征，韩国政府通过介入住房供给实现转移人口在城市安居，增加了农村居民进城的保障。1962 年和 1967 年，韩国分别成立了韩国国家住房公司和住房银行；1972 年和 1974 年，又分别颁布了《住宅建筑加速法》和《土地金库法》，1978 年成立韩国土地开发公司，更加积极地以公营形式征用居住用地，1976—1978 年公营征用居住用地占所有征用居住用地的 80%以上；以韩国国家住房公司为代表的公营部门，基本以成本价向市场供应小户型房屋来满足新增转移人口的住房刚需，1981 年韩国又出台了关于“小户型住宅义务比率”的政策，要求在商品房建设时 60 平方米以下的小户型所占比例不得低于 50%，以进一步改善新进入城市的居民住房条件（董向荣，2014）。日本和我国台湾地区都重视对农民进行职业技能培训，为他们向城市转移提供比较宽泛的选择领域（周可，

2009）。美国在推进农业剩余劳动力转移方面，专门出台《人力发展与训练法》和《就业机会法》为转移劳动力提供教育与就业指导，甚至为低收入者提供贷款和迁居费（方向明、覃诚，2021）。

（二）农业支持保护政策

城乡差距形成的原因之一是农业生产率低于工业生产率，导致了农业报酬和工业报酬的差距。为此，各国在缩小城乡差距方面非常重视提高农业生产率，采取了针对性的农业支持保护政策。

一是农产品价格政策。为了维护农业生产者的收入，各国在对农业进行支持保护的初始阶段，始终把农产品价格政策作为基础性措施，包括目标价格、最低支持价格、保护价收购等手段（张红宇，2004）。如美国从罗斯福新政开始到 WTO 协定生效为止，长期对许多农产品实行最低保护价政策，其最大特征是与信贷支持相结合，当农产品出售价格低于市场价格时，农场主可把农产品交给信贷公司，政府百分百补贴市场价格与目标价格之间的差额（速水佑次郎、神门善久，2003；程国强，2009）。日本在 1961 年颁布《农业基本法》，采取了包括成本与收入补偿、最低保护价、价格差额补贴和价格平准基金等在内的多种价格支持政策（马晓河等，2005）。韩国从 1968 年起依次对稻米、大麦、小麦、大豆和玉米实施高价购、低价售的政策，由政府进行差价补贴（李明等，2014）。欧盟也有类似的价格支持。

二是收入支持政策。尽管价格政策有利于保障农产品的收入，但也造成了严重的市场扭曲。在 WTO 贸易框架下，各国将对农民的支持和保护政策重点转向了收入支持。如日本在2000年开始在山区半山区实施直接补贴政策，这是在WTO框架内日本调整农业支持保护政策的最初尝试（胡霞，2007）。该政策依据各种土地生产条件差异而将补贴直接支付给农户，不挂钩产量与价格，但要求享受补贴的农民必须从事维护水渠道路等特定的农业活动。当前，日本已经形成了以山区半山区农业直接补贴政策为基础，以环境保护型农业直接补贴政策和农业多功能性直接补贴政策为支撑的农业直接补贴体系，有效保障了农民的收入水平（朴英爱、付兰珺，2021），日本农民收入的近60%来自各类农业补贴。不仅是日本，美国和欧盟也在不断完善农业直接补贴政策，并加大了农业收入保险补贴政策的探索。

（三）农村经济发展政策

在高收入国家，农业收入不一定是农村居民收入的主要来源，这些国家更为青睐在农村开展附加值高、社会经济过程复杂的经济活动（OECD，2016），采取多样化的农村经济发展政策，以此来增加农村居民就业机会，提升收入水平。

一是挖掘乡村多元价值的政策。乡村的经济活动并非只是农业生产，从乡村自身的多功能性出发可以有更为丰富的选择。如日本鼓励地方发展地方性经济与地域文化，在乡村地区发起了“一村一品”等运动，推出大批具有地域特色的农产品和旅游产品，极大地丰富了乡村的多元功能（方向明、覃诚，2021）。日本把乡村功能从单一提供食物逐渐拓展到文化传承、环境保护、休闲观光等多个方面，提出“六次产业化”的发展理念，通过创造同质性低、空间上难以移动、更依赖乡村特色的乡村产品，不仅推动了农村第一、第二、第三产业融合发展助力农民增收，也发挥了活化乡村的重要作用（胡凌啸、周应恒，2019）。德国也同样在政策上支持打造多功能农业和多功能乡村，支持保护乡村景观文化，促进“半农业”和旅游业、手工业发展，为乡村人口充分就业和增收提供稳定保障（茅锐、林显一，2022）。

二是引导城市产业向乡村转移的政策。把城市产业引导到乡村发展也是一些国家激活乡村经济的重要方式。如在20世纪60年代的法国，东部工业城市和西部农业乡村在收入、公共服务等方面有着悬殊差距，分别呈现了一个富裕的工业法国和一个贫穷的农业法国。为了缩小城乡差距，法国实施了“领土整治计划”，其中“工业分散政策”是最重要的组成部分。该政策旨在大力发展交通运输事业，限制人口和工业在巴黎、里昂、马赛等区域过度集中，鼓励企业向乡村地区迁移和投资（茅锐、林显一，2022）。同时，法国创建了“区域自然公园”作为承接城乡经济往来的平台，通过乡村高品质的自然景观吸纳各类城市经济活动来此举办，旨在实现自然景观与人文活动的互补互进（汪明煜、周应恒，2021）。日本和韩国也都曾通过制定税收、贷款优惠等政策措施，引导城市工业合理有序地向乡村转移。20世纪50年代，日本政府开展了大规模的乡村工业化运动；韩国政府则推行以乡村工业园区为载体的园区模式，引导乡村建设农产品生产与加工工厂（朱红根、宋成校，2020）。

（四）农村公共服务保障政策

为了实现城乡居民可以享受均等化的公共服务，高收入国家都会通过健全农村公共保障政策来缩小城乡公共服务方面的差距。

一是公共设施建设资金偏向农村。为了缩小城乡公共设施建设方面的差距，各国都注重把公共设施建设资金更多地用于农村。20 世纪 60 年代末开始，日本中央财政预算的 10%以上用于投入农村公共产品，加上地方预算后的总投入超过农业 GDP 总额，采取了直接补贴项目投资、贷款贴息、地区性开发金融等不同政策手段（杨勇、罗能生，2008）。韩国于 1970 年启动“新村运动”，政府财政预算中的农村开发费用从 1971 年到 1978 年增加 7.8 倍，中央和地方财政投资合计增加 82 倍，主要用于支持修建农村用水系统、扩大农村供电系统和网络、改建村庄、扩建乡村道路，为农民创造宜居宜业的良好环境（张红宇，2004）。美国自 2009 年以来资助乡村发展的公共财政资助金额达 2534.34 亿美元，是资助城市社区发展金额的 3.98 倍（茅锐、林显一，2022）。20 世纪 60 年代，德国出现的“逆城市化”进程推动德国开展村庄更新工作，主要对农村基础设施进行更新，同时对乡村自然环境进行保护，财政资金对村庄更新中的历史建筑修缮保护发挥着主导作用，各级财政承担了 80%的修缮保护费用，还承担了个人住房改造费用的 20%，让各地乡村能够体现各自的别致景观（茅锐、林显一，2022）。

二是构建城乡统一的社会保障制度。尽管城乡在医疗、养老等社会保障制度的确立上会存在时间差，表现为农村的医疗保险制度和养老保险制度的确立时间普遍要晚于城镇（李明等，2014），但各国都会选择在经济发展到一定阶段后提高农村居民的社会保障水平。美国在 1935 年通过《社会保障法案》确立了全国统一的企业职工养老保险制度，之后在 1950 年和 1954 年两次修订法案分别把农场雇员和农场主纳入养老覆盖范围（马凯旋、侯风云，2014），实现了城乡养老保险机会均等，养老保险形式也逐步完成单由政府承担保障职能向以私营保险为主、政府保险为辅、自愿性保险为补充的过渡（樊丽明、郭健，2012）。澳大利亚和日本等国不仅关注城乡养老保险机会的均等，还特别注重保障效果的均等，如澳大利亚在养老护理项目资金提供上向农村倾斜，并且要评估鉴定这些项目是否能够满足老年人的护理需求（樊丽明、郭健，2012）。

三　缩小城乡差距的经验和教训

高收入国家采取了丰富的政策措施以应对城乡发展失衡的问题，不断缩小城乡差距，逐渐建立起城乡之间均衡的发展状态。从这些国家的发展历程中，可以提炼出值得发展中国家借鉴参考的政策思路和政策工具，但如果只是按照政策本身“抄作业”，而忽视政策的实施条件、执行过程、动态演化以及政策之间的协调和制约，恐怕很难成功，甚至可能因借鉴不当而使本国的发展经历成为他国日后要避免的教训。由此，要充分认识到高收入国家缩小城乡差距政策措施的不完全（或有限）适用性，更加全面审慎地思考政策背后的逻辑。

（一）政策选择需因地制宜且因时而变

从代表性国家缩小城乡差距所采取的主要政策措施看，即便有着相同的政策方向和政策目标，各国在政策工具的选择上也十分不同，都有其独具特色的政策设计，这与各国国情和当时所处的发展阶段密切相关。不仅如此，西方工业化国家在平衡城乡发展时所面临的全球背景与当下完全不同。与后发国家相比，它们有着更宽松的全球环境，经济全球化程度相对较低、国与国之间的贸易竞争程度也不比当前，因而获得了更大的政策调整空间。OECD 的不少成员国在 20 世纪中期就已经完成工业化，达到了相当先进的经济发展水平，当时各国政府在制定政策时并没有明确的城乡之分（OECD，2016），城乡经济差距本身并不严重，对城乡关系的政策干预更多体现对农业的支持保护。而实施农业政策的目的并非单纯为了提高农村居民收入，还有一部分原因是各国对粮食安全的担忧。当这些国家完成向以城市社会和城市经济为主的过渡，进入逆城市化阶段之后，城乡间基础设施、公共服务、生态环境等失衡现象变得更为突出，因此也就越来越关注城乡差距问题，对农村地区的明确政策才得以出现。不仅如此，OECD 还专门提出了认识和构建合理城乡关系的框架（OECD，2013）。

（二）不同政策之间的协调配合至关重要

没有哪个国家可以依靠某一项特定政策就能解决好城乡差距问题，以不同政策协调配合为特征的综合施策才是成功的关键。总体上，高收入国家在过去的工业化和城市化过程中，通过干预市场（包括城镇化和人口迁移政策、农业支持保护政策、农村经济发展政策）、推行制度性社会再分配（农村公共服务保障政策）和主要用于社会领域的公共开支，较好地保证了城乡居民的收入和生活并无明显差距（周弘等，2021）。与之相对，在发展中国家对发达国家的“追赶”中，也存在一些因政策不协调而引发的教训。比如巴西走了一条快速城市化路径，城市化水平已经超过了85%。但在一定程度上，这是城乡差距过大迫使农村居民进城谋生的结果，同时由于经济发展水平与城市化水平之间的严重不协调，不仅导致巴西城乡之间的收入水平、生活条件等方面存在巨大差距，也衍生出了严重的城市贫民窟问题（王放，2021），目前巴西72%的贫困人口生活在城市地区（World Bank，2013）。同样，对于一些非洲国家，虽然在国内采取了促进农业发展的政策，但在农村公共投资水平低、效率低，导致城乡收入差距一直在扩大（Dudwick et al.，2011）。

（三）政府的治理能力是政策效果的根本保障

从政策干预的角度看，缩小城乡差距不仅取决于科学的政策设计和正确的政策选择，还取决于政府的治理能力。如果政策实施能力薄弱，再好的政策设计也难以取得实效。加强政府机构能力，有助于保障各级政府有效组织各类资源，对于将农村发展战略和政策转化为真实成果至关重要。此外，也要通过加强各级政府之间和各级政府内部的协调性来提高治理能力，这种协调机制有利于保证各部门实现政策互补，避免政策重叠或相互矛盾。如韩国之所以可以通过“新村运动”缩小城乡差距，得益于政府较强的治理能力，能够对乡村发展做出科学规划并协调多部门具体实施。韩国政府采取了“自上而下”和“自下而上”相结合的方法，运用“中央领导—地方参与—社区动员”的多层次治理模式，激励社区的集体行动，并通过发起公共运动和教育培训来转变农民的观念，建立起一套行为准则，激发农民的社区意识，让农民主动参与到村庄的建设中，充分保障了韩国农村实现持续不断发展（OECD，2016）。

四　对我国缩小城乡差距的借鉴

作为人口大国和仍处在工业化、城镇化进程中的发展中国家，我国缩小城乡差距面临着不小的国内外压力。一方面，全球经济不确定性增加，大国博弈更趋复杂，竞合关系深度调整，在发展中实现缩小城乡差距的外部环境并不友好；另一方面，我国城乡差距自工业化初期以来长期存在，积累深化，形成了多种差距相互交织的困难局面，使破解城乡差距难题变得越发复杂。双重压力叠加，决定了在我国缩小城乡差距并非易事，必须要有长远的战略设计和可操作的政策方案。借鉴国际经验和教训，提出几点政策思考。

（一）以统一城乡要素市场作为基本着力点

"在发展中消除城乡差距"应作为我国解决城乡差距问题的基本理念，这是由我国所处发展阶段和国际环境决定的，只有保证稳定、持续、高质量的经济发展，才能为缩小城乡差距创造条件。发展的指向已然清晰，但缩小城乡差距对发展方式不无要求。必须坚持城乡融合发展，在避免城乡差距进一步拉大的同时，充分依靠市场机制引导城乡发展走向均衡。当前我国城乡融合发展面临的最大障碍是城乡要素自由流动和平等交换面临的体制机制壁垒始终未能打破，城乡要素市场二元分割的局面严重抑制了市场机制的作用，造成了市场扭曲，降低了资源配置效率。因此，要优先建立健全有利于城乡要素合理配置的体制机制，尤其是在中央提出加快建设全国统一大市场的背景下，要抓住契机，尽快建立健全城乡统一的劳动力、土地、资本、技术和数据市场，形成城乡统一的要素市场制度规则，进一步释放我国经济发展潜力，为乡村创造良好的发展环境。

（二）以补齐农业农村短板为导向重点施策

缩小城乡差距，适当的政策干预不可或缺。我国已出台不少针对性政策措施，但常因政策分散导致政策效果大打折扣。由此，下一步要突出政策重点，更加聚焦到补齐农业农村短板上来。要优先补足农村基础设施和公共服务短板，尊重城乡人口流动规律，既要防止投入不足导致质量不高，更要避免投入过度造成严重浪费。要以城乡公共资源配置均衡化和城乡基本公共服务均等化为标准，统筹布局城乡基础设施，全面提升农村基础设施水平；建立健全城乡基本公共服务公平共享机制，全面提高农村基本公共服务质量；以正在进行的城乡融合发展试验区改革为契机，探索县域城乡基本公共服务均等化实现机制。要统筹农业支持政策和农村发展政策，优化农业支持政策体系，更加瞄准于提高农民收入，健全农村发展政策体系，推进乡村建设，激活乡村发展活力，促进农民就近就业增收，通过两类政策的整合实现农业农村现代化一体推进。

（三）通过提高治理能力保障政策高效执行

把缩小城乡差距的政策措施转化为实际成果的关键，是要加强组织保障，提高各级政府的治理能力并协调好不同部门之间的关系。中央层面要做好顶层设计和统筹协调，充分发挥好城镇化工作暨城乡融合发展工作部际联席会议制度的作用，围绕加快缩小城乡差距，协调各成员单位分头抓好政策支持保障，加强跟踪督导。地方层面分别针对本地区城乡发展的实际情况制订缩小城乡差距的具体政策方案，对干部开展实绩考核，同时建立激励机制，将实绩考核与晋升、评优等挂钩。中央政府应给予地方政府更大的分散决策权力，实现统一部署与本地实际的有机结合。在自上而下推动城乡融合发展的同时，也要形成自下而上的反馈机制，尤其是激发农村集体经济组织、农民专业合作社等乡村组织与乡村居民的能动性，为乡村发展创造更多可能。

参考文献

1. 陈颐：《中韩城市化比较研究》，《江海学刊》2001 年第 6 期。
2. 程国强：《发达国家农业补贴政策的启示与借鉴》，《红旗文稿》2009 年第 15 期。
3. 董向荣：《为什么韩国的“农民工”较快地融入了城市?》，《国际经济评论》2014 年第 3 期。
4. 樊丽明、郭健：《城乡基本公共服务均等化的国际比较：进程与经验》，《中央财经大学学报》2012 年第 7 期。
5. 范昊、景普秋：《自由延展、城市区域与网络共生：欧美城乡关系演进动态及其比较》，《城市发展研究》2018 年第 6 期。
6. 方向明、覃诚：《现阶段中国城乡发展差距评价与国外经验借鉴》，《农业经济问题》2021 年第 10 期。
7. 胡凌啸、周应恒：《提升小农竞争力：日本农业新政策的指向及启示》,《中国农村经济》2018 年第 2 期。

8. 胡霞:《关于日本山区半山区农业直接补贴政策的考察与分析》,《中国农村经济》2007 年第 6 期。

9. 李明等:《城乡一体化的国际经验及其对中国的启示》,《中国农村经济》2014 年第 6 期。

10. 李实、杨一心:《面向共同富裕的基本公共服务均等化:行动逻辑与路径选择》,《中国工业经济》2022 年第 2 期。

11. 马凯旋、侯风云:《美国养老保险制度演进及其启示》,《山东大学学报》(哲学社会科学版)2014 年第 3 期。

12. 马晓河等:《工业反哺农业的国际经验及我国的政策调整思路》,《管理世界》2005 年第 7 期。

13. 茅锐、林显一:《在乡村振兴中促进城乡融合发展——来自主要发达国家的经验启示》,《国际经济评论》2022 年第 1 期。

14. 年猛:《中国城乡关系演变历程、融合障碍与支持政策》,《经济学家》2020 年第 8 期。

15. 朴英爱、付兰珺:《日本型农业直接补贴政策分析》,《现代日本经济》2021 年第 3 期。

16. 石忆邵:《德国均衡城镇化模式与中国小城镇发展的体制瓶颈》,《经济地理》2015 年第 11 期。

17. 速水佑次郎、神门善久:《农业经济论》,沈金虎等译,中国农业出版社 2003 年版。

18. 汪明煜、周应恒:《法国乡村发展经验及对中国乡村振兴的启示》,《世界农业》2021 年第 4 期。

19. 王放:《中国和其他发展中国家城市化的比较》,《人口与发展》2021 年第 2 期。

20. 魏后凯：《全面打造城乡协调发展的引领区》，《人民日报》2021年8月5日第12版。

21. 杨勇、罗能生：《农村公共品供给中政府作用的国际经验及启示》，《上海经济研究》2008年第5期。

22. 张红宇：《城乡居民收入差距的平抑机制：工业化中期阶段的经济增长与政府行为选择》，《管理世界》2004年第4期。

23. 周弘等：《促进共同富裕的国际比较》，中国社会科学出版社2021年版。

24. 周可：《城市化进程中的农村劳动力非农化政策研究——基于比较研究视角》，《经济问题》2009年第9期。

25. 朱红根、宋成校：《乡村振兴的国际经验及其启示》，《世界农业》2020年第3期。

26. Cattaneo, A., et al., "Global Mapping of Urban-rural Catchment Areas Reveals Unequal Access to Services", *Proceedings of the National Academy of Sciences*, 2021, 118 (2).

27. Dudwick, N., et al., *From Farm to Firm: Rural-urban Transition in Developing Countries*, World Bank Publications, 2011.

28. OECD, *A New Rural Development Paradigm for the 21st Century: A Toolkit for Developing Countries*, Paris, 2016.

29. OECD, *Rural-Urban Partnerships: An Integrated Approach to Economic Development*, Paris, 2013.

30. World Bank, *Global Monitoring Report* 2013: *Rural-Urban Dynamics and the Millennium Development Goals*, Washington D. C., 2013.

31. World Bank, *World Development Report* 2009: *Reshaping Economic Geography*, Washington D. C., 2009.

日本促进农民共同富裕的经验和启示

曹　斌*

摘　要： 缩小城乡居民收入差距，促进农民共同富裕是日本“二战”以来长期坚持的基本国策。本报告在深入分析日本城乡居民收入变化趋势的基础之上，认为日本促进农民共同富裕主要采取了增加农民可支配收入、建立多层次社会保险体系和一体化社会救助体系、完善欠发达地区普惠性教育体系等措施。基于我国农业农村发展现状，建议以政府为主导逐步加大财政投入，循序渐进调整农业经营结构，稳步完善城乡一体化的社会保障政策体系，并逐步加大欠发达地区农民教育体系建设投入。

关键词： 日本　共同富裕　农民增收　社会保障制度　农村教育

---

* 曹斌，农业经济学博士，中国社会科学院农村发展研究所副研究员，中国社会科学院大学副教授，主要研究方向为农村组织与制度。

Japan's Experience And Enlightenment on Promoting The Common Prosperity of Farmers

Cao Bin

Abstract: Closing the income gap between urban and rural residents and promoting the common prosperity of farmers is the basic state policy that Japan has been stick to for a long time since World War II. This study is based on the in-depth analysis of the income change trend of urban and rural residents in Japan, it is believed that Japan mainly promotes common prosperity of farmers by increasing farmers' disposable income and establishing a multi-level social insurance system as well as the integrating the social assistance system and improve the inclusive education system in less developed areas.
Based on the current situation of agricultural and rural development in China, it is suggested that we should gradually increase financial input with the government as the leading role and gradually adjust the agricultural management structure step by step, steadily construct and improve the social security policy system of urban and rural integra-

tion, and gradually increase the investment in the construction of the farmer education system in the underdeveloped areas.

Key Words: Japan; Common Prosperity; Increase of Farmers' Income; Social Security System; Rural Education

追求共同富裕、实现美好生活是社会主义的本质要求，是中国共产党的初心使命所系。自中华人民共和国成立以来，党和国家对共同富裕目标的认识越来越深化，共同富裕的实践经验越来越丰富。2021 年，中央财经委员会第十次会议强调“共同富裕是全体人民的富裕，是人民群众物质生活和精神生活都富裕，不是少数人的富裕，也不是整齐划一的平均主义，要分阶段促进共同富裕。”同年，中央决定在浙江率先开展建立共同富裕示范区试点，要求到 2025 年取得明显实质性进展，到 2035 年取得更大成就，基本实现共同富裕。从理论来看促进共同富裕要求正确处理效率和公平的关系，构建社会基础性分配制度，然而在实践中，我国刚刚进入中等收入国家行列，城乡居民收入差距较大，社会保障制度还不完善，如何可持续地推动实现农民共同富裕仍然面临诸多问题和挑战。

日本与我国同属小农经济国家，同样面临人多地少户均经营规模小的发展困境。“二战”之后，日本高度重视增加农民可支配收入，并通过完善收入再次分配制度，逐步实现了缩小城乡居民收入差距，促进农民共同富裕的政策目标。2017 年日本再分配后的收入基尼系数仅为 0.3721，远低于美国和英国，也是亚洲贫富差距最小的国家。因此，深入探讨日本促进农民共同富裕的实现路径对中国有着十分重要的启示和借鉴意义。本报告采取文献分析和电话访谈相结合的方法，对日本推进农民共同富裕的经验进行了深入分析，并提出了有针对性的对策建议。

一　日本城乡居民收入变化趋势

“二战”之后，日本着手恢复国内经济，由于土地改革、食物短缺以及工业未能恢复造成非农就业收入下降等原因，促进了农户收入增加（溝口敏行，1974），1950 年日本农民年平均收入为 10.5 万日元，超过年社会平均收入 4.6%。20 世纪 60 年代日本大力支持农业农村发展，1975 年日本农民年收入增加到 215.3 万日元，超过年社会平均收入 15.2%，远高于第二、第三产业收入水平。进入 80 年代，受到国际经济一体化影响，日本农民收入相对下降，2020 年农民年收入进一步减少到 245.2 万日元，占年社会平均收入的比重下降到了 66.3%，农业成为社会水平相对较低的产业。日本社会收入差距拉大，基尼系数也从 1962 年的 0.3904 扩大到了 2017 年的 0.5594。

以收入基尼系数来判断，不可否认日本收入差距悬殊，财富分配极其不均衡，但是以再分配后的收入基尼系数来看，自 1962 年以来始终稳定在 0.3 左右。1962 年为 0.3442，2017 年略有上升，为 0.3721，与经济发达国家的居民收入差距相比较，日本收入差距处于中等偏下水平。另外，从收入分配制度的贡献率变化来看，社会保障制度发挥的调节作用越发显著，1981 年日本再分配收入的贡献率首次超过初次分配收入，为 5.2%，

2017年达到历史最高纪录的30.1%。从农民收入结构来看，也证实了这一趋势，2018年日本农民的经营性收入占比下降到了57.2%，而来自年金收入增加到了36.5%，成为农民第二大收入来源，说明再分配制度对于缩小城乡收入差距，实现农民共同富裕发挥了极其重要的调节作用。

日本政府为了让农民不继续下沉而上升到中等收入群体保留和创造机会，也为中等收入群体经济条件不再继续恶化下沉等创造条件，扭转社会差距扩大的蔓延态势，出台了多项政策和措施，主要包括增加农民收入、完善农业保险制度、建立社会救助制度和加大欠发达地区农民教育体系建设投入等政策（石橋理恵，2016）。以下基于上述四点，详细阐述日本推进农民共同富裕的途径和经验。

二　多种路径增加农民收入，缩小城乡居民收入差距

20世纪50年代，虽然日本农民收入整体高于其他产业，但部分地区出现了农民收入下降的发展趋势，日本政府意识到要缩小城乡居民差距，应该不断调整经营结构，改善农民增收条件。1961年日本施行《农业基本法》，要求克服农业自然及经济制约，消除农业与其他产业之间的生产效率差异，不断提升农业生产效率、增加农民收入，使农民达到和其他产业相均衡的生活水平的政策目标。在政策实施层面，日本要求一方面扩大农业经营规模，促进农地集约化、机械化及农业现代化发展；另一方面，

积极推进乡村振兴，完善乡村产业基础和改善生活环境，因地制宜地培育乡村产业创造就业机会，提升居民福祉水平（曹斌，2018），逐步形成了具有本国特色的农民增收政策体系。

（一）增加农民经营性收入

《农业基本法》颁布至今日本始终把改善农业经营结构，扩大户均农业经营规模作为推动农民增收重要手段，并根据农业农村内在矛盾的发展不断调整相关政策。目前，日本农业经营结构得到极大改善，以日本稻米生产为例，截至 2019 年农民户均经营面积增加到了 1.87 公顷/户，较 2010 年增加了 29.8%。随着经营规模扩大，劳动生产率显著改善，每公顷稻米的劳动时间由 264 小时减少到 227 小时，下降了 14.0%，每千克稻米生产成本由 276.6 日元减少到 252.6 日元，下降了 8.5%。日本扩大农业经营规模的措施主要有以下几点（曹斌，2021）。

一是逐步放宽农地管制。20 世纪 60 年代初，日本仅允许农地在农民之间流转，严格禁止工商资本购买农地。随着农业人口减少，农村老龄化、过疏化问题日趋突出，日本逐渐放宽管制。2000 年，日本允许工商资本通过参股农业生产法人[①]的方式从事农业生产。2003 年，工商资本在指定区域内开展租地务农试点。2008 年，修改《农地法》，进一步降低了工商资本务农门槛，允许其在全国范围内租地务农，并且放宽了对工商资本在农业企业中的股权比例限制，提升了工商资本在农业生产中的主导地位。

二是建立多元化农业经营体系。20 世纪 60 年代初，随着农业现代化水平不断提升，出现了以血缘地缘、产业或村落为纽

① 拥有农地所有权的农业企业，以农民为主体成立，一般完全由工商资本控股。

带，以共同购置使用大型农机具为目的的社区型合作经营组织，逐渐成为农业经营的主要组织形式之一。20 世纪 90 年代，日本中央政府和工商界主张通过扩大个体农户经营规模，改善农业生产效率，提升农业竞争力。然而，地方政府和农民团体则倾向于通过发展社区性合作经济，实现规模效应，两种思想在长期的碰撞中形成了以“认定农业者”① 等家庭经营为主体，“集落营农组织”②“农事组合法人”③ 等合作经营和企业经营多种组织形态并存、相互依托的立体型农业经营组织体系。日本政府在政策层面不断加大对上述新型农业经营主体的支持，在收入补贴、开垦新田、生产经营、扩大经营面积、购置农机具和融资等方面给予倾斜。截至 2019 年日本共有认定农业生产者 23.9 万户、集落营农组织 1.5 万个和各类农业企业 1.9 万个，日本农协表示“20%的新型农业经营主体提供了 80%的农产品”。

三是加大财政扶持力度。日本政府为降低农地流转成本，给予农地连片后的农地平整、农田基本建设以及引进先进机械和设备的农户财政扶持。以平整 0.3 公顷的农地项目为例，1968 年财政补贴比例占总费用的 8%，1990 年提升到 50%。同时，对集约农地之后需要资金的农民，优先发放政策性贴息贷款。

（二）增加农民工资性收入

20 世纪 60 年代，日本农产品供给过剩，农业增产增效不增

---

① 根据日本《农业经营基础强化促进法》规定，在实施农业经营改善规划的地区，通过地方政府审核认证，开展规模化农业经营的农户、合作经济组织或企业。

② 以村落为基础，在农业生产部分环节或整个过程中，按照村民之间的约定实现协同作业的生产型合作经济组织。

③ 由 3 名以上发起人成立，以农业集约生产或农机共同使用为目的的生产型合作经济组织。

收的问题日益突出，农民经营性收入增幅递减，日本政府一方面通过农协抑制农产品盲目扩产，另一方面积极拓展工资性收入的增收途径。

一是促进农村非农产业发展。1971 年，日本施行《促进在农村地区发展工业等法律》，鼓励制造业、运输业、仓储业、包装业及批发业 5 类劳动密集型企业在农村投资建厂，增加农民在家门口的非农就业机会。该法允许地方政府适当放宽农地用途管制，对投资企业的设施用地适当给予倾斜；由政策性金融机构为投资企业提供 10 年期免息或贴息贷款以及债务担保；对于转让农地的失地农民给予所得税抵扣优惠，并且对其参加再就业培训提供生活补助，承担其求职活动的交通费、住宿费以及就职后必要的搬家费用；对于雇用当地 65 岁以上高龄农户 1 年以上的中小企业提供 50 万日元奖励。截至 2021 年日本共有乡村企业 6782 家，创造就业岗位 45.9 万个。

二是推动第一、第二、第三产业融合发展。20 世纪 90 年代，快速国际化导致日本乡村产业空洞化，今村奈良臣教授提出以农民为主体推动第一、第二、第三产业融合发展，实现农民增收的发展理念。2010 年，日本施行《使用本地资源的农林渔业经营者开拓新业务及促进使用本地农产品相关法律》，鼓励农民立足乡土，开发、销售具有本地特色的农工产品，延长产业链，获取流通环节的利润。政府给予从事新产品研发，修建加工设施、零售设施的农协、农业企业以及 NPO 法人补贴和贷款优惠，并提供销售、融资等咨询服务。2019 年日本三产融合发展的加工和直销金额达到 2.2 万亿日元。[①] 另外，日本为解决农业小微企业在创业初期面临的缺乏资金、缺少经验和没有市场等问题，2013 年由政府出资 125 亿日元，与多家民间金融企业合资成立了名为“农林渔业成长产业化支持机构”（A-FIVE）的政策性投资机构，采取与地方政府、农协等共建基金或者直接注资的参股方式专职支持农业小微企业发展。截至 2021 年 A-FIVE 共投资 152 个项目，投资总额达到 204.3 亿日元。[②]

三是促进城乡交流融合发展。日本认为通过促进城乡交流能够提升乡村人才蓄积、资金积累、知识转移，也可以发挥农业的多功能性，增加农民收入。2017 年日本发布《观光立国推进基本规划》，要求促进乡村旅游发展，并放宽了农民修建民宿、农家乐等营利性住宿设施的限制；拨付专款支持农户改造闲置房屋，修建特色农林产品加工设施、直销店、体验店和餐厅；对构建网络平台，发布乡村旅游信息，吸引城镇居民来访的项目给予补贴。[③] 截至 2020 年日本设立了 554 个农旅示范区，中央财政支持建设民俗设施 2544 个，接待旅客 390 万人。另外，农林水产省会同文部科学省等 5 部委设立了“乡村产业和民俗体验项目”，由财政提供 1000 亿日元资金支持，补贴中小学生每年赴乡村住宿 4 晚体验乡村生活，既提升了学生对农耕文化的了解，

---

① 農林水産省大臣官房新事業食品事業部：《6 次産業化の推進について》，2022 年 4 月 30 日，参考日本农林水产省网站：https://www.maff.go.jp.

② 農林水産省新事業食品産業部：《農林漁業成長産業化ファンドの概要》，2022 年 4 月 30 日，参考日本农林水产省网站：https://www.maff.go.jp/j/shokusan/fund/attach/pdf/fund-2.pdf.

③ 農林水産省農村振興局都市農業交流課：《農泊をめぐる状況について》，2022 年 4 月 30 日，参考日本农林水产省网站：https://www.maff.go.jp/tokai/noson/keikaku/nouhaku/attach/pdf/index-1.pdf.

也增加了农民收入。[①]

三　建立多层次社会保险体系，改善农民生活质量

日本学者认为社会发展需要所有国民共同努力，只有在国民年老、疾病、伤残、失业、生育、死亡、遭遇灾害，确实面临生活困难时，才应由国家提供必要的经费支持，使其尽快实现自立，否则会出现“懒民”问题。因此，日本社会保险体系建设采取中央财政、雇主和被保险人三者均摊的模式，既区别于英国和北欧国家依靠财政支出的模式，也区别于美国依托商业保险的市场化模式，对财政资金不足的发展中国家具有一定的借鉴意义（菅原右香等，2017）。目前日本农村社会保险体系主要由多层次的农村年金保险、医疗保险和工伤保险制度构成。

（一）建立农村年金保险制度

日本农村年金保险制度主要由强制性的国民年金保险制度和自选性质的农民年金保险制度构成。1959 年 4 月颁布《国民年金法》标志着日本实现了全民参保的政策目标。20 世纪 60 年代，日本国民要求建设“福利国家”的呼声日益高涨，日本大幅度提高年金金额，在 20 世纪 60 年代后期实现了“二万日元年

① 農林水産省:《農山漁村における農林漁業体験・宿泊体験の推進平成 31 年度予算案の概要》，2022 年 4 月 30 日，参考日本农林水产省网站：https：//www. maff. go. jp/j/nousin/kouryu/kodomo/attach/pdf/index-1. pdf.

金”的目标,[①] 使日本的年金支付标准达到了当时的国际水平。另外，日本针对农业的特殊性以及快速老龄化导致的可给付年金减少问题，于1970年施行《农民年金基金法》,[②] 鼓励每年从事农业生产60天以上的农民自愿加入农民年金保险作为补充。政府提供20%—50%的保费补贴，2021年财政补贴总额为1166.1亿日元。参保农民可以自由选择每月缴纳保费金额，但最高不得超过6.7万日元。按照每月缴纳保费2万日元，缴费期间40年计算，被保险人可以从65岁开始每月领取7.3万日元，加上国民年金保险，可领取相当于大学应届毕业生月工资水平的养老金，直至去世，极大地提升了农民老后的福祉水平。日本农民年金保险属于政策型保险，运营经费由财政全额承担，并且具有一定的政策导向，一是支持大户发展。获得认定农业者资格且年农业经营收入不足900万日元的青年农户参保，可享受30%—50%保费补贴。二是支持农地集约。对于65岁之前把农地、农用设施等转让给了其他未满60岁的农业经营主体，含子女、新农人和农业企业的被保险人，可获得额外的养老金奖励。2021年日本对前两项的财政专项补贴金额达到10.1亿日元。三是鼓励退出农业生产，对于退出农业生产经营，并不具备加入农民年金保险条件的农户，允许其申请退还已缴纳的保费并获得离农补贴。截至2020年加入农民年金保险的农民达到39.7万人，其中39岁以下青年农民参保率提升到了28.4%。[③]

---

① 夫妇双方每月可以领取的年金金额合计为2万日元。

② 農林水産省:《農業者年金について》，2022年4月30日，参考日本农林水产省网站：http：//www.maff.go.jp/j/kobetu_ninaite/n_sien/attach/pdf/nenkin_seido-2.pdf）2018-03-12.

③ 農林水産省:《農業者年金制度について》，2022年4月30日，参考日本农林水产省网站：https：//www.maff.go.jp/j/kobetu_ninaite/n_sien/attach/pdf/sien_nenkin-1.pdf.

（二）建立农村医疗保险制度

日本农村医疗保险制度由强制性的国民健康保险制度和自选性质的合作医疗保险制度构成。国民健康保险制度创立于1938年，起初仅以农民为对象。1948年，日本明确由市町村地方政府管理国民健康保险，并于1950年开始在全国农村推广。1958年日本将其定位为强制性基础医疗保险，并把被保险人范围扩大到全体国民，1961年实现了全民参保的目标。日本农民除必须参加国民健康保险之外，还可以选择合作医疗作为补充，该制度是由农协或渔协成员规避自己生产和生活上可能会产生的不确定性风险而建立的互助保险制度。日本合作医疗保险不以营利为目的，力图通过节约管理成本努力降低成员保费，在发生赔偿时尽可能提高成员福利，是对基础医疗保险的补充，与商业保险侧重经济效益相比较，合作医疗保险更注重保险的社会效应。目前，日本农协销售的医疗保险商品主要有人寿保险、重疾保险、癌症保险、护理保险、丧失劳动保险和人身意外伤害保险六大类。其中大部分保险商品都是对现有强制保险制度的有效补充，例如护理保险对60岁以下患者有18种疾病的要求，而合作保险对被保险人不仅没有年龄限制，而且赔付范围广，只要被保险人满足不能离开病床附近走动，且不能独自脱衣、入浴、吃饭和大小便无法自理，或者存在对时间、场所和人的认知困难的症状即可获得赔付，另外，还可获得按照护理要求改造房屋，安装扶手、专用马桶等装修补偿，降低了农户护理成本。2019年农协人寿保险的保费总额为103.2万亿日元，总资产58万亿日元，居日本保险业第2位。意外伤害保险的保费总额为1.4万亿日元，居全国第 4 位。

(三) 建立农民工伤保险制度

日本工伤补偿制度出现于 20 世纪初，主要补偿工厂和矿山工人。1931 年日本颁布《劳动灾害扶助法》《劳动者灾害扶助保险法》将保护范围扩大到了大部分职业。“二战”之后，日本先后颁布《劳动基准法》《工伤事故补偿保险法》逐步建起了国家强制性保险制度，但农业企业不在此范围内。20 世纪 70 年代，随着农业小规模家庭经营逐渐转向大规模企业化生产，农业经营主体所承担的经营风险逐渐提升，劳资双方对于农业工伤保险需求逐渐提升。日本设立了《劳动灾害保险特别加入制度》允许农民加入工伤保险，[①] 极大地降低了规模农户用工风险，也提升了农业小微企业的抗风险能力。农民工伤保险认定条件相当宽松，受到广大农民欢迎。农业工伤范围不仅包括在作物耕种收、家畜饲养、采蜜、养蚕作业中的伤害，还包括农机在不同田块儿之间移动、开车往批发市场搬运农产品，农产品销售期间，甚至参加与业务有关的竞技项目过程中以及上下班途中发生的事故伤害。保险赔付范围包括疗养补偿、务工或停业补偿、伤残补偿、死亡亲属补偿、伤病年金、丧葬费和护理补偿。工伤保险属于消费性保险，保额由参保保费金额决定，最少 1277500 日元，最高 9125000 日元。

---

① 厚生劳働省都道府県労働局労働基準監督署：《農業者のための特別加入制度のしおり》，2022 年 4 月 30 日，参考日本厚生劳动省网站：https：//www. mhlw. go. jp/new-info/kobetu/roudou/gyousei/rousai/dl/040324-9. pdf.

四　建立一体化社会救助体系，保障农民最低生活水平

日本社会救助制度创立于明治时期，1874 年日本颁布《济贫法》，要求对穷苦单身，且因年迈、疾病、残疾而无法工作和 13 岁以下的穷人进行救助。1946 年日本施行《生活保护法》（1946 年法律第 17 号），提出“国家责任”“无差别平等”“保障最低水平”三个基本原则，要求保障国民“健康的有文化的最低生活”和帮助贫困家庭实现自立，同时，明确了救助条件、救助标准和最低生活保障标准。20 世纪 50 年代以来，日本不断加强社会救助制度建设，逐渐将社会救助制度从城市推向农村等欠发达地区，突破了城乡二元经济体制的限制，增强了城镇化与农民社会救助之间的内在联系，将传统的土地保障制度转化为现代社会保障制度。逐步将失去土地进入城市产业的农民工、兼业农民和专业农民纳入现代社会救助体系之中，实现了城乡社会救助制度的一体化（林晓宁等，2015）。

日本社会救助制度不受地区、职业等被保险人条件限制，而是对以户为单位对贫困户提供最低生活水平保障的社会保障制度。申请社会救助的贫困户必须满足没有存款、汽车、可变卖不动产等资产，因身体原因无法参加劳动，没有年金等可使用的其他财政援助和没有抚养人的 4 个条件。贫困户的最低生活保护费由中央财政和地方财政各承担 75%和 25%，2020 年中央财政的预算总额为 3.6 万亿日元，同年，日本受助人员 205 万人，涉及 164 万家庭，占日本家庭总数的 1.63%。日本最低生活保护费由

生活救助、教育救助、住宅救助、医疗救助、护理救助、分娩救助、就业救助和丧葬救助8个部分组成，其中，医疗救助占财政预算比例最高，为50.2%，主要向贫困户提供诊查、治疗、居家和住院疗养护理救助。补助范围包括诊查费、药费、治疗材料费、手术费、病房费、护理费和移送费等费用，特殊情况下，也可以向贫困户提供按摩、针灸等康复治疗服务。医疗救助采取非现金方式，贫困户从地方政府领取“医疗券”，只能去指定医疗机构接受治疗。如贫困户已参加国民健康保险或社保的，优先使用相关医疗保险，自负或自己难以承担部分由政府补助。生活救助是日本社会救助制度最重要的救助内容，占财政预算比重的29.9%，主要向贫困户提供购买衣食、水电及其他日常生活必要物品救助。救助金额由厚生劳动省公布标准划定，根据贫困户居住地区、家庭成员数量和其他具体情况核算。例如40岁父母和1名儿童构成的三口之家，如居住在东京1级①地区，每月可领取149660日元，如居住在爱知县3级地区只能领取131430日元。另外，如家庭中残疾人、未成年人、老人和是否是单亲家庭等指标，另外可领取相应的补助，年终还可领取一次性营养补助。

日本认为仅依靠社会救助无法彻底解决贫困问题，为防止社会救助造成的“懒人”现象发生，特别强调最低生活保障制度目的在于帮助被救助人的人格自立、生活自立、劳动自立和经济自立。日本就业救助制度鼓励农民创业，对于贫困户维持生计开展小生意，例如开设小超市、餐饮店等所需要的设施设备购置和

---

① 根据各地区生活方式和物价水平，日本把全国划分为6个级别，作为制定最低生活保护费的依据。

运营费用，标准补助金额 4.6 万日元，最多不超过 7.7 万日元。支持贫困户考取必要的资格证书、学习电脑等技能，补助相应的培训费、教材费和交通费等，每年标准补助 8 万日元，最多不超过 13.3 万日元，且不超过两年。另外，贫困户希望上全日制或电大高中、职业高中学习的，可申请入学准备金、学费、教材费和社团活动费。其中入学准备金 8.63 万日元；社团活动费用 8.3 万日元；学费按公立高中学校学费计算，一般为 28.0 万日元，教材费用实报实销。另外，地方政府还建有相应的职业训练平台，可以介绍贫困户到大农户农场务工、学习农业经营技能，为贫困户早日就业自立提供全方位的支援。

五　完善欠发达地区普惠性教育体系，提升农民综合素质

发达国家技术革新虽然显著提升了机械化水平，但也导致劳动者收入分配出现两极分化，提升劳动者素质是消除收入差距的重要手段。“扩大教育设施 2 倍投入，将显著提升劳动生产率 2.7%，能够促进工资上涨 2.9%。以脱产集中学习的收益率计算，对教育部门的投资效率要高于设施设备投入”（森川正之，2018）。因此，日本把欠发达地区农村教育体系建设作为改善农民收入环境，创造公平公正社会竞争机制的重要手段。

1954 年日本施行《欠发达地区教育振兴法》（1954 年法律第 143 号）对提升欠发达地区教育水平的政策目标、各级政府职能和补助范围做出了明确规定，并且随着经济和社会的发展，

多次调整显著政策实施效率。目前，补助措施主要由 5 部分构成，一是欠发达地区教师补助。补助额度不低于本人月工资和月抚养津贴总额的 25%。如工作调动或随校搬迁到欠发达地区，从调动或搬迁之日起的三年内，该教师可获得搬迁补助，月补助金额不低于本人月工资和月抚养津贴总额的 4%。二是改善教育环境补助。学校购买校车或校船、盖建教师宿舍、会议室或宿舍时，可获得 1/2 的财政补助，孤岛和豪雪地区[①]补助为 2/3。三是学生补助。学生住宿费（包括餐费、日用品和寝具购置等）补助为 1/2；重度欠发达地区的学生研修费补助为 1/2—2/3；远距离上学交通费补助为 1/2；保健费补助 1/2；重度欠发达地区补助校餐，补助率为 4/5 或免费[②]。四是欠发达地区教育经费补助。包括教学研究经费、资料收集、编辑印刷费和调研费等。五是各级地方财政补贴。包括津贴、人事、进修和福利方面等优惠措施。例如，在卫生保健方面，省级财政补助欠发达地区教职工定期体检，对疾病力争做到早发现早治疗。在欠发达地区工作的教师家属，还可报销急诊交通费以及部分免费医药品等（植村广美等，2009）。

六　日本促进农民共同富裕的启示

“二战”之后，日本面对严重的财政困难和农业人口老龄化、农村凋敝等问题，在高度重视增加农民收入的同时，积极完

① 日本《豪雪地带对策特别措施法》规定过去 30 年平均积雪累计超过 5000 厘米的市町村。
② 冲绳县免费。

善收入再次分配制度，逐步实现了缩小城乡居民收入差距，促进农民共同富裕的政策目标。目前日本城乡二元结构虽然已经基本消失，但是，日本促进农民共同富裕的路径对中国仍然有着十分重要的启示和借鉴意义。

（一）以政府为主导，逐步加大财政投入

促进农民共同富裕不仅是一个经济问题，也是保护农民这一弱势群体的社会问题。由于农业与其他产业效率的天然差异，造成城乡居民收入差距难以完全依靠市场力量来缩小，仅仅依靠经营性收入的农民基本上不可能实现共同富裕。日本经验也证明了随着经济发展，农民收入结构之中的非农收入比重逐渐升高，其中再分配制度发挥的作用也越发重要，而政府在构建再分配体系过程中充分发挥了主导作用，无论是改善农业经营结构、推动乡村产业发展、建立农村社会保险制度和社会救助制度，日本政府都起到了托底作用。基于我国人多地少的基本国情，建议以政府主导采取政府统筹，雇主和个人账户积极参与的方式，快速构建社会保障体系，并且随着经济发展，不断加大财政投入，逐步提升社会保障水平。同时，坚持公平公正原则，以财富和收入为主要依据，优先支持农村贫困家庭自立发展，逐步缩小城乡居民收入差距。

（二）循序渐进稳步优化农业经营结构

随着城镇化、工业发展，小农内部逐渐分化，日本形成少数的规模农户和大多数小规模兼业农户，在资本主义私有化条件下很难让其退出农业生产，快速实现规模经营，只能提供多种政策

工具降低其经营成本，提升其农业经营收入。我国目前农民分化加快，虽然2015年全国户均耕地面积少于10亩地的农户达到2.1亿户，占农户总量的79.6%，但是兼业比例很高，农户退出农地的意愿呈现多样化发展趋势。建议以推动农业结构性改革为目标，根据不同时期农村社会的发展情况，循序渐进、适时提供适用政策工具，有效调整农业规模化、机械化政策目标与农民需求之间的关系，在稳定农村经济社会秩序的前提下，加快农业农村现代建设步伐、稳步推进小农户与现代农业发展有机衔接。

（三）稳步构建城乡一体化的社会保障政策体系

分阶段实现农民共同富裕应增强城镇化与农民增收，提升社会保障水平之间的内在联系，逐步将土地保障制度转化为现代社会保障制度。日本的城镇化快速发展促进了农村社会的再分配制度迅速完善，大部分制度都形成于经济快速发展的20世纪60年代到70年代。目前，我国刚刚进入工业反哺农业的发展阶段，急需建立有中国特色的农村社会保障体系。建议制定《社会救助法》，促进社会救助制度更加成熟，兜住兜牢困难群众民生底线，实现社会救助的城乡一体化。整合城镇居民医疗保险和农村医疗保险，加强管理部门之间的协调，建立以家庭为单位的城乡统筹的医疗保险制度，实现全民医疗保险均等化。整合城镇居民养老保险和农村社会养老保险建立基本养老制度，并针对农业的特殊性，逐渐提升保障水平。加快包括失地农民、农民工、大户在内的农民社会保障制度建设，推进社会保障的城乡统筹发展，实现真正意义上的普惠、公平的社会保障目标，有序推进实现农民共同富裕。

（四）加大对欠发达地区农民教育体系建设投入

提升农民素质是改善农民自身境遇，从根本上缩小社会收入差距的重要途径。日本收入再分配制度的核心在于拒绝培养“懒人”，要求保障国民“健康、文明的最低生活水平”，并帮助贫困家庭实现自立。虽然从财政资金投入效率来看，日本社会救助制度对改善收入再分配效果远远不如北欧各国，但普惠性的农民教育体系却发挥了重要作用。建议高度重视对农民素质的长期性可持续性的培养机制建设。从缩小城乡收入差距角度，充分认识农业人才培养的重要性，把提升欠发达地区农民素质纳入国家乡村振兴总体规划。加强政府扶助力度、完善农民教育补贴保障制度，完善教师和农民家庭教育补贴制度，整体提升欠发达地区的教育水平。

参考文献

1. 曹斌：《乡村振兴的日本实践：背景、措施与启示》，《中国农村经济》2018 年第 8 期。
2. 曹斌：《日本农业》，中国农业出版社 2021 年版。
3. 林晓宁等：《城镇化背景下日本农村社会保障制度对我国的启示》，《税务与经济》2015 年第 3 期。
4. 溝口敏行：《戦後日本の所得分布と資産分布》，《経済研究》1974 年第 4 号。
5. 菅原右香等：《所得格差の拡大は高齢化が原因か−若年層における格差拡大、固定化が本質的な課題》，《大和総研調査季報》2017 年春季号。

6. 森川正之:《企業の教育訓練投資と生産性》,《RIETI Discussion Paper Series》2021 年第 1 号。

7. 石橋理恵:《日本のひろがる格差所得とその是正にむけて》,《香川大学経済政策研究》2016 年第 3 号。

8. 植村広美等:《へき地教育の今日的課題》,《愛知教育大学教育実践総合センター紀要》2009 年第 12 号。